静水深流

中国古代绘画史视野下的元明私人书画收藏

尹鹏 著

中国文联出版社

图书在版编目（CIP）数据

静水深流：中国古代绘画史视野下的元明私人书画收藏 / 尹鹏著. -- 北京：中国文联出版社, 2024.5
ISBN 978-7-5190-5308-6

Ⅰ. ①静… Ⅱ. ①尹… Ⅲ. ①书画艺术－收藏－历史－中国－元代-明代 Ⅳ. ①G262.1-092

中国国家版本馆 CIP 数据核字(2024)第 053188 号

作　　者　尹　鹏
责任编辑　陈若伟
责任校对　秀点校对
装帧设计　尹　鹏

出版发行　中国文联出版社有限公司
社　　址　北京市朝阳区农展馆南里 10 号　　邮编　100125
电　　话　010-85923025（发行部）　010-85923091（总编室）
经　　销　全国新华书店等
印　　刷　廊坊市金虹宇印务有限公司

开　　本　889 毫米×1194 毫米　1/16
印　　张　20.5
字　　数　312 千字
版　　次　2024 年 5 月第 1 版第 1 次印刷
定　　价　70.00 元

谨以此书，

献给故宫的落日，

献给沈阳十一月的风。

献给黄浦江的春寒，

献给杭州九月的傍晚。

谨以此书

献给南京七月的骄阳，

献给海河的晚霞。

献给忠王府的雨和梅花，

献给苏州，雪中的山茶……

序　言

尹鹏的这篇博士论文，历经了读博期间三年的学习积累和工作后的数次删改、调整、打磨，终于即将如愿出版。尹鹏扎实的研究能力和严谨的治学态度，使他在古书画收藏史方面积累了丰厚的知识储备，打下了牢固的研究基础，也为这本著作赋予了饱满的知识含量与学术深度。作为导师，我为他感到欣喜，更为有这样优秀的学生感到骄傲。特写上短评寄语，为之作序以表祝贺。

中国古代的收藏家们是书画艺术的消费者。同时，他们往往也是书画创作的实践者和书画理论的创建者。这些多重身份的重叠使他们所拥有的古书画藏品在绘画史中占有十分重要的地位。对书画藏品进行观赏、临摹或品鉴题跋，是历代收藏家对画作的风格流派、绘画形式语言及绘画技巧进行研究的重要方式。该书梳理了元明时期的私人书画收藏活动对中国绘画史产生影响的不同形式。书中不仅揭示了私人书画收藏在这一时期绘画风格的传承、创新与绘画理论的建构过程中所起到的推动作用，也对私人书画收藏活动在画家的创作实践与评论家的画论、画评之间所建立的紧密联系，做了较为深入的阐述。

本书将宏观的学术视野与微观的个案分析相结合，借助对大量作品的画面细节解读、题跋文字解读和文献考据，从绘画题材、技法风格、审美取向、品评要素等诸多方面，对私人书画收藏影响绘画史的具体路径、过程进行了剖析，对不同的影响方式乃至各种方式之间的关联做了条理清晰的分类、归纳和总结。尤其值得一提的是，针对书画市场繁荣催生的部分伪作对绘画史认知的干扰现象，该书也以若干典型个案为切入点，做了有一定深度的探讨。以一种新颖的视角，重新审视了中国古代社会文化背景下艺术创作、艺术评论与艺术消费三者之间的关系。

从元明两朝直到清代，通过观摩书画藏品探究前人的笔墨技法并指导个人的艺术实践，是绝大多数宫廷画家与文人画家的重要学画方式。书画收藏活动也往往影响着皇室与文人的审美取向和他们的绘画创作。同时，皇室与文人的艺术观念又会影响一般市民阶层审美趣味的变化。民间职业画家往往受雇于文人士夫群体中的藏家们，通过对他们的藏品进行临摹、改仿乃至再创作，重新诠释来自贵族与文人的审美情趣，以通俗的商品绘画风貌被市民阶层所接纳。而那些蜚声民间的职业画家的画作，又往往被进献入宫成为皇室的藏品，或被宫廷画家重新演绎。由此，私人书画收藏活动及其引发的艺术创作，推动着贵族、文人、平民三种社会阶层间审美观念的交流与互鉴。本书分析了多个有关此类交流、互鉴的收藏史个案，探讨了它们对于中国绘画史的意义。同时，书中讲述的许多收藏故事对今天的学画者仍然有一定的启示作用。对研习传统绘画的人而言，通过观看经典、体会经典，从而理解经典的价值并反思自身的不足，始终是一条提升自我艺术修养和创作能力的必由之路。

本书内容翔实，以画为本，以史为鉴，条理分明，图文并茂。希望本书能为高等美术院校的中国画教学提供一些新的借鉴思路，为广大的书画收藏爱好者了解古代私人书画收藏的历史提供更多的学习与参考资料。

癸卯岁末，陈辉于清华园

目　录

第一章 引 言

几年前，笔者读到了《南方都市报》为艺术史学者洪再新撰写的一篇专访——《洪再新：在美术史的叙述中缺了收藏的故事》。专访中，洪再新谈到他年轻时对于书画收藏的历史价值的关注。后来，笔者又拜读了他早年撰写的《宫廷藏画的聚散及其对艺术收藏史研究的意义——以钱选〈观鹅图〉的著录研究为例》和《艺术鉴赏、收藏与近代中外文化交流史——以居廉、伍德彝绘潘飞声〈独立山人图〉为例》两篇文章，颇受启发。根据笔者自己十几年来学习绘画并阅读有关书籍的感受，过去很多有关中国古代绘画史的书籍或文章，倾向于将各种绘画艺术风格的产生、演变与交流归因于艺术家个人的创造力和主观选择。后来，越来越多的学者开始关注社会经济文化对艺术家创作的影响，即更多地将艺术史的历程放在整个社会发展史的大背景下进行审视。但多年以来，这种审视似乎更多地针对某一特定时代环境下某种宏观的艺术思潮或审美价值取向。社会文化的宏观影响与一件件具体的艺术品的诞生之间的具体联系是如何发生的？在同样的社会文化背景下，不同社会阶层的艺术家的艺术选择背后，是否还存在着更具体，更有针对性的影响因素？

洪再新文中的一段话给了笔者很大的触动："各类艺术史研究的命题的展开，与收藏著录有直接的关系……研究这类著录文献，对于推进艺术史研究有什么意义？"[①]这段话让笔者想到：古代中国的许多画家，在其学习绘画的过程中，不可避免地要借助观摩古人的画作来丰富自己的艺术生命。同样，古代绘画史和评论类书籍的作者们，也要借助观看大量的前代绘画作品来获得研究资源并进而生成自己的学术观点。而在印刷技术不发达的古代社会，无论是画家学画还是理论家做研究，他们要想获取学习和研究资料，都离不开书画收藏资源。现有的诸多史实告诉我们：那些在绘画史上产生了巨大影响力的画家，往往长期接触或掌握可观的书画收藏资源。同样，那些曾提出过对中国绘画史产生重大影响理论的评论家们，也往往接触或掌握大量的书画收藏资源。笔者相信，他们的书画藏品和鉴藏经历，曾经持久而深刻地影响了他们的艺术生命和艺术史观。这种影响所发挥作用的方式，比之宏观的社会经济状况或文化思潮更为具体，也更为丰富多样。于是，探寻书画收藏活动对中国古代绘画史的影响方式，成为笔者近几年来学术研究的最大兴趣点。

在深入阐述本书的详细内容之前，有必要对书中涉及的几个主要概念进行初步的阐释、分析，因为对这些概念的理解，既涉及本书的写作思路，也涉及本书的写作意义。

本书所涉及的第一个主要概念是"绘画史"这个概念。艺术史学者尹吉男在《"董源"概念的历史生成》中提出了将"董源"区分成为不同概念的观点，如米芾的"董源"、董其昌的"董源"等。这些不同人的"董源"实际上是不同的人根据他们所见到的不同的作品，所形成的对"董源"的不同认识、理解。另外，尹吉男还谈道："'董源'概念不仅

① 洪再新．宫廷藏画的聚散及其对艺术收藏史研究的意义——以钱选《观鹅图》的著录研究为例［J］．美术学报，2011（6）．

仅以文字为依托，同时也以绘画作品 / 图像为依托。”[①] 也就是说，“董源”作为一个知识概念，依托于两种东西。一种是不同的时期不同的人撰写的有关董源的文字，一种是不同时期的人所见的，以“董源作品”名义出现的绘画。如果将这种理解思路放在对“绘画史”这个概念的理解上，同样，这个概念也是以“文字”和“作品 / 图像”这两样不同的承载形式为依托的。人们所说的“绘画史”，一方面是指历史上产生的具体的绘画作品，即图像。另一方面，也可以指人们对绘画史上的人物、事件、作品等绘画史构成因素的认识、阐述，即关于绘画史的文字。那么，在讨论收藏活动对绘画史的影响时，自然也应当把上述两者都考虑进去。既要讨论收藏活动对于绘画作品的影响（包括题材、技法风格、构图、画面形象等因素），也要讨论收藏活动对人们有关绘画史的认识与阐述的影响。而且，应当强调的是，“绘画史”概念所依托的图像（具体的绘画作品）和文字（对绘画史的记载、阐述）二者间是存在互动关系的。绘画史上产生的作品是人们认识、阐述绘画史的根据。而对绘画史的认识、阐述又会影响后来的绘画创作，即新的作品的诞生。在二者相互影响的过程中，收藏活动扮演着什么样的角色，也是本书要讨论的内容。

本书所涉及的第二个主要概念是“私人收藏活动”。目前，在西方美术史的研究中，有关赞助人的研究是热门话题。通常所说的艺术赞助人，应当是给艺术家的创作活动提供资金、场地等方面的支持，收藏其作品并给予经济、物质回报，或对艺术家的艺术给予宣传使其获益的个人或团体。而本书所讨论的“私人收藏活动”，是指非官方、政府名义的（在古代中国社会，主要指非宫廷的）个人或群体所从事的收藏活动。这类收藏活动的具体形式包括在艺术品市场上购买，或向艺术家本人出资订购、接受来自他人或艺术家本人的馈赠等多种样式。收藏形式上的多样化也在很大程度上决定了本文所涉及的收藏者群体的人员构成是多样的，既包括古代社会贵族阶层中的某些个人，也包括众多文人士大夫和相当数量的，有不同文化消费能力的平民。

① 尹吉男．“董源”概念的历史生成［J］．文艺研究，2005（5）．

本书所涉及的第三个主要概念是“古代中国”，因为本书是将私人收藏活动对绘画史的影响放置于“古代中国”的社会文化背景之下来进行观察的。学者尹吉男曾将中国社会的文化归纳为“贵族”“文人”“平民”三种类型。而这三类人也正是古代中国社会中绘画艺术的三类创作群体，同时也是古代私人艺术品收藏、消费活动的三种参与者。贵族的审美观念、文人的审美观念和平民的审美观念三者之间并非彼此孤立、隔绝的。在不同的历史时期，三者之间存在着交流和彼此影响。而这种交流和影响的具体实现形式之一，就是艺术品收藏资源在三个群体间的流通。这种流通不仅影响了三个群体各自的审美趣味，也继而从题材、技法风格、构图、画面形象等方面，影响着三个社会阶层中画家群体的艺术创作和绘画理论体系的建构。

本书所涉及的第四个主要概念是“元明时期”。这个概念其实是对“古代中国”这个概念范畴的进一步缩小。这主要是基于以下几点原因。首先是元、明时期中国古代绘画史演化历程的特点。从绘画创作的层面上，文人士夫阶层出身的画家群体在这四百年间日益壮大，形成了与宫廷绘画艺术相抗衡的，占据绘画史重要地位的文人画体系。而元、明时期的文人画既在技法、造型、风格面貌等方面与唐宋时期的宫廷绘画保持着联系，又在创作方式、审美趣味上与同时期的民间绘画存在关联。可以说，元明时期的绘画，是观察古代中国社会中“贵族”“文人”“平民”三者间审美趣味交流、互动的理想范本，这种互动在很大程度上是借助这四百年间各种形式的私人书画藏品的流传、流转来实现的。其次，从绘画理论与绘画史写作的角度而言，元、明时期是中国古代绘画史论著作的丰产期。文人绘画的理论体系伴随着文人画的演变而日益成熟、完善。同时，文人士夫阶层在艺术评论领域对话语权的掌握，使他们得以将自身对绘画史的认识写入诗歌、书画题跋或个人文集中并获得广泛的社会认同。他们的文字有效地影响着清代、近代乃至今天的中国人对早期中国绘画史的认识。而这种影响的生成过程，也与元、明时期私人收藏活动的开展以及当时的私人书画藏品在日后被递藏、流传的经历有关。再次，从收藏的历史，特别是私人书画收藏的历史上看，元明四百年左右的时间，是中国古代私人书画收藏最为活跃的历史时期。一方面，这期间的私人书画收藏、交易活动，比此前朝代的类似活动有更多的历史资料留存。无论是有关的书画作品实物、题跋还是印鉴，这一时期的私人收藏者群体都留下了远比唐宋时期更多的藏品流传线索以供查证、梳理。另一方面，元、明两朝的收藏者，比之前代的同行们留下了更多、更翔实的，由他们自己撰写的有关其收藏活动和藏品信息的文字，这些文字的内容和写作形式都以不同的方式影响了清代和民国的私人收藏家和绘画理论家。最后，元、明两朝的私人收藏活动有着社会各阶层人群的广泛参与。皇室成员、在朝官员、在野文人、商贾乃至处于社会底层人群的各类工匠、小手工业者，都在书画收藏与有关的市场交易、流通过程中扮演着不同的角色，这便使得当时的收藏活动与当时社会的绘画艺术评论、不同社会阶层的审美趣味及绘画创作有着形式多样的联系。

综上所述，撰写本书的基本目的，是将对元明时期绘画史的考察置于社会学研究的背景之下，对元明时期私人书画收藏活动在这一时期绘画史发展中所产生的影响进行类型化的梳理。笔者试图通过对这一时期的书画收藏活动在绘画史不同形态的生成过程以及不同形态间相互转换的过程中所起到的作用进行归类，更全面地审视古代中国社会特有的社会阶层构成与社会文化背景下，绘画艺术创作、绘画艺术评论与绘画艺术消费三者间的关系，以及中国古代绘画史发展历程自身的特点。

第二章
元明时期的私人书画收藏活动对新的绘画风格流派所产生的影响

第一节 书画鉴藏活动对元明时期文人画家的影响

第一小节 赵孟頫的书画鉴藏活动对元明文人绘画发展的影响

如果要在元代历史中寻找一个身兼收藏家与书画家多重身份的人，使之作为元代书画收藏史与绘画史的衔接点的话，这个人无疑应该是赵孟頫。其一，有关他鉴藏活动与古书画见闻的信息保存在他本人众多的诗文、书信、题跋手迹及其同时代的其他史料中。其二，赵孟頫传世的绘画作品有二十件左右（其中有个别的真伪目前尚存在争议），创作时间涵盖其中年到晚年的不同阶段且题材众多，能较为全面地反映其绘画艺术的风格面貌。其三，其收藏、过目的书画作品原件也有不少存世并保留着他的题跋、印鉴。这使人们得以将他的作品与他的藏品进行细致的比对，从而看到他的鉴藏生涯对其艺术生命的持久影响。

赵孟頫所题跋、收藏的古书画与他的审美取向有着密切的联系。而他的审美取向又与他所具有的多重身份有关。赵孟頫值得注意的身份主要有三种，其一是文人士夫，这个群体的社会地位从两宋到元代经历了巨大的转变。其二是汉族遗民，赵孟頫虽然仕元但并不居于有重要职权的位置。他与众多江南地区的南宋遗民交往密切，其诗文中也有怀才不遇和渴望归隐的内容。其三是前朝皇族，这决定了他的审美取向和艺术观念有别于一般文人和汉族遗民。三种身份的交叠既影响了他的鉴藏品位，也影响了他的绘画。

赵孟頫的画作中最主要的三种题材是“山水”“鞍马”和“竹石”。自六朝以来，山水题材一直被认为是文人画家借描绘自然外物表达个人内心世界的媒介。赵孟頫兼具文人、皇族二重身份，一方面，他赞同前代文人士夫画家和鉴赏家们的审美趣味，将被米芾推崇为“唐无此品”“平淡天真”的董源作为师法对象。李铸晋在其书中已指出赵于1295年所作《鹊华秋色图卷》（图2.1）与董源画风的联系。画中的许多细节可以在今藏于辽宁博物馆的董源《夏景山口待渡图卷》（图2.2）中找到。而《夏景》后作跋的三位元人——虞集、柯九思、李泂均与赵交往密切。赵孟頫的《水村图卷》（图2.3）也在构图与笔法上显示出来自《夏景山口待渡图卷》的影响。另一方面，赵孟頫也会关注唐宋宫廷画家的画风。（传）展子虔所作的《游春图》在元初曾归名士张九思，即周密《云烟过眼录》中的“张子有”收藏。赵不仅与之交好，还曾为其家人撰写墓表。此外，赵的书信中也提到他在北方的书画市场上接触过唐代画家李昭道的作品。赵的同宗，南宋皇族画家赵伯骕的《万松金阙图卷》和北宋宫廷画家郭熙《树色平远图卷》后也均有赵孟頫的跋文（图2.4、图2.5）。因此，在赵孟頫的山水画中，既有继承了隋唐青绿山水“空勾无皴”画风的《吴兴清远图卷》（图2.6），又有明显受到李郭画风影响的《烟江叠嶂图卷》和《双松平远图卷》（图2.7），还有追随董源画风的《鹊华秋色图卷》和《水村图卷》。这些作品展现了赵孟頫试图调和“皇族”与“文人”两种不同艺术品位，开辟新风的努力。

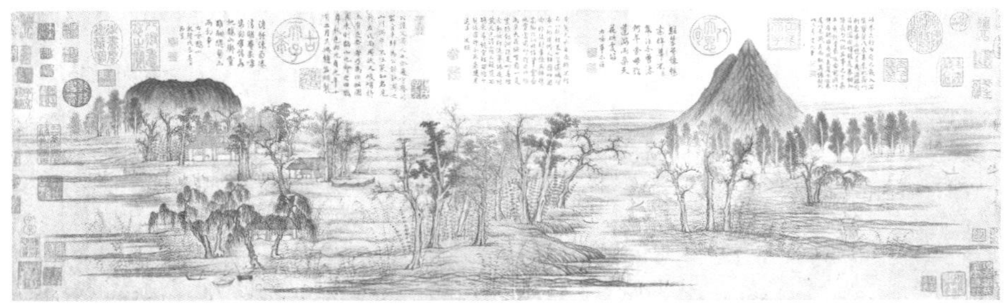

图 2.1　赵孟頫 《鹊华秋色图卷》 元代　纸本设色
28.4cm × 93.2cm　台北故宫博物院藏

图 2.2　董源 《夏景山口待渡图卷》 五代　绢本水墨
24.9cm × 120.5cm　辽宁博物馆藏

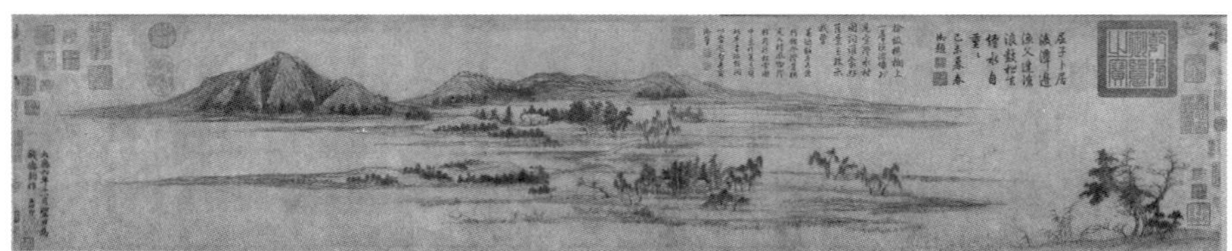

图 2.3　赵孟頫 《水村图卷》 元代　纸本水墨
24.9cm × 120.5cm　故宫博物院藏

图 2.4　赵伯骕 《万松金阙图卷》 南宋　绢本设色
27.7cm × 133.2cm　故宫博物院藏

图 2.5 郭熙《树色平远图卷》北宋 绢本水墨
24.9cm × 120.5cm 大都会博物馆藏

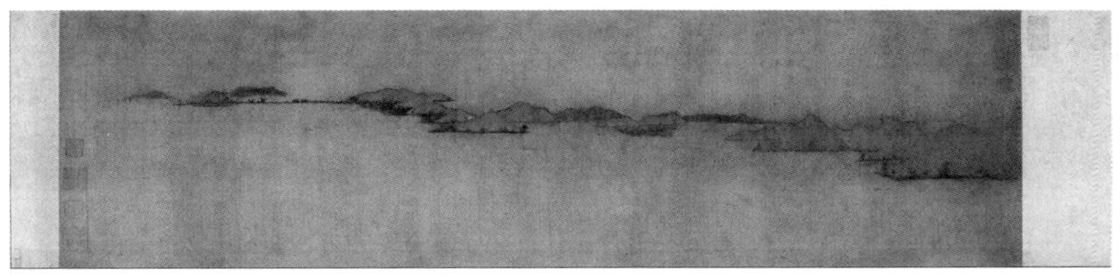

图 2.6 赵孟頫《吴兴清远图卷》元代 绢本设色
24.9cm × 88.5cm 上海博物馆藏

图 2.7 赵孟頫《双松平远图卷》元代 纸本水墨
26.8cm × 107.5cm 美国大都会博物馆藏

“鞍马”题材方面，赵孟頫的师学对象主要是唐代的宫廷画风。他在《人骑图》的跋文里讲道：“吾自小年便爱画马，尔来得见韩幹真迹三卷，乃得其意。”[①] 这证明了他的作品与他过目古迹间的联系。此外，现藏于故宫的李公麟《摹韦偃牧放图卷》（图 2.8）与现藏日本东京国立博物馆

① 该段跋文附于画卷中，现藏故宫博物院。

的李公麟《五马图卷》(图 2.9)同样与赵孟頫的“鞍马”题材绘画有关。《牧放图卷》被认为借“牧放”主题而展示唐政权强大的军力和国力。而《五马图卷》描绘的五匹良马均为少数民族政权进献北宋政府的贡物，是北宋对周边政权所具有的宗主国地位的象征。如果将赵孟頫的《秋郊饮马图卷》(图 2.10)和《三世人马图卷》(图 2.11)分别与《摹韦偃牧放图卷》及《五马图卷》比较，不难看出两组作品的相似性。而赵孟頫作为一位出身前朝皇族，在北方游牧民族所建立的新朝廷中如履薄冰的汉族士人，热衷于描绘与“牧放”“职贡”主题有关的鞍马作品，是有其特殊且复杂的情感的。

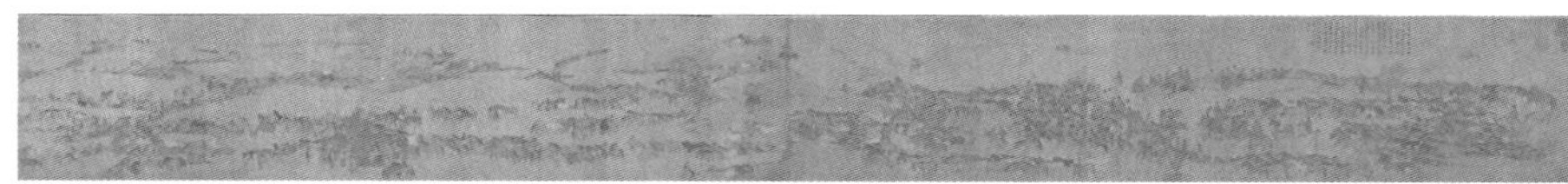

图 2.8　李公麟 《摹韦偃牧放图卷》 北宋　绢本设色
46.2cm × 429.8cm　故宫博物院藏

图 2.9　李公麟 《五马图卷》局部　北宋　纸本墨笔
29.3cm × 225cm　日本东京国立博物馆藏

图 2.10　赵孟頫 《秋郊饮马图卷》 元代　绢本设色
23.6cm × 59cm　故宫博物院藏

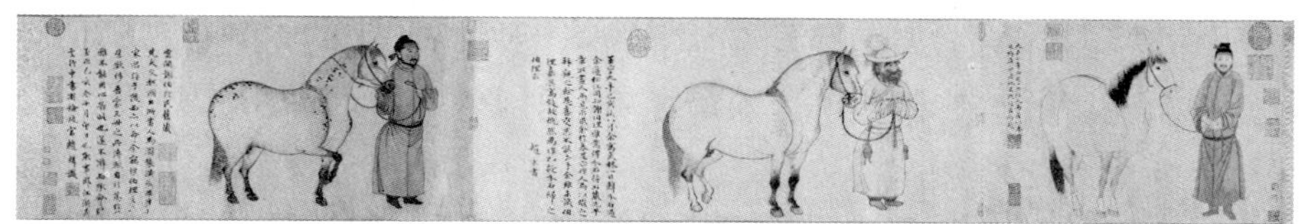

图 2.11　赵孟頫《三世人马图卷》元代　纸本设色
30.2cm × 178.1cm　美国大都会博物馆藏

赵孟頫的第三种身份是“文人士夫”，他的竹石题材画作与此身份的联系最为密切。北宋时，竹石题材的代表画家是苏轼与文同，他们不仅在文人绘画史上占有重要的位置，其艺术理论也影响深远。赵孟頫的家乡正是文同曾做官的湖州。他对苏轼书风的喜爱和追摹，也可从他早年所作的《行书杜甫秋兴诗八首》中看出。另外，将他在《大德年间自写小像页》（图 2.12）中对自我形象的描绘与他在行书《赤壁赋》卷首所画

图 2.12　赵孟頫《大德年间自写小像页》元代　绢本水墨
24.9cm × 120.5cm　故宫博物院藏

的苏轼像进行比较，会发现二者有很大的相似。特别是他将画中的自己置于竹林中，并持竹杖，更让人很容易将画中的他与苏轼《定风波》词中“莫听穿林打叶声……竹杖芒鞋轻胜马”的句子联系在一起。[①]他的《秀石疏林图卷》（图 2.13）后所自题的“石如飞白木如籀”一诗，也是以苏轼为代表的北宋文人“以书入画”观念的直观反映。

图 2.13　赵孟頫 《秀石疏林图卷》 元代　纸本水墨
24.9cm × 120.5cm　故宫博物院藏

当赵孟頫在 1322 年去世时，他的入室弟子，元四家中最年长的黄公望已经五十三岁，因师从赵孟頫所形成的对李郭画风与董源画风的推崇与重视，是黄公望山水画理论中的重要内容。如果将他在 1340 年左右所作的《溪山雨意图卷》（图 2.14）与赵孟頫《双松平远图卷》相比较，会看到许多相似性。与《双松平远》一样，《溪山雨意》前景的长松与杂树，呈现出典型的李郭画派“蟹爪式”的造型。而后景的江渚和山峦，则类似董源的《夏景山口待渡图卷》。师徒二人的两件作品都体现了元代文人山水画的学古思路——取法北宋（李、郭），上溯五代（董、巨）。这种由赵孟頫所开辟的学古思路，将长久地影响元明两朝文人画家的收藏趣味与创作实践。

---

① （宋）苏轼 . 苏东坡全集（第四卷）[M] . 北京：北京燕山出版社，2009：264.

图 2.14 黄公望 《溪山雨意图卷》 元代 纸本设色
30cm×217.5cm 中国国家博物馆藏

如果说黄公望的《溪山雨意图卷》体现着赵孟頫调和五代、北宋诸家面貌以开新风的艺术理念，王蒙的作品则体现了赵孟頫融合院体青绿山水风貌与文人水墨画风的探索。将他的《太白山图卷》(图 2.15) 与赵孟頫的《鹊华秋色图卷》比较，会看到二者的笔法同出于董源的“披麻皴”。另外，在水墨点染的基础上加入纯度较高的、鲜明的石色，是二者设色手法的一致之处。在王蒙的作品中，这种调和院体画设色与文人画笔墨趣味的“浅绛”画风，还可见于《具区林屋图轴》和《葛稚川移居图轴》等众多作品。不仅如此，如果细看《太白山图卷》中远景部分的山峦和川泽，也可以感受到董源的造型语言对这位赵孟頫外孙的影响。

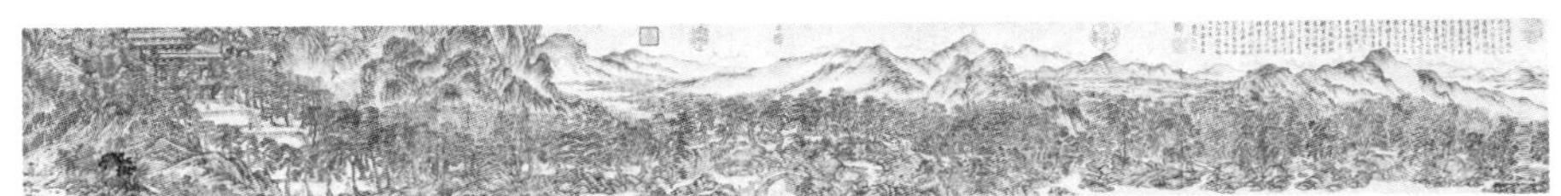

图 2.15 王蒙 《太白山图卷》 元代 纸本设色
27cm×238cm 辽宁博物馆藏

王蒙于元末明初在苏州地区的生活经历，使他成为将赵孟頫的艺术观念与绘画风格传递给明代画家群体的重要人物。寓居苏州期间，他曾结识一位名叫沈良的乡绅，并将自己的作品赠送给他。多年之后，他的《太白山图卷》将成为这位乡绅的曾孙沈周的藏品。而这位后来的收藏者，将对赵孟頫所开创的绘画风格在明代苏州地区的弘扬发挥重要的作用。

第二小节　沈周的书画鉴藏活动对其绘画风格的影响

元末张士诚时代的政治、文化环境对苏州画坛的影响

在元代末年的江南农民大起义中，许多画家、收藏家流离失所或被迫移居他乡。苏州地区也经历了长期的战争破坏，这种情况在张士诚部农民军占领并统治这一地区后才稍有改观。

史料显示，在张士诚统治苏州的十余年时间里，这里的经济生产逐渐得以恢复，文化也有发展。特别是张士诚的弟弟张士信盘踞苏州期间，延揽了大批文人在其幕府之中。其中包括比较著名的诗人和画家，如元代"四家"中的倪瓒、王蒙，以及文人饶介、周伯琦、马玉麟、张绅等人。今日收藏于上海博物馆的赵孟頫款《百尺梧桐轩图》后，即有上述诸人的题跋，应为众人当时同为张士信礼聘时所写（傅熹年认为该作中赵孟頫款为伪添，实际是当时的画家描绘张士信园居景象的画作）。另外，元代末期的苏州还聚集了众多因躲避战乱而迁来的外省人士，其中包括王蒙的好友，江西籍画家陈汝言（陈惟允）、陈汝秩（陈惟寅）兄弟。沈周之父沈恒吉、叔父沈贞吉兄弟幼年的蒙师正是陈惟允之子陈继。朱谋垔《画史绘要》中提到陈继擅长画竹，其画风曾影响过沈恒吉兄弟二人。陈继之子陈宽与其弟陈完均善书画。都穆《寓意编》中记载："惟允溪山秋霁图一卷，后元人诗跋甚多，皆陈氏藏。盖孟贤（陈宽）惟允诸孙云。"①

张士信统治时期对文艺人士的招揽和礼聘，让王蒙、倪瓒、陈惟允兄弟等书画家，在很长一段时间内安居苏州，其画风及艺术思想得以广泛传播，为元代文人画风在苏州的持续流传奠定了基础。

沈周家族前辈的收藏与创作

关于沈周家族与同时代画家、收藏家的交往，明代的文献中保存了数量不多但十分重要的线索。

① （明）文徵明．文待诏题跋·寓意编·书画史［M］．卢金声，徐益之，胡文楷，校对．上海：商务印书馆，1939：57.

沈周的曾祖沈良与“元四家”之一的王蒙为友。张丑的《清河书画舫》中记述王蒙存世作品时，引用沈周之友吴宽《家藏集》中《题王叔明遗沈兰坡画》一诗，印证了沈良与王蒙为友并收藏王蒙画作一事。[①]

沈周的祖父叫沈澄，《清河书画舫》中在记述明初画家刘珏时提道：“又按刘公《完庵集》中《题月舟上人所藏沈緦庵同斋父子诗画》云：炉烟僧舍坐迟迟，共羡诗翁出语奇。方外有山栖……归来城郭定何如。详味此诗，可见启南画品入神，渊源盖有自也。传闻緦庵之父曰‘兰坡’者，尤能鉴赏书画，游心艺苑，王蒙叔明尝写新图赠之。又石田书画之所从出也。”[②] 这段文字中的“緦庵同斋父子”就是沈周的祖父沈澄与叔父沈恒吉，“緦庵”为沈澄之号，“同斋”为沈恒吉之号。而“緦庵之父曰兰坡者”就是得王蒙写赠新图的沈良。刘珏和张丑的记载均说明了沈周在书画创作与鉴藏方面所承袭的家学渊源。

除了曾祖沈良与祖父沈澄之外，沈周的叔父沈贞吉与父亲沈恒吉都是当时富有影响的收藏家与画家。《清河书画舫》记载：“刘珏廷美以书画显天顺间，同时杜琼、徐有贞、马愈、沈贞吉、恒吉……并能写山。”[③] 其中特别提道：“贞吉乃启南世父，画师董源，可亚刘廷美。其弟恒吉为张浩彦广之婿……画更虚和潇洒，不在宋元诸贤下。”[④] 沈贞吉的传世作品有收藏于辽宁博物馆的《竹炉山房图》和苏州博物馆的《秋林观瀑图》（图 2.16）。沈恒吉的书画藏品中包括现藏于国家博物馆的倪赞画作《水竹居图轴》（图 2.17），上面保存有沈恒吉的印鉴。这些画作和藏品都展现了沈氏家族的画风和鉴藏品位与元人的联系。

① （明）张丑．清河书画舫［M］．徐德明，校点．上海：上海古籍出版社，2011：576.
② （明）张丑．清河书画舫［M］．徐德明，校点．上海：上海古籍出版社，2011：579.
③ （明）张丑．清河书画舫［M］．徐德明，校点．上海：上海古籍出版社，2011：579.
④ （明）张丑．清河书画舫［M］．徐德明，校点．上海：上海古籍出版社，2011：579.

图 2.16　沈贞吉《秋林观瀑图》明代　纸本设色 24.9cm × 120.5cm　苏州博物馆藏

图 2.17　倪瓒《水竹居图轴》元代 纸本设色　53cm × 80cm 中国国家博物馆藏

杜琼的鉴藏与创作对沈周的影响

杜琼，字用嘉，号东原耕者，鹿冠道人，世称东原先生。是明初苏州地区著名的鉴藏家与画家。张丑《清河书画舫》中记载：宋代画家燕肃的《楚江秋晓图》后，有杜琼长跋，记录画作的收藏者陈永之从无锡收藏家华祖芳处获得此作并因此得偿父亲遗愿之事。此外，杜琼还在跋文中考证了燕肃的画风师承及其别号“燕龙图”的出处来历。此外，刘松年《听琴图卷》前也有“听琴图，刘松年真笔，杜东原鉴定”[①]字样，应是杜琼代人鉴定时所写。

杜琼也与赵孟頫、王蒙、吴镇等诸多元代画家的画风有过接触并受

① （明）张丑．清河书画舫［M］．徐德明，校点．上海：上海古籍出版社，2011：495.

其影响。顾文彬在《过云楼书画记》中记载杜琼《南村别墅十景册》一作时讲道："南村翁与王叔明同为赵文敏外孙，而又为杜东原之师，故叔明为作《南村图》，而东原复为其子纪南作《别墅十景》。李竹懒并载之《六研斋笔记》，所以志文敏画派绵延不绝也。"[①] 故宫博物院收藏杜琼的另外一件作品《萝萱堂山水》也是一件继承王蒙山水画风格的作品。顾复在《平生壮观》中评价此作"学黄鹤最精"。此外，故宫博物院还收藏有杜琼的《山水图轴》（图 2.18），该图作于景泰五年（1454），作品中的山头造型布满圆润细密的"矾头"式小丘，笔法使用长披麻皴，并以浓墨点写苔草、杂树，是通过学习王蒙的繁密笔法而上溯五代董源风格的典型样式。该作以水墨打底兼用浅绛设色的表现手法，也与王蒙的《太白山图卷》和《葛稚川移居图》具有很大的相似之处。杜琼对吴镇的山水画风格也有涉猎。庞莱臣的《虚斋名画录》第八卷中记载有杜琼《仿吴仲圭山水轴》一件，纸本水墨，有杜琼自题一段："少时最喜学吴仲圭，或兴到处，颇有相合处，人但知粗率，即是梅老真笔，而未见其细润生活也。此用其法，兼师董巨两家皴擦，为赏者鉴之。"[②]

图 2.18 杜琼 《山水图轴》
明代 纸本设色
24.9cm × 120.5cm
故宫博物院藏

杜琼生前并未留下较为系统的绘画理论著作。但他赠送一位友人的诗作值得注意。

① （清）顾文彬，孔广陶．过云楼书画记 · 岳雪楼书画录［M］．柳向春，注解．上海：上海古籍出版社，2011：106.

② （民国）庞元济．虚斋名画录 · 虚斋名画续录［M］．李保民，校点．上海：上海古籍出版社，2016：420.

《清河书画舫》中全文记录了这首名叫杜琼《赠刘草窗画》的长诗[①]，其中涉及对古代绘画起源的论述和对前代画家风格的归纳，代表了当时江浙地区多数文人画家的绘画史观。诗中将前代的山水画风格分为“水墨”和“金碧”二家，并将二者各自的源头分别追溯到王维和李思训父子，可谓“南北宗论”在明代前期绘画理论中的雏形。杜琼将王维、董源（“董子”）、巨然、赵孟頫（“赵承旨”）、钱选、元代四家（“大痴”“云林”“梅花道人”“黄鹤”）以及明初的吴门画家赵原（“丹林”）、谢缙（“葵丘”）归入一个完整的风格传承系统，同时宣称自己属于这一体系的追随者，这表明了他对元代文人画审美价值取向的认同。如果说洪武、永乐时期的吴门画家对元人画风的承袭还停留在实践层面，那么杜琼《赠刘草窗画》一诗则表明，天顺到景泰年间的吴门画家，已将自己的绘画史观纳入了元代以来由士夫群体所主导的绘画史叙事逻辑中，并认同了自己作为“宋元文人画风格继承者”的历史定位。

杜琼与沈周家族成员及沈周的诸多好友都有交往。前面提到的杜琼《萝萱堂山水》后，即有沈周叔父沈贞吉与沈周的题诗。另外，《平生壮观》记载，杜琼的《陟屺图》后，附有沈周淡青绿画作一段，很可能是杜、沈二人合作的产物。这件作品的引首“陟屺”二字，为沈周的亲家徐有贞所书，并附有沈周好友、收藏家吴宽以小楷书写《陟屺记》一文。杜、沈二人交往的另一件重要物证，是杜琼题跋沈周的《九段锦画册》。该作由九段独立的小幅画装裱成册，分别模仿赵孟頫、王蒙、赵伯驹、吴镇、惠崇、王绂、赵雍、李成、赵令穰九人画风，涵盖了沈周之前宋元两朝诸多文人画家的面目。后有杜琼长诗并附跋语：“继南出其兄石田生所画《采菱图》求诗，一时不能即就，因书旧作如上，然图景与诗意颇合，亦云可也。”[②]

① （明）张丑．清河书画舫［M］．徐德明，校点．上海：上海古籍出版社，2011：430.

② （清）孙承泽，高士奇．庚子销夏记·江村销夏录［M］．余彦焱，校点．上海：上海古籍出版社，2011：266.

谢缙的鉴藏与创作对沈周的影响

谢缙，号葵丘，字孔昭，生年比杜琼更早（约在1355年），又号“深翠道人”“兰庭生”。是与杜琼齐名的明代前期的山水画家。其作品风格主要师法王蒙和元末苏州籍画家赵元（又称“赵原”，即杜琼《赠刘草窗画》一诗中的“丹林”。）谢缙也曾赏鉴元代文人画家的遗作，今藏故宫博物院的钱选《山居图卷》（图2.19）后，即有解缙题咏。谢缙本人的画作在明清时期的著录并不多见。顾复《平生壮观》中提到两幅。一幅为《着色山水》，顾评“似黄鹤而不作细笔漫皴，且脱浙气。布景清稳，居然名家。”[①] 另一幅为《重山叠嶂》，根据顾的记载，这件作品一度被好利之人刮去谢缙名款而伪造成王蒙的作品，这也从侧面反映出谢缙与王蒙画风之相似。谢缙与杜琼交情深厚。杜琼对王蒙画风的学习很可能也在某种程度上受到他的影响。涉及谢、杜二人之间交往的绘画作品，是谢缙作于永乐十六年（1418）的《东原草堂图轴》（图2.20），描绘杜琼生活的园居。画中的用笔松毛而繁密，是王蒙典型的细笔风格。山体造型和皴笔亦从王蒙的长短披麻皴兼用“牛毛皴”“解索皴”的技法中来。可谓谢缙学习王蒙，并通过王蒙上溯董、巨等更为久远的文人画风格的典型代表。画芯左上角有解缙自题七律一首。诗句右上方钤盖“葵丘”“孔昭”二印，同时画中钤有“杜用嘉印”一方，是杜琼受赠此作的证据。

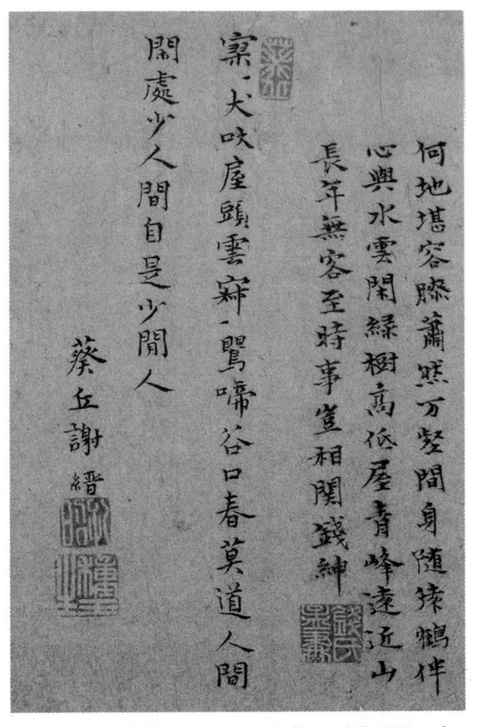

图2.19　钱选《山居图卷》后的解缙题诗

① （清）顾复．平生壮观［M］．林虞生，校点．上海：上海古籍出版社，2011：353.

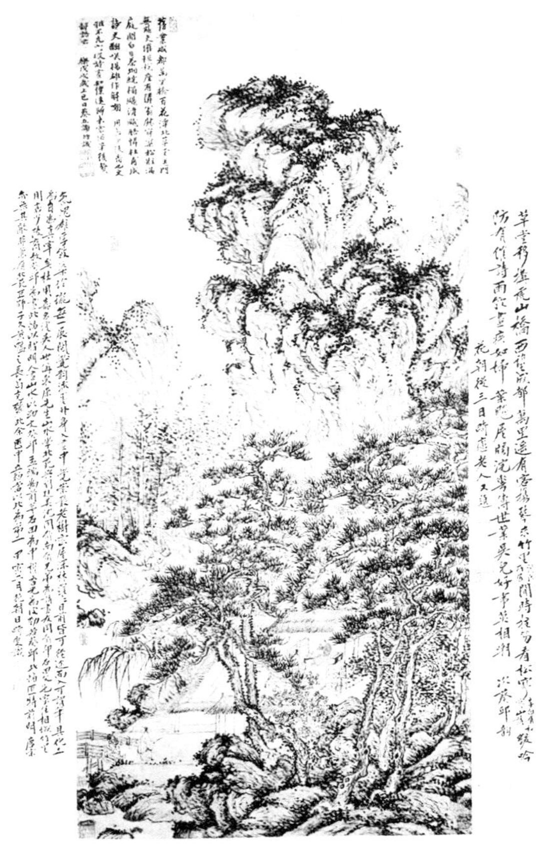

图 2.20　谢缙《东原草堂图轴》明代　纸本设色
50cm × 108.2cm　浙江博物馆藏

史料显示：谢缙卒于大约1430年，而沈周生于1427年，故谢、沈二人应无直接交往。但高士奇《江村销夏录》中记载有《明谢葵丘溪隐图》一作，上有沈周书七言绝句一首："山上云生春雨后，树头花落午风余。道人兀坐碧溪石，下有流泉应读书。"① 可知沈周也曾观摩过他的作品。谢缙与杜琼二人的画作很可能是除了沈氏自家的书画收藏外，沈周早年接触王蒙、吴镇画风的重要渠道。顾复在《平生壮观》中论及王蒙对后世影响时曾说："沈启南早年师叔明，谢葵丘、杜东原终身师叔明，

① （清）孙承泽，高士奇．庚子销夏记·江村销夏录［M］．余彦焱，校点．上海：上海古籍出版社，2011：365.

曾识其渊源所自否？”[①]

姚绶的鉴藏与创作对沈周的影响

姚绶，浙江嘉兴人，约生于1422年，卒于1495年，字公绶，号“云东逸史”“谷庵”“丹生”等。是明代中期的收藏家与书画家。

关于姚绶书画鉴藏活动的资料，比谢缙和杜琼更为丰富。有证据显示：姚绶很早便留意于观摩宋代文人书画遗作。陆时化《吴越所见书画录》记载，北宋苏轼《游天竺寺安老亭诗卷》中，钤有“云东逸史”一印，很可能曾是姚绶的藏品（卷中又有“惟寅秘玩”一印。很可能属于姚绶之前的收藏家陈惟寅）。另外，姚绶对赵孟頫的书画作品也有接触。郁逢庆《郁氏书画题跋记》卷六中赵孟頫自题《古木竹石卷》，卷后即有姚绶和诗：“逸史画竹如写字，枝叶皆从八法来，苦苦欲求形似者，清风安得扫尘埃。”[②]又《郁氏》卷七中记载：赵孟頫《楷书湖州妙严寺记》后有“公绶”朱文印一方，又有姚绶手书跋文四段并署款、钤印。四段跋文前后历时十余年，可见姚对于此卷之爱。姚绶对自文与可以来形成的“湖州竹派”画风也有关注。《郁氏书画题跋记》十一卷记载的柯九思《墨竹》和卷九中王绂《为杨竹西作墨竹》两作后，均有姚绶题诗。

对元代文人的山水绘画，姚绶尤为关注。上海博物馆的钱选《浮玉山居图卷》（图2.21）就是姚绶的旧藏之一。该作钤盖姚绶多枚鉴藏印，如“姚氏鉴定真迹”“云东仙馆”等。画后附有姚绶跋文两段，详细记录了此作的初观及获得过程：“廿年前，余阅钱舜举山居图于璜溪悦梅宅，生纸用笔，得王右丞家法。绿浅墨深，细腻清润，真与唐人争衡，图为张贞居所得……成化癸卯二月四日，悦梅之子志行，以义新授承事郎，载酒往贺，出图赠余。”[③]明人都穆的《谈纂》和何良俊的《四友斋画论》中也都记载有姚绶收藏王蒙作品一事：“王叔明，洪武时为泰安知州……

① （清）顾复．平生壮观［M］．林虞生，校点．上海：上海古籍出版社，2011：342.

② （明）郁逢庆．郁氏书画题跋记［M］．风雨楼排印本．清宣统三年（1911），该作或即为《秀石疏林图卷》．

③ 注：该段跋文附于画卷中，今藏于上海博物馆。

时陈惟允为济南经历，与叔明皆妙于画，且相契厚。一日胥会，值大雪，山景愈妙，叔明谓惟允曰：‘改此画为雪景如何？’……为小弓夹粉笔，张满弹之，粉落绢上……叔明就题其上曰《岱宗密雪图》……惟允固欲得之，叔明因掇以赠。陈氏宝此图百年……后以三十千归嘉兴姚御史公绶。”① 此外，《清河书画舫》中也记载“梅道人纸本，唐人《渔父词图》，作于至正壬辰冬……旧为姚公绶所藏”②。

图 2.21　钱选《浮玉山居图卷》 元代　纸本设色
29.6cm × 98.7cm　上海博物馆藏

与谢缙、杜琼主要师法王蒙不同，姚绶的画风对前人传统的涉猎似乎更为广泛。上海博物馆所藏姚绶《三绝图册》便展现了他对古人多种面貌的吸收。册中首页作江岸芦荻、夏木垂荫之景。一叶渔舟行于泽中，造型与笔法均仿吴镇（图 2.22）。二页绘两株古松交盘，浅青绿设色，法钱选而兼学宋人。三页以浅绛设色作江岸平远、竹木幽居之景，学惠崇。四页以浅绛设色写二小山，一尖峰，一小丘，笔法、造型均脱胎于赵孟頫《鹊华秋色图》（图 2.23），可知姚绶或曾见过此作。姚绶对赵孟頫的观摩学习，还直接体现在他的其他创作中。《虚斋名画录》中有姚绶《秋江鱼隐图轴》，其中有姚自题：“余晚年酷爱松雪赵承旨画法，近得其《秋江渔隐图》朝夕玩绎，自谓颇有所向入。”③《三绝图册》的五页、六页分

---

① 潘运告主编．明代画论［M］．运告，译注．长沙：湖南美术出版社，2002：25，26．

② （明）张丑．清河书画舫［M］．徐德明，校点．上海：上海古籍出版社，2011：354．

③ （民国）庞元济．虚斋名画录·虚斋名画续录［M］．李保民，校点．上海：上海古籍出版社，2016：424．

别以水墨和浅绛设色法写“一水两岸式”江岸之景，造型与笔法学盛懋一路（图 2.24）。七页以浅青绿设色法作米式云山之景，由元人高克恭上溯米友仁（图 2.25）。八页仍为一河两岸式构图，写高士江畔独钓之景，不离元人意态。这套册页可知，姚绶借助自己的收藏、鉴赏活动，广泛临习了宋元诸家的风格面貌。而他的这种博采众家，融会贯通之举，将对沈周产生很大的影响。

图 2.22 姚绶 《三绝图册之一》
明代 纸本水墨 24.9cm × 120.5cm
上海博物馆藏

图 2.23 姚绶 《三绝图册之四》
明代 纸本水墨 24.9cm × 120.5cm
上海博物馆藏

图 2.24 姚绶 《三绝图册之六》
明代 纸本水墨 24.9cm × 120.5cm
上海博物馆藏

图 2.25 姚绶 《三绝图册之七》
明代 纸本水墨 24.9cm × 120.5cm
上海博物馆藏

此外，姚绶与沈周有直接交往的证据较多。《郁氏书画题跋记》卷六“梅道人秋江独钓图”一条下记载，沈、姚二人曾共同为此作题写诗文，而吴镇正是他们共同学习的画家之一。另外，今藏于故宫博物院的沈周摹黄公望《富春山居图卷》后，也有姚绶亲笔题写的《溪山胜处图歌》并钤盖有姚氏印记多方。姚、沈二人有些作品的题材、风格也有相似之处。如陆时化《吴越所见书画录》记载姚绶《园味图卷》一件，"起首一纸着色，作杂菜数种，后书图说诗跋。又作墨菜一棵，复书数诗，并有注脚，又作水墨芥菜、萝葡二种，复又诗跋"[①]。与他相似，沈周于山水之外，也善写意蔬果。故宫博物院收藏沈周《辛夷墨菜图卷》（图 2.26）就是这类风格的作品。顾文彬《过云楼书画记》也录有《沈周墨花卷》和《三苏生传图卷》两作，特别是《三苏生传图卷》，顾评："石田此卷写笋二、紫茄二，蒂以稻芒束之。又红白二萝葡，绿叶黄芽，妙能肖似，当本玉潭而变通之。"[②] 顾所说的"玉潭"，就是姚绶旧藏《浮玉山居图》的作者钱选，由此可知，姚、沈二人在蔬果题材绘画方面，也应有着某种程度的交流，或有共同的师学对象。

图 2.26　沈周《辛夷墨菜图卷》明代　纸本设色
34.9cm × 58.8cm　故宫博物院藏

---

① （清）陆时化 . 吴越所见书画录［M］. 徐德明，校点 . 上海：上海古籍出版社，2015：137.

② （清）顾文彬，孔广陶 . 过云楼书画记 · 岳雪楼书画录［M］. 柳向春，注解 . 上海：上海古籍出版社，2011：122.

刘珏的鉴藏与创作对沈周的影响

刘珏，字廷美，号“完庵”，生于1410年，卒于1472年，早年为官，五十岁辞官归乡。以书画自娱。无论是居官期间，还是返乡之后，他都与当时的著名文士交往广泛，也接触、收藏了许多古代书画。《清河书画舫》记载：“《寓意编》载……节斋刘公亦藏思训《江山渔乐》卷本，乔仲山故物，有金章宗题签，‘明昌’诸印记。”①又记载“吴宽题高克明《溪山雪意图》，此图刘佥宪（刘珏谥号“佥宪”）得之任太仆”②“刘佥宪廷美藏僧巨然《赤壁》《雪屋会琴》二图，笔法秀润亦复幽深。……又藏高克明《雪霁溪山图》（与前述《溪山雪意图》非同一件），宋秘府旧物，御题玺记俱全”③。此外，刘珏与画竹名家夏昶交往密切，并从夏昶处借阅了元人吴镇的《夏山欲雨图轴》（图2.27），并摹有同名作品传世，是刘珏现存画作中的精品。《清河书画坊》中全文记录了沈周为刘珏这件临本所作的长诗与跋文④沈周此题应书于1505年，在刘珏去世33年之后应其孙辈后代所邀而写。如果将该作与传为巨然所作的《万壑松风图轴》和吴镇（传巨然）《秋山图轴》放在一起比较（图2.28、图2.29），会清楚地看到刘珏在学习两位前辈画家方面取得的成绩，他的山石、树木造型完全得自吴、巨二人的传统，但相对于吴镇与巨然笔墨的昏蒙、厚重，刘珏的笔墨则更多清澈与润泽。此外，庞莱臣《虚斋名画录》中，也记有《明刘完庵仿米南宫风雨山庄图轴》，有刘珏自题诗：“米家一掬烟云水，惟有神微我独知。”⑤可见他于临习米氏云山的画风亦着力不少。

---

① （明）张丑.清河书画舫［M］.徐德明，校点.上海：上海古籍出版社，2011：176.

② （明）张丑.清河书画舫［M］.徐德明，校点.上海：上海古籍出版社，2011：353.

③ （明）张丑.清河书画舫［M］.徐德明，校点.上海：上海古籍出版社，2011：351.

④ （明）张丑.清河书画舫［M］.徐德明，校点.上海：上海古籍出版社，2011：578.

⑤ （民国）庞元济.虚斋名画录·虚斋名画续录［M］.李保民，校点.上海：上海古籍出版社，2016：422.

图 2.27　刘珏　《夏山欲雨图轴》
明代　纸本水墨　24.9cm × 120.5cm
故宫博物院藏

图 2.28　巨然　《万壑松风图轴》
五代　绢本水墨
28.9cm × 130.5cm
台北故宫博物院藏

刘珏现今传世的作品不多，除去摹吴镇《夏山欲雨图轴》外，尚有现藏于苏州博物馆的《烟水微茫图轴》以及收藏于台北故宫博物院的《清白轩图》（图 2.30）。《烟水微茫图轴》中留有沈周亲家徐有贞题诗，《清白轩图》则保存有沈周之父沈恒吉的题诗，这显示刘珏与沈氏家族的交往早在沈周之前即已开始。与《临吴镇夏云欲雨图》相比，这件作品脱去了临仿古人的谨慎、内敛，更多地呈现出画家个人的成熟、自信。山体的造型、皴法和草木用笔程式仍不离吴镇。但相比《夏云》笔力更强，更为抒放自由，山体的造型也更为方硬、有力，显示出更强的主观处理、驾驭画面的能力。刘与沈周父辈之间的交谊，还可见于顾复《平生壮观》的记载："刘珏所作《石湖图卷》得北苑遗意。……又沈贞吉画、诗跋，仿徐幼文，沈恒吉画、诗，仿梅道人。……沈周画，张浩诗跋。"[①] 这或许是刘与沈家两代三人及数位友人雅集，共作诗画并合装一处的产物。刘珏的长子后来成为沈周的姐夫。因为这层关系，刘珏与沈周交往更为密切，他的收藏资源与鉴赏才能也给了沈周更多的帮助。《清河书画舫》记载：沈周收藏范宽的《秋山图》时，就曾邀刘珏掌眼、鉴定："仰间承见示范宽《秋山图》，观其万润林深，笔力苍老，纵横满幅，真有古意，虽未必敢其为亲笔，然善人吾不得而见之矣，但见有恒者斯可矣。敢以是覆之，不识以为何如？若夫论其直，则在乎弃者不识，收者多幸。……并以《八咏图》奉观，不宣。珏端复玉田（沈周早年初号）贤亲待聘。"[②] 书中又提到，前文讲到的刘珏所藏巨然《赤壁》《雪屋会琴》二图，以及高克明的《雪霁溪山》等作，后来都陆续成为沈周的藏品。

图 2.29　吴镇　《秋山图轴》
元代　绢本水墨　24.9cm × 120.5cm
台北故宫博物院藏

图 2.30　刘珏　《清白轩图》
明代　纸本水墨　35.4cm × 92.7cm
台北故宫博物院藏

① （清）顾复．平生壮观［M］．林虞生，校点．上海：上海古籍出版社，2011：365.

② （明）张丑．清河书画舫［M］．徐德明，校点．上海：上海古籍出版社，2011：302.

刘珏学画是在广览古人名迹的基础上，师法元人吴镇并上溯董、巨。这与沈周的审美取向十分契合，与刘珏的交往以及获得刘珏所藏五代、宋人之作，无疑为沈周的学古之路开辟了更广泛的视野。《平生壮观》记载沈周《峦容川色》一件，上有沈周自题："从刘完庵所临，似梅道人笔，而道人又得巨然笔，想原本如此。"[①] 除了吴镇的画风外，沈周还在与刘珏的交往中，对倪瓒的画风有了更多的认识和吸收。现藏巴黎吉美博物馆的刘珏《仿倪瓒山水》和台北故宫博物院收藏的沈周《策杖图轴》（图 2.31）以及中国美术馆收藏的沈周《溪山策杖图轴》（图 2.32），无论在构图和笔法方法均呈现出极大的相似性。在学习倪瓒"一河两岸式"构图的基础上，画面空间更为饱满，墨色更为浓重，用笔更为干涩，笔力更强。这种对于倪瓒画风的吸收和改造还将出现在沈周其他形式的数件作品中。

图 2.31 沈周 《策杖图轴》
明代 纸本水墨 尺寸不详
台北故宫博物院藏

图 2.32 沈周 《溪山策杖图轴》
明代 纸本水墨 尺寸不详
中国美术馆藏

① （清）顾复 . 平生壮观［M］. 林虞生，校点 . 上海：上海古籍出版社，2011：368.

刘珏的鉴藏与绘画创作，在沈周的艺术生命中产生了重要的影响。作为明代前期吴地的著名画家，刘珏与杜琼、谢缙等人依托各自的书画鉴藏与艺术实践，为吴门画派在沈周时代的繁荣奠定了基础。清人顾复曾因此感叹："葵丘（谢缙）长逝，友石（明代初期吴地画家王绂）云亡……南宗画脉，垂垂欲绝。公（杜琼）与完庵砥峙中流，延一线而授之石田。石田摧既倒之狂澜，俾后学复见清明广大气象者，两公力也。"[①]

吴宽的鉴藏以及他与沈周的交往

在沈周同辈的友人中，最重要的一人当数吴宽。吴宽，字原博，号匏庵、玉亭主，生于1435年，小沈周八岁，是明代中期吴地极富影响力的文学家、书法家和收藏家。他所经手的古代绘画作品涵盖各朝各代，且多为名作巨迹。《清河书画舫》记载："南唐周文矩，金陵句容人……严分宜（即严嵩）藏其《倦绣诗意图卷》，吴原博先生故物也。"[②] 又《铁网珊瑚》中记载，宋人名迹《睢阳五老图册》后也有吴宽跋文两处。吴宽经手的古画中，宋元两代文人画名作很多。孔广陶《岳雪楼书画记》卷二著录《米元晖云山得意图卷》，卷后即有吴宽赋诗并跋文，记录此图流传过程："米老此图初藏苕川李振叔，后入严尚书府，今宫保闵公得之。盖严与李同郡，而宫保为尚书外孙，流传有自，而收蓄得所。"[③] 今天收藏于台北故宫博物院的赵孟頫《重江叠嶂图》和故宫博物院所藏赵孟頫《水村图》后，也都有吴宽题写的长诗和跋文。又《清河书画舫》所载高克恭《夜山图》后，有吴宽所题："予北上，道经淮南，过宿故人邵文敬公署，承示房山此卷，爱而题之，成化十五年三月二十八日，吴宽。"[④] 又高克恭《山村隐居图》后，吴宽赋诗并作跋："元仇仁近（仇远，元代著名文士）先生自号山村，高房山尚书因为作此图，今吾僚友尹君舜臣得之

① （清）顾复. 平生壮观［M］. 林虞生，校点. 上海：上海古籍出版社，2011：365.

② （明）张丑. 清河书画舫［M］. 徐德明，校点. 上海：上海古籍出版社，2011：296.

③ （清）顾文彬，孔广陶. 过云楼书画记·岳雪楼书画录［M］. 柳向春，注解. 上海：上海古籍出版社，2011：331.

④ （明）张丑. 清河书画舫［M］. 徐德明，校点. 上海：上海古籍出版社，2011：529.

以示予，为题其后而识之，岁癸卯七月二十二日，长洲吴宽书。”[①] 上述几件作品，多系吴宽应人之邀跋写他人所藏，可见吴在当时的文坛和收藏界颇有名望。吴宽自己的藏品尚有倪瓒《秋林野兴图轴》，吴题七律并跋文：“弘治壬子腊月，子开至京，偶见此图，识为云林真笔也，因购得之，重加裱饰，请予题其上。盖此图破暗已甚，知好者少，其亦可谓遭也，吴宽。”[②] 因为吴宽的文采与鉴识之学，沈周也多请吴宽为其藏品题跋。《清河书画舫》记载：“启南翁藏龙眠画《女孝经》四章，每章龙眠作书，惜不全，吴原博先生为之作跋，见公《家藏集》中，原博暮年募得马和之《风雅八图》亦属启南鉴定。”[③] 可知二人在书画鉴藏方面应多有交流。另外，因吴宽文采超群，沈周的许多作品，如注录于《吴越所见书画录》中的《仿倪云林卷》、著录于《庚子销夏记》中的《松鹤高士图》等，多有吴宽题诗。

李东阳、史鉴、陈璚等人的鉴藏以及他们与沈周的交往

除了吴宽之外，沈周常有交往的收藏家，还有数位同乡或好友，首先是成化至正德年间著名的诗人、朝廷重臣李东阳。李东阳一生过目或经手的书画名迹颇多，今天传世的依旧不少。除《清明上河图》外，尚有虞世南《行草汝南公主墓志》、范仲淹《道服赞》和刘松年《四景山水图卷》（图 2.33）。李东阳曾与吴宽同朝为官，与沈周也多有往来。《清河书画坊》所载《林和靖手柬》后，就有沈周、吴宽、李东阳三人依次书写的诗文。这个顺序应是按年龄排序的结果（沈生于 1427 年，吴生于 1435 年，李生于 1447 年），且三人所作诗均系仿《苏轼题林逋自书卷》旧韵而作，应是三人一同品题、唱和的产物。李东阳还曾应沈周之邀，为其《石田诗稿》作序。沈周的一些得意之作后来也归李所有，《吴越所见书画录》记载《沈石田罨画溪图卷》后即钤有“西涯审定”一印，应为李东阳旧藏之物。

---

① （明）张丑．清河书画舫［M］．徐德明，校点．上海：上海古籍出版社，2011：532.

② （清）孙承泽，高士奇．庚子销夏记·江村销夏录［M］．余彦焱，校点．上海：上海古籍出版社，2011：259.

③ （明）张丑．清河书画舫［M］．徐德明，校点．上海：上海古籍出版社，2011：374.

图 2.33 刘松年 《四景山水图》 南宋 绢本设色 40cm × 69cm 故宫博物院藏

沈周同乡中的另一位较有名望的收藏家是史鉴。史鉴字明古，号西村，二人早年即为莫逆之交，后又结为姻亲。史鉴不仅富于收藏，且为人好客豁达。每有客人拜访，他便取出家中收藏的三代及秦汉器物、唐宋以来的书画名品，与客人一起鉴赏。今天收藏于台北故宫博物院的赵孟頫《疏林秀石图页》（图 2.34）上即保存有史鉴的鉴藏印记。不难推知，沈周在与史鉴的交往中，获观的古书画当不在少数。沈周的另一位同乡好友陈璚也富于收藏。南宋画家米友仁《寓大姚村所书三诗》原本在沈周处，而大姚村正是陈璚的故旧乡里。沈周便将此作赠予陈。陈璚

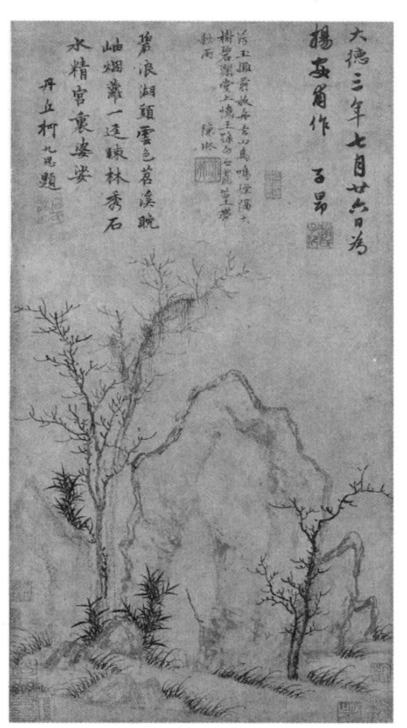

图 2.34 赵孟頫 《疏林秀石图页》 元代 纸本水墨
尺寸不详 台北故宫博物院藏

所藏的与大姚村有关的其他米氏书画，沈周也多有寓目。沈周的一些画作，如《钓月亭图》，也有陈璚参与题咏。

沈周交好的收藏家还有无锡人华埕，别号“尚古生”。文徵明在为其所作小传中说：“尚古尤好古法书、名画鼎彝之属，每并金悬购，不厌而益勤。时吴有沈先生（沈周），号能鉴古，尚古时时载小舟，从沈周先生游。互出所藏，相与评骘，或累旬不返。”[①]

沈周个人的书画鉴藏

沈周的书画鉴藏，除了得益于其家族丰厚的积累与家风传承外，也与他个人广泛结交同好之人，锐意搜求有关。他与史鉴一样有着热情好客的性格，“佳时胜日，必具酒肴，合近局，从容谈笑。出所蓄古物图书，相与抚玩品题为乐”[②]。这样的交流让他几乎遍览吴门地区流传的书画名迹。沈周过目的书画具体情况，在他自著的《客座新闻》《石田集》中均有记录。吴宽的《家藏集》中也多有记载。另有许多信息散见于明清两代的书画收藏著录文献中。这里主要选择其中与沈周绘画风格的形成关系紧密的部分资料来讨论。

沈周的山水画风，基本是由学习元人，上溯北宋、五代一线的文人绘画传统，故而对董巨一脉画家和王维的作品，沈周十分关注。《江村销夏录》所载董源《溪山行旅图》，根据董其昌的跋文可知，即为沈周旧藏之物，沈周还曾摹写此卷并以隶书题写款识。另外，《江村销夏录》中所载王维《万峰积雪图卷》也有沈周所作长诗并跋文：“右丞之笔，神妙非常，时代久远，见亦罕矣。余少于沙溪陈氏获观《云渡图》，盈尺而已，今又于严氏阅此修卷，幸深老年击此于目。”[③]巨然的作品，沈周也有过目。前文已经提到沈周曾从刘珏处获得巨然《赤壁图》与《雪屋琴会图》。《平生壮观》卷七又记载巨然《山寺图》后有吴宽、沈周二人题诗。

① （明）文徵明．甫田集［M］．陆晓冬，点校．杭州：西泠印社出版社，2012：394.

② （明）文徵明．文徵明集［M］．周道振，辑校．上海：上海古籍出版社，2014：175.

③ （清）孙承泽，高士奇．庚子销夏记·江村销夏录［M］．佘彦焱，校点．上海：上海古籍出版社，2011：328.

宋元文人画家的作品中，有不少名迹曾经沈周过目，南宋米友仁的《潇湘奇观图》和赵孟頫《重江叠嶂图卷》后均有沈周作跋。王蒙的画作，沈周过目更多。前文提到，今藏于辽宁博物馆的王蒙《太白山图卷》，即为沈周旧藏。画中以水墨打底，复以浅绛设色的技法风格，后来被沈周运用于他的许多作品，诸如《庐山高图轴》和《东庄图册》中。沈周也曾过目若干吴镇的画作。《平生壮观》所记载吴镇《竹树小景》有沈周、刘珏二人题诗，应是二人一同赏鉴时所写。又《郁氏书画题跋记》卷六、卷七分别记载有吴镇的《水墨册》和《草亭诗意卷》，二作皆有沈周赋诗于后。[①] 前一诗作，表达了对吴镇的仰慕之意，而后一诗作，则强调了吴镇对巨然绘画风格的继承并表达了自己渴望追随巨、吴两人，继承其衣钵的心情。张丑的书中也提道："梅花道人《草亭诗意》卷，画仿巨然僧，纯用淡墨图写……后有沈石田古诗题咏，备述画学源流，攀元提巨，真不诬也。"[②] 此外，沈周对倪瓒、黄公望的作品也接触颇多。除先辈家藏倪瓒画作外，《平生壮观》记载倪瓒《松亭山色》也是经沈周题跋。黄最负盛名的巨迹《富春山居图卷》也曾在沈周处。前文已提到姚绶曾跋写沈周对此作的摹本。沈周在为《富春山居图卷》题写的跋文中写道："今观其画，亦可想见其标致。墨法笔法深得董巨之妙，此卷全在巨然风韵中来，后尚有一时名辈题识，岁月既久脱去，独此画无恙，既翁在仙之灵而有所护持耶？"[③] 仰慕之情溢于言表。

广览历代名家巨迹，特别是宋元以降的文人绘画名作，不但帮助沈周逐渐形成了自己的绘画史观与审美取向，更为他的学画过程提供了不可替代的滋养，这些都在他的作品中得以展现。

沈周在构图方面对古代山水画传统的继承

沈周一生长寿，画作也很多。许多作品中都渗透了他观摩、学习前人作品后的体会，反映了他对各种前代绘画风格融会贯通的能力。

---

① （明）郁逢庆．郁氏书画题跋记［M］．风雨楼排印本，清宣统三年（1911）

② （明）张丑．清河书画舫［M］．徐德明，校点．上海：上海古籍出版社，2011：355.

③ 注：该段跋文附于画卷后，今藏于台北故宫博物院。

前面提到，沈周曾收藏黄公望《富春山居图卷》(图2.35)并精心临摹此卷。

图2.35 黄公望《富春山居图卷》元代 纸本水墨
24.9cm × 120.5cm 台北故宫博物院藏

他的许多长卷式山水作品也都受到《富春山居图卷》的影响。如现藏故宫的《沧州趣图卷》(图2.36)，在狭长的画面上，利用面积和形状不同、大小不一的水面，分割出山体团块布局的松紧、疏密、节奏。这与《富春山居图卷》的构图方式基本是一致的。此外，收藏于上海博物馆的《西山纪游图卷》(图2.37)、《水村山坞图卷》和南京博物院所藏《云林苍润图卷》也都具有与《富春山居图卷》类似的构图模式与疏密布局方法。所不同的是《富春山居图卷》的山体，尖峰往往在画面内部，而沈周的长卷式作品，山体的顶峰往往冲出画面上边缘，形成类似于近距离特写式的效果，拉近了观众与景物之间的距离。

图2.36 沈周《沧州趣图卷》明代 纸本设色
30.1cm × 400.2cm 故宫博物院藏

图 2.37　沈周 《西山纪游图卷》 明代　纸本水墨
28.6cm × 867.5cm　上海博物馆藏

沈周的另一些手卷还对米友仁的布景方式有所借鉴。现藏上海博物馆的《西山云霭图卷》（图 2.38）和故宫的《西山雨观图卷》就是例子。《西山云霭图卷》右侧的画面起首段景物布置和前后空间关系，与故宫所藏米友仁《潇湘奇观图》（图 2.39）的布景结构十分相似。而《西山雨观图卷》（图 2.40）的山体与点景树木、房舍的掩映关系，也与《潇湘奇观图》（图 2.41）有类似之处。另外，沈周还有若干沿用宋元绘画中“一河两岸”式构图的作品，如藏于故宫的《京江送别图卷》（图 2.42），实际上也是近似于宋代流行的“待渡”题材作品的常见构图。

图 2.38　沈周 《西山云霭图卷》 明代　纸本水墨
24.9cm × 120.5cm　上海博物馆藏

图 2.39　米友仁 《潇湘奇观图》 南宋　纸本水墨
19.8cm × 289.5cm　故宫博物院藏

图 2.40　沈周　《西山雨观图卷》局部　明代　纸本墨笔
25.2cm×105.8cm　故宫博物院藏

图 2.41　《潇湘奇观图》局部

图 2.42　沈周　《京江送别图卷》　明代　纸本设色
28cm×159.2cm　故宫博物院藏

沈周的立轴式作品中常见的构图有两类：一是学习传统的元人立轴作品，作峰峦重叠、山重水复之景。布景往往较为繁密。这与他长期浸淫于王蒙的画风不无关系。例如收藏于故宫的《仿董巨山水图轴》（图 2.43），虽名为“仿董巨”，但山体之间的蹊径、滩涂的萦绕形态与空间的繁密层次实则与王蒙相通。这一点，只要参看王蒙《花溪渔隐图轴》《夏日山居图轴》和《夏山高隐图轴》即可明白（图 2.44、图 2.45）。二是沈周的许多作品中，对元人倪瓒和吴镇笔下常见的立轴式“一河两岸”式构图多有应用。但正如高居翰在《江岸送别》一书中所提到的，沈周与他的师友刘珏，在借鉴倪瓒构图时，对其进行了很大的改造。首先，倪瓒的隔岸远景往往是平坦的沙渚、小丘，而沈、刘两人画中的隔岸远景，相对而言更为高耸，占据更多的空间。其次，倪瓒画面中的空阔感在沈、刘二人的作品中并不明显，因为增高并加密了近景的杂树和堤岸结构并放大了远景的体感，刘、沈画面中的构图相对于倪而言显得复杂、拥挤得多。

图 2.43　沈周《仿董巨山水图轴》
明代　纸本水墨　24.9cm × 120.5cm
故宫博物院藏

图 2.44　王蒙《夏日山居图轴》
元代　纸本水墨　26.5cm × 118.5cm
故宫博物院藏

图 2.45　王蒙　《夏山高隐图轴》　元代　绢本设色
63.5cm × 149cm　故宫博物院藏

实际上，如果再对比杜琼所作《天香深处图轴》(高居翰在《江岸送别》一书中曾引用此图，但藏地不详)，就会发现明人对元人山水构图的改造，从杜琼时代就已经开始。《天香深处》所用的是典型的倪瓒"一河两岸"式构图，但更熟悉王蒙面貌的杜琼在处理这一构图时，一方面放大了远景的体量，加高了山体。另一方面对近景的空间关系安排得更为繁密、复杂，并利用画面边角部分的堤岸形状和滩涂、竹篱的走势，强化了空间结构的曲折蜿蜒感。总之，他将自己对王蒙画面空间的理解，应用到了倪瓒的构图中，形成了新的空间布局形态。沈周和刘珏一起继承并发展了杜琼对倪瓒构图的改造方式。除了前文提到的《策杖图轴》和《溪桥策杖图轴》外，故宫所藏的《为惟德作山水图轴》以及收藏于辽宁博物馆的《魏园雅集图轴》都呈现出类似的空间布局特征(图 2.46、图 2.47)。这集中反映了明代画家在继承元人基础上的创新探索。

图 2.48　沈周 《庐山高图轴》
明代　纸本设色　193.8cm × 98.1cm
台北故宫博物院藏

图 2.49　王蒙 《青卞隐居图轴》
元代　纸本水墨　141cm × 42.2cm
上海博物馆藏

烈转动节奏的山体造型，在元代四家的作品中可谓绝无仅有。而《庐山高图轴》中同样出现了这种山体团块造型向左右方向交错扭动，蜿蜒盘旋上升的节奏感，只是具体指向略有不同。另外，《青卞隐居图轴》中的坡脚滩涂造型也几乎被沈周原封不动地复制到了《庐山高图轴》(图 2.50、图 2.51) 中。二图的另一个相同之处是笔墨皴法。《青卞隐居图轴》是王蒙个性化特征最强的"解索皴""牛毛皴"出现最多的作品，因在行笔拖动中捻动笔杆而形成"气实而笔虚"的松动肌理 (图 2.52)。这种肌理也出现在《庐山高图轴》中。不同的是，沈周并非完全依靠长线条笔触的"捻笔"处理而模拟王蒙的肌理，许多时候，他是依靠将皴笔的线条变短变碎，来营造山体"草木蓊郁"的松毛感 (图 2.53)。但和王蒙一样，沈周的皴笔也是用水分较少的"渴笔"，叠加出水墨气息饱满淋漓的画面肌理。这是他学得王蒙笔法精髓的表现。除了《庐山高图轴》外，前面提到的《仿董巨山水轴》也是沈周学习王蒙笔墨皴法的典型例子。在这件作品中，沈周运用渴笔而作润泽之韵的功力更为深厚，对王蒙的笔墨特点也有了更为精深的把握和理解。

图 2.50 《青卞隐居图轴》局部

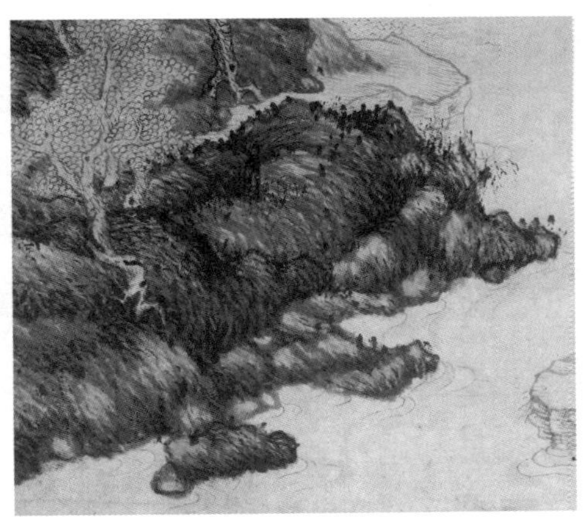

图 2.51 《庐山高图轴》局部

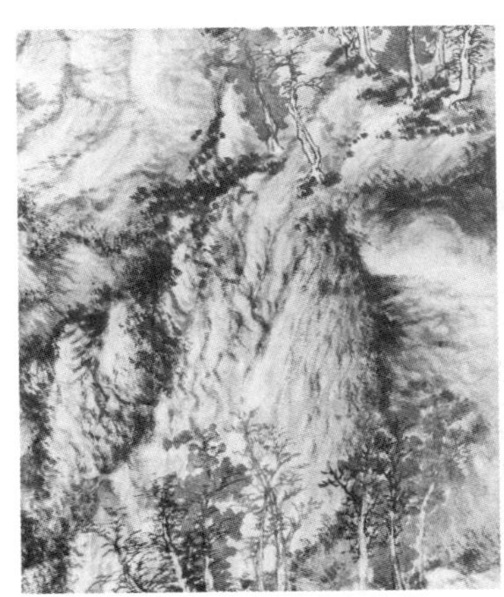

图 2.52 《青卞隐居图轴》局部

图 2.53 《庐山高图轴》局部

在学习倪瓒方面。除前面提到的《策杖图轴》和《溪桥策杖图轴》外，故宫所藏沈周《溪山晚照图轴》也较有代表性。这件作品无论构图还是具体的笔法程式，都来源于倪瓒。但五十九岁的沈周在这件作品中，并没有亦步亦趋地跟随倪瓒。除了对倪瓒原有构图特点的改造外，沈周将王蒙画中的一些因素（诸如山顶的“矾头”式结构和坡脚处圆润、错落的土丘）引入画中，显示这时的沈周已经有了合诸家体貌而为自己所用的能力。另外，对倪瓒画中典型的“横卧式”点苔用笔，沈周也有自己的理解和处理方式。倪的横点用笔源于其书法，以楷法写出。通常呈现笔迹左侧为尖端，而右侧墨迹稍淡，左实右虚的效果。而沈周仿倪风格的作品中，点苔虽也用横点，但因多用旧笔，且晚年笔力愈强，笔迹两端多呈方硬形态，更多起笔和收笔时的顿挫节奏感和力度。且枯笔、渴笔较多。一笔中的干湿变化要比倪更明显。加之沈周点苔多用重墨甚至焦墨，他的画面相对于习惯保持灰色调的倪瓒，更具有较强的视觉冲击力。总之，沈周的作品在审美趣味上与倪瓒有更大的差异，尽管他会用倪瓒的构图，或是乍看上去与倪相似的笔法去作画，但精微之处的对比却能反映出他们之间的明显不同。

黄公望是沈周学习的另一个重要人物。沈周《庐山高图轴》《魏园雅集图轴》和《仿董巨山水图轴》中的“断崖式”山岩形态（图 2.54）（图 2.55），都会让人联想到黄公望的《天池石壁图轴》《快雪时晴图卷》中的山体造型（图 2.56、图 2.57）。另外，黄公望《富春山居图卷》中的山峦

图 2.54 《庐山高图轴》局部

图 2.55 《魏园雅集图轴》局部

形象特征，也能在沈周的许多长卷式作品，诸如《京江送别图卷》中找到。黄公望的一些描绘杂树的笔法程式，也被沈周吸收并运用到自己的画中。如南京博物院所藏《云林苍润图》中某些局部的树木画法，夹杂在整幅作品仿习倪瓒的整体气息之中，要仔细审视才能辨别出。

图 2.56　黄公望　《天池石壁图轴》
元代　绢本设色　139.4cm × 57.3cm
故宫博物院藏

图 2.57　黄公望《快雪时晴图卷》局部
元代　纸本水墨　29.7cm × 102.6cm
故宫博物院藏

吴镇是元四家中沈周晚年最为心仪的一位，但此时的沈周更倾向于在一幅画中杂糅多人的笔法程式和造型而自成一家。其中典型的代表是收藏于故宫的《卧游图册》（图 2.58、图 2.59）。在这套作品中，多件画作都呈现出杂糅各家的面貌。或是在运用王蒙的浅绛设色技法的同时，杂以米式云山的横点式润泽用笔；或是以吴镇式的粗大笔触配以宋人小品绘画的空间关系和景物设置；或是杂糅宋元不同风格的杂树画法于一幅。总之，这套册页展现了沈周灵活驾驭各种前代传统风格、技法的能力。除册页外，前面讲到的几件手卷式作品，诸如《水村山坞图卷》《京口送别图卷》以及《京江送别图卷》都呈现出他晚年调和吴镇与王蒙画风而形成的独特皴法。相对于《庐山高图轴》中繁密的皴笔，晚年作品的皴笔笔触变得简洁，而线条也更短促、更为粗重且力度更大。在松毛、浑厚的质感中又透露出轻松放逸的自如和书法功力。有些作品中，更多短促、犀利的小线条皴笔。笔力强而行笔迅疾，与前文提到的姚绶《三绝册》中所模仿的吴镇作品有相通之处。

图 2.58　沈周　《卧游图册之二》
明代　纸本设色　37.3cm × 27.8cm
故宫博物院藏

图 2.59　沈周　《卧游图册之四》
明代　纸本设色　37.3cm × 27.8cm
故宫博物院藏

另外，在过去的绘画史观念中，沈周是典型的元代文人画风的继承者，与南宋以马远、夏圭为代表的院体画风并无太大的关系。但事实并非如此。如果审视沈周作品中的许多细节，如《京口送别图卷》（图 2.60、图 2.61）中渡船的细腻描绘方式，《京江送别图卷》（图 2.62）中的近景杂树的画法，不难发现这些精致的细节描绘都与李唐、马夏的画风有关（图 2.63、图 2.64、图 2.65）。尤其不应忽视的是，沈周的藏品中也不乏南宋院体的佳作。如张丑《清河书画舫》记载：“夏圭《溪山无尽图》匹纸所画，其长四丈有咫，笔墨皆佳，精彩焕发，神物也。旧藏石田先生家，后归陈道复氏。”[①] 可见，是沈周收藏、过目书画的丰富，促成了他

① （明）张丑．清河书画舫［M］．徐德明，校点．上海：上海古籍出版社，2011：504.

博采前人众长的学古方式，使他不会拘于某家某派的门户之见。

图 2.60　沈周 《京口送别图卷》 明代　纸本墨笔　30cm × 125.5cm　上海博物馆藏

图 2.61 《京口送别图卷》局部

图 2.62 《京江送别图卷》局部

图 2.63　夏圭 《溪山清远图卷》
局部　南宋　纸本水墨
尺寸不详　台北故宫博物院藏

图 2.64 李唐 《江山小景图卷》局部 南宋 绢本设色
尺寸不详 台北故宫博物院藏

图 2.65 夏圭 《溪山清远图卷》局部 南宋 纸本水墨
尺寸不详 台北故宫博物院藏

沈周的书画鉴藏活动与他的绘画艺术成就相辅相成，共同造就了沈周在明代中期吴地画坛和鉴藏界的执牛耳之位。他对吴门画坛的后学，特别是对文徵明的巨大影响，为吴门画派在他身后的持续繁荣奠定了重要基础。

第三小节 文徵明的书画鉴藏对其绘画风格的影响

在探讨了沈周的书画鉴藏活动对其艺术的影响后，本部分将讨论书画鉴藏活动对他的后学文徵明的绘画产生的影响。

文徵明生于1470年。此时的沈周刚刚于两年前完成他的代表作《庐山高图轴》，正在钻研元人画风的道路上不断获得新的突破。此时的吴门画坛，经历了由谢缙、杜琼，再到刘珏、沈周数代人艺术风格的延续，已经在继承元代四家画风的基础上，法古开新，日渐呈现繁荣局面。文氏从青少年时代起与包括沈周在内的书画家、鉴藏家的来往，对他艺术生命的滋养十分重要。

文徵明与沈周的交往

沈周是文徵明的前辈中，对其影响最大的人之一。文徵明之父文林与沈周是好友，《郁氏书画题跋记》卷十记载，沈周《有竹居图卷》后，即有文林所跋诗文。弘治二年（1489），十九岁的文徵明第一次结识了沈周并观看沈周作《长江万里图》。沈周收文徵明为徒，使他经常有机会观摩沈周的作画过程。《过云楼书画记》记载《沈石田缥缈峰图卷》，有如下文字："消夏湾踞西洞庭最佳处……中间主峰是为缥缈，白沙翠岩，天然图画，蔡氏自南宋至明，环湾而居，故石田翁于成化已亥既为中父画《天绘楼图》，载入《清河书画舫》，至弘治甲子，复为九逵（蔡羽，吴地书法家，沈周门生，文徵明好友）作此图……足推海内第一。繇（此字应有误）当时为九逵作画，有子畏、徵明怂恿其间，七十老翁当时遂高兴成此绝诣。"[①]除了观看沈周作画外，文徵明还从沈周的作品中接触了许多前代画家的风格面貌。《过云楼书画记》记载沈周《临黄子久深山曲坞图卷》便经文过目。卷后有文徵明所书七律诗十二行。《吴越所见书画录》记载，沈周《仿唐宋元六大家卷》尾纸上也有文徵明书七绝诗句："石田诗律号精成，老去还应掩画名。世论悠悠遗钵在，白头惭愧老门

① （清）顾文彬，孔广陶.过云楼书画记·岳雪楼书画录［M］.柳向春，注解.上海：上海古籍出版社，2011：114.

生。”[①]《辛丑销夏记》所载《元王孟端墨竹小幅》也曾是沈周藏物，后入文徵明之手。文徵明在跋文和诗句中记录了他对故去恩师的怀念：“落日怀人渔子沙，凄然长笛不胜嗟。风流未泯看遗墨，造物无情感故家。有竹庄中时咏雨，玉兰花底尽分茶。十年陈迹千年梦，人事推迁岂有涯。偶阅石田先生故物，不胜流落之感。因次原韵如此。渔子沙，先生所居地名，有竹庄、玉兰花，皆其家所有也。时正德十四年己卯，去先生之卒十有一年矣。五月望前一日，契家子文徵明记。”[②]文徵明对沈周的敬仰与尊崇也影响了他的子侄后辈。前文提到的《沈周仿唐宋元六大家卷》，后来成为文徵明之子文嘉的收藏。而文嘉、文彭兄弟二人的名字，也是拜沈周所赐。文嘉在此卷后书写的跋文中记道：“嘉六七岁时，石田先生至舍，先君请命之名。先生云：‘彭、嘉二字俱从士。’盖以文士期吾兄弟耳。今七十余年，偶览此六图，因漫及之。若先生风神清朗，飘飘若仙之韵度，则至今犹在目睫也。万历戊寅秋九月，后学文嘉题，并赋诗云：忆为童子事逢迎，藜杖萧然步履轻。白发题诗图画后，命名期不负先生。”[③]《江村销夏录》中所著录沈周《韩锦衣园林六景图》后，也有文彭所书跋文：“右石田先生画册六幅，盖为韩襄毅公之子锦衣君作……予寓京师，偶尔得之，喜不自胜，坐卧必观，殆忘寝食。昔嘉弟藏有石田画册每以诧余，余将归而夸之，不能自秘。汝所一见，遂豪夺而去，盖其好又有甚于余者，因思楚弓之义，更不必论其在彼在此也。题归之汝所，谨藏不可更为人豪夺也。”[④]

追随沈周习画的经历，不仅让文徵明画技精进，也使他有机会了解

---

① （清）陆时化．吴越所见书画录［M］．徐德明，校点．上海：上海古籍出版社，2015：82.

② （清）吴荣光．辛丑销夏记［M］．陈飒飒，校点．上海：上海古籍出版社，2015：218.

③ （清）陆时化．吴越所见书画录［M］．徐德明，校点．上海：上海古籍出版社，2015：82.

④ （清）孙承泽，高士奇．庚子销夏记·江村销夏录［M］．余彦焱，校点．上海：上海古籍出版社，2011：317. 关于《江村销夏录》所记载此作的真伪问题，徐邦达先生曾讲道：“此册画笔浮薄，款书亦不佳，定出后世临摹，文跋并伪。”但又提道：“又周二学《一角篇》记载一册，在四明林氏半角草堂。沈画、文跋均同上述之本。笔墨精劲而具拙趣，设色浓丽古艳，比《江》本稍有不同，艺术水平高得多，应是真迹。文彭跋亦真。其后更有周二学一跋，未及移录。”可知沈周当年确有此作，也确曾为文彭兄弟所藏。只不过《江村销夏录》著录者为临本，而四明林氏所藏为真迹。

众多古人画风，开阔视野，积淀学养。这也为文氏家族在沈周身后接掌吴门画坛奠定了基础。

文徵明与无锡华氏家族的交往

柯律格在《雅债》一书的"家族"一章中提到了文徵明为无锡人华钦所撰写的《华府君墓志铭》，而华钦所属的"锡山华氏"也是文徵明交往密切的一个大收藏家族。文徵明与文嘉、文彭兄弟父子两代都与这个大家族来往频繁。特别是与华夏、华云的交往，是文徵明的书画鉴藏活动中的重要部分。

华夏，字中甫，生于1494年，小文徵明二十四岁，家中广蓄历代书画名迹，并以自己的斋号"真赏斋"为名，刊刻、编纂了《真赏斋法帖》，在江南地区的收藏界闻名遐迩，其中不乏如蔡襄《十七帖》这样的精品。关于"真赏斋"中的藏品具体情况，文徵明为其所作《真赏斋图序》一文中提供了许多信息："真赏斋者，吾友华中甫氏藏图书之室也。中甫端静喜学，尤喜古法书图画……至于藻槛所注，神情所钟，性命可轻，头目同宝，则有钟元常《季直表》，贞观之所藏也，王右军《袁生帖》，祐陵之所眷题也，颜鲁公《刘中使帖》及《朱巨川诰》，宣和之所谱藏也……"[①]在接下来的篇幅里，文徵明列举了约四十件书法绘画的名单，许多作品今天依然存世。如颜真卿《刘中使帖》、郭忠恕《雪霁行江图》、黄庭坚《经伏波神祠诗卷》《诸上座帖》《李白忆旧游诗卷》、王蒙《青卞隐居图轴》等。

文徵明父子与华氏交往的许多书信至今存世，其中一些就涉及邀请文氏父子为华家的藏品"掌眼"鉴定，或书画收藏信息。如文彭致华夏的信中有如下文字："近日此间一友，用钱二百，收得柳公权书《兰亭诗》，前有祐陵题签，后黄伯思跋，丝绢上书，裱作册子，亦是宋内府物。今已将梨木草草刻成，尚未完。先寄一纸去，亦可以见天地奇物，流传世间，但有造化者乃得之也。"[②]除了遍览"真赏斋"中的巨迹之外，

① （明）郁逢庆．郁氏书画题跋记［M］．风雨楼排印本，清宣统三年（1911）．

② 盛诗澜．新发现文氏父子致华家手札价值略论［J］．书法，2013（10）．

文徵明还经常为华氏的藏品书写题跋。如《郁氏书画题跋记》中所记载华夏藏《淳化祖石刻跋》即有文书写跋语："余生六十年阅淳化帖不知其几，然莫有过华君中甫所藏六卷者。尝为考订，定为古本无疑。"[①]

书画酬赠也是文、华两家交谊的重要形式。文徵明一生曾两次为华夏作《真赏斋图》并题写有长篇序言，二作现今分别藏于国家博物馆和上海博物馆。另一件重要的作品是收藏于美国大都会博物馆的文徵明《玉兰花图卷》（图 2.66）。该图作为横卷式，描绘盛开玉兰花一树，画芯有文徵明署题："嘉靖己酉三月，庭中玉兰试花芬馥可爱。试笔写此。徵明。"[②] 后附另纸有文徵明写给华云（号补庵，字从龙）的信札。信中有"玉兰拙笔？然上不宣，徵明顿首补庵先生"[③] 之句，落款在三月十七日，从画中署款"已酉三月"来看，应是画成不久便送与华云的。后又附裱有这次寄信的封头一纸，上有"简奉，小画一笺同上，补庵郎中先生收，徵明顿首再拜"[④] 之句。

图 2.66　文徵明　《玉兰花图卷》　明代　纸本设色
27.9cm × 133cm　美国大都会博物馆藏

《虚斋名画录》著录的文嘉《二洞纪游图册》，也与华云有关。册后有文嘉跋语："嘉靖乙丑，与袁永之同为张公、善全二洞之游，中途邂逅补庵，遂方舟而进，每遇会心处辄留连觞咏，归舟各补小图，以纪胜览，逮今甲辰八月，始克点染成帙，盖转瞬十六年矣，补庵命记岁月，以见

---

① （明）郁逢庆 . 郁氏书画题跋记［M］. 风雨楼排印本，清宣统三年（1911）.
② 注：该段跋文附于画卷中，今藏于美国大都会博物馆。
③ 注：该段跋文附于画卷后，今藏于美国大都会博物馆。
④ 注：该段跋文附于画卷中，今藏于美国大都会博物馆。

胜游之难，而良会之不数也，因书以识感。是岁八月九日，文嘉休承书于嘉莲堂。”[①] 与文嘉的跋语一同装裱在画册中的，还有华云所书《游宜兴二洞诗叙》。文中提道：“己丑十二月乙亥，偕吴门文仲子休承、袁秋官永之，与塾师倪师原暨少儿诚，始至善权，又明日丁丑至张公……洞之胜或未有极，而吾所自适多矣。”[②] 这件画作也是文、华两家间交谊的重要物证，后文还将详谈。

文徵明与都穆、朱存理的交往

都穆，字玄敬，长文徵明十一岁。是与文徵明同乡的另一位书画收藏家和金石学家。他对于文徵明而言可算叔辈。文徵明曾在其为都穆的一篇诗论所撰写的序言中说：“余十六七时，喜为诗，余友都君玄敬实授之法。”[③] 根据柯律格掌握的史料显示，文的诗论序言作于都穆谢世（1525）之后，说明时年已五十五岁的文徵明对都穆仍心怀感激。都穆本人的古书画收藏颇多，其中不乏如李公麟《君臣故事》这样的名手佳作。其自著《寓意编》一文，记录了他经手或过目的大量古书画收藏、流传信息，是研究明代中期吴地书画收藏历史的重要资料。这些书画应多经文徵明过目。其中记载的某些作品对文徵明也有影响。比如赵孟頫《袁安卧雪图卷》，文徵明就曾有临仿之作。

除了都穆外，文徵明与另一位长自己二十六岁的前辈收藏家朱存理交情深厚。朱存理一生绝意仕途，终生过着布衣平民的生活。少年时代曾求学于杜琼，长于诗文，与朱凯（字尧民）合称“二朱先生”。朱存理虽不嗜积蓄财富，却喜好收藏书法名画。《清河书画坊》记载，他藏有米芾手书《摹黄庭经》卷，这件作品后来辗转归于沈周。此外，朱还热衷于观看其他藏家的藏品并记录这些见闻。文徵明与朱的交往可见于诸多文献。如《虚斋名画录》所载，张灵与文徵明合作《鹤听琴图》后，即

---

① （民国）庞元济．虚斋名画录·虚斋名画续录［M］．李保民，校点．上海：上海古籍出版社，2016：726.

② （民国）庞元济．虚斋名画录·虚斋名画续录［M］．李保民，校点．上海：上海古籍出版社，2016：722.

③ ［英］柯律格．雅债：文徵明的社交性艺术［M］．刘宇珍，邱士华，胡隽，译．北京：生活·读书·新知三联书店，2012：53.

有朱存理所题五言律诗。另据柯律格书中提供的史料，文徵明在 1511 年作有诗文《冬日杨仪部宅燕集会者朱性甫、朱尧民、祝希哲、邢丽文、陈道复及余六人，分韵得酒字》。这个长题中所说的“朱性甫”就是朱存理。朱存理的墓志铭也是文徵明所作，收录于《甫田集》中，作为文徵明对这位“先友”的纪念。

文徵明与其他收藏家的交往

除以上提到的数位收藏家外，文徵明交往的书画藏家还包括他的书法老师李应祯，其父生前好友吴宽、沈周之子沈云鸿和无锡富商安国等人。

李应祯，初名甡，字应祯。后改字为贞伯，号“范庵”，生于 1431 年。早在沈周主盟吴地画坛的时代，李就是吴门地区书画鉴藏界的权威之一。他与文氏一门的交往自文林时代就已开始。文林在其所作《南京太仆少卿李公墓志铭》中便讲到李应祯购拓前代名贤画像及金石碑刻，可谓“不厌勤劇”。文徵明自少年时代便随李应祯学习书法，自然于李的书画鉴藏学识和能力也多有熏染。李的藏品，文也应多有寓目。文、李二人曾一同观看书画收藏的例子也可见于《郁氏书画题跋记》。该书卷一中“淳化祖石刻跋”一条后附有文徵明跋文：“早来左顾匆匆，不获款曲甚丑。承借颜公帖……右颜鲁公刘中使帖，徵明少时尝从太仆李公应祯观于吴江史氏（应即史鉴），李公谓鲁公真迹存世者，此帖为最。徵明时未有识，不知其言为的。及今四十年，年逾六十，所阅颜书屡矣，未有胜之者。”[①] 可知文氏曾从李应祯处获得过不少古书画鉴赏方面的培养，这让他受益终身。

文徵明家族与吴宽的交往由来已久。除了早年曾跟随吴宽学习诗文外，文徵明还为吴宽的诗作配写图画并附题诗文。这首名为《补先师吴文定公诗意图》的作品，也收录于《文徵明集》中。另外，据《辛丑销夏记》记载，文徵明为一位名德成（姓氏不详）的孝廉作《高树栖鸦图

① （明）郁逢庆 . 郁氏书画题跋记［M］. 风雨楼排印本，清宣统三年（1911）.

轴》时，吴宽也为之题诗。[①]

另一位不能不提及的藏家是沈周之子沈云鸿。因为与沈周的师徒关系，文徵明与沈云鸿相交甚厚。根据柯律格考证："文徵明于 1531 年见到一件王羲之书作，忆及三十多年前在沈云鸿一家见过。"[②] 又提道"沈云鸿喜欢对访客亲自展示其收藏，并常自比宋人米芾"[③]。因为这样，我们不难推测，文徵明对他的藏品应也看过不少。文还称赞他"江以南论鉴赏家，盖莫不推之也"[④]。

文徵明时代与之交好的藏家，还有与华氏同为无锡人的安国。安国别号"桂坡"，是当时的无锡巨富，喜好书画收藏。其藏品常邀文氏鉴定，如他收藏的《赵子昂、仲穆、彦征三人画马图合卷》，即有文徵明跋文，署款时间应在 1532 年春。

文徵明的书画鉴藏与他的绘画艺术的联系

除了结交众多收藏家外，文徵明自己一生经手或过目的古书画也不胜枚举。从《甫田集》中所收录的古书画跋文、诗篇和部分明清人编著的古书画著录文献中的信息来看，文氏收藏或过目的古书画不仅数量多，且涵盖各个朝代的各种风格流派。以绘画论，既有如赵孟頫、高克恭、李公麟这样的文人画家的作品，也有如赵伯驹、马远、马和之这样的院体画家的画作。沈周的古书画鉴藏，虽也是涵盖多代多种风格流派，但其主体仍是以元四家为主的文人绘画。他的创作也以师法元四家并上溯前代为主。而文徵明的绘画风格则更倾向于杂学各家，这或许也和他接触到的古代画作风格更为繁多有关。

① （清）吴荣光．辛丑销夏记［M］．陈飒飒，校点．上海：上海古籍出版社，2015：265.

② ［英］柯律格．雅债：文徵明的社交性艺术［M］．刘宇珍，邱士华，胡隽译．北京：生活·读书·新知三联书店，2012：32.

③ ［英］柯律格．雅债：文徵明的社交性艺术［M］．刘宇珍，邱士华，胡隽译．北京：生活·读书·新知三联书店，2012：32.

④ ［英］柯律格．雅债：文徵明的社交性艺术［M］．刘宇珍，邱士华，胡隽译．北京：生活·读书·新知三联书店，2012：32.

文徵明对赵孟頫家族绘画风格的学习

《甫田集》中的题跋目录显示：在文徵明过目的众多书画中，赵孟頫家族的作品占有相当大的比例，且题材十分广泛。涵盖山水、鞍马职贡、兰竹和花鸟不同种类。

赵孟頫的各种绘画题材中，以兰竹、竹石题材对文徵明影响尤大。文氏对赵氏兰竹、竹石题材的学习，还旁及赵孟頫族兄赵孟坚和其同代画竹名家高克恭、柯九思，后学王绂等人。故宫博物院藏文徵明《临赵孟頫兰石图卷》是文氏学习赵氏兰石画风的典型例证。画中描绘坡石一方，数茎幽兰在右，一棵新篁在左。画芯左边有文自书跋语："偶阅松雪翁画兰石本，漫临一本，真可发笑也，徵明。"[①] 从画中的用笔风格来看，拳石的画法，恰与同为故宫所藏赵孟頫的《秀石疏林图》用笔方式相同。另外，故宫藏有赵孟坚《墨兰图卷》（图 2.67）一件，卷中地坡的笔触也是典型的"飞白"书式用笔。画后有数位明代吴地画家的跋文，其中第一位就是文徵明。画芯钤盖有文氏印记多方，除了"停云"朱文圆印、"文徵明印"白文印和"惟庚寅吾以降"朱文印外，还有"文寿承印"朱文印一方，属文徵明之子文彭，这说明此作很可能是文氏家族两代的藏品。如果将赵孟坚《墨兰图卷》、赵孟頫《秀石疏林图》和文徵明仿赵之作品并置对比，可以清楚地看到三者在笔法上的相似和传承关系。除《临赵孟頫兰石图卷》外，故宫博物院尚有文徵明《三友图卷》（图 2.68）和《竹兰图卷》。从笔法上看，后两件作品比前面那件临仿之作用笔更为轻松放逸，摆脱了学习前人的拘束，更多地融入了个人的理解和书法趣味。在《吴越所见书画录》所载《文衡山五友图卷》中，文徵明书有这样的跋文："昔子固尝图松竹梅，谓之三友，余又加以幽兰、古柏，足成长卷，惜一时漫兴。观者当于骊黄之外，求之可也，徵明。"[②] 这段跋文也显示了文徵明在兰竹题材作品创作的审美取向上追随赵孟坚的选择。

---

① 注：该段跋文附于画卷中，今藏于故宫博物院。

② （清）陆时化．吴越所见书画录［M］．徐德明，校点．上海：上海古籍出版社，2015：258.

图 2.67 赵孟坚 《墨兰图卷》局部 南宋 纸本水墨
34.5cm × 90.5cm 故宫博物院藏

图 2.68 文徵明 《三友图卷》 明代 纸本设色
26.1cm × 475.5cm 故宫博物院藏

除了兰竹、竹石题材外，赵孟𫖯的山水画也是文徵明师学的重要对象。《吴越所见书画录》著录有《文衡山仿赵松雪水村图卷》一作，后有文自作跋文："居生士贞以佳纸请余为横幅小景，适有人以赵魏公《水村图》见示，秀润可爱，因用笔意写此……嘉靖癸卯九月既望，徵明识，时年七十有四。"[①] 又《辛丑销夏记》卷五载有《明文待诏仿鹊华秋色卷》

① （清）陆时化. 吴越所见书画录［M］. 徐德明，校点. 上海：上海古籍出版社，2015：235.

一件。画作署款:“嘉靖丁已五月既望。徵明时年八十有八。”[①]卷后有董其昌跋文:“余家所藏《鹊华秋色》卷,乃其学摩诘致佳笔,此衡山拟其意,杂以赵令穰,皆一家眷属也。”[②]《鹊华秋色》今存台北故宫博物院,其画卷左端和后花绫隔水后尾纸分别有“文寿承氏”“文彭之印”和“三桥居士”三印,属文徵明之子文彭。可知此作曾为文彭所藏,文徵明曾过目此作的可能性很大。而《水村图》上目前并无文氏家族任何人的印鉴与跋语,这也可能是因为如文氏摹本的跋语中所说:“居生士贞以佳纸请余为横幅小景,适有人以赵魏公《水村图》见示。”是在偶然场合下看到,故未及题跋或钤印。

文徵明对王蒙画风的临仿和学习

对于生活在明代中期的文徵明而言,他对王蒙画风的师学有赖于一条重要的渠道,即通过观摩包括业师沈周在内的吴地前辈画家的画作上溯王蒙画风。文氏曾题跋沈周所作《临王叔明小景》,他在跋文中称赞沈周“已脱去家习,上师古人,有所临摹,辄乱真迹”[③]。另外,文对沈周的几位老师的作品也多有接触,而这些人的画风也不同程度地与王蒙有关。如谢缙曾于洪武年间以自己的斋号“深翠轩”为题作图,并遍求当时的名士作跋,后结集成册。文徵明于正德十三年(1518)得到了这件作品,并将其中散佚画作部分补全。而通过谢缙现存的《东原草堂图轴》等作品看,他的画风就是师学王蒙为主。杜琼是沈周的老师中另一个学习王蒙的人,他的两件作品《陟屺图卷》和《南村别墅十景册》都经过文徵明题跋。顾文彬书中对杜琼此作有如下描述:“南村翁与王叔明并为赵文敏外孙……而东原复为其子继南作《别墅十景》……纪南有自题及匏庵(吴宽)跋语……其前又有杨君谦(杨循吉)、文衡山、周嘉胄、朱道子四跋……笔墨之精,洵是上承黄鹤,下启白石。”[④]除了接受来自师辈的熏

① (清)吴荣光.辛丑销夏记[M].陈飒飒,校点.上海:上海古籍出版社,2015:272.

② (清)吴荣光.辛丑销夏记[M].陈飒飒,校点.上海:上海古籍出版社,2015:273.

③ (明)文徵明.甫田集[M].陆晓冬,点校.杭州:西泠印社出版社,2012:287.

④ (清)顾文彬,孔广陶.过云楼书画记·岳雪楼书画录[M].柳向春,注解.上海:上海古籍出版社,2011:106.

陶外，文氏自己对王蒙的画作也多有寓目。前文提到：他在华云的真赏斋中过目的藏品就包括王蒙的代表作《青卞隐居图轴》。他也会向友人搜求王蒙画作来临习。如上海博物馆所藏《文徵明致明甫札》中即有“向曾奉告，欲借王叔明《剑阁图》一临，回时幸分付检借，区区绝不敢损失也”之句[①]。可见，文氏对学习王蒙的画风倾注了极大的热情。

文徵明对前代青绿山水画风的吸收

前面谈到，赵孟頫对元代文人画革新运动的贡献之一，就是打破了宋代文人画主要以水墨材料作画的单一取向，将唐宋以来的青绿设色画风引入文人画领域，实现了贵族阶层的审美趣味与文人士夫审美趣味的结合。两宋的青绿山水画风也因此成为一些后代文人画家的仿学对象。文徵明时代，苏州地区的收藏家群体中也有不少这类风格的古画流传。如张丑《清河书画舫》中记载：“江阴葛惟善旧藏赵千里《明皇幸蜀图》……都玄敬先辈载之《寓意编》，今转属太原王氏矣。”[②]书中又记载：“赵千里《三生图》小本。在韩存良太史家，吴原博有跋，见《家藏集》中。”[③]都穆的《寓意编》中记载吴中地区类似风格的作品也有：“常熟刘以则家藏有《小李将军落照图》，宋秘府物。”[④]“赵子昂《秋江待渡图》长幅青绿，旁细书官衔云‘为叔固公摹（李叔固也）’上有张伯雨诗。”[⑤]文徵明对这类风格的作品也多有寓目。根据《郁氏书画题跋记》中摘录的《真赏斋赋并序》，文氏在真赏斋过目的作品中就包括一件赵伯驹的设色山水小图和赵孟頫的青绿设色名作《秋郊饮马图》。另外，柯律格《雅债》一书中，在谈及文徵明与好友钱同爱的交往时提道，“1548年（钱同爱去世前一年，时年七十四岁）两人还一同欣赏南宋画家赵伯驹的《春

① 注：该信札今藏于上海博物馆，曾于2017年9月展出。

② （明）张丑.清河书画舫［M］.徐德明，校点.上海：上海古籍出版社，2011：492.

③ （明）张丑.清河书画舫［M］.徐德明，校点.上海：上海古籍出版社，2011：494.

④ （明）文徵明.文待诏题跋·寓意编·书画史［M］.卢金声，徐益之，胡文楷，校对.上海：商务印书馆，1939：5.

⑤ （明）文徵明.文待诏题跋·寓意编·书画史［M］.卢金声，徐益之，胡文楷，校对.上海：商务印书馆，1939：6.

山楼台图卷》”[①]。

文氏的画作中，以重青绿设色面貌呈现的，多为横幅手卷。如藏于故宫的《兰亭修禊图卷》（图 2.69），以重青绿设色，画于金笺纸上。该作在赵伯驹青绿设色技法的基础上，调和了南宋院体与元代文人画风。文徵明的精细风格作品中，常有以细笔描绘园居题材，佐以青绿设色的风格面貌。如故宫所藏《东园图卷》（图 2.70）、藏于上海博物馆的《真赏斋图卷》（图 2.71）以及藏于辽宁博物馆的《浒溪草堂图卷》（图 2.72）等。卷中普遍做精细描绘庭台园居，建筑形式与描绘方式多法南宋界画楼台类作品，并配以淡青绿、赭石，呈现出设色明艳而不失文雅的审美情趣。这种园林题材青绿绘画在明中期之后的吴门画坛流传广泛。文徵明的后辈，如文嘉、文伯仁、文震孟，以及他的学生钱榖、陆治等人皆有类似风格面貌的作品传世。文徵明的重青绿设色作品中尺幅最大的一件，是现存于台北故宫博物院的《仿赵伯骕后赤壁赋图》（图 2.73），画作以苏轼《后赤壁赋》所述情景为线索绘制。按署款作于嘉靖戊申年，即 1548 年，文氏时年七十八岁。根据拖尾纸上文徵明之子文嘉于壬申年所书跋文，赵伯骕原作本归吴中一人士收藏。后有权贵欲得之以献贿高官，主人难以割舍，文徵明则劝其割爱以避祸，并为他绘制这一摹本以留存念。按后接王穉登一跋的说法，那位权贵行贿的对象应为严嵩，但根据文嘉于隆庆戊辰年（1568）所撰《钤山堂书画记》记载：他于嘉靖乙丑年（1565）前往清点严嵩府中抄没书画时，清单中并无赵伯骕所作《后赤壁图》，但有赵伯驹《后赤壁图》一件。这可能有两个原因，一是如文嘉自己在《钤山堂书画记》一文中所说：“当时漫记数目以呈，不加详别。”[②]以至有错讹。二是可能赵伯骕之作，后来不知因何流出了严府，故而抄检时不在清单内。文嘉《钤山堂书画记》一文中，在赵伯驹《桃源图》一条下注有：“大约与伯骕所做不甚相远，盖当时画院中每一图必

① ［英］柯律格．雅债：文徵明的社交性艺术［M］．刘宇珍，邱士华，胡隽，译．北京：生活·读书·新知三联书店，2012：60.

② （明）张丑．清河书画舫［M］．徐德明，校点．上海：上海古籍出版社，2011：330.

令诸人互作，皆以御书系其后耳。”① 台北故宫博物院藏文徵明摹本后的文嘉跋语中也说：“《后赤壁图》乃宋时画院中题，故赵伯骕、伯驹皆常写，而予皆及见之。”② 可知二赵可能皆有此作传世。这种一题多作、一稿多本的情况，后文还将详谈。

图 2.69　文徵明《兰亭修禊图卷》明代　金笺设色
24.2cm × 60.1cm　故宫博物院藏

图 2.70　文徵明《东园图卷》明代　绢本设色
32cm × 126.5cm　故宫博物院藏

① （明）张丑．清河书画舫［M］．徐德明，校点．上海：上海古籍出版社，2011：336.
② 注：该段跋文附于卷末，今藏于台北故宫博物院。

图 2.71　文徵明《真赏斋图卷》明代　纸本设色
36cm×107.8cm　上海博物馆藏

图 2.72　文徵明《浒溪草堂图卷》明代　纸本设色
26.7cm×142.5cm　辽宁博物馆藏

图 2.73　文徵明《仿赵伯骕后赤壁赋图》明代　绢本淡设色
541.6cm×31.5cm　台北故宫博物馆藏

文徵明的鉴藏活动，不仅影响了他的绘画表现语言与风格面貌，也在很大程度上影响了他的作品题材与其中所蕴含的思想感情。而且，由于他的长寿以及其身后众多的子侄、学生对其书画艺术的继承与推崇，使他的画风不仅在相当长的时间里成为文氏家族后辈（如文嘉、文彭兄弟和文伯仁、文震亨等人）学习的对象，更成为其身后众多吴门画家（如陆治、钱榖、陈淳、周之冕等人）效法的典范。从某种程度上，文徵明的画风在他身后，通过其后人与后学的继承、吸收与发扬，成为吴门画派后期具有代表性的风格面貌。但是，他杂学宋元诸家，像他的老师沈周一样，从更久远的历史传统中获得新灵感的学古途径，却未能被后来多数的吴门画家继承。这在某种程度上又为“吴门画派”日后的衰落埋下了伏笔。后文有关章节中，还将详细探讨这一历史现象。

第二节 元明时期的私人书画鉴藏活动对民间职业画家创作的影响

第一小节 宋代民间职业绘画的兴盛

早在宋代，商业的兴盛就已带动了城市文明与市民文化生活的繁荣，也催生了普通市民阶层的艺术品消费行为。面向普通市民的书画市场也趋于活跃。史料显示，很多北宋画家原本只是在民间受雇作画或在街市上售卖自己的作品，后因技术精湛而被上层社会人士赏识，甚至有机会进入宫廷成为御用画家。刘道醇《圣朝名画评》记载：“高益，本契丹涿郡人，太祖时遁来中国。初于都市货药，有来赎者辄画鬼神犬马藉药与之。得者惊异。有孙四皓者，广延艺术之士，益往客之，为礼甚厚。益亦画《鬼神搜山图》一本以酬其意。岁初复画《钟馗》一轴以献……尝于四皓楼上画《卷云芭蕉》，京师之人摩肩争玩……孙乃神宗近戚，进益前所画《搜山图》，上叹赏移刻，遂待诏图画院。”① 高益受贵戚赏识而入宫后，又举荐了其他与自己经历类似的民间画家：“燕文贵，吴兴人，隶军中，善画山水及人物。初师河南郝惠，太宗朝驾舟来京师，多画山水人物，货于天门之道。待诏高益见而惊之，遂售数番辄闻于上，且曰：‘臣奉诏写相国寺壁，期间树石非文贵不能成也。’上亦赏其精笔，遂诏入图画院。”② 北宋中期著名宫廷画家许道宁，早年也有与高益相似的经历：“许道宁初市药于端门前，人有赎者则必画树石兼与之，无不称其精妙。由此有声，遂游公卿之门，多见礼待。相国张文懿公令道宁画其居壁其屏风等，文懿深加赏爱，作歌赠之。”③

① 潘运告主编 . 宋人画评［M］. 云告，译注 . 长沙：湖南美术出版社，1999：13.

② 潘运告主编 . 宋人画评［M］. 云告，译注 . 长沙：湖南美术出版社，1999：51.

③ 潘运告主编 . 宋人画评［M］. 云告，译注 . 长沙：湖南美术出版社，1999：61.

上述史料说明，在古代的中国社会，对出身于社会底层人群的民间画家来说，存在着一条较为有效的成功之路。这就是凭借个人的专业素质，通过某种展示机会获得上层社会人士的认可。借助与上层人士的交往，逐步提升在本领域的社会声望，甚至最终成为在绘画史上产生一定影响的画家。

第二小节　胡廷晖与收藏家赵孟頫的交往对其绘画创作的影响

关于胡廷晖与赵孟頫交往的文献记载

关于胡廷晖本人的信息，史料较少。考其生地应为吴兴人，与赵孟頫系同乡，也与赵孟頫同时。元人张羽《静居集》卷三提到他“得钱但供酒家需，时复纵博为欢娱”[①]。可知其生活方式、生活情趣与文人画家有别。

《静居集》所载《胡廷晖画》一诗后记中提道：“赵文敏公（赵孟頫）家藏小李将军《摘瓜图》，历代宝之者。尝倩廷晖全补。廷晖私记其笔意，归写一幅质公。公大惊赏乱真，由此名实俱进，故诗及之。”[②] 可知胡擅长修复古旧书画的技艺，曾为赵孟頫修补其家藏李昭道《摘瓜图》，并因此得到赵氏的赏识提携。张羽诗中说：“魏公家藏摘瓜图，妙笔奚翅千明珠。胡一见之神顿苏，以指画肚潜临摹。”[③] 即指此事。

这段史料涉及几个问题。一是李昭道《摘瓜图》是否曾经为赵孟頫所藏。二是赵得此图之时，是否有可能见到胡廷晖并请他修补。

关于赵孟頫过目、收藏《摘瓜图》的文献记载

故宫博物院藏有赵孟頫《致季宗元札》一通，内容涉及赵当时在古书画收藏市场上的一些见闻：“近见张萱《横笛仕女》，金御府题。凡五人，精神明润，远在乔仲山《鼓琴仕女》上。又李昭道摘瓜图，思陵

---

① 陈高华编著．元代画家史料［M］．上海：上海人民美术出版社，1980：534.
② 陈高华编著．元代画家史料［M］．上海：上海人民美术出版社，1980：534.
③ 陈高华编著．元代画家史料［M］．上海：上海人民美术出版社，1980：534.

题（思陵为宋高宗庙号），真迹神品，绢素百破。山头水纹用笔圆劲，树木皆古妙。人物面如渥丹，马绝骏伟，世间神物也。破处皆绍兴间填补……”[①]据考，此札系赵孟頫任济南路总管府同知一职时所书。查赵孟頫于1292年出任济南路总管府职务。1295年请辞官职回归吴兴老家。可知该信札应作于1292年至1295年之间，信中描述的所目睹古书画，应是在大都或济南的见闻。而且，信中提到的张萱作品有金御府题；李昭道作品上有宋高宗题；韩幹作品有宣和题。这些宋金时期的御府书画大部分都伴随其政权的灭亡进入元内府。即使有流散，也多在北方。另外，根据《烟云过眼录》中记载：赵孟頫乙未年（1295）从大都归来后，曾将他所收购的古书画出示给周密观看，其中有“李思训摘瓜图宣和题”一件。

综合几处史料分析，赵孟頫很可能在写下《致季宗元札》前后买下了那件“思陵题小李将军《摘瓜图》”并带回了吴兴，但周密书中将该作错记为李思训所画。而胡廷晖也很可能就是在赵孟頫于1295年回到吴兴后见到这件东西，并为其做修补工作的。

胡廷晖《春山泛艇图》与《摘瓜图》《明皇幸蜀图》的关系

另外，关于《摘瓜图》这个名字的来历，这里需要详细说明一下。宋人叶梦得在《石林避暑录话》中记载：“《明皇幸蜀图》李思训画，藏宗室汝南郡王仲忽家。余尝见其摹本，方广不满二尺，而山川、云物、车辇、人畜、草木、禽鸟，无一不具。峰岭重复……宣和间，内府求画甚急，以其名不佳（涉及安史之乱，王朝倾颓之事，不祥），独不敢进。明皇作骑马像，前后宦官、宫女，导从略备。道旁瓜圃，宫女有即圃采瓜者，或讳之为《摘瓜图》。”[②]按照叶梦得的说法，《摘瓜图》就是《明皇幸蜀图》。而且《宣和画谱》所载北宋内府藏画，在李昭道名下确有《摘瓜图》一作。但实际上，只要仔细读一下《宣和画谱》中“李昭道”一节里关于“摘瓜图”一词的解释就会发现，它与“明皇幸蜀”之事并无联

---

① 注：该信札曾于2017年秋在故宫博物院展出。

② （宋）叶梦得．石林避暑录话［M］．明代项德棻宛委堂刻本．

系，叶梦得所记很可能只是一种并不符合史实的传闻。但在叶梦得之后，这种说法普遍被后世藏家接受。于是《摘瓜图》就长期成为《明皇幸蜀图》的别称。

图 2.74　胡廷晖　《春山泛艇图》
元代　绢本设色　143cm × 55.5cm
故宫博物院藏

台北故宫博物院藏有传为李昭道所作《明皇幸蜀图》一幅，但此作绢素完好。并非如赵孟頫在《致季宗元札》中所说“绢素百破”，且并无宋高宗（思陵）题记。故目前学界多认为此作为后代摹本。而该作与胡廷晖的关系，要靠与另一件故宫藏画《春山泛艇图》（图 2.74）对比来说明。

《春山泛艇图》原系旅美收藏家王季迁旧藏。1984 年，故宫研究员杨新在美国的王氏家中见到此作。王、杨二人当时一致认为，它与台北故宫博物院藏《明皇幸蜀图》（图 2.75）画风有关。后杨新在画幅右侧破损处发现“廷晖”残印一处，结合对已知历代画家姓名线索考证，断定此作系胡廷晖所作。杨新认为，二图画风的关联，说明台北故宫博物院藏《明皇幸蜀》可能为胡廷晖摹制。1989 年秋，王季迁将《春山泛艇图》捐赠故宫。笔者曾亲见此作。的确如杨新所说，画中的山石造型和青绿设色技法均与台北所藏《明皇》一图相似。二图皆用沉实有力的中锋用笔勾出山体轮廓，而后不加皴擦用笔，以青绿石色敷染。而且，二作中的矿物质色彩保存情况也较为接近。

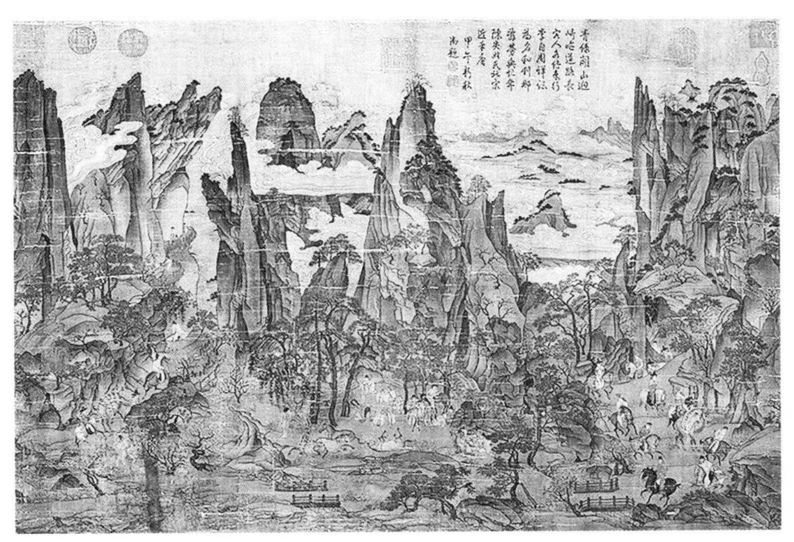

图 2.75 （传）李昭道《明皇幸蜀图》 唐代　绢本设色
55.9cm × 81cm　台北故宫博物院藏

这些对比中显示出的相似性，结合张羽有关胡廷晖曾修补、临摹《摘瓜图》的记载，说明胡廷晖当时所修补、临摹的那件古画与台北藏（传）李昭道《明皇幸蜀图》画面内容一致（只不过，受到宋人叶梦得传记中说法的影响，这幅被认为是表现“明皇幸蜀”之事的图像，在元代时，仍然顶着“摘瓜图”这个事实上与画作内容并无任何关系的名字）。而且，考虑到台北故宫博物院这幅《明皇幸蜀图》绢素完好，且并无宋高宗题记的情况，它很可能不是当年赵氏所购原件，而是摹本，甚至不能排除它就是胡廷晖所摹之本。而胡廷晖个人的画风，很可能在一定程度上受到了他所修补的李昭道作品的影响，《春山泛艇图》就是这种影响的产物。

关于胡廷晖的民间画工身份及其绘画风格的文献记载

根据目前为数不多的，有关胡廷晖的史料，例如为赵孟頫修补古画的行为，以及张羽诗中“画师我识吴兴胡”的称呼，可以推断他属于民间的画工、画师一类手艺人，而非具有较高文化修养的文人画家。《春山泛艇图》的某些画面特征似乎也可以验证这种推断。与钱选、赵孟頫、倪瓒等文人画家通常在画中署题诗句的做法不同，《春山》并无题字，也无署款签名，仅有一枚标识作者名字的印章。根据杨新的研究，这也是元代到明初的民间职业画师的常见习惯。另外，元代夏文彦的《图绘宝鉴》一书记载“孟玉涧、吴廷晖，皆吴兴人。画青绿山水、花鸟，虽极精密，然未免工气”[①]的句子，其中的“吴廷晖”应为“胡廷晖”的相近发音产生的讹误。其中“未免工气”的评价，很可能也从侧面反映了胡廷晖的民间职业画工身份。

除了这次为赵氏补图的经历。胡廷晖的绘画还零星散见于其他文献中。顾复《平生壮观》中著录有胡廷晖作品三件。其中“《水墨山水》一幅，属款至正壬寅”[②]，但仍无署名。有徐贲、曾旭、陈叔谦、赵澂诗题。查徐贲与《静居集》作者张羽为好友，他与倪瓒、王蒙一样曾被张士诚政权招揽。张氏政权灭亡，徐贲与张羽一起避居吴兴，他为胡廷晖作品题跋，或许也与张羽有关。书中又录《青山绿水》一件，顾评：“林树郁葱，云烟重沓，宛然松雪之遗法。”[③]这似乎再次印证了张羽诗题中“公大惊赏乱真，由此名实俱进”的说法。也就是说，与赵孟頫的接触的确影响了胡的绘画风格。但顾复随后又说他“不能虚灵，难脱浙派气习者”[④]。这很可能与夏文彦在《图绘宝鉴》中说他“虽极精密，然未免工气”的意思相近，指他没有完全摆脱“画工”的绘画风貌。胡廷晖与赵孟頫生活的吴兴地区属南宋故地，除了文人画风，这里也有源于南宋宫廷的马夏一派绘画风格流传。日后的“浙派”也是由宗法马夏画风的民间画家中衍生而来的，胡接触过类似画风并受到影响并不奇怪，但元代的文人画家或评论家多不喜南宋院体，故而对胡也有“未免工气”的批评。

综合以上各种史料，大致可知胡廷晖的画风很可能同时受几种因素影响。一是吴兴当地的民间绘画风格的影响（与明代所谓的“浙派”有关）；二是赵孟頫画风的影响；三是他所临摹的古代绘画的影响，属于各种流派面貌杂糅的状态。他与赵孟頫交往并为之补图的史实，代表了传

① （元）夏文彦．图绘宝鉴［M］．北京：中华书局，1985：27.
② （清）顾复．平生壮观［M］．林虞生，校点．上海：上海古籍出版社，2011：312.
③ （清）顾复．平生壮观［M］．林虞生，校点．上海：上海古籍出版社，2011：313.
④ （清）顾复．平生壮观［M］．林虞生，校点．上海：上海古籍出版社，2011：313.

图 2.46 沈周 《为惟德作山水图轴》
明代 纸本水墨 24.9cm × 120.5cm
故宫博物院藏

图 2.47 沈周 《魏园雅集图轴》
明代 纸本设色 145.5cm × 47.5cm
辽宁博物馆藏

沈周在笔墨、造型方面对古代山水画传统的吸收

在沈周的山水画创作中，无论是笔墨技法，还是画面造型、设色等因素，都贯穿“学古”“摹古”“仿古”的观念。但在不同的作品或创作阶段中，具体的侧重对象不同。

沈周早年主要接触的是王蒙的笔墨风格与造型特点。这在他四十一岁时所作《庐山高图轴》（图 2.48）中即可看出。如果将《庐山高图轴》与王蒙《青卞隐居图轴》（图 2.49）并置比较，会发现《青卞隐居图轴》中的许多特点都在《庐山高图轴》中得到了继承。其中最明显的就是山体造型的运动感。《青卞隐居图轴》中的山峰自画面中段向上呈现出“S”形的蜿蜒扭动，左右盘旋形状，最终尖峰指向画面左上方。这种具有强统社会中的民间画家取得成功的一种典型模式：通过与上层社会的知名画家、藏家的接触，获得赏识并开阔艺术视野，达到“名实俱进”。在他身后，一个叫仇英的苏州人还将复制他的成功道路。

第三小节　仇英与收藏家的交往对其绘画创作的影响

仇英时代的私人收藏活动及书画市场的繁荣

仇英的具体生卒年份，目前尚无确凿史料证据可考。大约生于弘治年间（1488 年至 1505 年），卒于嘉靖年间（确切生卒年有三种结论：周道振认为仇生在弘治十三年（1500），卒于嘉靖三十一年（1552）。而徐邦达考证后则认为仇生于弘治十五年（1502），卒于嘉靖三十一年（1552）。另有学者推测仇生于成化十八年（1482），卒于嘉靖三十八年（1559）。其具体的家庭出身也不详，但普遍认为应为太仓地区普通百姓人家。

仇英生活的时期，以苏州为核心的吴门地区，无论是书画收藏活动还是书画创作，都呈现出繁荣的局面。叶康宁《风雅之好》一书中谈到当时市场上专门从事书画、古董交易的“阅市”又称“阅肆”，所举例子中有故宫博物院藏《上元灯彩图》，描绘万历到天启年间南京元宵节灯市。根据杨新研究：“图中关于书画有专卖店，也有杂陈于其他古董中者；有时人所画，也有古旧书画。时人作品都悬挂起来，如今天的展销会。”[①] 这样的店铺与贸易，在仇英创作的活跃期，也是普遍存在的。生当这样的经济、社会与文化环境，对于仇英和以他为代表的众多民间职业画家而言，既是赚取财富的良机，也是开阔视野，提高个人画技的契机。

仇英与文徵明的交往对其绘画艺术的影响

仇英从一个无名的民间画工，到成为留名画史的名家，与他有机会和同时代的众多知名画家、收藏家交往有关。而这些人中对仇英最有影响力的人之一，便是文徵明。他也是目前已知的，仇英较早接触的前辈

---

① 杨新．杨新书画鉴考论集［M］．北京：文物出版社，2010：85.

图 2.76　文徵明　《湘君湘夫人图轴》
明代　纸本设色　100.8cm × 35.6cm
故宫博物馆藏

画家与收藏家。

文徵明对仇英的影响是多方面的。首先，在与文徵明的交往中，仇英得以接触其收藏的古代绘画，并由此提升个人绘画水平。故宫藏有文徵明《湘君湘夫人图轴》（图 2.76），画中王穉登一跋提道：“少尝侍文太史，谈及此图。云使仇实父设色，两易纸皆不满意，乃自设之。”[1] 这件作品是文徵明根据赵孟頫作品创作的，故仇英在应文徵明要求作图设色时，应也接触过赵氏的原作。而且，仇英在两次设色过程中，也应得到了文徵明的指导。按文嘉在画中所题，文徵明作图时四十八岁，在正德十三年（1518）。按周道振考证仇英生于 1500 年或 1502 年来推算，这时的仇英只有十几岁，其绘画水平应尚不高。文徵明在指教仇英习画之余，也有收藏他作品的情况。林家治《仇英评传》提到，上海博物馆所藏仇英《梧竹书堂图轴》即为仇英为文徵明绘制。《吴越所见书画录》中也著录有仇英《婴儿捉蝶图》，钤有“玉兰堂图书记”一印，应为文氏旧藏。另外，文献显示，文徵明和仇英还多有合作的情况。《清河书画舫》记载：“汪邻

[1] 注：该跋文附于画中，故宫研究员肖燕翼认为此图或为伪作，是根据另一件已失传的文徵明作品临仿。

儿藏明贤画本，凡百幅。其最佳者莫如沈启南《乔松峭壁图》……其次则文、仇合作《仙山楼阁》，徵仲主树石平远，实父主界画人物，精细之极。”[①]《平生壮观》又载仇英《书经图》：“纸低卷，四尺许。比丘馈茶乞书经，居士倒执笔以回顾童子，神情宛然，数松成林，什物楚楚。又衡山小楷《心经》，休承、右海、寿承诗题，王弇州、麟洲诗。”[②]查台北故宫博物院与美国克利夫兰美术馆均藏有仇、文合作《赵孟頫写经换茶图》卷。此事的起因是昆山收藏家周凤来因感念家藏赵孟頫书写《心经》已佚，遂延请文徵明书写《心经》，由仇英补图。克利夫兰美术馆版本系纸本设色，卷后有文嘉、文彭兄弟书跋，并有周凤来收藏印两枚，推测即为《平生壮观》书中所载之作。台北故宫博物院版为绢本，材料与记载有出入。且两卷相较，克里夫兰版本比台北本更为细致、生动，书法也更佳，故推测台北故宫博物院版本应为后人仿制。

其次，与文徵明的交往大大提高了仇英在吴门书画家群体中的声望，与文徵明熟识的藏家往往延请仇英为其作画。同时，因文徵明的提携、引荐，仇英的许多画作后往往有著名的文人为其作跋。他也得以有机会参与一些吴门书画家集体雅集合作书画的活动。较典型的例子是文徵明携好友、弟子、子侄为亲家袁袠所藏沈周《江南春词》作和，并由仇英为之补图。《虚斋名画录》卷三著录此作：“引首为陈鎏书，后接仇英画，纸本设色，亭台楼阁，松竹溪山，柳暗花明。两人策骑，一仆担榼于后。”[③]画中书款：“仇英实父为永之先生补图。”后接沈周、文徵明、王宠、文彭、王榖祥、文嘉、彭年、黄姬水、张凤翼诸人唱和诗句。末段为袁袠、袁表书跋：“家永之藏石田先生《江南春词》，乃追和胜国倪迂者，清新怡婉，不失作者之意。实父过见，复以丹青传之，使江南名山胜景一展卷恍如在目中，而永之又力征名人遍和。夫风物佳丽，莫过江南，诸公摹情写景，足了当年一段佳话。披玩之余。率尔如韵，不敢附

① （明）张丑．清河书画舫［M］．徐德明，校点．上海：上海古籍出版社，2011：750.

② （清）顾复．平生壮观［M］．林虞生，校点．上海：上海古籍出版社，2011：381.

③ （民国）庞元济．虚斋名画录·虚斋名画续录［M］．李保民，校点．上海：上海古籍出版社，2016：166.

前贤后也。宝华山人袁表识。”[①] 至于文徵明友人、弟子为仇氏画作题跋的例子则更多。如《吴越所见书画录》记载：仇英曾为文徵明好友华云摹写传为元人冷起敬所画《蓬莱仙弈图》[②]，图前引首为文徵明所书。后接仇英画作。后附文彭抄录张三丰于永乐年间书于冷起敬原迹后的跋文以及祝允明、张凤翼二家跋文。张凤翼跋文中提道：“曩华秋官过余，观《仙弈图》，爱玩不忍去手，因出澄心堂纸，请仇实父临之。复托二文先生摹其跋与诗，装潢成卷，乃请太史公（文徵明）题其端。自以为得叔敖于优孟，面中郎于虎贲矣。”[③] 通过与诸多收藏家的合作，仇英不但提高了个人的声誉，而且有机会接触到许多藏家的古书画收藏资源。这为他深厚的摹古功底打下了基础。而他从古画中学得的技法、形象、构图也将应用在他日后的创作中，并对其他后来者产生影响。

仇英与项元汴家族的交往对其绘画创作的影响

除文徵明外，为仇英提供赞助与学习机会的最重要收藏家，应数嘉兴项氏家族。

仇英为项家所绘制的最早一件作品留下了明确记录。《清河书画舫》附录《真迹日录》载有：“仇实父画项荩臣（讳忠）《劳贤图》，前后凡十三段，全法宋名家。惜其仅画一人一家之事，故不为世所知。其品实出《中兴瑞应图》上，人物山水、旗帜军容，种种臻妙。”[④] 查项忠，字荩臣，明正统七年（1442）进士。生于1421年，卒于1502年。卒赠太子太保衔，谥号：“襄毅”。时任内阁首辅李东阳作有其神道碑铭。项忠之弟名项质。史载其“不求仕进，以孝友克家，德被乡里”[⑤]。其长子项纲生子

① （民国）庞元济．虚斋名画录·虚斋名画续录［M］．李保民，校点．上海：上海古籍出版社，2016：171.

② 据顾文彬考证，冷起敬原作应为伪作，其具体论述见于（清）顾文彬，孔广陶．过云楼书画记·岳雪楼书画录［M］．柳向春，注解．上海：上海古籍出版社，2011：144.

③ （清）陆时化．吴越所见书画录［M］．徐德明，校点．上海：上海古籍出版社，2015：319.

④ （明）张丑．清河书画舫［M］．徐德明，校点．上海：上海古籍出版社，2011：675.

⑤ 杨丽丽．天籁传翰：明代嘉兴项元汴家族的鉴藏与艺术［M］．台北：石头出版股份有限公司，2012：29.

项铨，项铨通过经商致富。项铨妻室二人，嫡室陈氏生长子项元淇，侧室颜氏生项笃寿、项元汴。至元淇、笃寿、元汴三兄弟时，项家积累财富雄厚。三兄弟皆热衷于书画、古籍收藏，尤其与文徵明父子交往密切。

关于仇英如何与项家发生最初的交往，画史和方志上并无明确的记载。鉴于文氏父子与项家来往密切，或许曾经过文氏推荐。根据今天留下的史料看，三兄弟中首先聘请仇英作画的应是项元淇（他是三人中的长子，延请仇英为先人项忠的事迹作画，也很可能是由他出面的）。仇英的《桃村草堂图轴》（图 2.77）系为项元淇所绘。画芯左侧有仇英署款“仇英实父为少岳先生制”。“少岳”即项元淇之号。图中描绘崇山叠嶂，峻岭溪桥。一茅堂掩映于山林之间。近岸溪畔有桃花临水盛开。松荫之中一白衣高士缓步走来。近处板桥上，一童子手捧装满卷轴的包裹，正赴草堂。远处溪畔，另一童子正临池洗砚。这件《桃村草堂图轴》后来归于项元汴之手，画中有项元汴小字“季弟元汴敬藏”一款，并钤盖“墨林山人”印。该作的构图布局，后来又被仇英运用到其他多幅作品中。

图 2.77 仇英 《桃村草堂图轴》
明代 绢本设色 150cm×53cm
故宫博物院藏

项家三兄弟中对仇英帮助最多的当数项元汴。清人吴升的《大观录》

中说“仇英馆饩项氏十余年”[①]。这期间项元汴向他订购了若干绘画作品。从现存史料看，仇英至少为项元汴绘制过两件肖像。一件著录于《江村销夏录》，“绢本，大斗方。重青绿作桃花春景，岩中两人对弈。墨林正面趺坐，一童子挈古铜瓶汲溪中，仰观飞雀，意态生动”[②]。画中题字：“为墨林小像，写玉洞桃花万树春，仇英制。”[③]这件作品的立意很可能受到了《桃村草堂图轴》的影响，仇英作此画时，《桃村》或许已经成为项元汴的藏品。至于岩中两人对弈的形象，或许与传冷起敬《蓬莱仙弈图》有关。据林家治书中介绍，项元汴的藏品中包括冷谦（冷起敬）的作品。而《吴越所见书画录》中的记录显示：仇摹冷氏画作的拖尾又有“项子京家珍藏”一印。故笔者推测林家治书中说的项收冷谦之作，很可能就是《蓬莱仙弈图》。它或许是从张凤翼家流出后才进入项家的。而仇英为华云所作的那件摹本，后来也为项元汴所得，真本、摹本合藏一处。仇英为项元汴所作另一件肖像著录于《平生壮观》，名为《墨林高逸》，“中幅绢，绛色。墨林对镜端立，婢女领小子隔槛弄雪，雪里芭蕉一株，云是右丞遗法”[④]。

项元汴为仇英提供的最大帮助，是给了他大量观摩、临习古画的机会。现存台北故宫博物院的仇英《临宋元六景册》（图 2.78）和上海博物馆的《临宋人人物花鸟册》都是这一时期完成的。《临宋元六景册》分别以“高峰远湖”“云山楼阁”“山坳田舍”“关山渔舍”“松林村落”“竹篱压雪”为题，描绘六页构图、意境各异的景致。浅青绿设色，用笔精致而不失轻松。上海博物馆的《临宋人人物花鸟册》，则展现了他细腻的画面处理手法以及把握古人作品精神状态的能力。本册共十五页，由仇英摹项氏所藏若干宋人小品摹本组成。有趣的是：其中几件作品的原迹，

---

① （清）吴升．大观录［M］．影印华东师大图书馆藏武进李氏圣译楼铅印本，民国九年（1920）．

② （清）孙承泽，高士奇．庚子销夏记·江村销夏录［M］．余彦焱，校点．上海：上海古籍出版社，2011：372.

③ （清）孙承泽，高士奇．庚子销夏记·江村销夏录［M］．余彦焱，校点．上海：上海古籍出版社，2011：372.

④ （清）顾复．平生壮观［M］．林虞生，校点．上海：上海古籍出版社，2011：382.

图 2.78　仇英　《临宋元六景册》　明代　绢本设色
29.2cm × 47.1cm　台北故宫博物院藏

今天依然存世，这为人们比较仇英的摹本与原迹，从而了解他的摹古观念与摹古手法提供了机会。可资对比的第一页（图 2.79）是摹（传）王诜《晓镜梳妆图页》，原作现藏台北故宫博物院（图 2.80）。仇对这件作品的临摹基本上忠实于原作，只是在个别服饰、物品的设色上做了调整。如左侧主仆二人中，女主人的上衣由朱红改为宝蓝。右侧床榻上山水屏风底座改为与四边框一样的朱红。梳妆台平面的四边改为朱红。右侧女性的丝绦改为朱红。总体来看，摹本比原作增加了冷色块的面积，但以宝蓝、朱红作为画面主要对比色未变，加上摹本中白色块会更新更亮，整个画面相对于原作的古旧、沉着，更趋明亮、素雅。第二页（图 2.81）是摹《松涧山禽图页》，原作藏于故宫（图 2.82）。与宋人原件相比，仇英的摹本在树石形体的勾勒上，用笔更趋于平缓而少提按、顿挫，墨色对比也较原作有所减弱。本幅与原作区分较大之处，在于原件的松针团块的汁绿渲染边缘消失自然，且前后空间拉开浓淡层次，而摹本则处理得较为平均。但相对而言，本幅是册中最忠实原作的。第三页（图 2.83）

是摹《傀儡婴戏图页》(图 2.84)。本幅仇英摹本的绢面破损严重，有大面缺损，而收藏于东京国立博物馆的原件反而保存较好。本幅造型细节与原件无异，但设色较原件纯度更高，如原作中两童的衣服为粉紫、石青，而仇作改为浓紫和草绿，画面更趋明亮。第四页是摹《宋人小像》，原件也藏台北故宫博物院。这件作品中有一个与原作明显不同的细节。正前方石台上的养花器皿，从青铜器改成了蓝色玻璃盏。这很可能是明代的时风。综合来看，仇英的摹古并不死板拘泥于古人原作，而是会根据自己的需要灵活地进行细节的调整、改动。除这两套册页外，项氏收藏仇英摹古作品还包括《仿张择端清明上河图卷》，该作现藏辽宁博物馆。卷中钤有"槜李项氏世家宝玩"印一方。该作在原作的基础上进行了大胆的发挥，并加入了许多以明代市井生活内容为根据的景象，可算是仇英借"时风"重新演绎传统题材的大胆尝试。

图 2.79　仇英　《临宋人人物花鸟册之一》
明代　绢本设色　26.9cm × 25cm
上海博物馆藏

图 2.80　（传）王诜　《晓镜栊妆图页》
宋代　绢本设色　26cm × 26.9cm
台北故宫博物院藏

图 2.81　仇英《临宋人人物花鸟册之一》
明代　绢本设色　26.9cm × 25cm
上海博物馆藏

图 2.82　佚名《松涧山禽图页》
宋代　绢本设色　24.9cm × 24.9cm
故宫博物院藏

图 2.83　仇英《临宋人人物花鸟册之一》
明代　绢本设色　26.9cm × 25cm
上海博物馆藏

图 2.84　佚名《傀儡婴戏图页》
宋代　绢本设色　尺寸不详
日本东京国立博物馆藏

除了为项元汴摹制家藏古画的复本之外，仇英还在继承古人画风的基础上多有创作。其中较为重要的数《汉宫春晓图卷》（图 2.85）。这件作品的卷尾有项元汴题记“子孙永保价值二百金”字样（这样的字迹或许说明它是项氏花钱从他处购得，而并非仇英在项府专门为其绘制）。在这件作品中，仇英展现出另外一种学习古人的方式——变体仿古。他在一幅画中同时借鉴几件不同的古代绘画中的标志性形象，将他们进行局部的调整和细节改造，运用自己熟悉的造型语言呈现在画面中，使画中的形象既与古画中的原型保持着联系，又兼有明代中期市民阶层的审美情趣。如图中亭檐下两蓝衣女子对舞形象。左侧女子造型显然来自《韩熙载夜宴图》中王屋山跳“六幺”形象。而《韩熙载》一图中，王屋山左侧为其击掌节拍的女子，被仇英稍做调整，半隐在柱子后。紧接着左侧二女子一弹琵琶一拨阮的形象，弹琵琶女子原型即为《韩熙载》一图首段“听乐”中教坊节度使李佳明之妹弹琵琶形象的改造。该处画面继续向左至下一段庭院人物密集处。两根廊柱间有四女子展白练熨烫（图2.86），此处形象为改仿张萱《捣练图》（图2.87）。唯原图中蹲在炭盆边挥扇女子的蓝衣（图2.88），被仇英移到了白练中间执熨斗的女子身上。捣练一段正上方三女子围坐织锦一段（图2.89），则明显出自（传）周昉《挥扇仕女图》（图2.90）中“织锦”一段。仇将具体手势和右侧女子持纨扇动作略加改动。而且，仇英显然注意到了《捣练》《挥扇》二图中唐代宫廷贵妇的“坠马髻”发式与《韩熙载》一图中女性发饰不同。他将移自唐人画中的形象发式进行了改动，使全画人物的衣冠、装束大致风格统一。《汉宫春晓》是充分展现了仇英拆配古画局部形象，营造新画面方式的能力，是他的人物画创作受到古书画私人收藏资源影响的直接反映。

图2.85　仇英《汉宫春晓图卷》明代　绢本重彩
30.6cm×574cm　台北故宫博物院藏

图 2.86 《汉宫春晓图卷》局部

图 2.87 （传）赵佶 《摹张萱捣练图》
局部　北宋　绢本重彩
37cm × 145.3cm
美国波士顿博物院藏

图 2.88 （传）赵佶《摹张萱捣练图》
局部　北宋　绢本重彩
37cm × 145.3cm
美国波士顿博物院藏

图 2.89 《汉宫春晓图卷》局部

图 2.90 （传）周昉 《挥扇仕女图》局部　唐代　绢本重彩
33.7cm × 204.8cm　故宫博物院藏

综合来看，在项元汴家中客居并为之摹古、作画的经历，不仅使仇英接触到数量可观的古代绘画，也使他得到了不同形式的创作机会。从临摹、仿古到变体创作，提高了仇英各方面的绘画能力，也渐渐形成了他行之有效的创作方式。这将对他今后的绘画实践和吴门地区的民间绘画行业产生深远的影响。

仇英与周凤来、陈官的交往

周凤来，号“六观”，家居昆山。是继文徵明、项元汴之后仇英接触较多的又一位收藏家。

周凤来何时首次请仇英为其作画，目前不详，但他与仇英的联系很可能也是通过文徵明建立的（昆山是文徵明妻子吴氏的娘家所在，文徵明很早就与包括收藏家黄云在内的昆山地区文化人士来往频繁）。周凤来与仇英交往中最重要的订购作品应为仇英为其母寿诞所绘《子虚上林赋卷》。此事的经过可见于杨恩寿《眼福编》初集：“周六观，一字于舜，为吴中富人。丁酉年聘十洲主其家，越壬寅始成。是卷为其母，八十之庆，岁奉千金，饮馔之丰，逾于上万。月必张灯集女伶歌燕数次，无怪十洲之肯抛心力，惨淡经营，于至如此。即待诏又以七十有四之高年，为之作三千三百余之小楷，知其亦非苟焉而得者也。”[①] 由此可知，该作于嘉靖丁酉（1537）开工，到壬寅（1542）完成，由文徵明为之作书（1544）。这次文仇合作似乎也进一步证明，仇与周的最初交往，很可能是由文氏推动的。《子虚上林赋卷》后被严嵩索要。按林家治《仇英评传》中的说法，周向严嵩献出的是一件请人摹制的赝品。但按文嘉在抄检严府书画后所作《钤山堂书画记》中所记：“子虚上林二赋图一，昆山周六观所请，经年始就，酬以百金，复请先待诏小楷书二赋于后。”[②] 严嵩掠去的应该就是仇所绘原作。该作至今下落不明，林家治《仇英评传》中记录其摹本数种：台北故宫博物院藏二卷，俱为“苏州片”；嘉德 2004 年春拍一件；2006 年诚铭公司春拍一件，有专家认为即仇英原作（卷中名款有

① 林家治．仇英评传［M］．苏州：古吴轩出版社，2017：109.

② （明）张丑．清河书画舫［M］．徐德明，校点．上海：上海古籍出版社，2011：339.

挖改痕迹），也有认为此卷也为摹本的；2011 年翰海春拍一件，该件材质经鉴定为元代绢，与仇英为项家摹画所用部分绢一致，并钤有“子京父印”“墨林山人”“项子京家藏”等印记，不排除是仇英另外专门为项氏摹制。

另据《平生壮观》记载，仇也曾为周凤来作《园居图》：“《六观堂》，阔绢幅，大着色，画玉峰周氏所居。杨循吉正书记。堂室几层，人物经寸。园亭景位置结构最难，而不见其难也。”① 杨循吉与文徵明之父文林为故交，文徵明青年时已与杨循吉有交往。故周氏能请杨循吉为之作书或许也是由文氏从中介绍（杨循吉卒于 1544 年，故此作应不晚于该年，即仇英为周氏完成《子虚》两年之内）。

仇英晚年最后一位交往密切的藏家应为陈官。陈官字怀云，苏州富豪，常请仇英至家中作画。《清河书画坊》记载：“仇实父《诸夷职贡卷》……前有许元复（许初）题署，后有文徵仲、彭孔嘉跋尾，极称许之云……仇英实父为怀云先生制。”② 后录彭年跋语：“右《职贡图》，十洲仇君实父画……此卷画于怀云陈君家。陈君名官，长洲人。与十洲善，馆之山亭。屡易寒暑，不相促迫，由是获画。”③ 又《真迹日录》又载：“周敏仲示王叔明绢画一帧……又示十洲《西园雅集》阔幅一，题云：‘仇英实父为怀云先生仿古。’其画不惟树石高古，人物皆有生气。较阅此等制作，神情开爽，轩轩豪举，亦何必古人邪？”④ 仇为陈官所作画作中传世最精的应为《桃源仙境图轴》（图 2.91）。仇英又一次复现了他在《桃村草堂图轴》中用过的构图方式、笔法风格以及立意思路。它的出现，说明这时的仇英在运用一稿多作的方式满足雇主需要方面已经有了成熟的经验。画芯右下角署款：“仇英实父为怀云先生制”。署款下方有“陈氏悬相”白文印。画心左下角又有“怀云”朱文印一方，应为陈氏收藏印记。

① （清）顾复．平生壮观［M］．林虞生，校点．上海：上海古籍出版社，2011：382.
② （明）张丑．清河书画舫［M］．徐德明，校点．上海：上海古籍出版社，2011：614.
③ （明）张丑．清河书画舫［M］．徐德明，校点．上海：上海古籍出版社，2011：615.
④ （明）张丑．清河书画舫［M］．徐德明，校点．上海：上海古籍出版社，2011：676.

图 2.91　仇英 《桃源仙境图轴》 明代　绢本设色
175cm × 66.7cm　天津博物馆藏

仇英与其他藏家交往情况的文献记载及有关作品

与仇英交往的其他藏家还有数人。除了文徵明好友、苏州籍藏家王献臣外，还有钱同爱、王来宾和张丑家族。

台北故宫博物院藏有仇英《园居图卷》（图 2.92）《东林图卷》（图 2.93）各一件。前者系为王献臣所作。后者在设色、构图、人物动态、布景上与前者大同小异，应该也是“一稿多作”手法的产物。画中署款：“仇英实父为东林先生制”。拖尾有唐寅、张灵二人跋诗。这里的“东林先生”应是文徵明好友钱同爱。查 1512 年，文徵明曾为钱作《东林避暑图卷》。“东林”即为钱同爱的园号。

图 2.92　仇英　《园居图卷》　明代　绢本设色
29.5cm × 136.4cm　台北故宫博物院藏

图 2.93　仇英　《东林图卷》　明代　绢本设色
29.5cm × 136.4cm　台北故宫博物院藏

现藏台北故宫博物院的文徵明、仇英合作《孝经图》卷，系仇英为王来宾所绘。画卷按《孝经》十八章分别绘制十八段画面。各段由文徵明书写相应章节，末尾文书总跋："此卷乃实父所摹王子正笔也。人物清丽，树石秀雅，台榭森严，画中三绝，兼得之矣。国光兄宝而藏之，出而示予者三。予遂心会其意。为录孝经一过，徒知承命之恭，忘续貂之诮何。时嘉靖丙午二月既望，徵明。"跋文中的"国光兄"即为王来宾。王来宾字国光，号"玉田"，为当时吴门地区名医。文徵明学生陆治也曾为之作《玉田图》，现藏纳尔逊美术馆。仇所摹原作者"王子正"应为北宋画家王端，宋人刘道醇《圣朝名画评》著录。王端《孝经》原作今失，台北故宫博物院另藏有宋人画《孝经》一件。对比其中部分图像、情节，可看出仇英摹本受古迹影响的情况。

张丑之父张应文也曾延请仇英作画。张丑《清河书画舫》记载，仇英《洪崖小隐图》为“仇英摹马远笔”[①]，后有王世贞长跋为张丑父祝寿之辞：“张伯子五十寿言：‘昔在世皇，肃外台纲。谁其荩臣，乃有二张……’大家团乐，共证无生。弇州山人王世贞元美造。”[②]后张丑小注：“右赠茂宝府君之作。后有敬美一跋，已亡逸矣。”[③]按张丑所注，结合王世贞跋文，可知该图系仇英为张丑之父寿诞所作。张丑后文中还提到另一件仇英作品：“仇实父画《楼居图》，为先中宪作。后有文休承七言律一首。今在长兄伯含处。录附于此。仇英实父制。题张约之宪副不负碧山楼：人境旷无车马迹，楼居只在半山桥。卷帘岚气昏鼍日……天际真人定可招。茂苑文嘉。”[④]此作应系仇英为张丑之父张应文作楼居图景，由文嘉题诗作跋。

仇英合作过的其他藏家尚多。以上涉及的各家，包括项元汴在内，大多与文徵明家族有直接或间接的关系。可见，早年与文徵明交往并受文氏提携的经历，对于仇英日后的职业生涯发展有很大的作用，不仅提高其专业技能，更重要的是，使仇英得以借助文徵明的各种社交关系，为自己获得更多的赞助者，并不断提高自己的社会声望。

仇英与书画收藏家的交往对其绘画创作的影响

总结上述史料，仇英与诸多藏家的交往对其艺术的影响，主要在以下三个方面：

第一，通过观摩古画藏品，仇英熟悉了大量名家的作画题材，在临摹中接触了许多古画稿本。

第二，使他熟悉了各种古画风格并应用于自己的创作。

第三，也是最为重要的一点，仇英通过为拥有这些古迹的藏家作画，形成了一整套有效吸收古代绘画中不同元素，从而为自己所用的创作手段：首先是不同粉本中的人物组合，或单个人物形象的灵活拆配、重组使用。如《竹院品古图》《写经换茶图》《东林图》中的二童子烹茶及茶

① （明）张丑．清河书画舫［M］．徐德明，校点．上海：上海古籍出版社，2011：613.
② （明）张丑．清河书画舫［M］．徐德明，校点．上海：上海古籍出版社，2011：614.
③ （明）张丑．清河书画舫［M］．徐德明，校点．上海：上海古籍出版社，2011：614.
④ （明）张丑．清河书画舫［M］．徐德明，校点．上海：上海古籍出版社，2011：616.

器、茶炉组合形象，《桃村草堂图轴》《桃源仙境图轴》《园居图卷》中手捧卷轴的童子形象等。其次是运用古画的构图或其中局部的人物形象，进行变体改造并组成新的画面。前面提到的《汉宫春晓图卷》就是较为典型的例子。现藏台北故宫博物院的仇英《春游晚归图轴》，也是在戴进《春游晚归图》的画面局部情节基础上改造而成的。另外，文仇合作《孝经图卷》中，仇英也在某些局部参考了宋人《八高僧图卷》（现藏上海博物馆）和其他一些宋画小品中的单体人物。

仇英的创作方式对吴地职业画家群体的影响

仇英的创作方式，在他生前即广泛被吴地其他职业画家仿效。这主要体现在以下两个方面：

其一，仇英创作的粉本在民间职业画家群体中的广泛传播、扩散。如文嘉《钤山堂书画记》中提道："赵伯骕桃源图一，伯骕乃伯驹之兄……其画世不多见，此图旧藏宜兴，吴氏尝请仇英实甫摹之，与真无异，其家酬以五十金，由是人间遂多传本，然精工不逮仇作矣。"[①] 可知仇英作品的粉本流传颇多，为民间出现大量仿仇英、伪仇英作品提供了条件。特别是其中涉及变体仿古一类的粉本或人物形象组合程式的流布，为此后相关题材作品的"多胞胎现象"埋下了伏笔。推动了有关题材作品的图像传播。

其二，仇英的诸多创作方式，如"一稿变多本"、同一构图在不同题材中的变体运用、同一套人物形象组合在不同画面中的灵活拆配、重组，此后日益成为吴门地区民间职业画家常用的手法。更有甚者，许多民间绘画作坊还衍生出了"流水线式"的分工合作生产模式，由不同特长的画家通力合作，大大提高了仿古商品画的生产效率。在后面的有关章节中，还将对这一现象深入探讨。

① （明）张丑．清河书画舫［M］．徐德明，校点．上海：上海古籍出版社，2011：336.

第三节　同一地域的书画藏家与画家间的互赠、互藏行为对地域性画派形成的影响

柯律格在《雅债：文徵明的社交性艺术》一书中探讨文徵明的社交活动与其书画创作的关系时，开辟了题目为“吾吴与在地人的义务”一章，用以阐述“吴人”的文化身份对于文氏书画创作的影响。同时，他也强调了文徵明对这个具有地域色彩的文化身份的认同与自觉。这种认同与自觉，是古代中国社会中“乡土文化”影响力的体现。

传统的农业文明社会通常不会有大规模的人口流动。作为社会细胞单位的一个家庭往往长期定居一地，繁衍为家族，并与周边的其他家族结成“亲戚”“朋友”“邻里”“师徒”等多种社会关系。费孝通在《乡土中国》一书中说：“自给自足的乡土社会的人口是不需要流动的，家族这个社群包含着地域的涵义。”[①]因此，中文里会有“家乡”一词。“家”是血缘概念，而“乡”则是地域概念。对传统中国社会中的大多数人来说，以“家庭”为核心所辐射出的社会关系，是与乡土观念紧密相连的。那么，在传统的中国社会中，“乡土文化”背景下的社交关系与社交活动，会对某一特定地域中书画家群体的艺术创作产生什么样的影响？

明代的吴门地区提供了一个很有价值的观察样本。[②]今天绘画史文本中的“吴门画派”就诞生在这里。如柯律格所说，16世纪后期，中国古代的画家们借助“地域性”身份标识寻求自我认同的情况达到了高峰，吴门画派是典型的例子。吴门书画家们的艺术生命与他们共同的乡土所承载的地理、历史和人文环境密切相关。他们不仅是同乡，且彼此间普遍存在师徒或亲友关系（在前文有关沈周和文徵明的部分中，这方面的史料已多有列举）。同时，他们和本地出身的各行业知名人士之间有着多种形式的社交关联，拥有共同的身份认同以及对乡邦历史与文化传统的

① 费孝通．乡土中国［M］．北京：人民出版社，2008：88.

② 如柯律格书中所说：“吴门并非一个边界明确、可以在现存地图上圈围出来的地区。在明代的用法，吴门可以狭义地指称吴县与长洲两县，约莫五十万人口的苏州城区便在其间。然它同时也可以用来指称构成苏州府行政单位的一州七县。”见［英］柯律格．雅债：文徵明的社交性艺术［M］．刘宇珍，邱士华，胡隽，译．北京：生活·读书·新知三联书店，2012：109.

自豪和归属感。

《雅债》一书的中文翻译者将原书名中的“social art”翻译为“社交性艺术”，意在提醒读者：文徵明作品中有关其社交活动的诗赋和书画，对于理解绘画史中“文徵明”的由来具有重要的意义。这一思路同样适用于对整个吴门画派的审视。本节尝试从“乡土文化”的视角出发，探讨明代吴门画派成员的社交性艺术与这一画派的生成、发展历程间的联系。

第一小节　明代吴门画派成员与同乡官员及社会名流间的书画酬赠

在传统的绘画史文本中，吴门画派的绝大多数成员往往远离仕途。如沈周终生不事科举。文徵明在嘉靖年间短暂出仕后即辞官还乡。然而，如果仔细考察这些画家们的家庭成员关系和社交活动就会发现，他们几乎都与当时同乡出身的政府官员或社会名流来往密切。这些官员、名士或是画家的师长，或者是画家的同学、邻里、亲友。画家与他们之间的交往、酬赠，都是建立在依附于“乡土文化”所衍生出的人际关系网络中。

早在洪武、永乐时期，吴门地区的书画家们就通过“同乡”关系，与包括御医、政府官员在内的同乡知名人士保持着交往。谢缙曾以自己的书斋为题作《深翠轩图》，画成后广征名人题咏并装潢成册。其中就包括他的数位同乡，如著名学者俞贞木、诗人王汝玉和名僧姚广孝等。永乐十五年（1417）秋天，谢缙在丹阳遇到了正从京师返回苏州的同乡盛寅，作《云阳早行图轴》（图 2.94）相赠。该作中还有谢、盛二人的另一位同乡——苏州人刘溥的题诗。盛寅是永乐年间知名的御医，他在家乡学医时的老师是当时的吴地名医王宾。刘溥与其父刘士宾先后供职于太医院，父子皆嗜书画收藏。王汝玉曾为刘士宾的两件藏品题诗，其中一件就是明初吴门画派先驱王绂的《竹木图》。刘溥本人号“草窗”，正是前文中杜琼《赠刘草窗画》一诗的受赠者，刘珏也是他的好友。刘溥在宣德年间任惠民局副使，后为太医院吏目。他死后，沈周曾作有挽诗纪念。①

图 2.94 谢缙《云阳早行图轴》明代 纸本设色
47.5cm × 102.1cm 上海博物馆藏

自宣德时代之后，政治和社会环境的安定与经济的复苏，使苏州地区的文教事业趋于复兴。越来越多的苏州籍士人通过科举步入政界并占据重要的职位。宣德八年（1433），苏州人徐有贞（原名徐程）考中进士，后历任翰林院庶吉士、编修、侍讲。徐氏在景泰八年（1457）参与了拥戴明英宗复辟的“夺门之变”，后拜华盖殿大学士，封武功伯。他的友人中就包括刘溥和刘珏。徐有贞与正统四年（1439）的苏州籍进士祝颢结为姻亲，祝允明即为徐氏的外孙。另外，徐有贞之弟徐有贤的孙女

① （明）沈周．沈周集［M］．汤志波，点校．杭州：浙江人民美术出版社，2019：19.

后嫁与沈周之子沈云鸿[①]，沈周的书画作品也多有徐有贞题跋。

尽管沈周一生没有担任过任何官职，他的亲友中却不乏如徐有贞这样的高级官员，此外还包括吴宽、王鏊、陈璚、李应祯和祝颢。吴宽于成化八年（1472）得中状元，是继施槃之后明代历史上第二位苏州籍状元。他在孝宗即位后迁左庶子，预修《宪宗实录》，后官至礼部尚书。沈周赠予吴宽的众多画作中，最知名的应数《东庄图册》（图 2.95）。该册现存二十一开（另有三开佚失），描绘吴宽家族庄园的各处景致，每开的左页均由沈、吴两人的好友李应祯题写该景名称。册中的《续古堂》（图 2.96）一幅尤其值得注意。堂内作有木龛，龛中悬挂着东庄的营建者——吴宽之父吴孟融的画像。1472 年吴宽得中状元，其父因此受封为儒林郎。吴宽的《东庄奉安先考画像祝文》中记载："成化十三年（1477）岁次丁酉十二月某日……乃奉遗像，张之堂楣。"[②] 可知沈周这部图册应作于 1477 年后。根据高居翰考证，大约在 1479 年间，吴宽服父丧期满，返京复职时得到了沈周的这套册页。[③] 此后的二十余年间，它成为宦游京师的吴宽排解乡愁的药剂。沈周赠予吴宽的另一件重要作品是前文提到过的《京口送别图卷》。弘治十年（1497），吴宽因公务北上返京，沈周送至京口作图相赠。卷后有沈、吴两人彼此酬唱的多篇诗文。《过云楼书画记》记载："至十七年甲子闰月二十七，匏庵之子，中书舍人奭装治成卷，适因病再告，自书元倡二律于后，距卒时仅数日矣。盖匏庵以甲子七月十日卒（1504 年 8 月 19 日），见震泽先生《吴文定公碑》也。后四年，为正德丁卯七夕，石田复和二首，以志死生契阔之感。两家交谊，具于是卷见之。"[④] 这段文字中的"震泽先生"即是王鏊。王鏊字"济之"，是成化十一年（1475）进士，明孝宗时期历任侍讲学士、吏部右侍郎等职，是

① 娄玮. 石田秋色：沈周家族的兴盛与衰落［M］. 台北：石头出版股份有限公司，2012：41.

② ［美］高居翰，黄晓，刘珊珊. 不朽的林泉：中国古代园林绘画［M］. 北京：生活·读书·新知三联书店，2012：157.

③ 高居翰，黄晓，刘珊珊. 不朽的林泉：中国古代园林绘画［M］. 北京：生活·读书·新知三联书店，2012：157，158.

④（清）顾文彬，孔广陶. 过云楼书画记·岳雪楼书画录［M］. 上海：上海古籍出版社，2011：123.

图 2.95　沈周　《东庄图册》　明代　纸本设色
28.6cm × 33cm（每开）南京博物馆藏

图 2.96　沈周　《东庄图册——〈续古堂〉》　明代　纸本设色
28.6cm × 33cm　南京博物馆藏

成化至正德年间著名的文人和重臣。王氏与沈周交好并收藏过他的许多画作。如《平生壮观》载有唐寅《水村图卷》，“绛色，纸卷……此画王文恪公（王鏊谥号‘文恪’）访石田于相城也（后附）。子畏诗跋，文恪古调……”[①] 书中又有沈周《荷亭结夏》一作：“大幅绢，阔丈许，大着色。上作孤峰峻拔，下染一片荷蕖，画于王文恪家者。”[②] 陈璚字“玉汝”，是成化十四年（1478）进士，后官至南京左副都御史。他的孙子就是与徐渭合称“青藤白阳”的画家陈淳。陈璚与沈周、吴宽交谊深厚，《吴越所见书画录》载有“沈石田《临别赠言立轴》”：“画中山下一长堤，陈成斋揖别上马（陈璚号‘成斋’），石田（沈周号‘石田’）、明古送之（史鉴字‘明古’）。”[③] 画中还附有沈周、吴宽和史鉴的题诗。

文徵明生长于官宦家庭，家族的社交资源使他从青少年时代就有机会接触到本乡的知名人士。他的祖父文公达与父亲文林的友人中包括多位同时代的画家，例如姚绶和沈周。文公达于 1479 年告老还乡时，姚绶曾为其绘制《吴山归老图卷》。包括吴宽在内的十七位文坛名士依次赋诗于卷后。沈周与文林交往的物证之一是前文提到过的《京江送别图卷》。该图作于弘治四年（1491），描绘沈周与亲友一起送好友吴愈赴任叙州太守的情景，卷后有文林所书《送吴叙之任序》。吴愈为昆山人氏，后成为文徵明的岳父。他的三女儿是文徵明的发妻。弘治二年（1489），十九岁的文徵明结识了沈周并观看其作画，从此拜沈周为师。文徵明的两个儿子——文嘉和文彭的名字均为沈周所赐。因此，文氏家族的后代一直对沈周的书画艺术抱以推重和敬意。文嘉兄弟两人都热衷于收藏沈周的画作。《江村销夏录》所录沈周《韩锦衣园林六景图》后即有文彭跋文：“右石田先生画册六幅……予寓京师，偶尔得之，喜不自胜，坐卧必观，殆

① （清）顾复 . 平生壮观［M］. 林虞生，校点 . 上海：上海古籍出版社，2011：372.

② （清）顾复 . 平生壮观［M］. 林虞生，校点 . 上海：上海古籍出版社，2011：369.

③ （清）陆时化 . 吴越所见书画录［M］. 徐德明，校点 . 上海：上海古籍出版社，2015：281.

忘寝食。”[①] 与沈周对业师陈宽的情感一样，文彭对沈周作品的珍视不仅是后学对前辈的仰慕，更与自己家族的历史有关。

得益于文林的社交网络，文徵明早年结交的同乡官员还包括父亲的好友杨循吉以及沈周的好友祝颢和李应祯。文林死后，杨循吉曾为其撰写祭文。杨氏留意于书画赏鉴，《虚斋名画录》所载倪瓒《秋林远岫图轴》中即有他的题诗，一同题写的人中也包括李东阳和吴宽。文徵明所写的诗文夹在李东阳和吴宽之间。同时附题此作之人还有祝允明。他的祖父祝颢与文徵明祖父文公达交好，他的岳父李应祯既是沈周的好友，也是文徵明少年时代的书法老师。成化五年（1469），沈周携刘珏拜访同乡魏昌。恰逢祝颢、陈述、周鼎来魏家访友，六人雅会。沈周于会后作成《魏园雅集图轴》（图 2.97），与会六人各有题咏。祝、李两家有姻亲之好，而祝颢之孙祝允明、李应祯之徒文徵明又同为沈周的学生。这种“同乡”和“姻亲”之间所建立的师徒关系，在明代吴门地区的画家间十分普遍。

出于“桑梓之情”和“乡土观念”，中国传统社会中的文人士夫一旦进入仕途，掌握社会资源后，多有惠及乡里、提携乡中青年后进之举。王鏊和吴宽等人同样如此。弘治年间，王鏊担任《姑苏志》编纂小组的领导者时，文徵明就曾被他招入编纂队伍。王氏晚年辞官归乡，闲居苏州期间，文徵明常有诗词酬赠。《郁氏书画题跋记》还著录有文徵明《王文恪公燕集图》一作，描绘王鏊在府中宴请文氏和蔡羽、王守、王宠等人的场景。唐寅、祝允明等人也以“门生”的身份得到过王鏊的教导。唐寅首次见到王鏊应在成化二十三年（1487），王鏊之侄王增金的壑舟园落成，王鏊与众多文士集于园中庆贺。唐寅与祝允明、文徵明均在现场。根据柯律格的考证，唐寅当时写下的贺诗很可能获得了王鏊的好评，使

① （清）孙承泽，高士奇．庚子销夏记·江村销夏录［M］．余彦焱，校点．上海：上海古籍出版社，2011：317. 关于此作的真伪问题，徐邦达曾指出：“此册画笔浮薄，款书亦不佳，定出后世临摹，文跋并伪。”但他同时又提道：“周二学《一角篇》记载一册，在四明林氏半角草堂。沈画、文跋均同上述之本。笔墨精劲而具拙趣，设色浓丽古艳，比《江》本稍有不同，艺术水平高得多，应是真迹。文彭跋亦真。其后更有周二学一跋，未及移录。”可见沈周当年确有此作，也确曾为文彭所藏。但《江村》著录者应为临本，而四明林氏所藏为真迹。

图 2.97 沈周 《魏园雅集图轴》 明代 纸本设色
145.5cm × 47.5cm 辽宁博物馆藏

他得以拜王鏊为师。正德元年（1506），王鏊结束父丧“丁忧”之期，被起用为吏部左侍郎，任《明孝宗实录》副总裁。唐寅为其作《王公出山图卷》（图 2.98），由祝允明、徐祯卿跋写诗文。正德四年（1509），唐寅又为王鏊六十寿诞绘制《贺王鏊六十寿图卷》（图 2.99）。画中的王鏊端坐于松荫之下，身旁门生环侍。正德十四年（1519），王鏊七十寿辰时，文徵明也为其作贺寿图。唐寅为之作《七十寿序》一文并参与了门生们组织的庆寿集会。对文、唐等人来说，能在青年时代与王鏊这样的乡贤、硕儒、朝廷重臣建立师生关系是一种重要的社交经历，这对他们日后的学识和在士林的声誉多有裨益。文徵明和唐寅也都曾受益于和吴宽的交往。文徵明青年时从父命跟随吴宽学诗，两家的交往一直延续到文徵明的子侄之辈。吴氏与唐寅也有师友之谊。弘治十二年（1499），唐寅身陷科场舞弊案。吴宽专门写信给自己在任上的同僚，为被判罢黜为吏的唐寅辩白。现藏上海博物馆的吴宽《致欧信札》（图 2.100）就是吴氏修书于时任浙江布政司左参政的欧信，请其在唐寅被发配至其辖区时善加保护的物证。

图 2.98　唐寅　《王公出山图卷》　明代　纸本水墨　20cm × 73.5cm　藏地不详

图 2.99　唐寅　《贺王鏊六十寿图卷》　明代　纸本水墨　尺寸不详　上海博物馆藏

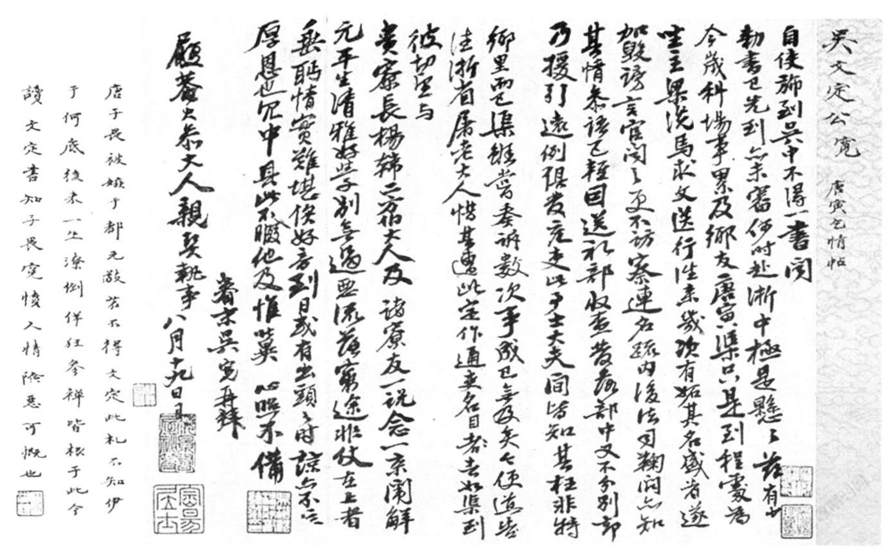

图 2.100 吴宽《致欧信札》 明代 纸本墨笔 尺寸不详 上海博物馆藏

第二小节 明代吴门画派成员与同乡世家大族间的书画酬赠

明代的苏州及相邻的无锡、昆山地区居住着众多具有较长历史的世家大族，其中一些家族定居于此的时间甚至可上溯至魏晋。另外，元末苏州地区经济和文化的发展以及周边地带的战乱等原因，也使许多外地移民中的大家族陆续迁来此处。如前文中的江西陈氏家族即是一例。宋人《睢阳五老图》中兵部侍郎朱贯的后裔，画家朱德润也在元代中期居于昆山。其子朱逢吉、朱复吉后成为明初吴地文坛的知名人士。朱氏家族后来由昆山再迁至苏州，1496 年，其后裔朱希周成为明代历史上第四位苏州籍状元。文徵明家族旧籍广东，其先祖中包括南宋末年忠臣文天祥。王鏊曾在 1511 年为吴县兴建的文天祥祠撰写祭文，这座祠堂就坐落于文徵明的叔父文森家附近。三国时代汝南旺族袁氏的一支后裔也在元代迁居苏州，其家族中诞生过多位著名的政治人物。明代的吴门画家们或诞生在这些世家大族当中，或与这些家族中的成员存在姻亲或师生、友邻等多种关系。这些家族中的许多成员都成为同乡画家们的赞助人和他们艺术理念的拥护者。

苏州袁氏在明代有许多人通过科举入仕。其中以袁表、袁褧、袁褒、袁袠、袁衮、袁裘六兄弟最为著名，合称“袁氏六俊”。六人中袁衮、袁裘为同胞兄弟，二人的父亲袁鼒为文徵明孙女婿袁梦鲤的祖父。1527年，文徵明和亲友、弟子十余人共同为袁鼒六十岁生日创作《吴门诸家寿袁方斋三绝册》。全册共二十二开，每开左书右图（图2.101、图2.102、图2.103、图2.104）。各页内容如表2-1所示：

表2-1 《吴门诸家寿袁方斋三绝册》中各页具体内容

序列	右页画作内容	作画者	左页书题内容	作书者
1	“南山之什”四字引首			胡瓒宗
2	“望湖亭”	文嘉	《赋得望湖亭》	文徵明
3	“万笏林”	文伯仁	《赋得万笏林》	陆治
4	“七宝泉”	文嘉	《七宝泉诗》	许初
5	《林屋洞》	文嘉	《赋得林屋洞诗》	钱贵
6	《千人座》	文伯仁	《千人座诗》	王同祖
7	《读书台》	陆治	《赋得读书台诗》	徐玄度
8	《养鹤涧》	文伯仁	题诗	金用
9	《长洲苑》	文伯仁	题诗	彭昉
10	《百花洲》	陈淳	题诗	沈荆石
11	《雁荡村》	陈淳	题诗	陆芝
12	《修竹坞》	文嘉	自题诗	文嘉
13	《洗砚池》	文嘉	题诗	王榖祥
14	《行春桥》	文伯仁	题诗	汤珍
15	《白莲泾》	陆治	题诗	文彭
16	《问潮馆》	陆治	题诗	段金
17	《凤现岭》	陆治	题诗	文伯仁
18	《销夏湾》	陆治	题诗	王守

续表

序列	右页画作内容	作画者	左页书题内容	作书者
19	《斗鸭阑》	陈淳	题诗	彭年
20	《天池山》	陈淳	题诗	史经
21	《吴淞江》	陈淳	题诗	蔡羽
22	《寿方斋袁君六十颂有序》			王宠

图 2.101　文嘉　《吴门诸家寿袁方斋三绝册之“望湖亭”》　明代　纸本设色　33.8cm × 51cm　故宫博物院藏

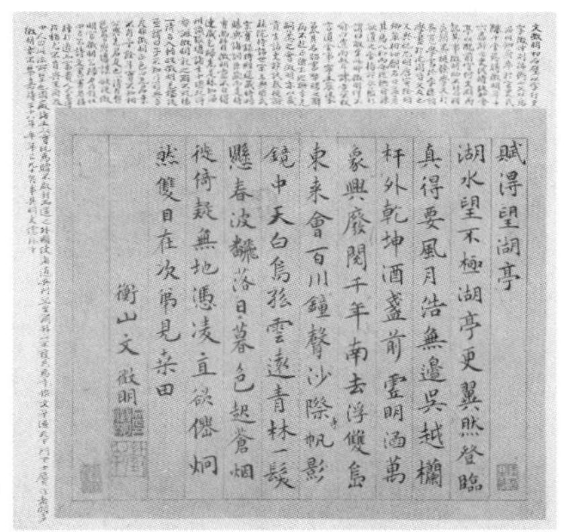

图 2.102　文徵明　《吴门诸家寿袁方斋三绝册之〈赋得望湖亭诗〉》　明代　纸本　33.8cm × 51cm　故宫博物院藏

图 2.103　文嘉　《吴门诸家寿袁方斋三绝册之“七宝泉”》　明代　纸本设色　33.8cm × 51cm　故宫博物院藏

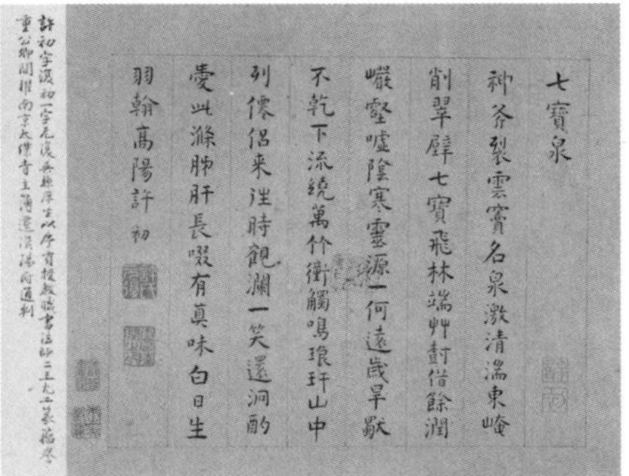

图 2.104　许初　《吴门诸家寿袁方斋三绝册之〈七宝泉诗〉》　明代　纸本　33.8cm × 51cm　故宫博物院藏

册中各图作者，除了文氏家族成员，还包括文徵明的学生陈淳与陆治。陈淳的祖父就是前文中沈周的好友——南京左副都御史陈璚。陈淳先后追随沈周与文徵明学画，并与文氏亲友契厚。文徵明《春游诗话画卷》中跋文记载：“二月望与次明、道复（陈淳字‘道复’）泛舟出江村桥，抵上沙，遵陆，邂逅朱尧民、钱孔周（钱同爱，文徵明好友），登天平，饮白云亭，次第得诗四首，时嘉靖甲辰春也，徵明识。”[①] 陈淳的《乐志园并书仲长统论卷》和《水墨观物册》二作后，也有文嘉、文彭的题诗。陆治家族在魏晋时即为苏州地方大族[②]，除陆治外，还包括陆师道、陆士仁父子。陆氏与文氏世代相交，陆治与陆师道同师文徵明。陆士仁曾与文从昌（文伯仁之孙）合作《陆龟蒙祠图册》（图 2.105），后由文震孟作跋，作为对陆氏先祖——唐代诗人陆龟蒙的纪念。

图 2.105　陆士仁、文从昌《陆龟蒙祠图册——陆龟蒙祠》明代
纸本设色　尺寸不详　南京博物院藏

---

① （清）陆时化．吴越所见书画录［M］．徐德明，校点．上海：上海古籍出版社，2015：269. 根据柯律格书中引用的巴黎吉美博物馆藏文徵明《天平山记游图轴》，《春游诗话画卷》上所题的四首诗，在这幅署款于“戊辰二月［正德三年（1508）］望日”的画作上已经存在。但与刚刚引述的那段跋文在具体文字上有细节差异。究竟是吉美一作跋文为伪，还是《春游诗话画卷》后的跋文是伪添，尚待详考。

② 《吴录·士林》记载：“吴郡有顾、陆、朱、张四姓，三国年间，四姓盛焉。”

册中各页题跋者，除文氏家族成员，其余也多与文家来往密切。引首的作者胡瓒宗是明中期著名诗人，于嘉靖二年（1523）至嘉靖六年（1527）任苏州知府。胡氏居官苏州期间与当地的文艺界人士多有交往。如著录于《平生壮观》的周臣《薜荔园》一图，“前李西涯（李东阳）篆三大字，后王济之、李西涯、邵二泉、文衡山、胡缵宗题诗”[①]。王穀祥书画皆精，其先祖与前文中御医盛寅的老师王宾为同族。王穀祥的父亲王惟颙别号“款鹤先生”，行医之余也留意于书画鉴藏。沈周和吴宽的文集中都有赠送给王惟颙的诗作。现藏上海博物馆的唐寅《款鹤图卷》（图2.106）就是唐氏赠予他的。王穀祥与袁鼒之侄袁袠交好。《郁氏书画题跋记》录有王穀祥《梅花》一作，画中有袁袠与文嘉、文彭、陆治及陈淳等人题诗。钱贵少年时与文徵明结识，文氏在其去世后作的悼念文章中曾回忆两人早年一同游学，又一同做官并相继归家乡之事。王宠不仅和文徵明有师友之谊，也与袁鼒之子袁衮为同学。因此应袁衮之邀参与该图册的合作。金用为王宠门生，嘉靖二十五年（1546）春，金用曾与文徵明、王穀祥一起送友人沈大谟北上赴任。一同去送别的，还包括为该册中“七宝泉”一图赋诗的许初。汤珍、蔡羽两人都与文徵明、王宠来往密切。正德七年（1512），汤珍曾与文徵明、王宠、陈淳等人同游石湖。正德十三年（1518），文氏与蔡羽、王宠兄弟等人共游惠山泉时，同行者也包括汤珍。王同祖为文徵明外甥，博通经史，善草隶书体。陆芝为画家，与文彭、文嘉兄弟为友，并与王穀祥交好。彭年善书，与文嘉及文徵明弟子钱穀交好，并与文彭为姻亲。段金与沈荆石均为明代中期诗人。段氏曾与文彭兄弟及王宠一同跋写唐寅《自书词卷》。沈荆石曾与袁袠一同题写周臣的《密树茅堂图》。

图 2.106　唐寅　《款鹤图卷》　明代　纸本设色　29.6cm × 145cm　上海博物馆藏

---

① （清）顾复 . 平生壮观［M］. 林虞生，校点 . 上海：上海古籍出版社，2011：371.

第三小节　吴门山水、胜迹题材绘画与吴门画家的社会身份归属及自我认同

吴门书画家栖居的苏州及其周边地区，自然景观、古迹与许多前代名人的活动或著名历史事件相关。这些人物和事件是吴门地区历史与地域文化的组成部分。在游览乡中名胜之余以赋诗作画的方式缅怀前贤，追忆乡邦历史，是“吴人”文化活动的重要内容之一。地理意义上的“乡土”与文化、历史层面的“乡土”在艺术创作的过程中重叠，艺术家们借助这种创作过程，获得个人社会身份的归属感。

前文中的《吴门诸家寿袁方斋三绝册》即是一例，参与创作的每位成员都以为吴地山水写照、赋诗的方式，完成了自己作为“吴人”的身份认同。他们彼此间的情感也在共同实现个人身份认同的过程中得以拉近。册中描绘的许多景点不仅是吴地名胜，也是一些吴门画家的旧居所在。如“消夏湾”一幅，描绘的就是蔡羽的旧乡。《过云楼书画记》中著录的“沈石田《缥缈峰图卷》”也是为蔡羽所画。书中记载：“消夏湾踞西洞庭最佳处……中间主峰是为缥缈，白沙翠岩，天然图画，蔡氏自南宋至明，环湾而居，故石田翁于成化己亥既为中父画《天绘楼图》，载入《清河书画舫》，至弘治甲子，复为九逵（蔡羽）作此图……”[①] 另外，册中“行春桥”一幅所描绘的石湖一带曾是南宋诗人范成大的园居所在，也是元代名士顾瑛、杨廉夫和张雨等人多次雅集之处，更是众多明代吴门士人聚会、交游之地。嘉靖十一年（1532）夏天，文徵明在此与张凤翼会面，为其作《石湖清胜图卷》（图 2.107）。[②] 张氏得画后广延吴地名士为之题跋，现存的明人跋文包括文徵明、王穀祥、袁尊尼（袁袠之子）、文

① （清）顾文彬，孔广陶．过云楼书画记・岳雪楼书画录［M］．柳向春，注解．上海：上海古籍出版社，2011：114.

② 文徵明与张凤翼多有书画酬赠。嘉靖二十九年（1550），文徵明得知张凤翼卧病于石湖楞伽寺，曾为其作古柏图并题诗。张氏兄弟三人均与本乡书画家来往密切。嘉靖四十三年（1564），张凤翼曾聘请文氏的学生钱穀，为自己的园居绘制《求志园图卷》。其他吴门画家的作品也多有张氏兄弟题咏。如沈周《临梅花道人秋江晚钓图卷》后，即有张献翼所题七律。此外，张凤翼还曾与张献翼、皇甫汸、文嘉等人一同跋写唐寅作品《风木图卷》。

图 2.107 文徵明《石湖清胜图卷》明代 纸本设色
23.3cm×67.2cm 上海博物馆藏

彭、陆安道（陆师道之弟）、文嘉、王世贞、王世懋、张凤翼九人所书。[①]除文徵明父子和张氏自己，其余都是文氏的同乡亲友。张凤翼称赞，诸人所跋“自太史而下，皆名流高品，嘉篇精翰。展卷汇集，虽琼林大盈似不能过”[②]。除该图外，文徵明笔下与石湖有关的画作还有著录于《过云楼书画记》的《文衡山花游图卷》。该作是文氏于 1521 年为王宠所画，追写顾瑛、张雨等人游览石湖并作《花游曲》的前代遗事。文氏自题：“比岁书《花游唱和》以寄履约，履约属予补图，写此归之。自甲戌抵今已七年矣，时为正德十六年也。”[③]王宠早年屡试不第，后放弃科举，筑室乡中。石湖是他隐居治学之处。文氏称赞：“履约读书湖上，辄追和《花游倡和》，并录诸作奉寄。履约风流文采，不减昔人。能与子重（汤珍）、履仁（王守）和而传之，亦足为湖山增气也！”[④]嘉靖十二年（1533），王宠在石湖病逝。他的书斋此后成为吴门士人凭吊的对象。嘉靖三十二年（1553），旅居北京的文伯仁应同乡金用之邀为其作《石湖草堂图卷》，描绘金氏早年在此师从王宠的情景。题词中感叹：“雅宜先生书法特妙，尝

① （民国）庞元济 . 虚斋名画录 · 虚斋名画续录［M］. 李保民，校点 . 上海：上海古籍出版社，2016：139. 张凤翼自跋中记载，他曾“日积月累，共得一十六段”，可知现存跋文只是一部分，其余已多有散佚。

② （民国）庞元济 . 虚斋名画录 · 虚斋名画续录［M］. 李保民，校点 . 上海：上海古籍出版社，2016：139.

③ （清）顾文彬，孔广陶 . 过云楼书画记 · 岳雪楼书画录［M］. 柳向春，注解 . 上海：上海古籍出版社，2011：133.

④ （清）顾文彬，孔广陶 . 过云楼书画记 · 岳雪楼书画录［M］. 柳向春，注解 . 上海：上海古籍出版社，2011：134.

临祝枝山所书《送杨侯入觐序》以俾元宾（金用）。元宾入京，携以自随。间属余补写小图，盖当时石湖草堂故事也。因仿佛楞伽寺景，涂抹如右。噫！松声山色，恒切梦想，而雅宜下世已二十年，宁不倍感？若元宾于先师手泽保藏不啻拱璧，可谓笃于恩义者矣。"

惠山泉既是吴地名胜，也是古代茶史中的重要史迹。正德十三年（1518）二月十九日，文徵明与蔡羽、王宠、汤珍等六位友人同游惠山，在二泉亭边汲泉，烹茶品茗。归来后，文氏作成《惠山茶会图卷》（图2.108），与蔡羽手书《惠山茶会序》合装，卷后附有蔡羽、汤珍、王宠三人书诗。这是"吴人"访古之余为乡邦古迹写照的产物。与当时大多数茶事题材绘画侧重于描绘茶事环境的处理手法不同，《惠山茶会图卷》将描绘的重点聚焦于人物和茶事器物的细节。同时，蔡羽文中对茶事的过程也有一段精致的描写："日午造泉所，乃举王氏鼎立于二泉亭下，七人者环亭坐，注泉于鼎，三沸而三啜之，识水品之高，仰古人之趣，各陶陶然不能去矣。"这段文字强调了此次茶事的重要特征——仪式感："鼎本为古代礼器，特选为惠山泉的容器，并遵照陆羽所定的煮水三个阶段，作'三沸而三啜之'，使整个饮茶的动作变得具有一种类乎仪式的过程。"① 仪式的目的，不仅是为了"识水品之高"，也是为了向古人致敬。《惠山茶会图卷》既是对历史的缅怀，也是对历史的延展。通过重访惠山，效法前人茶事仪轨并赋文作图的活动，七位"吴人"用自己的生命体验接续了"惠山茶事"这一吴地历史中重要文化事件的文脉。

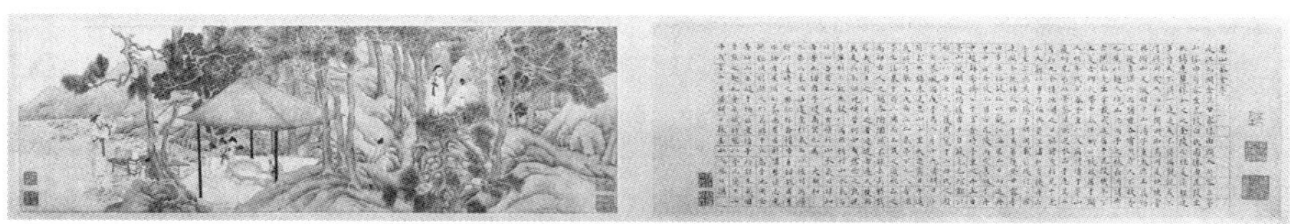

图2.108　文徵明《惠山茶会图卷》明代　纸本设色
21.9cm×67cm　故宫博物院藏

① 杨艺.绢封阳羡月 闲情手自煎——文徵明与茶［J］.大匠之门，2015（9）.

同游诸人中，蔡羽与文徵明相识最早。1506年，王鏊与吴宽招募《姑苏志》的编辑团队时，文、蔡二人曾同在其中。蔡羽去世后，文徵明为其作墓志铭。按柯律格书中的说法，文中强调了蔡羽非凡的文采，“他将蔡羽摆在一脉相承的谱系中，该谱系起自高中科举并‘持海内文柄’的吴宽和王鏊，继而为都穆、杨循吉、祝允明，最后传至蔡羽”[①]。这篇文字为蔡羽这位“后来者”找到了他文学生命的源头，使其个人的生涯与作为，得以成为“吴门”地区文学史的一部分，从而使这位逝者获得了精神层面的永生。这或许是文徵明对死去的同乡友人最好的纪念方式。蔡羽与王守、王宠兄弟也时有交游往来。上海博物馆藏《蔡羽致王守、王宠札》中记录了他邀二人聚会，共同为新花赋诗之事：“台心芍药发五花，皆楼子浅红，锦心绣带，媚丽不可当……二弟仿此意赋一诗，明日相见交唱之，何如？……羽拜上履约、履吉二弟。”与书画酬赠一样，这样的诗词唱和也增进着同乡士人之间的情感联系。

嘉靖八年（1529），文嘉与亲家袁袠同赴宜兴阳羡的善卷洞、张公洞一带游览，途中邂逅华云，三人同行，沿途随景赋诗题咏。归来后，文嘉根据众人诗作补画，至十余年后的嘉靖二十三年（1544）八月最终完成，命名为《二洞纪游图册》（图2.109）。册后的跋文呈现了这件记录文氏、袁氏、华氏三家交谊的作品，在诞生后受到的宝爱和推重。首跋为华云书《游宜兴二洞诗叙》并附诗八首。二跋为袁袠之子袁尊尼所书《游二洞纪》，书于袁袠去世七年之后，作为对先人行略的纪念。第三、第四两跋为文嘉、文彭所书，跋中感叹：“补庵此游四美咸具，诚一时胜事。所惜者永之（袁袠）亦有数作，余尝见之，而未及登册，今不可得矣。”[②]后续五段跋文分别出自周天球、文嘉、张凤翼、王穉登四人，其中周天球两跋信息最为丰富。第一段作于嘉靖三十五年（1556），文中表达了对三人同游林泉的羡慕和自己未能“躬与其盛”的遗憾：“补庵

---

① ［英］柯律格．雅债：文徵明的社交性艺术［M］．刘宇珍，邱士华，胡隽，译．北京：生活·读书·新知三联书店，2012：64.

② （民国）庞元济．虚斋名画录·虚斋名画续录［M］．李保民，校点．上海：上海古籍出版社，2016：726.

图 2.109　文嘉 《二洞纪游图册》明代　纸本水墨 26cm × 28cm（每开）上海博物馆藏

先生此游，获偕胥台袁君。篇咏既洽，而佐以文文水随处着图，得入胜矣。雪霁月明，放舸悦曲，蹑屈谷口，得其胜于天更佳。故盘桓浃洵，兴往不索，快哉成一盛事。其时华叔子存叔稚齿追侍，怅恨余之不能从也……”[①]第二段作于万历十四年（1586）：“剑光阁上披图日，梧竹峰前积翠阴。遗墨宛然三纪后，故人空系九原心。补庵、文水谊切通家，胥

① （民国）庞元济．虚斋名画录 · 虚斋名画续录［M］．李保民，校点．上海：上海古籍出版社，2016：727.

台吴门，情敦世讲，皆化为异物，而不朽者惟翰迹如新。”[①] 这段充满感情的文字回顾了苏州文氏与无锡华氏数十年间的交谊。接下来的跋文中，以文震亨、文震孟兄弟的文字最值得注意。文震孟跋书于万历二十八年（1600），表达了对家族先人和众多作跋乡贤的缅怀：“庚子春，同人以先和州（文嘉）画册见示，先祖国博公（文彭）、外祖隆池公各有诗记（彭年号‘隆池’，与文彭为姻亲），公瑕（周天球）、鲁望（袁尊尼）、伯起（张凤翼）、百穀（王穉登）四先生亦皆蚤年妙笔，一时风雅奕奕，映人眉宇间……今求此等风致于我辈中，或未可得矣，可胜慨哉！庄阅再四，遗范宛然，而同慨者又未始不神往也。”[②] 文震亨跋作于天启五年（1625），他在提到该作当时的藏家时自谦说：“帖归陈孙绳，携来相示……孙绳为余年友少宰公子，象贤继美，称其家声，不似余展先迹而愧箕裘矣。”[③] 事实上，文震亨兄弟无论在鉴藏还是书画创作方面，都是当时吴门士人中的佼佼者。从文震亨的《唐人诗意册》中，观者能清晰地感受到文徵明书画艺术持久的影响力。文震孟于天启二年（1622）46 岁时状元及第，授翰林院修撰。他的《姑苏名贤小记》一直是研究吴门地区文化史的重要史料。从某种意义上，他们兄弟二人代表了文氏家族的声誉在吴门文艺界最后的回响。

如果说《吴门诸家寿袁方斋三绝册》展现了文徵明盛年时，文氏家族在同乡士人中的影响力，《二洞纪游册》的诞生、流传和题跋积累过程则显示了文氏家族的社会声望是怎样由文嘉兄弟继承并延续的。同游三人中，袁袠是文氏姻亲，华云是文徵明父子在鉴藏界的同好。而后续跋文的作者们，包括文氏、袁氏后人在内，都是文徵明的后学及其书画艺术的仰慕者。这部画册保存了近百年，体现了数代吴门士人对乡邦文艺传统的珍视。

---

① （民国）庞元济．虚斋名画录・虚斋名画续录［M］．李保民，校点．上海：上海古籍出版社，2016：727，728.

② （民国）庞元济．虚斋名画录・虚斋名画续录［M］．李保民，校点．上海：上海古籍出版社，2016：728，729.

③ （民国）庞元济．虚斋名画录・虚斋名画续录［M］．李保民，校点．上海：上海古籍出版社，2016：729.

第四小节　作为地域性画派的吴门画派与乡土文化间的联系

上文所列举的诸多绘画作品，展示了“乡土文化”背景下，吴门画派成员的艺术创作与他们的社交活动间紧密的联系。

明代早期吴门画家间的书画酬赠，对该画派基本风格面貌的形成，有着不可替代的促进作用。同时，这类酬赠行为也增进着书画家之间依托共同的乡土文化而建构的情感。谢缙在为《东原草堂图轴》所作的题诗后称赞杜琼“文雅不凡”。文徵明跋写唐寅作品时称赞：“子畏画本笔墨兼到，理趣无穷，当为本朝丹青第一。白石翁遗迹虽苍劲过之，而细润终不及也。”[①] 陈淳在跋写王穀祥《设色花卉卷》时称：“此卷为吾友王禄之作。禄之少从事举子业，既而擢高第，居衡曹。其文章事业，班班在天府。复以公暇游此艺，则其精悍风流，视余懒散真当让一头地也。”[②] 基于同乡间的社交网络，以及对彼此艺术观念和成就的认同，吴门画派的画家往往互助互惠，分享各自的社会资源（仇英正是在文徵明的引荐下受聘于钱同爱和王献臣，为两人的园居作画）。这使他们在占有书画市场关注度并获得社会认可方面，比之同时代的其他画家具有更多优势。[③] 同时，对本乡山水、胜迹与园林的描绘，既是吴门画派最具特色的创作主题，也是画家们寻找并获得自我身份认同的重要方式。在这类作品的创作过程中，乡土观念无疑起着主导的作用，作品的创作主体、描绘对象以及主体所生活的地理环境和历史文化背景，全部被统一在“乡土文化”的场域之中。这类画作在作为社交礼物时，也强化了画家社会身份的地域性色彩。另外，与本乡的官员和世家大族间的交往、酬赠，使吴门地区的画家们长期拥有高质量的评论家与藏家群体。吴宽生前经常利用自

---

① 这段话是文徵明为唐寅《江南烟景卷》一图作跋时所写。

② （清）陆时化.吴越所见书画录［M］.徐德明，校点.上海：上海古籍出版社，2015：134.

③ 与之形成鲜明对比的是，宣德年间几位同样宗奉宋人画风，并一道供奉内廷的画家，彼此却多有抵牾。陆深《春风堂随笔》记载：“宣庙喜绘事，御制天纵。一时待诏有谢廷循、倪端、石锐、李在，皆有名。文进（戴进）入京，众工妒之。”

己在京为官的机会将沈周的作品带至京城，邀请京中名士（如李东阳等人）题识，扩大沈周的影响力。王鏊、李应祯等官员对同乡晚辈文徵明、唐寅等人的提携，也在无形中提高了这些画家的声望。华云、华夏和张凤翼兄弟等名士与同乡书画家的交往，也使吴门画派的成员们与收藏家形成了稳定的合作关系。《吴郡丹青志》的作者王穉登也是乡邦书画家们的忠实拥趸。沈周、唐寅、文徵明父子和钱穀等人的诸多画作后都有王氏跋写的诗文与赏鉴之词。

即使在吴门画派业已式微的清代和民国时期，对故乡画学文脉的缅怀与推重，仍然以书画收藏的形式存在于吴门地区的文人士夫群体中。清初的苏州籍收藏家顾复在著录杜琼《秋山积翠》一图时曾感叹："葵丘（谢缙）长逝，友石（王绂）云亡……南宗画脉，垂垂欲绝。公（杜琼）与完庵（刘珏）砥峙中流，延一线而授之石田。石田摧既倒之狂澜，俾后学复见清明广大气象者，两公力也！"[①] 顾文彬是道光年间苏州收藏家中的翘楚，谢缙的《云阳早行图》、沈周的《京口送别图卷》和文徵明的《惠山茶会图卷》先后被他编入《过云楼书画记》中。他在评点杜琼《南村别墅十景册》时称："南村翁与王叔明并为赵文敏外孙，而又为杜东原之师，故叔明为作《南村图》，而东原复为其子纪南作《别墅十景》，李竹嫩并载之《六研斋笔记》，所以志文敏画派绵延不绝也！……每当香温芥熟，出置几案，就如亲见鹿冠道人解衣盘礴时气象。笔墨之精，洵足上承黄鹤，下启白石！"[②] 民国时期，寓居上海的苏州籍收藏家吴湖帆继承祖父吴大澂的家学，对吴门书画家作品的搜求不遗余力。唐寅《赠王鏊祝寿图》《款鹤图卷》《吴宽致欧信札》和《蔡羽致王守、王宠札》都曾是他的藏品。尤其值得一提的是，为了将散于各处的吴门书画家作品按照特定的主题汇聚一处，吴湖帆往往将不同时期收得的画作除去原裱

---

① （清）顾复．平生壮观［M］．林虞生，校点．上海：上海古籍出版社，2011：365.

② （清）顾文彬，孔广陶．过云楼书画记·岳雪楼书画录［M］．柳向春，注解．上海：上海古籍出版社，2011：106. 顾文彬此处考证有误。前文讲过，陶宗仪并非赵孟頫外孙，而是外孙女婿。但他与王蒙交好应当是事实。

后重新合装。例如，包括唐寅为王鏊作《祝寿图》在内的《明四家集锦图卷》，就是吴氏拆配数件藏品组合而成。它的最终“合璧”历时数十年，吴氏对故乡画学的笃爱于此可见。明代的吴门画家群体早已逝去。而历代的吴门书画鉴藏家对乡邦文物的情感，却让收藏史和美术史文本中的“吴门画派”获得了比真实的吴门画派更加持久的生命力。

第三章
元明时期的私人书画收藏对同时期绘画理论的影响

第一节　元代私人书画鉴藏对同时期绘画理论的影响

第一小节　赵孟頫的书画鉴藏对其绘画理论“古意说”的影响

赵孟頫的“古意说”的出处

查阅史料，赵孟頫对“古意”的重视体现在他的多处书画题跋文字中。其中，俞剑华《中国古代画论类编》引用明代张丑的《清河书画舫》中的一段文字最为重要:“作画贵有古意。若无古意，虽工无益。今人但知用笔纤细，傅色浓艳，便自谓高手。殊不知古意即亏，百病横生，岂可观也？吾所作画，似乎简率。然识者知其近古，故以为佳。此可为知者道，不可为不知者说也。”[①]赵明确指出："古意"本身与描绘技法是否精致、细腻，并无关系。接下来，赵承认自己的作品"似乎简率"，但他认为这种简率是建立在"近古"的基础上，"故以为佳"。他在几件个人艺术生涯中的重要绘画作品上自题的跋文，让人们看到了那个时代最具影响力的画家与艺术评论家，是如何受到他所接触到的古书画藏品影响的。

赵孟頫的"古意说"与其鉴藏活动的联系

赵孟頫的山水画题跋中明确阐述他学古思想的，是题写于《双松平远图》（图 3.1）中的一段文字："仆自幼小学书之余，时时戏弄小笔，然于山水独不能工。盖自唐以来，如王右丞、大小李将军、郑广文诸公奇绝之迹，不能一一见之。至五代荆关董范辈出，皆与近世笔意迥绝。仆所作者，虽未敢与古人比，然视近世画手，则自谓少异耳。因野云求画，故书其末，孟頫。"（关于该作的受赠者"野云"，有人认为即赵孟頫同时代的色目人廉希宪。但近年来也有学者撰文认为另有其人）根据这段文字，我们可以窥见赵从早年学画时即已有重视观摩古人画作的意识。他将自己"于山水独不能工"的原因，归结为对王维、李思训父子、郑虔等人的作品"不能一一见之"，可见，他很早就将唐人山水作为效法的对象，例如他的《吴兴清远图》（图 3.2），画中的山峦，即是以唐人山水的技法画成，空勾山体轮廓而后敷色，并无皴法，相对于五代、两宋山水的复杂皴法程式和繁密的笔墨，确属"简率"。与之形成强烈对比的，是同一卷上合装的，由其侄婿崔复所作摹本。在勾写山体之余，又添加了大量明显的元、明之际流行的"披麻皴"用笔，故而其肌理效果与赵的原作迥异。除了《吴兴清远图》外，赵的另外两件青绿山水风格的作品《秋郊饮马图》（图 3.3）和《幼舆丘壑图卷》也都是采用空勾敷色，基本无皴笔的技法。而且，也正是在《幼舆丘壑图》后，赵孟頫留下了另一处重视"古意"的文字："予自少小爱画，得寸缣尺绪，未尝不命笔模写。

① 俞剑华编著 . 中国古代画论类编［M］. 北京：人民美术出版社，1957：92.

此图是初傅色时所作，虽笔力未至，而粗有古意。”[①]赵氏的这种“简率”风格作品，自然是受到他所接触的古画收藏资源影响。史料显示，他应当曾经看过由张九思收藏，后归大长公主所有的展子虔《游春图》和曾经南宋御府收藏，被认为是唐人所作的《摘瓜图》。因此，他所说的“粗有古意”，应当就是指学唐人青绿山水的风格面貌而能略有所得。但在绘制《幼舆丘壑图》后，他显然又有机会接触到了更丰富、多样的古人面貌。所以，在多年之后他题写《双松平远图》时，又讲到了他对“荆、关、董、范”的关注，并认为自己虽然“未敢与古人比”（这里的“古人”应指“荆、关、董、范”等五代、北宋画家，而非唐人），但比“近世画手”还是“少异”（这明显是流露着自得之意的自谦之词。言外之意是自己虽不及古人，但与近代人比已经胜过了）。《双松平远图》呈现出的面貌印证了赵对由荆、关到范宽所形成的北宋山水画风和董源所代表的江南山水绘画两种传统进行融汇、调和的努力。画中的“一河两岸”式构图，早在展子虔《游春图》（被傅熹年先生认为是唐末五代，或北宋时的摹本）中就已存在，并在许多北宋绘画中频频出现（比如郭熙的《树色平远图》，该作曾经赵跋写）。画中的远山造型让人联想到董源的代表作《夏景山口待渡图》，而近景的古松、枯木又是以李成、郭熙画派的“蟹爪”式笔法写成。可以说，该作显示了遍阅古人名迹后的赵孟頫在创作中融汇各家的成熟与自信。

图 3.1　赵孟頫 《双松平远图》 元代　纸本水墨
26.8cm × 107.5cm　美国大都会博物馆藏

① （明）朱存理．铁网珊瑚校证［M］．韩进，朱春峰，校证．扬州：广陵书社出版社，2012：762.

图 3.2　赵孟頫《吴兴清远图》元代　绢本设色
24.9cm×88.5cm　上海博物馆藏

图 3.3　赵孟頫《秋郊饮马图》元代　绢本设色
23.6cm×59cm　故宫博物院藏

赵氏的“鞍马”题材作品也有类似的例子。首先是《人骑图》，赵孟頫在后隔水上所题文字中讲道：“吾自小年便爱画马，尔来得见韩幹真迹三卷，乃始得其意云。”[①]画芯后又有其重题：“画固难，识画尤难。吾好画马，盖得之于天。故颇尽其能。若此图，自谓不愧唐人。世有识者，许渠具眼。”[②]这些“自白”式的文字告诉我们，他在画马方面，是长期以唐人为追摹对象的。唐人画马的造型风格，就是他要强调的“古意”。另外，《二羊图》（图 3.4）上的跋文也讲道：“余尝画马，未尝画羊，因仲信求画，余故戏为写生。虽不能逼近古人，颇于气韵有得。”这里又强调了“古意”的更高一层含义——气韵，即不仅是在造型方面效法古人，更要在画面气韵上效法古人。

① 前文已注，该段跋文手迹现藏故宫博物院。
② 注：该跋文附于卷尾，曾于 2017 年秋在故宫展出。

图 3.4 赵孟頫《二羊图》 元代 纸本水墨
25.2cm × 48.4cm 美国弗利尔美术馆藏

赵氏的人物画作品中较为典型的学古言论是他于延祐年间写于自作《红衣罗汉图卷》（图 3.5）后的一段话："余尝见卢楞伽罗汉像，最得西域人情态，故优入圣域。盖唐时京师多有西域人，耳目所接，语言相通故也。至五代王齐翰辈，虽善画，要与汉僧何异？余仕京师久，颇尝与天竺僧游，故于罗汉像，自谓有得。此卷余十七年前所作，粗有古意，未知观者以为如何？"[①] 在这段话中，赵氏谈到了他的罗汉图与观看卢楞伽绘画的联系。赵在大都为官时，曾为元内府收藏无名签书画题写名签，他应当曾借这样的契机观看过来自北宋宣和内府，后由入金内府再归元廷的卢楞伽作品。另外，赵孟頫的友人，元代收藏家周密所撰《云烟过眼录》中的记载也显示，赵孟頫的友人郭天锡和杭州地区的尤氏家族均收藏有卢楞伽的罗汉题材绘画，赵孟頫都有机会看到。此外，他还强调卢之所以善画罗汉，是因与当时京城的西域僧人多有接触。而他自己在大都常年做官，"颇尝与天竺僧游"，有类似的观察经历，所以"有得"。可见，在他看来，强调"古意"不仅只是针对古人的造型、技法，古人对所画事物的观察体验过程也是值得关注的。从这一点上来说，重视学古与重视体验生活是殊途同归的，"师古人"与"师造化"可以是一回事。

① 注：该跋文附于画芯后，现藏辽宁博物馆。

图 3.5　赵孟頫《红衣罗汉图卷》元代　纸本设色　26cm × 52cm　辽宁博物馆藏

赵孟頫有时还会把他对古人作画立意的解读用到他自己类似题材的作品中，借“古意”抒发己意。这方面的典型例子是他曾精心收藏的《五牛图卷》（图 3.6）与他在大德四年（1300）所作《古木散马图卷》（图 3.7）之间的联系。

图 3.6　韩滉《五牛图卷》唐代　纸本设色　20.8cm × 139.8cm　故宫博物院藏

图 3.7　赵孟頫《古木散马图卷》元代　纸本水墨
29.8cm × 71.5cm　台北故宫博物院藏

《五牛图卷》后赵孟頫自题三段跋文中的第二段写道:“右唐韩晋公五牛图，神气磊落。希世名笔也。昔梁武欲用陶弘景，景画二牛，一牛以金络首，一自放于水草之际。梁武叹其高致，不复强之，此图殆写其意云，子昂重题。”[①] 按他的说法，韩滉画《五牛图卷》的含义是借描绘牛被络首、役使与闲散自适的状态表达无意仕途，安于归隐的思想。这种说法是不是反映了作者的真实意图，今天已很难考证。但赵孟頫确实通过对该作的模仿，把他对《五牛图卷》含义的解读融入了自己的画中。在《古木散马图卷》里，他描绘了两匹马，一匹正面静立，面向观者，一匹头向左侧，低头吃草。这两匹马的形象很容易让人联想到《五牛图卷》中第三头，也就是正面朝向观者的牛和最右侧卷首那头低头啮草的牛。(赵孟頫得到《五牛图卷》的时间是至元二十八年，即1291年，在作《古木散马图卷》九年之前)。

至于为何要借《五牛图卷》的造型来画“古木散马”这个题材，则要结合赵作此图时的生活状态来认识。大德四年(1300)，赵孟頫正官江浙儒学提举，久居杭州一带。相对于北方的政治中心大都，这里更接近他的家乡吴兴，远离朝中的政治纷扰。而且，杭州附近一直活跃着以南宋遗民为主的文人士夫及收藏家群体，其中许多人与赵有密切的交往。和他们诗画酬赠的日子对于赵来说，无疑比大都的官场生活更令他愉悦。赵氏的年表显示，这年十二月，曾为赵孟頫《松雪斋文集》作序的儒学家戴表元为赵孟頫作《紫芝亭记》，戴文中称赵氏的生活“虽仕而犹隐”，不难想象其当时的闲适。而《古木散马图卷》恰恰诞生在这个月的二十八日。因此，如果说赵孟頫将《五牛图卷》中的形象视为作者韩滉倦于仕宦，乐于隐居思想的表达，人们也不妨将《古木散马图卷》视为他通过借鉴《五牛图卷》中的形象，展示自己虽仕犹隐的生活状态的产物。在他看来，自己与古人产生了精神上的共鸣，“古意”已经和他自己的生活状态联系在一起。

---

① 注：该跋文附于画卷后，现藏故宫博物院。

对赵孟頫竹石题材作品的收藏、题跋行为对其“书画同源”理论的传播作用

除在画面的造型和题材、立意上借鉴“古意”之外，赵孟頫绘画理论中另一种重要的学古观念，应属“书画同源论”。其典型的表述无疑是他自题于《秀石疏林图卷》（图3.8）后的那首短诗：石如飞白木如籀，写竹还于八法通。若也有人能会此，方知书画本来同。

曾经，在相当长的时间里，人们认为这种说法是赵氏对文人士夫阶层中出现的，有别于两宋乃至隋唐宫廷绘画的新绘画风格的理论创新。但只要考察赵孟頫之前的理论家们有关中国绘画起源的论述就会发现，他只是重新提醒人们关注这种具有久远历史的观念，并身体力行地在自己的绘画创作中实践它。三国时代曹植在《画赞序》中即讲道：“盖画者，鸟书之流也。”[①]《历代名画记》中也讲道：“按字学之部，其体有六。一古文、二奇字、三篆书、四佐书、五缪篆、六鸟书，在幡信上书。端象鸟头者，画之流也”，“颜光禄曰：‘图载之意有三，一曰图理，卦象是也。……三曰象形，则画之意也。是故之书画异名而同体也。’”[②]

图3.8　赵孟頫《秀石疏林图卷》元代　纸本水墨
27.5cm × 62.8cm　故宫博物院藏

① 潘运告主编．汉魏六朝书画论［M］．长沙：湖南美术出版社，1997：36.
② （唐）张彦远．历代名画记［M］．杭州：浙江人民美术出版社，2011：2.

虽然“书画同源”观念并非赵氏首创，但因为他在元、明时期书画界和收藏界巨大的影响力，元代之后的艺术理论家们在讲到书法与绘画在操作技法方面的相似、相通时，都会强调赵孟頫对这一观念的传播所起到的作用或引用他的话。赵孟頫的绘画，特别是更能展现其“书画同源”观念的兰竹、竹石题材绘画的递藏、流传过程，对此观念的传承无疑也起着一定的作用。如《秀石疏林图卷》后柯九思题“秀石疏林秋色满，时将健笔试行书”[①]和“姑苏王行”所题“每向诗中见画，今于画里观书”[②]清人罗天池也题有“铁网珊瑚载赵魏公能以飞白作石，金错刀作墨竹，二说直为此卷作跋，且与松雪自题若合符契，虽董文敏、王文安不复能赞一词”[③]。除《秀石疏林图卷》外，美国克利夫兰博物馆藏赵孟頫《竹石幽兰图卷》（图 3.9）后的题跋更多地体现了赵孟頫艺术观念在其身后引发的共鸣。首跋韩性书：“古人善书者必善画。点墨作蝇便自有生意。松雪翁兰石草茎飞帛笔法，皆具可宝也。”[④]第四跋延陵吴克恭所书：“左法宛然秦隶古，高情已矣晋风流，直叫花底春多梦，翠羽珊瑚夜不收。”[⑤]韩、吴二跋中所说的“飞帛书”“秦隶古”和“晋风流”，均是指赵习书和作画时所尚书风，也是对赵氏原诗的化用。第十三跋天台陈基所书：“观吴兴公竹石幽兰图，使人鄙吝顿消。其笔势纵横，天真烂漫。一出于‘二王’书法。宜仲瑛宝而玩之，异于常品也。”[⑥]后王尹宾一跋更为直接地讲出了赵以书入画的做法：“玉堂上直有余闲，闲采幽芳止佩环，自是王孙写书法，到今人把画图看。”[⑦]总体来看，这些跋文均是附和了赵孟頫的“书画同源”理论。它们的连缀出现，也是赵孟頫艺术观点影响力之大的有力体现。

---

① 注：该跋文书于画卷后，现藏故宫博物院。
② 注：该跋文书于画卷后，现藏故宫博物院。
③ 注：该跋文书于画卷后，现藏故宫博物院。
④ 注：该跋文附于画卷后，现藏克利夫兰博物馆。
⑤ 注：该跋文附于画卷后，现藏克利夫兰博物馆。
⑥ 注：该跋文附于画卷后，现藏克利夫兰博物馆。
⑦ 注：该跋文附于画卷后，现藏克利夫兰博物馆。

图 3.9 赵孟頫《竹石幽兰图卷》元代 纸本水墨
28cm×40cm 美国克利夫兰博物馆藏

赵孟頫的“古意说”与“书画同源”理论在明代画论中的体现

赵孟頫的“古意说”和“书画同源论”，在其身后的明清绘画史中产生了持久的影响。

“书画同源”观念影响着明、清时期的绘画品评方式和侧重点，许多的品评理论，往往都是围绕着用笔而展开的。特别是明代，在以学习元人绘画为主流的吴门、松江地区，这样的言论更为多见。如文徵明评唐寅画：“画人物不难于工致，而难于古雅，盖画至人物辄欲穷似，而笔法不暇计也。初阅此卷，以为元人笔，比及见右军、羽客晤对之状，则人各一度，变化无端，不知右军羽客晤对之奇，抑子畏用笔之奇，盖两相吻合耳。”[①] 王世贞《艺苑卮言》中更是直接引用了赵孟頫的原文并进一步阐发了自己的见解：“语曰：‘石如飞白木如籀。’又云：‘画竹干如篆，枝如草、叶如真、节如隶。’郭熙、唐棣之树、文与可之竹，温日观之葡萄，皆自草法中来，此画可与书通也。”[②] 松江地区的收藏家、书画家陈继儒也讲道：“世人爱书画，不知用笔用墨之妙。有笔妙而墨不妙者，有墨妙而笔不妙者。有笔墨俱妙者，有笔墨俱无者。力乎巧乎？神乎胆乎？学乎？识乎？尽在此矣，总之不出蕴藉中沉着痛快。”[③] 董其昌说：“人能

① 俞剑华编著．中国古代画论类编［M］．北京：人民美术出版社，1957：490.
② 俞剑华编著．中国古代画论类编［M］．北京：人民美术出版社，1957：115.
③ 俞剑华编著．中国古代画论类编［M］．北京：人民美术出版社，1957：757.

知善书执笔之法，则能知名画无笔之说。故古人如大令、今人如米元章，赵子昂，善书必能善画，善画必能善书，其实一事耳。”① 另外，明人李开先《中麓画品》中的“画有六要”部分（分为“神笔法”“清笔法”“老笔法”“劲笔法”“活笔法”“润笔法”）和“画有四病”部分（涉及“笔无法度”“笔如瘁竹槁木”“笔无骨力”等问题）均专门围绕用笔问题展开分析。这些言论都证明了赵的“书画同源”观念在明代的广泛影响。

赵的“古意说”影响了其身后的画家们在学古、临古、仿古基础上进行的创作活动和评论家们从学古、仿古的角度，针对不同画家的优劣所进行的品评。不仅如此，由于明代的一些评论家自己也是如赵孟頫一样的古书画藏家，故而其言论也多强调观摩古迹对学习绘画的重要性。例如，长期与吴门收藏家群体来往密切的松江人何良俊就曾讲道：“沈石田画法从董巨中来，而与元人四大家之画，极意临摹，皆得三昧，故其匠意高远，笔墨清润。……”② 陈洪绶也讲道：“今人不师古人，恃数句举业短丁，或细小浮名，便挥笔作画，笔墨不暇责也，形似亦不可比拟，哀哉！”③ 另外，值得注意的是，明代不同时期内针对宋画与元画的不同收藏风尚，也在一定程度上影响着当时画论著作中品评文字的好恶倾向，关于这一点，将在后文中详细探讨。

第二小节　有关“李郭画派”的私人收藏活动对元代山水画理论的影响

元代山水画理论对北宋“李郭画派”的重视

元代虽短，但不同画科均有专门的画论问世。如山水画领域出现了

① 俞剑华编著 . 中国古代画论类编［M］. 北京：人民美术出版社，1957：112.

② 俞剑华编著 . 中国古代画论类编［M］. 北京：人民美术出版社，1957：112.

③ 俞剑华编著 . 中国古代画论类编［M］. 北京：人民美术出版社，1957：139，140. 陈洪绶家藏书画十分丰富，曾建有“七章庵”以庋藏。清人俞樾曾称赞“七章庵”陈氏的藏书之富，可称为“越中之冠”。崇祯十二年（1639），陈洪绶曾临摹李公麟《乞士图》，崇祯十六年（1643），他又借到国子监任中书舍人的机会观看内府藏画。另外，有史料显示，他还曾于顺治八年（1651）将一幅文徵明的作品赠送一位叫戴茂齐的友人。可见他收藏和接触过的古画应为数不少。

饶自然的《绘宗十二忌》和黄公望的《写山水诀》。如果将二者放在一起阅读，会发现两篇著作都对北宋李郭系统绘画风格给予关注并推崇、认同这一传派的有关绘画理论。

黄公望在《写山水诀》中将“李郭画派”的开创者李成放在了与董源同样重要的位置上，并不止一次地将李成和郭熙的画论作为典范来列举。全文开篇即讲：“近代作画，多宗董源、李成二家。”[①] 接下来又先后讲道：“登楼望空阔处气韵，看云采，即是山头景物。李成、郭熙皆用此法。郭熙画石如云，古人云‘天开图画’者是也。”[②] 又讲道“李成画坡脚须要数层，取其湿厚，米元章论李光丞有后代……画亦有风水存焉”[③]。又讲“作画用墨最难，但先用淡墨，积至可观可处，然后用焦墨、浓墨分出畦径远近。故在生纸上有许多滋润处，李成惜墨如金是也”[④]。

不仅如此，《写山水诀》中的一些言论，明显承袭自郭熙的《林泉高致》。如“山论三远：从下相连不断谓之平远，从近隔开相对谓之阔远，从山外远景谓之高远”[⑤] 一段，明显改仿自郭熙的“三远论”。“众峰如相揖逊，万树相从如大军领卒，森然有不可犯之色，此写真山之形也”[⑥] 以及“松树不见根，喻君子在野，杂树喻小人峥嵘之意”[⑦] 两段，则化用自《林泉高致》中的说法：“大山堂堂为众山之主，所以分布以次冈阜林壑，为远近大小之宗主也。……长松亭亭为众木之表……其势若君子轩然得时，而众小人为之役使，无凭陵愁挫之态也。”[⑧]

饶自然的《绘宗十二忌》中也有许多言论明显沿袭了郭熙的山水画理论。如“十二忌”中的“第一忌”，“布置迫塞。凡画山水必先置绢素于明净之室……亦须上下空阔四傍疏通，庶几潇洒。若充塞天地，满幅

① 俞剑华编著.中国古代画论类编［M］.北京：人民美术出版社，1957：700.
② 俞剑华编著.中国古代画论类编［M］.北京：人民美术出版社，1957：701.
③ 俞剑华编著.中国古代画论类编［M］.北京：人民美术出版社，1957：702.
④ 俞剑华编著.中国古代画论类编［M］.北京：人民美术出版社，1957：703.
⑤ 俞剑华编著.中国古代画论类编［M］.北京：人民美术出版社，1957：700.
⑥ 俞剑华编著.中国古代画论类编［M］.北京：人民美术出版社，1957：701.
⑦ 俞剑华编著.中国古代画论类编［M］.北京：人民美术出版社，1957：702.
⑧ 俞剑华编著.中国古代画论类编［M］.北京：人民美术出版社，1957：636.

画了，便不风致，此第一事也”[①]一段，类似《林泉高致》中“画诀”一章开首：“凡经下笔，必合天地。何为天地？谓如一尺半幅之上，上留天之位，下留地之位，中间方立意定景。见世之初学，据把笔下去，率尔立意触情，涂抹满幅，看之填塞人目，已令人意不快，那得取赏于潇洒，见情于高大哉？”[②]此外，文中“二曰：远近不分”一段和“三曰：山无气脉”一段，则大体仿《林泉高致》的“画诀”第二段说法：“山水先理会大山，名曰主峰。主峰既定，方作以次近者、远者、小者、大者。以其一境主之于此，故曰主峰，如君臣上下也。”[③]文中“四曰：水无源流。画泉必于山峡中流出，须上有山数重，则其源高远。平溪小涧，必见水口，寒滩浅濑，必见跳波乃活水也”[④]一段，宗旨于《林泉高致》中“水欲远，尽出之则不远，掩映断其脉，则远矣”[⑤]的叙述。

除上述例证外，《写山水诀》中关于“更要记春夏秋冬景色”的说法和《绘宗十二忌》中“如晴景当空明，雨景夜景当昏蒙，雪景当稍明，不可与雨雾烟岚相似”[⑥]的说法，也都体现着《林泉高致》中，注意强调四时景物不同特征和不同天气下景物差异这样“格物”、遵循自然物理的观念。

总之，《写山水诀》与《绘宗十二忌》的两位作者，对于李郭绘画风格的重视是十分明显的。而这种重视，与元代山水画坛李郭风格的流行，及收藏家群体对该系统作品的收藏和关注密不可分。

元代有关“李郭画派”作品的公私收藏活动

早在北宋时期，李、郭一派绘画风格就在黄河流域，特别是山东、河南、河北地区有着广泛的影响和众多受众。北宋《宣和画谱》中著录的李成作品有159件，郭熙作品30件。另外，尚有燕文贵、翟院深、许道宁等李成追随者的众多作品。其中绝大部分在“靖康之变”（1127）后

① 俞剑华编著．中国古代画论类编［M］．北京：人民美术出版社，1957：695.
② 俞剑华编著．中国古代画论类编［M］．北京：人民美术出版社，1957：642.
③ 俞剑华编著．中国古代画论类编［M］．北京：人民美术出版社，1957：642.
④ 俞剑华编著．中国古代画论类编［M］．北京：人民美术出版社，1957：696.
⑤ 俞剑华编著．中国古代画论类编［M］．北京：人民美术出版社，1957：640.
⑥ 俞剑华编著．中国古代画论类编［M］．北京：人民美术出版社，1957：702.

被金人携至北方，成为金内府收藏的一部分，另外也有从民间征集入宫者。同时代的南宋政权一方面通过与金人的“榷场贸易”回购一部分北去的内府书画藏品，一方面又从民间搜求、扩充，其中也包括“李郭画派”的画作。这些画作和金内府的收藏一道，伴随着蒙元政权的建立，绝大多数又流入了位于大都的元内府。

宋末元初的民间私人收藏领域中关于“李郭画派”作品的情况，也有诸多可资引证的文献和实物。成书于元代中期的汤垕《画鉴》一书提道：“郭熙，河阳人，宗李成……仆平生见真迹约五十本，然绝佳者不过一二十轴而已。”[①] 这个说法的可信度要打个问号。一方面，郭熙是神宗时代的宫廷画家，据他的创作活跃期不过五十年左右的宣和内府，也仅收有三十件郭熙画作。况且，这些作品后来基本都在金、元内府收藏，不容易被民间文人见到。而距离郭熙两百余年的汤垕竟能“见真迹约五十本”，这听上去似乎难以让人信服。但另一方面，如果考虑到郭熙后来在哲宗时代失宠，许多内府藏郭熙画作还未到宣和时代就被赏赐臣下，流出宫廷，因而未被著录的情况，汤垕见到的或许是流散在民间的部分郭氏真迹。那么其数量能多于宣和内府所藏，达到“约五十本”也是有可能的。当然，也不排除其中有后人仿作而托郭熙之名流传的赝品，没有被汤垕发现。总之，这条记载让我们知道，仅汤垕一人，就曾见到五十件归于郭熙名下的古画。而且，考汤垕平生没有供职宫廷的经历，这些画作应均属于民间私人收藏。对于李成传派的其他追随者，《画鉴》中也有涉及。如讲到许道宁：“传世甚多，佳本极少。”[②] 又讲到王诜：“学李成山水，清润可爱。内臣冯觐慕其笔墨，临仿乱真，高宗竟题作王诜，观者不可不察也，然予能望而知之。”[③] 讲到翟院深：“学李成画山水，临摹逼真。自作多不佳。世所有成画，多此人为之。”[④]

除了汤垕，周密《云烟过眼录》记录了更多李郭画派作品的收藏情

① 潘运告主编．元代书画论［M］．云告，译注．长沙：湖南美术出版社，2002：371.
② 潘运告主编．元代书画论［M］．云告，译注．长沙：湖南美术出版社，2002：371.
③ 潘运告主编．元代书画论［M］．云告，译注．长沙：湖南美术出版社，2002：371.
④ 潘运告主编．元代书画论［M］．云告，译注．长沙：湖南美术出版社，2002：375.

况。其具体记录如下："赵兰坡都承与勤家所藏：郭熙溪山晚照图、平远唤渡图、李成雪山行旅图。"[①]又记载"张受益谦号古斋所藏：李成看碑图（《读碑窠石图》）（图3.10）、又山水一幅，号李成。虽非李，然秀润可喜，人物屋宇皆好"[②]。又记载"王介石虎臣所藏：李成风雨图一幅"。又"郭佑之天锡号北山所藏：王诜长山远岫、李成晴峦叠嶂山水小幅四轴佳"[③]。又记载"尤氏所藏[④]：郭熙晚秋残霞、李成山水"。"松江镇守张万户所藏：冯觐层峦叠嶂。"[⑤]又记载"王子才英孙号修竹所藏：郭熙关全各一幅，皆贾氏物，颇佳"[⑥]。又记载"游氏家藏[⑦]：郭熙松石二幅，恐非。许道宁山水"[⑧]。又记"庄蓼塘肃所藏：王晋诜着色山水长江远岫"[⑨]。又记载"徐容斋琰子方所藏：王晋卿长江叠嶂图，几二丈，后有与东坡唱和诗各二首及王附写花押收附并记（此图现藏上海博物馆）"[⑩]。又记载"李士弘

① （元）周密．云烟过眼录［M］．钦定四库全书本，子部十．纪昀，陆锡熊，孙士毅，编纂．清乾隆四十七年（1782）．

② （元）周密．云烟过眼录［M］．钦定四库全书本，子部十．纪昀，陆锡熊，孙士毅，编纂．清乾隆四十七年（1782）．

③ （元）周密．云烟过眼录［M］．钦定四库全书本，子部十．纪昀，陆锡熊，孙士毅，编纂．清乾隆四十七年（1782）．

④ 按：文中未注明尤氏为何人，但在"尤氏所藏"一节前曾有"邓隐白描十二国图，后有剑南樵客赵昌押字，跋云虽太古文籀所不及。尤袤延之，亦有跋。贾师宪物也，甚奇"一段文字。尤袤为南宋词坛四大家之一，也富于收藏。故尤氏或指尤袤家族后人。尤袤晚年长期在临安，即杭州为官，曾在老家无锡建有宅第以备归老，但未获准即病逝于任上。故"尤氏"如果确实为尤袤后代，则其主要活动地区应有杭州、无锡两种可能。

⑤ （元）周密．云烟过眼录［M］．钦定四库全书本，子部十．纪昀，陆锡熊，孙士毅，编纂．清乾隆四十七年（1782）．

⑥ （元）周密．云烟过眼录［M］．钦定四库全书本，子部十．纪昀，陆锡熊，孙士毅，编纂．清乾隆四十七年（1782）．

⑦ 按：游氏不详其人，但可能系南宋宰相游似后裔。游似为四川南充人氏，嘉定四年（1211）进士，淳祐五年（1245）拜右丞相，长期居官杭州，生前曾收藏《宋拓卢陵本兰亭序卷》，现藏故宫博物院。游似曾收兰亭拓本达百种，以天干编次，可知其于书画收藏也颇留意。故周密所说"游氏所藏"或即为游似家族后人的藏品。而且游似与前文提到的尤袤都长期居官临安，再考虑到周密本人虽是齐人，也长期活动于临安一带，故推测其所说"尤氏""游氏"应都是临安、杭州地区的人家。

⑧ （元）周密．云烟过眼录［M］．钦定四库全书本，子部十．纪昀，陆锡熊，孙士毅，编纂．清乾隆四十七年（1782）．

⑨ （元）周密．云烟过眼录［M］．钦定四库全书本，子部十．纪昀，陆锡熊，孙士毅，编纂．清乾隆四十七年（1782）．

⑩ （元）周密．云烟过眼录［M］．钦定四库全书本，子部十．纪昀，陆锡熊，孙士毅，编纂．清乾隆四十七年（1782）．

图 3.10　李成、王晓《读碑窠石图》北宋　绢本水墨
104cm × 126.3cm　大阪市立美术馆藏

偶号圆峤所藏：许道宁华山三峰双幅，郭熙双幅山水，又双幅雪景”。[1]又记“高仲器铸所藏：郭熙效李成山城图”[2]。除了以上的记录，周密书中在“赵子昂乙未自燕回所出收书画古物”一节中记有“王诜连山绝壑，高宗题”[3]一条，又有“李成看碑图，元张受益家物”[4]一条，可知那件《读碑窠石图》后来从张谦处转归了赵孟頫。除了这两幅画，赵孟頫曾过目的另一件李郭画派的杰作，是现藏于美国大都会博物馆的郭熙《树色平远图》(图 3.11)。该作卷后依次有海粟(冯子振)、赵孟頫、虞集、柯九思、柳贯、颜充瑛、祖铭七位元人题跋。其中五人皆有担任京官的经

① (元)周密.云烟过眼录[M].钦定四库全书本，子部十.纪昀，陆锡熊，孙士毅，编纂.清乾隆四十七年(1782).

② (元)周密.云烟过眼录[M].钦定四库全书本，子部十.纪昀，陆锡熊，孙士毅，编纂.清乾隆四十七年(1782).

③ (元)周密.云烟过眼录[M].钦定四库全书本，子部十.纪昀，陆锡熊，孙士毅，编纂.清乾隆四十七年(1782).

④ (元)周密.云烟过眼录[M].钦定四库全书本，子部十.纪昀，陆锡熊，孙士毅，编纂.清乾隆四十七年(1782).

历，故推测该作在当时或为元内府所藏，或为大都地区私人藏家所有。

除上述人等外，大都和江南地区的收藏家群体中还有两人值得注意：一位是大长公主祥哥剌吉。根据袁桷所撰《大长公主书画记》和他奉命品题其藏品的名单，其中包括李郭画派名家、北宋画家燕文贵的山水。此外，无锡地区的收藏家倪瓒也不应被忽视。现存于辽宁博物馆的（传）李成《茂林远岫图》（图 3.12）就曾经他题跋，这段跋文今天仍保留在该作的拖尾。根据跋文，该作当时被收藏于苏州地区。

图 3.11　郭熙 《树色平远图》 北宋　绢本水墨
34.9cm × 104.8cm　大都会博物馆藏

图 3.12　李成 《茂林远岫图》 北宋　绢本水墨
45.4cm × 141.8cm　辽宁省博物馆藏

元代画家对“李郭画派”绘画风格的继承

许多元代的著名画家都已被公认受到过李郭绘画风格的影响。例如赵孟頫和他的同乡唐棣、姚廷美，以及家居昆山地区的朱德润和松江籍画家曹知白。但更多的文献记载显示，追随那些北宋画坛巨匠的元代后学远不止这几人。

夏文彦《图绘宝鉴》记载："李衎，号息斋，字仲宾，蓟丘人。官至浙江省平章政事……善画竹石枯槎。始学王澹游。""李士行，字遵道。文简（李衎谥号）子。画竹石得家学，妙过之，尤善山水。"[①]"王澹游"即金代学习李郭画派的画家王庭筠。细读今天存世的李士行《古木竹石图》和李衎《四清图》《竹石图》，其中的枯木、山石明显能看到郭熙画风的影响。"商琦字德符，曹南人……山水师李营丘，得用墨法。"[②]清孙承泽《庚子销夏记》卷二记录商琦山水卷时，也引用元人饶自然的说法："商学士画不多见……元人饶太虚著山水家法极推重之，谓'商德符得山水之真趣，初学郭熙层峦叠嶂，高树长林。形势浑厚，气脉连接。虽淋漓满幅，不觉其繁'。"[③]故宫今藏有商琦《春山图卷》（图 3.13），虽是青绿设色，但远山的山势和近景部分树木仍能看出受李郭画风影响的痕迹。除以上几人，夏文彦还列举了诸多该画风的追随者：如"刘融，字伯熙，蓟丘人，官至秘书卿。善山水，师郭熙"[④]"乔达，字达之，燕人。官至翰林直学士，善丹青，山水学李成，墨竹学王庭筠。后更学文同"[⑤]"刘贯道，字仲贤，中山人，工画。……山水宗郭熙，佳处逼真"[⑥]"吴古松，杭人，山水学郭熙"[⑦]"王渊，字若水，号澹轩，杭人……山水师郭熙，花鸟师黄荃，人物师唐人"[⑧]，等等。另外，元代初年画家罗稚川的三件存世作品——收藏于日本东京国立博物馆的《雪江图》、收藏于美国克利夫兰博物馆的《溪桥策杖》团扇和收藏于美国大都会博物馆的《古木寒鸦图》（图 3.14）也向人们证明，这位一生隐居的江西画家，也是李郭画风的忠实拥趸。

---

① （元）夏文彦 . 图绘宝鉴［M］. 北京：中华书局，1985：19.

② （元）夏文彦 . 图绘宝鉴［M］. 北京：中华书局，1985：20.

③ 俞剑华编著 . 中国古代画论类编［M］. 北京：人民美术出版社，1957：699.

④ （元）夏文彦 . 图绘宝鉴［M］. 北京：中华书局，1985：22.

⑤ （元）夏文彦 . 图绘宝鉴［M］. 北京：中华书局，1985：23. 这里的乔达应即为元代收藏家乔篑成。乔篑成字达之，为河北中山人氏。

⑥ （元）夏文彦 . 图绘宝鉴［M］. 北京：中华书局，1985：24.

⑦ （元）夏文彦 . 图绘宝鉴［M］. 北京：中华书局，1985：24.

⑧ （元）夏文彦 . 图绘宝鉴［M］. 北京：中华书局，1985：26.

图 3.13 商琦 《春山图卷》 元代 绢本设色 39.6cm × 214.5cm 故宫博物院藏

图 3.14 罗稚川 《古木寒鸦图》 元代 绢本设色 131.5cm × 80cm 美国大都会博物馆藏

有关元代“李郭画派”绘画的收藏家与师法该画派画风群体的归纳、比较

以上文献的列举，涉及两个群体。一个是李郭风格画作的收藏者们，一个是学习这一风格的元代画家们。两者之间会不会存在着关联呢？或

许我们可以通过考察他们各自的存在、活动区域以及彼此的交往来检验这种猜想。

首先，刚刚讲到的收藏者共计十余人。其各自的籍贯和活动区域大致如下：

汤垕，山阳人氏，早年随父居京口地区，后迁庆元（浙江宁波地区），再迁杭州。曾长期任绍兴兰亭书院山长，后任大都都护府令史，卒于任上。

赵与懃，赵孟頫族叔，居湖州地区。张谦，籍贯不详，活跃于杭州地区。

王虎臣，号介石，籍贯不详。按元史记载，王曾揭发平江路总管赵全违法之事，赵孟頫以王在平江（今苏州地区）时也曾不法为由，不同意由王主持查办。故知王虎臣也曾在苏州地区为官。

郭天锡，祖籍山西大同（一说天水），曾为御史，后长期侨居杭州。

尤氏，或为尤袤后裔，居临安（杭州）地区。

松江镇守使张万户，姓名不详，从官职判断应曾长期居松江地区。

王英孙，号修竹，南宋末年人，祖籍浙江绍兴，入元隐居不仕。有史料显示，王英孙与汤垕之父汤炳龙有交往，属来自山东琅琊王氏的王羲之一族。

游氏，或为南宋丞相游似后裔，居临安地区。

庄肃，松江地区人士，入元不仕，隐居松江青龙镇。

李倜，字士弘，山西太原人，官集贤侍读学士，久居大都。

徐琰，祖籍山东东平。至元初年至大都为官，任职太常寺。后先后在今陕西、湖南任职，后于至元二十九年（1292）迁浙西肃政廉访使，江淮行省平章政事，并曾主持西湖书院，与江南著名经学家吴澄、姚燧有交往。考虑到周密常在杭州活动的情况，他了解徐琰的藏品应是在徐于至元二十九年（1292）到浙西为官之后的事。

高铸，祖籍、活跃地均不详。

赵孟頫，湖州地方人士，先后官大都、山东、浙江，一生主要活动区域在大都、杭州、吴兴三地。与赵同跋《树色平远图》数人：冯子振、虞集、柳贯、柯九思，均曾在大都为官，且时间上彼此有重合。

大长公主祥哥剌吉，大德十一年（1307）受封“皇妹鲁国大长公主”，封地在“永平路”（今河北卢龙、滦州、乐亭、昌黎等地），并曾居大都，在天庆寺举办书画雅集。

倪瓒，江苏无锡人士，晚年游历苏州、湖州、嘉兴、松江一带。

如果再进一步归纳，这些人可以被分为以下几组：

大都一带地区：李倜、大长公主、冯子振、虞集、柳贯、柯九思、赵孟頫（曾留居大都）、汤垕（晚年居大都）。

杭州地区：张谦、郭天锡、尤氏、游氏、汤垕（曾居杭州）、徐琰（曾主持西湖书院）。

湖州地区：赵与懃、赵孟頫叔侄（长期居于湖州）。

绍兴地区：王英孙、汤垕（曾任绍兴兰亭书院山长）。

松江地区：松江镇守使张万户、庄肃。

吴门（苏州）地区：王虎臣、倪瓒。

经过分类后的格局是：北方黄河流域一带，主要是以大都为活动核心的收藏家群体，且多为在朝官员。南方则形成了以杭州（南宋旧都）为核心，涉及湖州、绍兴、松江、苏州等文化重镇的藏家群体（其中包括供职于江南的元代地方官员和南宋遗民人士）。而这个格局，也是整个元代私人书画藏家群体分布地域的基本格局。

那么，前面谈到的那批元代画家中李郭画风的追随者们，会处于这个分布格局之中吗？如果按这个思路对这批画家分组，会看到以下结果：

大都及周边地区：商琦，（居官大都）；刘融（蓟丘人氏，河北）；朱德润（出生于江苏昆山，属吴门地区，后居官大都）；李衎、李士行父子（蓟丘人氏，但居官于杭州）；乔达之（乔篑成），燕人（属河北地区）；刘贯道，中山人（今河北保定一带）；高克恭（早年居大都）；赵孟頫（曾长期居官大都）；唐棣，籍贯湖州，后居官大都。

杭州地区：赵孟頫（曾居杭州）；高克恭，曾居官杭州地区；吴古松，杭人；王渊，杭人；沈麟，杭人。

湖州地区：赵孟頫（籍贯湖州）、唐棣（与赵同乡，幼年拜其为师）、姚廷美（与赵同乡）、徐恺。

松江、华亭地区：曹知白。

苏南地区：陶铉，金陵人（南京一带）；朱裕，延陵人氏（今属常州，与苏州、无锡相邻）。

江西：罗稚川。

通过将两组以籍贯和活动区域分别进行归纳的人群进行对比，会明显看到，除了金陵地区的陶铉和江西的罗稚川之外，元代学习李郭画风的其他十七位画家的籍贯和主要活动区域所集中的五个地区（大都及附近地区、杭州、湖州、延陵、松江）全部处于收藏有李郭画派古迹的藏家所集中的区域或与之比邻。同样明显的是，大都、杭州这两个藏家最集中的地方，也正是出现该画风追随者最多的地方，这不应被视为巧合。而且，这些画家中的许多人（如赵孟頫、高克恭、乔篑成）自己就是收藏家，其他人中也有不少与这些收藏家交往颇多。如李衎、李士行父子、朱德润、唐棣等人均与赵孟頫结交。另外，松江地区的曹知白也值得注意。班宗华在其早年撰写的《传巨然〈雪景图〉》一文中，就试图建立（传）巨然《雪景图》（图 3.15）与曹知白画风间的联系。李铸晋也认为："构图上，这两图（指《传巨然〈雪景图〉》与曹知白《群峰雪霁图（图 3.16）》）的相似性使人相信，他在作画之前已经看到过《雪景图》。"[①] 傅申更是直接认为"曹知白的是根据《雪景图》而来，两者有血缘关系"[②]。从画面来看，传巨然《雪景图》显然属于李郭绘画风格。班宗华甚至推测，它或许就是夏文彦在《图绘宝鉴》中说的，曹氏所学习的北宋徽宗时代画家冯觐的手笔。另外，不应忽视的是，前面提到的那群持有李郭画派古迹的收藏家中，"松江镇守使张万户"和庄肃二人都曾在松江地区活动。而那位"张万户"的藏品中唯一一件李郭画风的作品恰恰就是冯

---

① ［美］Richard Barnhart. 行到水穷处——班宗华画史论集［M］. 白谦慎，编，刘晞仪，等，译 . 北京：生活・读书・新知三联书店，2018：8.

② ［美］Richard Barnhart. 行到水穷处——班宗华画史论集［M］. 白谦慎，编，刘晞仪，等，译 . 北京：生活・读书・新知三联书店，2018：8.

觐之作。尽管记载张、庄两人藏品信息的《云烟过眼录》成书时，曹知白应该只有二十多岁，但这些史料仍可证明：在他生活的地区，的确有影响过他的古代画家的作品存世。

图 3.15 （传）巨然 《雪景图》
五代 绢本水墨 尺寸不详
台北故宫博物院藏

图 3.16 曹知白 《群峰雪霁图》
元代 纸本水墨 129.7cm × 56.4cm
台北故宫博物院藏

有关“李郭画派”绘画的私人收藏活动对元代山水画理论影响的归纳

以上的分组、比较过程，呈现了大都与杭州这两个南北收藏家群体活动重镇的存在，对于李郭画派在元代的发展所起到的重要作用。饶自然与黄公望的山水画理论中对此画派的关注和对其画理的借鉴，在很大程度上是当时书画收藏界的品位作用于画坛，继而波及绘画理论的结果。另外，南北藏家群体的联系、互动，也是促成这一局面的重要因素。出身北方的李衎和乔篑成都曾居于杭州、苏州地区。而出身江南的赵孟頫、朱德润、唐棣也都有在大都做官的经历。黄公望的《写山水诀》中说“近代作画多宗董源、李成两家”，这两个分别来自一南一北不同地区的前代画家在元代画坛同时受到关注，也应被视为元代南北文化与艺术交融现象的注脚。

第三小节　私人书画鉴藏活动对元代绘画理论影响的总结

正如前一部分中所揭示的，元、明时期的私人收藏家群体不仅与这一时期文人绘画风格的演化有着密切的关联，元代重要绘画理论的倡导者们与同时代的私人收藏家群体之间，也依然存在着如地质学中所揭示的某些矿石品种一样的“伴生”关系。不仅如此，许多理论著作的作者本身便是当时收藏家群体中的一分子甚至佼佼者。

而且，值得强调的是，这些画论著作的作者同时也是绘画创作的实践者。故而他们的文字在很大程度程度上反映着他们个人乃至那个时代的画家，在学习古人时的倾向、潮流（这种倾向是与当时的收藏风尚紧密关联的）。当然，《竹谱》并非专门考察画竹一科起源、流变历程的专著。就像《写山水诀》并非总结董源、李成两家画风流传历程的画史专著一样。李衎与黄公望都是画家，他们笔下的画论更多的是个人创作、实践基础上的心得体会以及操作性较强的技法说明。但在这些形而下的技术背后，承载它们的，是作者长期与古为徒，观摩古迹的学古过程（黄公望早年与赵孟頫结交，又与倪瓒、曹知白过从密切，观看古迹的便利条件颇多）。他们的文字，既是一个时代的收藏史对绘画理论影响的反映，也是他们在创作中师古、学古经历的产物，体现着这些画家的绘画理论与绘画创作实践的高度统一。

第二节　明代私人书画鉴藏对同时期绘画理论的影响

第一小节　明代画论著作的作者群体与明代书画收藏家群体的密切联系

明代画论著作作者籍贯的地域分布特点

与元代一样，明代的画论著作的作者，或自身为收藏家，或与同时代的收藏家保持着密切的交往。俞剑华的《中国古代画论类编》在明代部分涉及的人共有 53 人，如果按其籍贯划分，大致分为以下数个群体。

吴门群体：包括王绂、杜琼、吴宽、吴奕、沈周、文徵明、唐寅、祝允明、文嘉、王穉登、周天球、王世贞、张丑、沈颢、顾凝远、文震亨、范允临、蒋乾。这个群体数量最大，涉及的人物生活年代跨度最长，从明初的王绂（生于元至正二十二年，1362）到明末的文震亨（1645 年因殉明绝食身亡），跨越整个明代历史。

松江群体：何良俊、莫是龙、董其昌、陈继儒、赵左。这个群体相对于吴门群体而言人数较少，且生活年代相对集中，全部在明代中期之后。除年龄最长的何良俊与次长的莫是龙相差三十一年之外，莫与董、陈，董、陈与赵相隔均为十八至二十岁左右。

嘉兴群体：李日华、李肇亨、鲁孔孙、汪砢玉、周履靖。五人中除周履靖的社交关系不详外，李日华、李肇亨为父子，汪砢玉与李日华交往密切，且二人均为收藏家。而鲁孔孙则为李日华之徒。

除前三个群体人数较多外，以下群体人数均较少。

浙江武林地区：高濂、蓝瑛。

江苏金坛、武进地区：王肯堂、恽向。

山东地区：邢侗、李开先。

浙江金华：宋濂。

浙江诸暨：陈老莲。

江苏昆山：王履。

江苏泰州：唐志契。

安徽休宁：朱同。

全国其他地区：杨慎（四川新都人），练安（江西新淦人），谢肇淛（福州长乐人），袁宏道（湖北公安人），张风（江苏上元，今属南京地区），徐火勃（应为福建人，具体籍贯不详），沈襄、徐渭、刘世儒（浙江绍兴地区人），屈大均（广东番禺人），李流芳、张泰阶（上海人），屠隆（籍贯鄞州，今属浙江宁波地区），周嘉胄（江苏扬州地区）。

上述归纳显示，全部的五十余人之中江苏占据近半，共二十四人，其中除张风、周嘉胄、唐志契分属南京、扬州、泰州三地外，其余均位于今天所说的“苏、锡、常”地带（包括苏州、无锡、昆山、常州地区）。浙江居第二位，有十三人。其中嘉兴五人，武林（今杭州、钱塘地区）二人，山阴（今绍兴地区）三人，诸暨、金华、宁波各一人。上海七人。其余九人中，山东两人，福建两人，安徽、江西、广东、湖北、四川各一人。

全部的五十余人之中，除山东两人外，其余诸人籍贯均在长江一线或长江以南，呈现大面积分布中又有集中点的特征。其中最明显的三个点就是江苏的苏锡常地带，浙江的嘉兴、武林、绍兴一带和上海的松江、华亭地区。而且这三个点也彼此相邻，形成了一个明代画论类著作的“富产区”。而这个富产区，也正是有明一代，特别是明中期之后，古书画收藏资源分布最集中，收藏家分布最集中的地区。

明代绘画理论著作的作者与私人书画收藏活动的关联

和元代一些绘画理论著作的作者兼具收藏家的身份一样，明代绝大多数画论的作者，都是当时的收藏家或与收藏家保持密切的交往。

以苏锡常地区云集的二十二人为例，杜琼、吴宽、沈周、文徵明、吴奕（吴宽之侄）、祝允明、文嘉、王稺登、王世贞、唐寅诸人，或富有收藏，或与本地藏家交厚。其余人中，也多有赏鉴、收藏方面的史料可供稽考。如明初昆山地区的王履，其所作《画楷序》一文中自称：“余壮年好画，故好求，求故蓄，蓄故多，多而不厌，犹谓未足也。”祖籍江苏武进的恽向，其自题跋文中多能找到他过目古迹的信息。如“尝见子久山色，全体古淡，不作分明主角”，“大年画往往逸气，每每侵入骨肌，秀则带嫩，平远则带浅近，此其大概也”。[①]另外，特别值得一提的是金坛的王肯堂，他虽是医生，却与当时的众多书画家、藏家如董其昌、韩世能及王时敏之祖王锡爵交往密切。韩世能曾提道：万历十九年（1591）十月，他曾与王肯堂、董其昌同观《文姬归汉图》。《韵石斋笔谈》又提道：万历甲辰年（1604），董其昌曾访问王肯堂并观看他收藏的黄公望《天池石壁图》，王肯堂还曾与王锡爵同观《澄清堂帖》（此帖归王锡爵收藏，当时已经残损不全）。至于王肯堂自己的藏品，主要汇集在他刊刻的《郁冈斋墨妙》中，其中包括《长风帖》《贤室帖》《飞白帖》等唐人名迹。

浙江群体的十三人中，嘉兴的李日华、汪砢玉均为收藏家。武林地区的高濂为著名的藏书家，也富于书画收藏。蓝瑛虽不富收藏，但早年与董其昌这样的大藏家交往密切。至于陈洪绶，其家藏的情况前面已经谈到。另外，金华的宋濂也值得关注，宋为洪武年间名臣。其早年的业师即包括元末收藏家柳贯、黄溍。宋濂过目、题跋的名迹颇多，仅中国境内馆藏现存的就有虞世南摹《兰亭序》卷、鲜于枢《杜工部行次昭陵诗卷》（现藏故宫）、张胜温《大理国梵像卷》、陆柬之《文赋》（图3.17）（现藏台北故宫博物院）、王诜《烟江叠嶂图》（图3.18）（现藏上海博物馆）和欧阳修《自书诗文稿》（现藏辽宁博物馆）等。

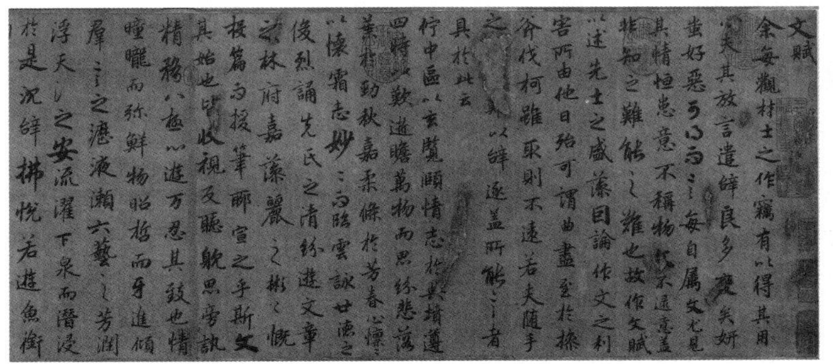

图3.17 陆柬之《文赋》 唐代 纸本水墨
26.6cm×370cm 台北故宫博物院藏

① 俞剑华编著.中国古代画论类编［M］.北京：人民美术出版社，1957：767.

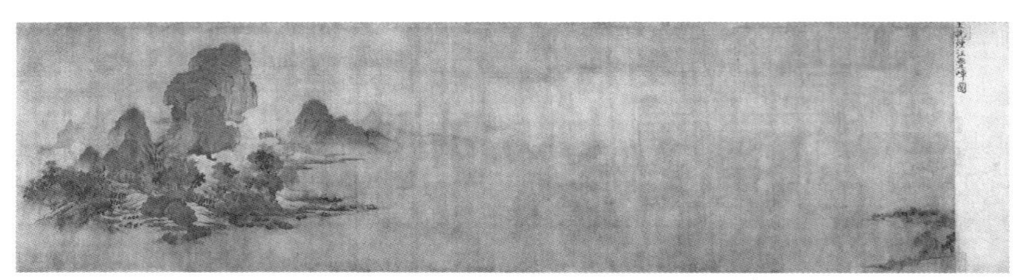

图 3.18　王诜　《烟江叠嶂图》 北宋　绢本设色
45.2cm×166cm　上海博物馆藏

松江、华亭地区的几人中，何良俊、莫是龙、董其昌、陈继儒均为知名的鉴藏家。其余人中，赵左、李流芳二人的绘画与艺术观念均受到董其昌影响（赵左还曾长期为董其昌代笔）。而张泰阶则更为有趣。俞剑华书中所收其《宝绘录叙论》，是他为自家所收蓄古画编写的《宝绘录》第一卷。而这部《宝绘录》中记载的古迹几乎全部是明显的伪作。以至于有学者怀疑，张氏试图借这部书的刊刻、发行为自己的收藏哄抬声价，而后将藏品抛出以牟取暴利。

除了长江中下游地区这片画论作者分布最集中的区域外，山东境内的两人，《中麓画品》的作者李开先和《来禽馆集》的作者邢侗也是书画鉴藏家。王士禛《香祖笔记》中记载："章邱李中麓太常，藏书画极富，自负赏鉴。尝作画品，次第明人。"[①] 但随后又提道："王弇州（王世贞）与之善，尝言过中麓草堂，尽观所藏书画，无一佳者。"[②] 至于邢侗，他与王稺登、董其昌交好，其收藏赏鉴活动有更多的实物见证。其中包括今天传世的几件唐人写经中的精品，如今《国诠善见律卷》。邢侗曾在吴地做官，接触了诸多名迹。他所藏的硬黄《十七帖》墨本应当就是在这一时期获得的（曾为安徽籍收藏家吴廷旧藏）。清代学者王澍在《论书剩语》中曾记载"唐摹墨迹，万历间藏邢子愿家"[③]，应即指此帖。另外，邢侗还曾以"三十四千购得《定武本兰亭卷》，这几件藏品后均被他刻入《来禽馆帖》中。邢侗的绘画藏品中包括数件元人佳作，如现藏美国波士顿博

① 俞剑华编著 . 中国古代画论类编［M］. 北京：人民美术出版社，1957：645.
② 俞剑华编著 . 中国古代画论类编［M］. 北京：人民美术出版社，1957：659.
③（清）王澍 . 论书剩语［M］. 南开大学图书馆藏清抄本 .

物馆的王振鹏《姨母育佛图》(图 3.19)，其前隔水即有邢侗书题。另外，尚有石刻赵孟頫《静竹图》(现藏邢侗纪念馆)。根据邢侗的跋文可知，这件作品的墨迹和另一件管道升的《蛱蝶图》都曾为邢所藏，但已失传。

图 3.19　王振鹏 《姨母育佛图》 元代　绢本水墨
尺寸不详　美国波士顿博物馆藏

以上史料，显示出明代绘画理论著作的作者们与收藏家群体的密切联系。其中看似“反常”的一点是，虽然明代中后期，安徽地区成为除吴门、嘉兴、松江地区外另一处重要的书画收藏与交易重镇，但俞剑华书中列举的明代画论作者里，却仅有一位安徽籍人士——洪武年间的礼部侍郎、休宁人朱同。实际上，这种“反常”既是由安徽籍藏家们的特色所决定的，也是俞书对有关史料的筛选原则决定的。俞剑华在卷首语中讲道：“各种著录书中，如《清河书画舫》《大观录》《式古堂书画汇考》等，择其题跋与画法有关者录入，其腐辞烂调，无甚精义者，一概不录。”[①] 而明代的安徽籍收藏家们对绘画史的主要贡献之一，便是著录类书籍的编纂，如詹景凤的《玄览编》和朱之赤的《藏书画目》均属此类。至于为何在安徽籍藏家中未能诞生有一定影响的画论类著作，则主要应归因于徽籍藏家群体浓厚的商业文化背景。南京大学历史系学者范金民曾有专文对晚明徽州商人的收藏情况进行探讨，其中所列举的重要安徽籍收藏家族，如歙县溪南的吴氏家族、丛睦坊汪氏家族(包括汪宗孝、

① 俞剑华编著. 中国古代画论类编［M］. 北京：人民美术出版社，1957：4.

汪汝谦等人)、休宁吴氏家族(包括吴应科、吴继佐、吴越等人)、休宁黄氏家族(包括黄山、黄石兄弟)、休宁程氏家族(包括与董其昌交往密切的程季白、程明诏),或是祖上因经商而积聚财富,转而留意于书画收藏的文化消费行为,或是以书画买卖作为商业投资营利的经营模式。如休宁人金声所说,晚明的江南人士大多认为徽籍的士绅有一种很难摆脱的商业气息,"往往嘲吾乡士大夫不脱商贾气"[①]。范金民也认为,对徽商而言,书画收藏是"抬高社会认同的切近之路"[②],换句话说,是徽商在取得了一定的经济地位后谋求自身社会影响力的一种手段。在这种情况下,将书画收藏品视为如史料文献类的学术研究对象,对其进行文化、历史价值方面的解读,自然不是他们的兴趣所在。相反,精心将自己收藏、过目的作品名目和题跋、印鉴以及过目的详细经过记录下来,形成类似于"账本""档案"和"清单"一样的东西,似乎是他们更热衷的事情。当然,明代中期之后抄录古籍的风气在文人士夫群体中的扩散,也在客观上推动了以抄录题跋的方式著录古书画的潮流。

第二小节　明代书画收藏风尚由"重宋"到"重元"的转变所产生的影响

明代中前期的公私收藏界对南宋院体绘画的收藏与关注

前面的章节中已经谈到了元代的收藏风尚对元代李郭画派流传的影响。类似这样的影响方式在明代依然存在。所不同的是,由于明代的历史远长于元代,其中各个历史时期内不同的收藏风尚,对当时的画坛与画论的导向也不尽相同。

元末明初的画论中,对南宋院体风格不乏褒奖。如元末到洪武年间的王履,在《画楷序》中讲道:"余壮年好画,好故求,求故蓄,蓄故多,多而不厌,犹谓未足也。……夫画多种也,而山水之画为予珍,画家多人也,而马远、马逵、马麟及夏圭之作为予珍。何也?……以言五子之

① 范金民 . 斌斌风雅——明后期徽州商人的书画收藏[J]. 中国社会经济史研究,2013(1).
② 范金民 . 斌斌风雅——明后期徽州商人的书画收藏[J]. 中国社会经济史研究,2013(1).

作欤，则丽也而不失于俗，细也而不流于媚，有清旷超凡之远韵，无猥琐蒙尘之鄙格，图不盈尺而穷幽极遐之胜，已充然矣。故予之珍，非真乎溺也，珍乎其所足珍而不能以不珍耳。”[①] 昆山距马夏画风的发源地杭州地区不远，又临近松江、华亭地区。而这两地在元代均有马夏画风的传人活跃于当地画坛。仅见于《图绘宝鉴》记载的就有杭州地区的孙君泽、丁青溪、王景升和松江地区的张远、沈月溪、张观。这些画家的存在，对于王履的画风与鉴赏趣味，应当是有一定影响的。

另一方面，洪武年间，因为明代皇室以汉族政权的恢复者自居，明代官方倡导、崇尚的绘画风格也是南宋的院体绘画。史料显示，朱元璋曾亲自为李嵩的作品题字，以示欣赏。另外，明代初年的皇室，往往将许多宫廷收藏书画颁赐亲王或重臣，其中绝大多数来自明军攻取元大都后获得的元代宫廷收藏，也包括相当数量的马、夏等南宋院体绘画。朱元璋之子鲁荒王朱檀墓中即出土了曾由元代大长公主收藏的宋人《秋葵蛱蝶图》扇页。另有一幅佚名宋代山水与钱选《白莲图》手卷。三作均钤有“司印”，显示这些作品是明初收缴自元内府的。在这方面收获更大的是晋恭王朱棡。今天传世的许多宋人名迹上都可见到他的鉴藏印，如“晋府奎章”“晋府图书”等，“司印”也往往伴随出现。如现藏故宫的郭熙《窠石平远图》（图 3.20）、现藏辽博的（传）马和之《周颂·清庙之什图卷》、现藏台北故宫博物院的李迪《风雨归牧图》等。除了赏赐，晋王似乎还有其他的渠道，获得来自两宋内府画家的画作。如现藏台北故宫博物院的《山茶雪雾图页》（图 3.21）和美国藏宋徽宗《竹禽图》（图 3.22），画中仅有“晋府图书”“晋府书画之印”等印，而无“司印”，显示这些东西或许是通过买卖等其他方式得来的。明初的藩王、重臣中另一个收藏书画众多的群体，应数明初黔国公沐英的后代。今日传世的许多宋代院体画作中所钤“黔宁王子子孙孙永保之”和“黔宁府书画印”二印，均属沐氏家藏印鉴其中有大量精品，如故宫所藏《海棠蛱蝶图页》（图 3.23）、《松涧山禽图页》等。又有台北故宫博物院藏《草虫瓜实

① 俞剑华编著．中国古代画论类编［M］．北京：人民美术出版社，1957：708，709.

图 3.20　郭熙《窠石平远图》
北宋　绢本水墨　167.7cm × 120.8cm
故宫博物院藏

图 3.21　佚名《山茶雪霁图页》
宋代　绢本设色　24.5cmx25cm
台北故宫博物院藏

图页》《花篮图页》（图 3.24）等，美国波士顿博物馆藏《柏溪蝶影图页》（图 3.25）、夏圭《风雨行舟图页》，等等。沐英的后人中，其三子沐昂喜爱诗文，收藏颇多，"黔国珍藏"即为其印信。而沐昂的长孙沐璘则更值得称道。沐氏收藏的印鉴中最常见的"黔宁王子子孙孙永保之"即为其所有。他的另一印鉴"沐璘廷章"，可见于今日传世的两幅李嵩《花篮图页》。一为"冬景"，藏台北故宫博物院，曾归项元汴所有；另一幅为"春景"，曾入日本，现归中国私人藏家。鲁王、晋王、沐氏三家的收藏，反映出明初的宫廷审美趣味对南宋院体绘画风格的推崇。

除了藩王外，两位内臣首领的收藏也值得关注。宪宗时代的钱能，曾出任云南监守太监。其在云南任职期间搜罗流出自沐氏家族的藏品，后又在南京与另一太监一同盗卖内府书画，并彼此夸示。陈洪谟《治世余闻》中记载："五日，令守事者舁书画二柜至公堂，展玩毕，复循环而来。中有王右军亲笔题字，王维雪景……又有小李、大李金碧卷，董、范、巨然等卷，不以为异。苏汉臣、周文矩对镜仕女……俱多晋唐宋物，元代不暇论矣。"① 钱能义子钱宁的搜刮行径比其义父更甚。这位在正德年间因攀附刘瑾而权倾一时的宦官藏家，在死后被抄家籍没珍宝无数，其

① （明）陈洪谟．治世余闻录（八卷）［M］．影印上海图书馆藏陈于廷刻纪录汇编本，明万历四十五年（1617）．

图 3.22 赵佶 《竹禽图》 北宋 绢本设色 33.8cm × 55.5cm 美国大都会博物馆藏

图 3.23 佚名 《海棠蛱蝶图页》 宋代 绢本设色 24cm × 23.8cm 故宫博物院藏

图 3.24 佚名 《花篮图页》 宋代 绢本设色 25cm × 25cm 台北故宫博物院藏

图 3.25 佚名 《柏溪蝶影图页》 宋代 绢本设色 25cm × 25cm 美国波士顿博物馆收藏

中包括大量来自内府的书画。钱宁的藏品上往往钤有他的藏印，如“钱氏素轩书画记”“素轩清玩珍宝”“钱氏合缝鼎印”等。这些印记今天可见于故宫所藏黄筌《珍禽图》(图 3.26)和马和之《小雅·鹿鸣之什》两件名迹之上。

图 3.26　黄筌《珍禽图》五代　绢本设色　41.5cm×70.8cm　故宫博物院藏

洪武直到宣德年间，在这样的整体文化环境下，一些官员中的书画藏家，也表现出对宋代绘画，特别是南宋院体画风的推崇。宣德时代的内阁首辅“三杨”(杨士奇、杨溥、杨荣)与当时的宫廷画家、马夏画风的追随者谢环的交往就是典型的例子。谢环的《杏园雅集图》描绘的就是“三杨”与同僚聚会之景。这种影响一直波及正统至正德时代(1436年至1521年)的官员藏家们。首先是李东阳，前面谈到，他的藏品中包括被认为系刘松年所作的《四景山水图卷》。其次是吴宽，在有关沈周的部分中，已经探讨了他作为沈的同乡藏家对于拓展沈周的学古眼界方面的作用。这里要着重讲一下他收藏、过目的两宋绘画。吴宽自成化八年(1472)状元及第后，历任翰林院修撰、侍读学士、吏部侍郎、礼部尚书等职。与长期执掌内阁权力的李东阳一样，其鉴藏趣味也不可避免地受到官方对南宋院体画风推崇的影响。尽管他的家乡苏州，在明代绘画史上是以承接“元四家”衣钵主的吴门画派为人所熟悉的，但吴宽本人过目、品题的古迹中依然有不少两宋时期的力作。仅举《家藏集》中的例子，就有《题许道宁秋山暮霭图》《题范宽雪山图》《题高克明溪山雪意图》《题郭熙雪浦待渡图》《跋赵千里三生图》《为陆全卿题刘松年香山九老图》《跋萧照中兴瑞应图卷》等文字为证。另据张丑《清河书画舫》记载，吴宽还题写过李公麟的《女孝经相图》（沈周鉴定）、《赵千里画东坡乐水图》和马远的《柳塘聚禽图》。吴宽也并非来自吴门地区的官僚鉴藏家中唯一一个对两宋绘画给予关注的人。他的同乡前辈，沈周的亲家徐有贞（原名徐珵，宣德八年（1433）进士，历任翰林院庶吉士、编修、侍讲，后封武功伯）即跋写过吴宽所题高克明《溪山雪意图》。另外，《清河》记载刘松年的《听琴图》后也有徐有贞题诗。而与徐一同题写此作的另一位吴地藏家，正是吴宽与沈周二人仰戴的乡贤——杜琼。

虽然沈周、文徵明作为吴门画家的领军人物，其开创的绘画风格主要建立在对元代文人画风的继承与发扬上，但作为两代吴门藏家中的翘楚，沈周、文徵明，以及他们同时代的许多藏家在收藏品位上则是兼收并蓄，宋元并重。前面提到，沈周曾收到范宽《秋山图》，并请刘珏为自己掌眼鉴定。而刘珏的旧藏，高克明的《雪霁溪山图卷》后来也转入了沈周之手。[①] 南宋院画风格的古迹，沈周过目的至少有两件，一是前面提到过的夏圭《溪山无尽图卷》，二是《清河书画舫》中记载的马和之《风雅八图》。书中讲道："《风雅八图》乃宋末庄蓼塘藏册，曾经石田翁鉴定，虽萧疏小笔，而理趣无涯。"[②] 除倾心于元画外，沈周自己也曾留意于临习两宋画作。《清河书画舫》记载"无锡邹氏藏许道宁《秋山晴霭图》，元柯九思家物，笔法劲伟，奕奕有神。余犹及见石田翁摹本，吴原博为作

① 《清河书画舫》中在"释巨然"一条下注有"刘佥宪廷美……又藏高克明《雪霁溪山图卷》，宋秘府旧物，御题玺俱全。后皆归沈氏……"但在随后附录《家藏集》中，吴宽《题高克明溪山雪意图》一诗中，又注有"此图刘佥宪得之任太仆，今归沈启南，后有徐天全跋"。不知两处所录是否为一物。

② （明）张丑．清河书画舫［M］．徐德明，校点．上海：上海古籍出版社，2011：483.

长歌褒美之，真有出蓝声价”[①]。另外，沈周自己虽主学元人，却也与同时代的马夏画风追随者多有交往。其中一人就是杜堇。成化九年（1473），沈在与好友陈蒙同游虎丘时结识杜堇并有诗相赠（见倪龙娇《杜堇艺术地位的重估》一文），此后，杜堇又曾为沈周之弟沈召作《邵雍图》，该作现藏故宫博物院。杜堇在弘治二年（1489）冬天，曾应邀为吴宽、李东阳等人的雅集作图，不知是否是经沈周引荐。但他与吴地的许多藏家、文人交往密切。他所作《九歌图》中的配诗即由陈淳书写。他与唐寅、文徵明也皆有诗文酬答。除了与杜氏的交往，沈周和吴宽在题写友人所藏马夏流派作品时也多有溢美之词。如沈周诗集中收录有《题孙君泽山水寄华光禄汝德》一诗，受赠人即为前文提到的无锡华氏家族的收藏家华珵。而孙君泽，正是元代杭州地区马夏画风的重要追随者。沈周在诗中写出了“君泽君泽具此胸，我谓圭远将无同”[②]的称赞，将孙君泽与马夏等前辈高手相提并论。无独有偶，吴宽的《家藏集》中也记载他为同乡好友毛珵所藏孙君泽山水作品题诗：“十日一水五日石，古人画笔殚精力。后来简淡亦天成，披图试看孙君泽。”[③]

除吴宽、沈周外，同时代的其他吴门藏家手中也不乏宋人院体画风的作品。其中较为典型的例子是陆完。他的藏品中至少有三件作品出自南宋宫廷画家之手。一是现藏故宫的李嵩《溪山水阁图页》。二是吴宽所题刘松年《香山九老图卷》，见于吴宽《家藏集》中。第三件便是赫赫有名的马远《十二水图卷》（图3.27）。卷后有李东阳、吴宽、王鏊三人书跋。李、吴、王三人应因同朝为官而与陆完熟识。吴、王更与陆有同乡之谊。三跋中除李东阳一跋无署款时间外，吴、王二跋署款均在“戊申”，查陆、吴、李、王四人生年重叠部分中，“戊申”应为弘治

---

① （明）张丑．清河书画舫［M］．徐德明，校点，上海：上海古籍出版社，2011：289.《清河》中又有转引自吴宽《家藏集》中的《题许道宁秋山暮霭图》一诗，诗中有“沈老旧藏高克明，二图作配实相称”之句，不知此处是否即为前面讲到的沈周所临之作。二图名称略有不同，或因张丑记载笔误所致。

② （明）沈周．沈周集［M］．汤志波，校点．杭州：浙江人民美术出版社，2019：996.

③ （明）吴宽．家藏集［M］．钦定四库全书本，集部六．纪昀，陆锡熊，孙士毅，编纂．清乾隆四十七年（1782）.

元年（1488），是年陆完三十岁，刚刚于前一年中进士（成化二十三年，1487），授监察御史，居官京师。而吴宽跋中署款又在“海月庵”，正是一年之后，他与李东阳等人在京城雅集并请杜堇作图之处。当时，王鏊任翰林院编修；李东阳任纂修官，主修《宪宗实录》；吴宽也正参与其中并任侍读学士。三人的跋文应均系受陆完之邀在京书写。

图 3.27　马远　《十二水图卷》 南宋　绢本设色
26.8cm × 41.6cm（每段） 故宫博物院藏

明代中前期的画论中对南宋院体画风的推重

从明代初期到中期，一方面由于明代宫廷审美趣味对南宋院体的推崇，另一方面，由于大量来自内廷的两宋藏画经由赏赐、盗出等途径，流入藩王、重臣或宦官手中，这既为当时的民间收藏群体对两宋，特别是南宋宫廷绘画的收藏，提供了历史性的机遇，也刺激了民间藏家们的收藏热情。毕竟，对于任何时代的私人藏家而言，内府书画都是令人梦寐以求的“稀有资源”。于是，在明代前期至中期的画论中，对两宋绘画特别是南宋绘画，多给予较高的评价，即使是出身苏州地区，与明代宫廷的绘画审美趣味保持着较大距离的吴地人士也是如此。杜琼的《赠刘草窗画》一诗中，虽然声称“水墨高古归王维”①，并宣称“诸公尽衍辋川派，余子纷纷不足推”②，但对两宋的名家，也仍肯定其艺术成就。如称赞“忠恕北面称吾师，王诜宝绘能珍奇，乃至李唐尤拔萃，次平仿佛无崇庳”③。这样的句子，结合前面提到的杜琼为人鉴定刘松年《听琴图》并书

① ［美］James Cahill. 江岸送别：明代初期与中期绘画（1368—1580）［M］. 北京：生活 · 读书 · 新知三联书店，2009：53.

② ［美］James Cahill. 江岸送别：明代初期与中期绘画（1368—1580）［M］. 北京：生活 · 读书 · 新知三联书店，2009：53.

③ ［美］James Cahill. 江岸送别：明代初期与中期绘画（1368—1580）［M］. 北京：生活 · 读书 · 新知三联书店，2009：53.

诗赞于卷后的记载[①]，都可见虽然杜琼自己的画风以学习王蒙、吴镇为主，但对于宋画高手们（包括院体绘画），他是同样欣赏的。

至于宋濂、“三杨”、吴宽、李东阳、王鏊等具有官僚身份的鉴藏家所写跋文中，对宋人绘画的褒奖，则有更多具体例证。如宋濂跋王诜《烟江叠嶂图》讲道：“王晋卿画烟江叠嶂图，余见数本，其布置广狭皆不同，内一本有东坡亲笔赋诗者，尤为精绝。此卷笺题乃徽庙所书，盖尝入宋内府矣，可宝也。”[②]吴、李、王三人跋写陆完藏马远《水图卷》中也是例子。李东阳跋文说：“古马远画水十二幅，状态各不同，而江水尤奇绝。出笔墨蹊径之外，真活水也。余不识画格，直以书法数之。”[③]他还在评刘松年《四景山水图卷》时说：“刘松年画，考之小说，平生不满十幅，心亦难得。此图四幅，作写数年逌成。今观笔力细密，用心精巧，可谓画中之圣者。”[④]吴宽也称赞马远“曲尽水态，可谓多能者矣”[⑤]。相比于李、吴二人，王鏊的褒奖似乎更具有“历史高度”：“山林、草木、楼观、人物、花木、鸟兽、虫鱼皆有定形，独水之变不一，画者每难之。故东坡以为画水之变，独两孙。两孙死，其法中绝。今观远所画水，纡余平远，盘回澄深。汹涌激撞，输潏跳跃。风之涟漪，月之潋滟，日之濒洞，皆超然尽咫尺千里之势。所谓画水之变，岂独两孙哉？”[⑥]这样的评价，即使是在马远生前得宠于光、宁二帝及杨皇后的日子里，也是不多见的。

对宋画，特别是对南宋马夏画风的推崇，也伴随着“浙派”画风的兴起。它的领军人物戴进获得“三杨”及王鏊的赏识。后继者吴伟又在孝宗时代授锦衣卫百户并被赐“画状元”图章。使这一画派的流行进一步得到官方的支持。他的传人包括后被归为“江夏画派”的张路、蒋嵩、

① （清）张丑．清河书画舫［M］．徐德明，校点．上海：上海古籍出版社，2011：496. 杜琼的题诗原文是：“琴师传得太古意，听琴之趣画师传。昔闻善听钟期氏，今见妙品刘松年，东原杜琼。”

② 注：该跋文附于画卷后，现藏上海博物馆。

③ 注：该跋文附于画卷后，现藏上海博物馆。

④ 注：该跋文附于画卷后，现藏上海博物馆。

⑤ 注：该跋文附于画卷后，现藏上海博物馆。

⑥ 注：该跋文附于画卷后，现藏故宫博物院。“两孙”应指唐末孙位与后蜀孙知微，王鏊引用的苏轼言论见于析出自《东坡全集》的《东坡题跋》中，“书蒲永升画”一段。

宋臣、蒋贵等人。浙派的另一位代表画家是活跃于成化、弘治年间的浙江上虞人钟钦礼，曾入仁智殿，为内廷服务。对马远、刘松年画作青眼相加的李东阳之弟李梦阳，称赞他的作品虽然起先模仿戴进，但最终却独出己意，“颇自出机杼”。这些人的作品进入收藏市场，也在一定程度上提高了收藏界对宋人院体画风的重视。

明代中期“吴门画派”的兴起及鉴藏界的“宋元优劣”之争在同时期画论中的体现

自正德年间之后，以沈周为代表的吴门画家群体的社会影响力日益扩大，特别是文徵明家族及其后学王穀祥、陆治、陈淳等吴地画家在画坛上的声名鹊起，“浙派”昔日的声望开始趋于衰落。

安徽新安籍收藏家詹景凤曾回忆其家乡的收藏圈子：“往时吾新安所尚，画则宋马、夏、孙、刘、郭熙、范宽、完颜秋月、赵子昂，国朝戴进、吴伟、吕纪、林良、边景昭、陶孟学、夏仲昭、汪肇、程达，每一轴价重二十余金不吝也。而不言王叔明、倪元镇，间及沈启南，价亦不能满二三金……”[①]这段话充分描述了明代前期的收藏界，于古人中多重宋人而不尚元人，于今人中多宋人传派而不尚元人传派的市场行情。但伴随吴门画派的崛起，情况不同了。

吴门画派的画家人数众多，且彼此之间有着基于同乡之谊的多种形式的联系（这一点，在前一部分中已经介绍过），他们彼此诗画酬唱，相互提携，作为一个整体，长期活跃于文化界。而“浙派”画家中，能够得到皇室支持或与具有声望的官僚、藏家们长期保持密切联系的，仅有戴进、吴伟、徐霖数人。[②]但与吴门画家彼此间的紧密联系不同，戴、吴、徐三人不但不是同乡，且交往不多。戴进为浙江钱塘人，吴伟为湖北武昌人，徐霖为江苏南京人。戴进去世前三年，吴伟刚刚出生，二人一生

① 叶康宁 . 风雅之好：明代嘉万年间的书画消费［M］. 北京：商务印书馆，2017：133.

② 戴进与“三杨”、王鏊交往较多。吴伟在进入内廷之前，便曾得到成国公朱能家族的礼遇，他的“小仙”一号，便是朱能后裔所赠。至于徐霖，他虽未曾进宫做御用画家，但正德皇帝南巡时也曾访问他在南京的宅第。当时，他已在当地画坛拥有一定的声望，并与沈周等人交好。

可能并未谋面。[①]更不同于吴门画家间彼此引荐相互提携的是，几位同样宗奉马夏画风，供奉内廷的画家间多有抵牾。陆深《春风堂随笔》讲道："宣庙喜绘事，御制天纵，一时待诏有谢廷循、倪端、石锐、李在，皆有名，文进（戴进）入京，众工妒之。"[②]本质上，所谓"浙派"这个概念，只是后世对一群画风、师承相近的画家的人为归纳，而非这些画家自己生前的自觉认识。他们之间并未能有效地共享、扩大各自享有的社交资源（特别是赞助人），进而提升他们作为一个整体的社会声望。这一点，与"吴门画派"的成员们对自己作为"吴人"的文化身份的高度自觉与认同有着本质的差别。于是，"浙派"日衰而"吴派"日盛，自然不足为奇。

沈周晚年至文徵明在世时，是吴门画派的黄金时期。沈、文的作品也成为藏家们争相购藏的对象。早在吴宽生前，他便利用自己在京做官的机会，在京官中扩大沈周的影响力，并常将沈周的作品、藏品邀请京中的名士题识。而文徵明既是吴宽、李应祯的学生，又与杨循吉、王献臣、王鏊等致仕官员来往密切。其在翰林院为官的经历，又使他与后来的首辅徐阶有接触并得其赏识（这些前文已有涉及），加上与苏州、无锡、昆山、常州等地收藏家的广泛交往，使文徵明的画作在他晚年成为"紧俏商品"，以至于不得不找子侄或学生为他代笔，这又在无形中提高了这些人的作品在市场上的地位，并进一步引发了对他的作品的造假风潮。王世贞曾慨叹："吴人得文待诏一点染法，辄赝作款识，觅生活。"[③]而与此同时，昔日"浙派"的后学们不但失宠于藏家，而且在评论家口中的形象也日益负面化，甚至被扣上"邪学"的帽子。钟钦礼、蒋嵩、张路等人，在他们生活的成化至嘉靖时代，都获得过藏家的礼遇和青睐。而到了万历年间，高濂撰写《遵生八笺》的时候（约在万历十八年，

① 徐霖与吴伟虽只差三岁，但并无二人存在直接交往的证据。只有证据显示吴曾作过描绘沈徐同游之画。

② ［美］James Cahill. 江岸送别：明代初期与中期绘画（1368—1580）［M］. 北京：生活·读书·新知三联书店，2009：27.

③ （明）王世贞 . 弇州山人题跋［M］. 汤志波，辑校 . 杭州：浙江人民美术出版社，2012：494.

1590)，他们已被打入“另册”：“如郑颠仙、张复阳、钟钦礼、蒋三松、张平山、汪海云辈，皆画家邪学，徒逞狂态也，俱无足取。”[1]

除了“浙派”的衰落，伴随着吴门画派崛起的，是收藏界对宋画与元画态度的转变。明代前期，宋画，特别是院体画，因官方的推崇和大量来自内府的佳作流入私人收藏领域而长期被追捧。但明中期之后，一方面吴门画家与藏家群体推崇元人。另一方面，流通于书画市场中的宋画资源也的确日益稀少。收藏家们在追捧沈、文等元人后学的同时，也渐渐将目光转向了他们的前朝老师们。另外，出于对自身社会阶层的自我认同，文人士夫群体的评论家们，更愿意将较高的评价赋予同样出身于文人士夫的赵孟頫、倪瓒、王蒙等元代画家而非被视为皇家仆从的宫廷画家们。特别是考虑到晚明时期的社会文化中反抗礼教、崇尚个性解放的因素，这种选择便越发让人容易理解。这种心态也自然会在文艺评论文字中得以体现。其中较为典型的表现，就是将宋画（主要是院体绘画）与元画的区别归为职业化、技能专业类绘画与业余的、自娱类绘画的区别。表面上看，“专业化”“职业化”似乎是一种褒义性的描述，但考虑到儒家文化中“君子不器”的观念，以及文人群体对绘画作为艺术的精神性因素的强调，在当时的文化语境下，称一个画家有“职业化”的倾向其实是具有贬义色彩的，是指此人为谋生需求而役使，失去创作自由而不得不迎合他人（皇帝或买家）意志。而这种不自由，在文人士大夫看来，是可悲又更可鄙的。

当然，某种单一的文化心态并不足以迅速扭转长期以来的社会风尚。至少在嘉靖到隆庆时代，书画收藏界关于“重宋”还是“重元”，并没有形成压倒性的集体共识。不同的藏家或理论家对这个问题往往会有完全不同的认识。

当时两位评论家的声音形成了鲜明的对比。大约成书于嘉靖二十四年（1545）的李开先《中麓画品》延续了明代前期官方的品位，将追随南宋院体的戴进奉为明代画家的首位，称“戴文进之画，如玉斗，精理

① 叶康宁．风雅之好：明代嘉万年间的书画消费［M］．北京：商务印书馆，2017：133.

佳妙，复为巨器”[①]。对同样学习马夏画风的吴伟、杜堇，李氏也给予了较高评价：“吴小仙如楚人之战钜鹿，猛气纵横，加乎一时”[②]，“杜古狂如罗浮早梅，巫山朝云，仙姿靓洁，不比凡品”[③]。对于吴门画家中两位学习南宋院体的成员——周臣、唐寅师徒，李开先有不同认识。一方面，他批评周臣“望之如玉，就之石也，原无宝色故耳”[④]。但称赞唐寅“身则诗人，犹有僧骨，宛在黄叶长廊之下”[⑤]。而对于当时已经故去三十余年，早已被文徵明等人尊为吴门画派大家的沈周，李开先却表现出令人惊讶的鄙视：“沈石田如山林之僧，枯淡之外，别无所有。”[⑥]更能体现李开先推崇“浙派”而贬低吴门画派倾向的是：在他为“画有六要”（六种用笔优点）分别列举的明代诸画家的例证中，每一项的前四名均被戴进、吴伟、陶云湖、杜堇四人依次占据。而沈周的山水竟被引用为例，说明其所谓“画有四病”中的“一曰僵，笔无法度，不能转运，如僵仆然”以及“三曰浊，如油帽垢衣、昏镜浊水”两项。[⑦]

相比于李开先，何良俊在《四友斋画论》中的评论，似乎更为折中一些。首先，何良俊对于吴派和浙派的区别并不简单地以优劣划分，而是强调两派不同的画家在不同画科上的长处和不同的师承传统。比如人物画方面，他认为“我朝有戴文进，此皆可并驾古人，无得而议者。其次如杜柽居（杜堇）、吴小仙皆画人物，然杜则伤于秀媚而乏古意，吴用写法而描法亡矣”[⑧]。山水画方面，何对遭到李开先鄙视的沈周给予了很高的评价，这大概与他长期与沈周的得意门生文徵明交往并受其指点有关。他认为：“沈石田画法从董巨中来，而与元人四大家之画极意临摹。皆得其三昧。故其匠意高远，笔墨清润……昔人谓王维之笔，天机所到，非

① 俞剑华编著.中国古代画论类编［M］.北京：人民美术出版社，1957：420.
② 俞剑华编著.中国古代画论类编［M］.北京：人民美术出版社，1957：421.
③ 俞剑华编著.中国古代画论类编［M］.北京：人民美术出版社，1957：420.
④ 俞剑华编著.中国古代画论类编［M］.北京：人民美术出版社，1957：420.
⑤ 俞剑华编著.中国古代画论类编［M］.北京：人民美术出版社，1957：420.
⑥ 俞剑华编著.中国古代画论类编［M］.北京：人民美术出版社，1957：420.
⑦ 俞剑华编著.中国古代画论类编［M］.北京：人民美术出版社，1957：424.
⑧ 俞剑华编著.中国古代画论类编［M］.北京：人民美术出版社，1957：110.

画工所能及，余谓石田亦然。”[①] 另外，何良俊还针对吴派、浙派的区别，提出了“行家”“利家”的概念，将供奉宫廷，追随南宋院体的戴进、吴伟列入“行家”的优等，并列入杜堇、周臣两位学习南宋院体的民间职业画家。而“利家”中的首位仍归于沈周，其次为唐寅、文徵明、陈淳。何氏所说的“利家”相当于今天所说的文人画家，有别于供奉内廷或在民间卖画为生的职业画家。但这种划分也并不是绝对泾渭分明的。例如唐寅，虽是文人出身，但实际上长期以卖画为生，而他主要学习的，也是和他的老师周臣一样的南宋院体画风。从这两点上，他与被何列入“行家”之列的杜堇并无不同。除了提出“行家”“利家”概念的区别外，何良俊对于“院体”以及“院体画家”与文人画家间的关系都有与李开先不同的认识。例如对于戴进，他一方面认为其人物画“远出南宋以后诸人之上。山水师马夏者，亦称合作，乃院体中第一手”[②]，但当把戴进与他敬重的文徵明相比时，他又会流露出对“衡山先生”的偏爱：“衡山本利家，观其学赵集贤设色与李唐山水小帧皆臻妙，盖利而未尝不行者也。戴文进则单是行耳，终不能兼利，此则限于人品也。”[③]

何、李二人的生年大致处于同一时期，其品评观念却有如此明显的差异，这与二人的社会身份、经历和收藏情况均有关系。

李开先是山东济南人，嘉靖八年（1529）进士，先后在户部、吏部做官，后又做太常寺少卿。这使他远离吴门画派影响力的重点辐射区域，同时又久居京城，受官方的审美趣味影响较多。这或许能在一定程度上解释他为什么对吴派的翘楚沈周视若敝履，而对昔日的宫廷画师戴进青眼相加。而且，李开先的文艺理论与当时文坛流行的“唐宋派”文人群体相似，这也会让他在品鉴画作时，将宋人放在比元人相对更高的位置上。至于李开先的收藏品位如何，则值得质疑。前面讲到，王世贞曾在中麓草堂看过李的藏品，对其评价不高，“尽观所藏画无一佳者”[④]。另外，

① 俞剑华编著. 中国古代画论类编［M］. 北京：人民美术出版社，1957：112.
② 俞剑华编著. 中国古代画论类编［M］. 北京：人民美术出版社，1957：112.
③ 俞剑华编著. 中国古代画论类编［M］. 北京：人民美术出版社，1957：30.
④ 俞剑华编著. 中国古代画论类编［M］. 北京：人民美术出版社，1957：433.

李开先自己在“中麓画品后序”中讲道：“大抵画分两家，有收藏家，有赏鉴家。有财力能多致者，收藏家也。善旌别知源委者赏鉴家也。两家势不能兼。王林屋、洪西奚可称收藏。许墨斋、山西县宰忘其名，可称赏鉴。崔岱屏、李蒲汀似收藏而非收藏，似赏鉴而非赏鉴。毛南宁、田桓山既非收藏又非赏鉴。”[①] 上述列举诸人中，“王林屋”即王宠，“洪西奚”不详。“许墨斋”为许论，嘉靖时任大理寺丞，晓兵法。“崔岱屏”即崔元，嘉靖帝驸马，封京山侯。“李蒲汀”即李廷相，弘治朝进士，曾跋写过《神龙兰亭卷》。“毛南宁”即毛荣，为南宁侯毛胜之子，因坐石亨之乱，发广西，成化初守贵州。“田桓山”即田顼，正德年间进士，选庶吉士。这些人中，除王宠为吴地名士，于赏鉴、收藏多有涉猎，李廷相曾跋写《神龙兰亭卷》外，其余诸人，今天均无太多的有关其书画收藏活动的史料记载。对于正德到嘉靖时代重要的鉴藏家李东阳、吴宽、陆完、沈周、文徵明等人，李开先只字未提，而鉴藏界籍籍无名的许论和一位“忘其名”的山西县宰，李却称其“可称赏鉴”，这些反常的言论，结合王世贞对其藏品的“差评”，都使人不得不怀疑这位“中麓山人”的眼光和其品评的恰当性。

与李开先不同，有关何良俊鉴藏活动的众多史料有助于理解其画论观点的来源。首先，他与浙派画风的传人及吴派的名家皆有往来。这在一定程度上解释了为什么他对两个群体画家间的差别，能够做出比李开先更详尽的阐述。早在他居官金陵时，就与浙派传人徐霖来往密切，并对其评价颇高：“前辈如徐髯仙（徐霖）、许摄泉（许橙，明代书法家）诸人，许即太常卿仲贻之父，其神情高远，绝无都城纨绮市井之习，亦一时胜士。”[②] 而在吴门地区，何良俊又与文徵明多有往来。嘉靖二十八年（1549），何曾致书文徵明邀其为自己的《何氏语林》作序。嘉靖三十五年（1556），他又曾两次拜访文徵明并相互观看对方藏品。他在《四友斋丛说·诗三》中回忆：“衡山最喜校评书画，余见必挟所藏以往，先生披

① 俞剑华编著 . 中国古代画论类编［M］. 北京：人民美术出版社，1957：430.

② （明）何良俊 . 四友斋丛说（三十八卷）［M］. 国家图书馆藏明万历七年（1579）龚元成刻本 .

览尽日。先生亦尽出所蓄，常自入书房中，捧四卷而出，展过复捧入，更换四卷，虽数返不倦。”[①]文徵明的鉴藏品位与其师沈周相似，宋、元兼收并蓄而以元人为主。这种基本导向也可以在何良俊的鉴藏活动中看到。他的《书画铭心录》中曾记载他前往张宪家中观看戴进作品：“戴文进绢画秋景，大幅著色，甚妙。云冬景甚佳，未见。”[②]但对元人和明代画家中元人画风的追随者们，他显然更为倾心。他在《四友斋丛说》中讲到自己当年藏画时，说“内元镇（倪瓒）至二十四幅，独叔明（王蒙）仅一幅尔”[③]，印证了元画在他心目中的地位。嘉靖三十五年（1556），他任南京翰林院孔目期间，看到华云家藏巨然画卷，大加赞赏。又获得了倪瓒《浦城春色》和赵原《崆峒秋晓》二图，自称“则四友斋中，又添二佳客矣”[④]。而元代文人画中的赫赫名迹，赵孟頫的《秀石疏林图》，也曾是何氏的藏品。晚年的何良俊因生计所迫，常典卖自己的收藏，他曾自叹：“今老目昏花，故书法皆已弃去，独画尚存十之六七……然亦只是赵集贤、高房山、元人四大家，及沈石田数人而已。”[⑤]将这些人的画保存到终老而不忍弃，可见他对元画的认同。

总的看，将李开先和何良俊的言论进行比较，不难看出李对浙派和宋人院体画风的袒护，以及何良俊在持中的表象下对元人和吴派的偏爱。不过，李开先对戴进的推崇，并未能挽回浙派衰落的颓势。在他身后的几十年中，随着出身吴门地区收藏界的评论家们越来越掌握理论界的话语权。吴门画派压倒了以戴进为首的浙派，成为“画学正宗”。而收藏界的宋元高下之争，也继续向着重元轻宋的态势发展。比何良俊小二十一

① （明）何良俊．四友斋丛说（三十八卷）［M］．国家图书馆藏明万历七年（1579）龚元成刻本．

② （明）何良俊．四友斋丛说（三十八卷）［M］．国家图书馆藏明万历七年（1579）龚元成刻本．

③ （明）何良俊．四友斋丛说（三十八卷）［M］．国家图书馆藏明万历七年（1579）龚元成刻本．

④ （明）何良俊．四友斋丛说（三十八卷）［M］．国家图书馆藏明万历七年（1579）龚元成刻本．

⑤ （明）何良俊．四友斋丛说（三十八卷）［M］．国家图书馆藏明万历七年（1579）龚元成刻本．

岁的王世贞在《觚不觚录》中说："画当重宋，而三十年来忽重元人，乃至倪元镇以逮明沈周，价骤增十倍。"①

沈周的画价"骤增十倍"不是平白无故的。文徵明父子和他的后学们一直在不断地抬高着沈周乃至整个吴门画家群体的市场影响力。王穉登的《吴郡丹青志》正是晚明的吴门地区收藏家和艺术评论家们推重本乡前辈画家的典型著作。这篇简短的文字按"神""妙""能""逸"四品列举吴地画家十九人。又附"遗耆志"三人，"栖旅志"三人，"闺绣志"一人。与何良俊一样，王穉登的赏鉴趣味也受到文徵明影响。这让人可以理解，为什么他会将文氏的老师沈周放在"神品志"四人中的第一位。接下来的三人依次是沈周之叔沈贞吉、沈周父沈恒吉和杜琼。在王穉登眼中，这四人是明代吴地画家群体承接元代文人画衣钵的关键人物。接下来的"妙品志"中，文徵明与宋克、唐寅、文嘉、文伯仁、张灵、朱生、周官八人并列。文氏被排在宋克、唐寅之后，这应当仅仅是出于对年齿顺序的考虑。实际上，文徵明对吴门画家群体的影响要超出宋、唐二人。文中另一处值得注意的地方是"遗耆志"中的三个人：黄公望、赵善长（赵原）、陈惟允。黄公望祖籍江苏常熟，既是"吴人"，又代表着吴门画家群体所崇尚的元代文人画的成就。而陈惟允和赵原，则代表着苏州地区的文人在元明鼎革之际因其艺术风格和政治立场所经历的苦难。②将他们的名字列入这篇带有历史纪念意味的文字，似乎是在提醒人们：吴门画派的艺术观念与其承袭的传统，在很大程度上是与明代官方所倡导的院体审美趣味相对立的。而吴派对浙派的"胜利"，也在某种程度上成为晚明的评论家们渐渐疏远被官方推崇的院体绘画，转而追捧元代以来文人画潮流的象征。小王穉登三十岁的晚明收藏家李日华，在为古画《耕织图》的粉本所作跋语中感叹："今绘事自元习取韵之风流行，而晋、唐、宋、隋之法，与天地、虫鱼、人物、口鼻、手足、路径、轮舆、自然之数，悉推而纳之蓬勃溟涬之中，不可复问矣！"③而到

① 叶康宁.风雅之好：明代嘉万年间的书画消费［M］.北京：商务印书馆，2017：130.

② 赵原因为给明太祖作画而不合其喜好被杀，陈惟允则因曾入张士诚幕府，又被卷入胡惟庸案，和王蒙一起被杀。

③ 叶康宁.风雅之好：明代嘉万年间的书画消费［M］.北京：商务印书馆，2017：130.

了张丑撰写《清河书画舫》时，这位出身吴门，自称祖上三代与沈周、文徵明、文嘉等“具眼”相交的资深收藏家更是直言：“品画以元人为最，而元人中尤以子昂、子久、叔明为得其神。如彦敬、仲珪、元镇辈，今世饼金悬购。”[①]

在这样的舆论气氛下，宋画是否从此就彻底淡出明代收藏家的视线，成为“弃儿”了呢？事实上，在人们争相崇元抑宋的时代，仍有评论家保持着较为客观、清醒的认识。例如前面提到的那位贬斥浙派传人为“邪学”的高濂，就曾在《遵生八笺》中说：“今之评画者，以宋人为院画，不以重，独尚元画，以宋巧太过而神不足也。然而宋人之画，亦非后人可造堂室。……然皆法古，绝无邪笔。”[②]这段话中关于赵孟頫学习刘松年、李嵩、马远、夏圭的阐述当然不免失实。目前发现的赵孟頫绘画作品中，并没有证据显示其与南宋院体画家们的技法、风格有太大关系。所谓“元之黄大痴，岂非夏（夏圭）、李（李唐）源流”之说更是妄断。但他说“王叔明亦用董（董源）范（范宽）家法”，又讲赵孟頫借鉴了李公麟的描法。却是正视了元人绘画在某种程度上与北宋绘画乃至五代绘画间的继承关系，这也正是赵孟頫当年倡导的学古方向。

而且，如果回头审视一下何良俊的某些言论，会发现他也认同吴派和元人对北宋、五代的承袭，“余家所藏赵集贤画……其《天闲五马图》临李龙眠，真妙绝，精神妙绝，且是大轴，至宝也。……有画梅花一幅，是学扬补之者，兼得梅之标路……元人又有丹丘柯九思，台州人，槎枒竹石，全师东坡居士”[③]。“沈石田画法从董巨中来，而于元人四大家之画，极意临摹……”[④]这些话都讲到了元人和吴派画家与北宋、五代绘画的联系。同时，何也肯定了北宋山水绘画的历史地位，“昔人之评画者，谓画人物则今不如古，画山水则古不如今，此一定之论也。盖自五代以后，不见有顾虎头、陆探微、张僧繇、吴道玄、阎立本，五代以前，不见有

① 叶康宁．风雅之好：明代嘉万年间的书画消费［M］．北京：商务印书馆，2017：130，131.

② 叶康宁．风雅之好：明代嘉万年间的书画消费［M］．北京：商务印书馆，2017：129.

③ 潘运告主编．明代画论［M］．运告，译注．长沙：湖南美术出版社，2002：21.

④ 俞剑华编著．中国古代画论类编．［M］．北京：人民美术出版社，1957：112.

关仝、荆浩、李成、范宽、董北苑、僧巨然”[①]。也就是说，他对待北宋与南宋画家的态度是不同的，这或许也受到文徵明的影响。[②]他所谓“单是行耳，终不能兼利”以及“是画家特出者，然只是院体”的批评对象，仅仅局限于南宋的宫廷画家马夏和他们的追随者戴进。而这种观点又通过何良俊的社交活动在他的家乡松江地区传播。在与他交好的松江籍藏家中，有一位叫莫如忠的文士，他的儿子，正是被认为首先提出了“南北宗论”的莫是龙。在他和董其昌、陈继儒等松江籍鉴藏家的引领下，明代末期江南书画收藏的核心地带又开始了新的转移，而明人对宋元绘画史的叙事观念也随之改变。

明代后期松江画家、鉴藏家群体的崛起及“南北宗论”的盛行与同时期画论的联系

伴随长江下游商品经济繁荣区域格局的变化，松江、华亭地区、浙江嘉兴地区、安徽歙县、休宁、新安地区都因商业和手工业的繁荣而积累了大量的社会财富，并出现了新兴的书画收藏、消费市场。文、沈时期吴门地区独占江南书画收藏界核心地位的局面被打破。如同吴地的收藏家乐于抬高同乡画家的地位一样，其他地方新近崛起的藏家们也会抬高本地画家的声望而与吴门对垒。董其昌在1591年辞官回归乡后，就曾“大搜吾乡四家泼墨之作”[③]。另外，如王穉登在《吴郡丹青志》中对吴地画家极尽褒扬一样，董氏也对松江历史上的画家不吝溢美之词。他在题跋曹知白作品时宣称：“吾乡画家，元时有曹云西、张以文、张子正诸人，皆名笔，而以曹为最高，与黄子久、倪元镇颉颃并重……藏此以存故乡前辈风流。”[④]嘉兴籍藏家李日华也在《味水轩日记》中称赞本乡前辈画家姚绶的同时还不忘贬抑当时吴门、松江的画家：“胡雅竹之弟王朝奉者，携姚云东《春溪垂钓图》来阅，笔甚古淡。此老铁手腕，真仲圭之

① 俞剑华编著 . 中国古代画论类编 .［M］. 北京：人民美术出版社，1957：109.

② 检视文徵明的文集和跋文，会发现他除了对元人赵孟頫、高克恭等人给予好评外，对北宋的李成、二米、文同、李公麟也多有称道。甚至对北宋的宫廷画家郭忠恕和郭熙也有激赏之语，但对南宋的马夏则少有称赞。

③ 叶康宁 . 风雅之好：明代嘉万年间的书画消费［M］. 北京：商务印书馆，2017：135.

④ 叶康宁 . 风雅之好：明代嘉万年间的书画消费［M］. 北京：商务印书馆，2017：135.

裔。其撒然自得处，未落时流恬套中。而松吴之人，以浙派庞之，此正松、吴近习不可医之根也。”[①]

除了收藏市场方面的变化外，其他地区的藏家群体还日益吸纳原先由吴地藏家集中把持的古书画收藏资源。文徵明故去后，文嘉、文彭兄弟虽然尽力守成，不堕家学，但其声望已难及其父。太仓地区的王世贞、王世懋兄弟及韩世能父子的藏品，此时都已十分可观。吴门地区之外，嘉兴的项元汴家族、李日华父子的收藏也已不逊于昔日的吴门前辈。而安徽的徽商藏家群体（如詹景凤、吴廷、程季白等人）也后来居上，延揽了包括韩滉《五牛图》、李唐《晋文公复国图》、翟院深《雪山归猎图》、赵孟頫《水村图》、钱选《羲之观鹅图》在内的众多名迹。大量古书画收藏资源的分散，对于吴门画家群体而言，意味着师古资源的流失。

客观的不利因素之外，明末吴门画家在师资方面的短视也加剧了吴派的故步自封、陈陈相因。因为沈周、文徵明作品的市场流行度曾经很高，吴地的后辈画家争相效仿其画风，以至于只知有文沈，而不知有宋、元。前面提到的王世贞所说“吴人得文待诏一点染法，辄赝作款识，觅生活”之语，就是他作为吴地藏家中的有识之士，对这种现象的担忧。而到了比王世贞更晚的范允临时代，这种短视已经几乎使吴门绘画丧失了活力，变成了一潭死水。范允临痛惜：“今吴人目不识一字，不见一古人真迹，而辄师心自创。惟涂抹一山一水、一草一木，即悬之市中，以易斗米，画哪得佳焉！间有取法名公者，惟知有一衡山，少少仿佛，摹拟仅得其形似皮骨，而曾不得其神理。曰：‘吾学衡山耳。’殊不知衡山皆取法宋元诸公，务得其神髓，故能独擅一代，可垂不朽。然则吴人何不追溯衡山之祖师而法之乎？”[②]李日华在《紫桃轩又缀》中也感叹：“近日书绘二事，吴中极衰，不能复振者，盖录业此者以代力穑，而居此者视如藏贾，士大夫则瞠目不知为何事，是其末世而不救者也。”[③]董其昌的学生王时敏，更以收藏家的

① 叶康宁 . 风雅之好：明代嘉万年间的书画消费［M］. 北京：商务印书馆，2017：136.

② 俞剑华编著 . 中国古代画论类编［M］. 北京：人民美术出版社，1957：126.

③（明）李日华 . 紫桃轩杂缀三卷又缀三卷［M］. 国家图书馆藏明刻本 .

身份直指明末吴门画家不知法古的危害："吴门自白石翁，文、唐两公时，唐、宋、元名迹尚富……观其点染，即一树一石皆有原本，故道最盛。……古法茫然，妄以己意炫奇，流传谬种，为时所趋，遂使前辈典型荡然无存。"①

吴地画坛日衰的同时，与范允临同时代的松江书画家们，重走了昔日吴门画派的成功之路。一方面他们身兼书画藏家的身份，不断将唐、宋、元及本朝名家作品收入囊中，使自己在学古、师古方面，站在比吴门前辈们更有利的条件上。董其昌不仅与苏州籍藏家韩世能父子、王世贞兄弟交好，还广交嘉兴、歙县、新安等地的藏家，如项氏家族、李日华、汪砢玉、程季白等人。其次，莫是龙、董其昌、陈继儒等人在当时收藏界风尚与自身学古实践的基础上所阐发的"南北宗论"，奠定了明末松江画家群体在当时画坛的"正统"地位。而他们的领军人物董其昌，在借助收藏资源提高自己社会声望时更为主动，不断拓展自己在收藏界和评论界的影响力。沈德符就曾在《万历野获编》中记载过他与董其昌、韩逢禧彼此夸示藏品的经历。

董其昌不断利用跋写自己收藏、过目古画的机会，在跋文中阐发自己的"南北宗论"。他的阐发主要是通过对所跋画面的画风分析，将该画的作者纳入自己在"南北宗论"中建立的不同宗派的师承、流传脉络。如他跋写《王叔明多宝塔院图》时说："叔明为元季四大家之冠，笔墨秀润，得董巨嫡派。此卷精细雅逸，又入右丞之室矣。"②通过这段跋文，董其昌不但将王蒙画风的源头上溯到了五代的董源、巨然，更进一步上推至王维。他题高濂旧藏《宋郭忠恕摹辋川图》中说："获观武林高深甫所藏郭忠恕摹右丞辋川图，其画法尚沿晋宋风规，有勾染而无皴笔，所谓'云峰石色，迥绝天机，笔意纵横，参乎造化'，古人评维画，无一字虚设矣。"③题赵孟頫《水村图》时说："此卷为子昂得意笔，在鹊华图之

① 吕少卿 . 论王时敏的书画交游与画学思想［J］. 艺术百家，2006（3）.

② 严文儒，尹军主编 . 董其昌全集（第八卷）［M］. 上海：上海书画出版社，2013：226.

③ 严文儒，尹军主编 . 董其昌全集（第八卷）［M］. 上海：上海书画出版社，2013：233.

上，以其萧散荒率，脱尽董巨窠臼，直接右丞，故为难耳。”[①] 跋宋人江参《千里江山图卷》：“江贯道，宋画史名家，专师巨然，得北苑三昧。盖董巨画道中绝久矣，贯道独传其巧，远出李唐、郭熙、马夏之上，何啻十倍！”[②] 题王蒙《涤砚图》：“绝似所临北苑寒林钟馗图，盖俱从王右丞得笔，真奇品也。”[③] 题米元晖《云山卷》：“米元晖有细谨如营丘者，如疏岩如北苑者，不专以突兀蒙溟为奇。”[④] 题巨然《山寺图》：“其墨法、笔法似右丞、范宽，与巨然平日淡墨轻烟少异。盖唐宋人画派，如出一家，不可以格数辄较量也。”[⑤] 题《文太史仙山图卷》：“子昂虽学吾家北苑，至鹊华图出入王右丞、李将军。文太史悉力血战，故当独步。文休承所云时用宋元人粉本采取，正是泄露家风。”[⑥] 题《吴仲圭仿巨然兰亭图》：“此梅花庵主临巨然山阴赚兰亭图也，曾见巨然真迹，与此图无一笔不相似，乃知元人于北宋血战，极有功力。”[⑦] 题《赵大年江村秋晓图卷》：“今赵令穰此卷乃绝肖似，虽谓前身右丞可也。”[⑧]

宣扬“南北宗论”的同时，董其昌还十分重视自己的乡邦和家族与“南宗”文人画家们的联系。他在自作《仿高房山山水》的题识中讲道：“高彦敬尚书画云山，与赵文敏公抗行。余曾王母高夫人，即尚书之孙也。余是以骨带烟霞，亦高家一派。”[⑨] 他也喜欢将本乡的前辈画家与“南宗”传承系统建立联系，以彰显整个松江画家群体的画学正统地位。这一点突出表现在他对曹知白的推崇。按画史记载，曹知白主要仿效的古人，一个是北宋的宫廷画家郭熙，另一个是徽宗朝宦官冯觐，尽管冯觐的身份并不被明代文人士夫群体喜欢，但这并不妨碍董其昌将曹知白列入南宗正脉的“家谱”。他不止一次地强调曹氏与倪瓒、黄公望的紧密联

---

① 严文儒，尹军主编．董其昌全集（第八卷）［M］．上海：上海书画出版社，2013：234.
② 严文儒，尹军主编．董其昌全集（第八卷）［M］．上海：上海书画出版社，2013：253.
③ 严文儒，尹军主编．董其昌全集（第八卷）［M］．上海：上海书画出版社，2013：299.
④ 严文儒，尹军主编．董其昌全集（第八卷）［M］．上海：上海书画出版社，2013：331.
⑤ 严文儒，尹军主编．董其昌全集（第八卷）［M］．上海：上海书画出版社，2013：338.
⑥ 严文儒，尹军主编．董其昌全集（第八卷）［M］．上海：上海书画出版社，2013：361.
⑦ 严文儒，尹军主编．董其昌全集（第八卷）［M］．上海：上海书画出版社，2013：369.
⑧ 严文儒，尹军主编．董其昌全集（第八卷）［M］．上海：上海书画出版社，2013：400.
⑨ 严文儒，尹军主编．董其昌全集（第八卷）［M］．上海：上海书画出版社，2013：373.

系："云西，吾松之泖溪人，与倪迂、大痴以画相唱和。"[①] 而且，他还将曹知白、冯觐一并与王维建立联系："曹云西，吴郡人，与倪迂同时，以画相唱和。山水师冯觐，宣和时宦官，大都似右丞之娟秀。"[②]

除了抬高本乡前辈画家外，董其昌与陈继儒、赵左、杨文骢等同时聚集于松江地区的书画家们，在相互题跋时也彼此应和对方的师古取向，这也在无形中扩大了松江画家群体在画坛的整体影响力。他与陈继儒唱和最多，称赞"眉公胸中素具一丘壑，虽草草泼墨，而一种苍老之气，岂落吴下之画师恬俗魔境耶？"[③] 陈继儒对董画的褒扬也应和了董的学古思路。他在题董氏《葑泾访古图》(图 3.28) 时称赞："此北苑兼带右丞。玄宰开岁便弄笔墨，此壬寅第一公课也，叹叹！羡羡！"[④] 赵左与董其昌交往密切，且多为董代笔。董对他的画作也多有题识。他讲到赵左摹赵孟頫画作时说"赵吴兴此图在余家，乃学卢徵君，文度（赵左字文度）常坐卧其下三日夕"[⑤]，意指赵左学元人功力之深。杨文骢虽是贵阳人，但曾官华亭县教谕，久居松江、华亭地区，与董同为"画中九友"。董称赞他"所作《台荡》等图有宋人骨力而去其结，有元人之风雅而去其佻。余讶以为出入巨然、惠崇之间，观止矣"[⑥]。

总之，书画收藏活动对"南北宗论"的形成、发展和以董其昌为代表的松江画家群体的崛起的意义是多方面的。一方面，大量的古书画藏品资源在松江地区汇聚、流转，为这里的画家们提供了师古、法古的"养料"。另一方面，也提升了松江地区鉴藏家、评论家的社会影响、学术声望。同时，彼此间的相互品鉴、题跋，又让松江画家群体秉持的"南北宗论"影响日益广泛。不但松江地区的画家、理论家们纷纷追随"南北宗论"，就连吴门地区的画家也服膺了他的观点，肯定了松江画家群体的历史地位和艺术成就。太仓的王时敏、王鉴从年轻时即追随董其

① 严文儒，尹军主编．董其昌全集（第八卷）[M]．上海：上海书画出版社，2013：405.
② 严文儒，尹军主编．董其昌全集（第八卷）[M]．上海：上海书画出版社，2013：346.
③ 潘运告主编．明代画论[M]．运告，译注．长沙：湖南美术出版社，2002：184.
④ 注：该跋文题于画心中部，现藏台北故宫博物院。
⑤ 潘运告主编．明代画论[M]．运告，译注．长沙：湖南美术出版社，2002：76.
⑥ 潘运告主编．明代画论[M]．运告，译注．长沙：湖南美术出版社，2002：184，185.

昌。前面提到的范允临，在痛惜吴人只知衡山，而不知学古之余，也称赞松江画家的眼界："然则吴人何不追溯衡山之祖师而法之乎？即不能上追古人，下亦不失为衡山矣。此意惟云间诸公知之。故文度、玄宰、元庆诸名氏，能力追古人，各自成家。"①

图 3.28　董其昌《葑泾仿古图》明代　纸本水墨 80cm×29.8cm　台北故宫博物院藏

从明代初年收藏界以宋人为贵，到明代中期吴门画派与元人绘画市场热度的提升，再到明末松江画家群体的后来居上，明代书画收藏领域的"时尚"在不同的历史时期经历了不同的变迁。这种变迁也一直伴随着绘画理论界对不同画派优劣、高下的褒贬态度。一个时代的收藏热点

① 俞剑华编著．中国古代画论类编［M］．北京：人民美术出版社，1957：126.

会反映在同时代鉴赏家的画论里。而鉴赏家的评论又会反过来影响收藏市场。收藏与评论二者并非单方面的一方左右另一方，而是彼此作用，双向互动。

明代画论的作者们，绝大多数是当时私人收藏家群体中的一分子。不同时代的私人收藏家的兴趣、偏爱，会在他们所著述的画史、画论文字中得到清晰的呈现。这些兴趣、偏爱也会波及藏品的市场交易，使之受到艺术创作之外的其他因素影响。同时，前面谈到的地域性画派的形成因素中，同乡艺术家与收藏家之间的交往也值得注意。 最后，身兼收藏家与画家身份的理论家们对自己藏品的阐释、解读，既是他们建构并传播自己所持绘画史观的有效手段，也是他们宣传个人的作品，提升其商业价值的重要方式。这又涉及绘画创作与绘画史观的建构二者间的互动关系。

收藏家的绘画史观会受到他的藏品的影响，而他的绘画创作又是他的绘画史观念的映射。而且，这种映射的存在，并不会因藏品的真伪而发生改变。无论是真正的古迹，还是托名古人的伪作，一旦进入收藏体系并得到藏家认可，都有可能对某一时期的绘画风格和绘画史观念产生影响，这正是以画作形式存在的“绘画史”与人们观念中的“绘画史”之间重要的联结方式，关于这一点还将在后文中有关伪作的部分详细讨论。

第四章
元明时期的私人书画收藏活动所引发的鉴赏、题跋及收藏著作的编纂活动对绘画创作与绘画史研究的影响

第一节　观画、赏鉴活动对元明时期绘画史的影响

第一小节　元代之前关于观画、赏画活动的记载与绘画创作

魏晋至唐宋文献中关于观画、赏画活动的记载

书画鉴赏活动早在魏晋时期就已存在。《晋中兴书》中提道:“刘牢之遣子敬宣诣玄请降，玄大喜，陈

书画共观之。”[①]“玄”即为桓玄，东晋司马桓温之子。史载与顾恺之、羊欣等书画家交往密切，喜好书画收藏。南朝宋人檀道鸾著《续晋阳秋》记载：“桓玄好蓄法书名画。客至，常出而观。客食寒具，油污其画，后遂不设寒具。”[②]这个说法到了张彦远笔下，与南朝的记载稍有差异：“昔桓玄爱重书画，每示宾客。客有非好事者，正食寒具，以手捉书画，大点污，玄惋惜移时，自后每出法书，辄令洗手。”[③]另据史书记载，南齐高帝萧道成也热衷于观赏书画，“自陆探微至范惟贤四十二人，为二十四等，二十七帙，三百四十八卷，听政之余，旦夕披玩”[④]。到了唐代，私人收藏家观赏书画的更多细节见于文献记载。张彦远《历代名画记》中“论鉴识、收藏、购求、阅玩”一节中还讲到了观赏书画时应注意的事项：“非好事者，不可妄传书画。近火烛不可观书画，向风日，正食饮唾涕，不洗手，并不可观书画。……人家要置一平安床褥，拂拭舒展观之，大卷轴宜造一架，观则悬之。凡书画时时舒展，即免蠹湿。”[⑤]

进入宋代，文人士夫群体对书画收藏的热情更为高涨。韩拙在《山水纯全集》中记载：“世有王晋卿者，戚里之雅士也……尝蒙青眼左顾，每阅画必见召而同观之，论乎深奥，构其名实。……余尝思其言之当，真可谓鉴通骨髓矣。其格法之要，切须知之，方能定其优劣，明其是非，可谓精通善鉴者哉！”[⑥]同时，许多在朝官员热衷于收藏、品鉴书画。《宋史·丁谓传》记载：“谓机敏有智谋……至于图画、博弈、音律，无不洞晓。每休沐会宾客，尽陈之，听人人自便，而谓从容应接于其间，莫能出其意者。”[⑦]米芾《画史》记载：“文彦博太师小辋川，拆下唐跋，自连真归李氏。一日同出，坐客皆言太师者真。”[⑧]对鉴赏的重视，也反映在宋

① （唐）张彦远．历代名画记［M］．杭州：浙江人民美术出版社，2011：4.
② 陆尊梧，李志江主编．历代典故辞典［M］．北京：作家出版社，2014：73.
③ （唐）张彦远．历代名画记［M］．杭州：浙江人民美术出版社，2011：35.
④ （唐）张彦远．历代名画记［M］．杭州：浙江人民美术出版社，2011：5.
⑤ （唐）张彦远．历代名画记［M］．杭州：浙江人民美术出版社，2011：35.
⑥ 潘运告主编．宋人画论［M］．熊志庭等，译注．长沙：湖南美术出版社，2003：87，88.
⑦ （元）托克托等撰．宋史·丁谓传．钦定四库全书本，史部·正史类．纪昀，陆锡熊，孙士毅，编纂．清乾隆四十七年（1782）.
⑧ 潘运告主编．宋人画论［M］．熊志庭等，译注．长沙：湖南美术出版社，2003：114.

人的书画理论类著作中。刘道醇《圣朝名画评》对观看绘画的注意事项有着较为详细的论述："大凡观画抑有所忌，且天气晦暝，风势飘迅，屋宇向阳，暮夜执烛，皆不可观。何哉？谓其悉不能极其奇妙而难约以六要、六长也。必在平爽霁清，虚室面南，依正壁而张之。"[①] 这一段是讲观看书画的外在条件，接下来的"要当澄思、静虑，纵目以观之。且观之之法，先观其气象，后定其去就，次根其意，终求其理。此乃定画之钤键也"[②] 一段，则是在讲品评作品时的具体考察对象。

唐宋时期，书画史论著作中所提出的赏鉴方法和评判作品优劣、品第的原则，很多都是来自作者与同时代其他鉴藏家一同观摩作品，相互切磋所得的经验，有的是他们在观看经历中积累的心得体会。但也有些时候，鉴赏家对画作的观看、体悟是独自进行的。如郭若虚《图画见闻志》中说道："或于亲戚间以他玩交酬，凡得十余卷，皆传世之宝。每燕坐虚庭，高悬素壁，终日幽对，愉然不知有天地之大，万物之繁……"[③] 这样或群聚品鉴，或独自披阅的观看经历，是张彦远、韩拙、郭若虚等人得以完成各自著作不可或缺的学养积淀过程。

宋人的观画、赏画活动在宋代绘画中的表现

许多宋代绘画将书画、古玩的赏鉴活动作为描绘对象，特别是在某些表现文人士夫群体雅集事件的作品中，鉴赏书画、古器的场景频频出现。例如传为李公麟作《商山四皓图·会昌九老图合卷》（图 4.1）中便出现了四人围坐观赏画轴的场景。故宫藏宋代佚名《会昌九老图卷》（图 4.2）中也有相似的悬画观赏场景。台北故宫博物院藏传为刘松年所作《十八学士图卷》中，画芯左侧也有两位学士对坐，展阅画卷的形象，左侧有另一文士正在洗手，这显然是化用了张彦远书中"桓玄命来客于观画前沐手"的典故。另外，"西园雅集"这个诞生于两宋之际，描绘苏轼、米芾、王诜等北宋文人雅集场景的题材，也涉及对古书画、古器物

① 潘运告主编 . 宋人画评［M］. 云告，译注 . 长沙：湖南美术出版社，1999：2.

② 潘运告主编 . 宋人画评［M］. 云告，译注 . 长沙：湖南美术出版社，1999：2.

③（宋）郭若虚，邓椿 . 图画见闻志 · 画继［M］. 潘运告，主编，米田水，译注 . 长沙：湖南美术出版社，2000：1.

的赏鉴活动。杨仁恺《国宝沉浮录》中讲到的一件传为李公麟所作，实际为南宋晚期作品的《西园雅集图卷》中，便出现了数人群聚观苏轼作书，一旁的青石案上，有仆童陈列古琴和鼎樽古器的场景。“西园雅集”这个事件，经考证并不存在。所谓米芾《西园雅集记》一文也是后人附会的产物。但画中描绘的群聚雅集，观赏各自收藏品的场景，的确是北宋文人士夫的生活中经常出现的。

图 4.1　李公麟《商山四皓图・会昌九老图合卷》局部　北宋　纸本水墨　30.7cm × 238cm　辽宁省博物馆藏

图 4.2　佚名《会昌九老图卷》局部　宋代　绢本设色　28cm × 245cm　故宫博物院藏

宋人在描绘文人雅集时喜欢涉及观赏书画、古器的情节，体现了文人们借此标榜自己社会身份的心态。能够收藏古书画一类文物或艺术品，并能在特定的社交场合中展示出自己在艺术品鉴赏、评论方面的知识与修养（特别是不同于一般以营利为目的的古董商贩的鉴赏眼光），对于宋代的文人而言是十分重要的。这种能力与他们拥有的社会声望密切相关。也正因如此，宋代画家笔下鉴赏书画的唐代文人群体（如“十八学士”和“香山九老”）在某种程度可以被理解为宋人有关社会精英群体的观念在艺术创作活动中的投射。不仅如此，在文人们撰写的书画理论著作中，作者特别注意将真正具有鉴赏能力的饱学之士，与一般只会附和他人意见，并无自我判断能力的人区别开来。米芾《画史》中便讲道：“好事者与鉴赏之家为二等。鉴赏家谓其笃好，遍阅记录，又复心得，或自能画，故所收皆精品；近世人或有赀力，元非酷好，意作标韵，至假耳目于人，此谓之好事者。”[①] 在元、明时期有关鉴赏活动的文字中，这段话将被许多人引用。

第二小节 元代文人的雅集、赏鉴活动对元代绘画史的影响

元代文献中关于观画、赏画活动的记载

元代前期的许多文人雅集，既有以在野文士为主的聚会（包括部分南宋遗民），也有带有一定官方背景的活动。其中多书画鉴赏、创作活动。如至元二十五年（1288）的“雪堂雅集”，参与者是包括赵孟頫在内的，以翰林学士为主体的二十余位在朝人士。此次活动后不仅集有《雪堂雅集》诗集，其中胡祗遹、王恽还有《题雪堂雅集图》诗，显示此次活动曾被专门绘成图画以留念。又如，元贞二年（1296）赵孟頫与盛元仁、郑洪会于鲜于枢家中，观赵孟坚《水仙图卷》。大德二年（1298），赵又与周密、廉希贡、郭天锡等二十余人会于鲜于枢家，观看了郭忠恕《雪霁江行图》和王羲之《思想帖》。另外，至治三年（1323），由大长公主祥哥剌吉发起的天庆寺雅集是元代历史上最大规模的一次由收藏家发起，以赏鉴、题识书画藏品为主要活动的雅集。与会者之一的袁桷在《鲁国大长公主图画记》中讲道：“酒阑，出图画若干卷，命随其所能，俾识于后。”[②] 参与这次活动的，包括袁桷、李泂、赵岩、冯子振、柳贯等人，其中仅袁桷一人所跋作品就有近四十件，包括周昉、黄居宝、徽宗、吴元瑜、江贯道、钱选、王振鹏等各朝名家画作。元代后期，由收藏家所发起的雅集活动中，最著名的应数“玉山雅集”。其发起人顾瑛不仅自己富于收藏，且与包括杨维桢、张雨、倪瓒、张渥、郑元祐、柯九思等书画家、收藏家交往密切。郑元祐为顾瑛之父所筑“芝云室”所撰《芝云室记》中也讲到其家中多藏“三代彝鼎，六朝唐宋人书画”。可以想见，在多达二十余次的玉山雅集过程中，观赏书画、古物的活动应不在少数。

---

① 潘运告主编．宋人画论．[M]．熊志庭等，译注．长沙：湖南美术出版社，2003：143.

② 杨德忠．元代皇室书画鉴藏活动中的政治意涵[J]．南京艺术学院学报（美术与设计），2017（6）.

元代画论中关于观画、赏画活动的言论

元代文人在雅集、聚会中观赏书画，不仅为了品鉴艺术，也有彼此较量收藏之富的夸饰意味。如汤垕所说“看画本士大夫适兴寄意而已。有力收购，有目力鉴赏。遇胜日，有好怀，彼此出示，较量高下，正欲相与夸奇斗异博物耳”①。既然如米芾这样的前代“具眼”已经讲明了所谓“鉴赏”与“好事”的区别，那么，学习如何观画、赏画，使自己不至于在某个品评场合中落人下风，沦为“好事者”，对于观看者和收藏者都是重要的。汤垕就曾批评：“今人看画，不经师授，不阅记录，但合其意者为佳，不合其意者为不佳，及问其如何是佳，则茫然失对。”②又讲道“至于庸人谬子，见画必看，妄加雌黄品藻，本不识物，乱订真伪，令人短气耳”③，“今人观画不知六法，开卷便加称赏，或人问妙处，则不知所答。皆是平昔偶尔看熟，或附会一时，不知其源，深可鄙笑”④。

那么在汤垕看来，什么是正确的观画、鉴画方法？首先，如宋人所说，一些基本的客观条件要具备，一些禁忌要注意：“灯下不可看画，醉馀酒边不可看画。俗客尤不可示之，卷舒不得其法，最为害物。”⑤接下来，汤垕重点批评了在看画时“求形似”的倾向，并强调按照“六法”的原则考察优劣的重要：“俗人论画，不知笔法，气韵之妙，但先指形似者，形似者，俗子之见也。今人看画多取形似，不知古人最以形似为末节。”⑥“今人观古迹，必先求形似，其次傅染，次及事实，殊非赏鉴之法也。”⑦又讲：“观画之法，先观气韵，其观笔意、骨法、位置、傅染，然后形似，此六法也……高人胜士寄兴写意者，慎不可以形似求之。先观天真，次观笔意，相对忘笔墨之迹方为得之。”⑧这些言论，体现了艺术创作实践与艺术评论价值体系的统一。

---

① 潘运告主编．元代书画论［M］．云告，译注．长沙：湖南美术出版社，2002：321.
② 潘运告主编．元代书画论［M］．云告，译注．长沙：湖南美术出版社，2002：318.
③ 潘运告主编．元代书画论［M］．云告，译注．长沙：湖南美术出版社，2002：321.
④ 潘运告主编．元代书画论［M］．云告，译注．长沙：湖南美术出版社，2002：330.
⑤ 潘运告主编．元代书画论［M］．云告，译注．长沙：湖南美术出版社，2002：321.
⑥ 潘运告主编．元代书画论［M］．云告，译注．长沙：湖南美术出版社，2002：324.
⑦ 潘运告主编．元代书画论［M］．云告，译注．长沙：湖南美术出版社，2002：327.
⑧ 潘运告主编．元代书画论［M］．云告，译注．长沙：湖南美术出版社，2002：330.

当然，仅仅懂得“六法”并能按“六法”的主次顺序去看画，还是不够的，与米芾一样，汤垕强调天资、后天的学习及心得体会等多方面因素对鉴赏能力的综合作用：“元章谓好事家与鉴赏家自是两等。家多资力，贪名好胜，遇物收置，不过听声，此谓好事。若赏鉴则天资高明，多阅传录，或自能画，或深画意，每得一图，终日宝玩，如对古人，虽声色之奉不能夺也。”① 尤其值得注意的是，米芾所讲的“遍阅记录”这一点，汤垕特别关注：“初学看画，不可不讲明要妙，观阅纪录。否则纵鉴览精熟，见画便知何谁，诘其美恶之由，茫然无对。”②“若赏阅不精，又不观纪录，知其源流，纵对顾陆名笔，不过为鼠窃金以自宝，奚贵其知味也哉？”③ 这里所讲的“纪录”，应是指有关该画作的记载文字，也就是前代对该作品的著录、评论等史料。可见汤垕认为，要做到精于赏鉴，有关的史料和知识积累是有必要的，这也是“赏鉴家”区别于“好事者”的优点之一。此外，汤垕对鉴赏古迹时考察作品材质的必要性也有提及：“观六朝画先观绢素，次观笔法，次观气韵，大概十中可信一二。有御府题印者尤不可信。”④ 虽然从广义上讲，“御府题印”也可归于“纪录”。但考虑到六朝去元朝已远，附会托名的伪迹颇多，即使是有御府题印的东西，也不一定就靠得住。所以汤垕主张首先考察绢素本身，再看笔法、气韵。毕竟在当时的技术条件下，六朝时期绢素的肌理和古旧状态是不易仿造的。

综合看来，汤垕对观画、赏鉴的论述，比宋人更趋于全面。文中除了引用、保留了宋人的部分观点（如刘道醇关于灯烛下不可观画的说法和韩拙注重气韵的说法），还增加了对“鉴”的重视。如强调对“纪录”的广泛阅读和对绢素材质的考察，不盲目相信御府题印等。《画论》是元代画论中对鉴赏问题讲得最为详细的一篇文字。这与汤氏的赏鉴经历是密不可分的。汤垕自称：“余自十七八岁时，便有迂阔之意，见图画爱不

① 潘运告主编 . 元代书画论［M］. 云告，译注 . 长沙：湖南美术出版社，2002：327.

② 潘运告主编 . 元代书画论［M］. 云告，译注 . 长沙：湖南美术出版社，2002：321.

③ 潘运告主编 . 元代书画论［M］. 云告，译注 . 长沙：湖南美术出版社，2002：330.

④ 潘运告主编 . 元代书画论［M］. 云告，译注 . 长沙：湖南美术出版社，2002：333.

去手，见赏鉴之士便加礼问，遍阅纪录仿佛成诵，详味其言。历观名迹，参考古说，始有少悟。”[①]他在《画鉴》中记述的众多藏家藏品见闻，也证明了他所言非虚，关于这篇文章，稍后章节中将会详细谈到。

元代绘画中对观画、赏画活动的描绘

书画、古物赏鉴活动在元代绘画中的表现，可见于现藏上海博物馆的刘贯道《消夏图卷》(图 4.3)。图绘一文士，袒胸仰卧于榻上，右手执拂尘，左手执一卷轴。其背后桌案上陈列各种文玩器物，并有成捆的书卷。床头倚有一阮，两位侍女立于榻右，其中一人手执长柄宫扇，与芭蕉一起暗示画中时令为夏景。有趣的是，与《重屏会棋图》一样，本作床榻后也画有一屏风，屏风中的图画与画作图景相似。一高士坐于榻上，手边一案，上陈笔砚、册页，右侧一童子捧博山炉侍立（图 4.4），左侧桌旁，二童子备茶。这件作品描绘的场景，使人想起现藏故宫的宋人《槐荫消夏图》(图 4.5)。图中也有一人仰卧榻上，后有屏风。一旁桌上放有笔架、砚台和包裹成捆的卷轴（只不过宋人画中屏风里所画为雪景，借观画消暑之意更为明显）。

图 4.3　刘贯道《消夏图卷》　元代　绢本设色　29.3cm × 71.2cm　上海博物馆藏

① 潘运告主编. 元代书画论［M］. 云告，译注. 长沙：湖南美术出版社，2002：318，319.

图 4.4 《消夏图卷》局部

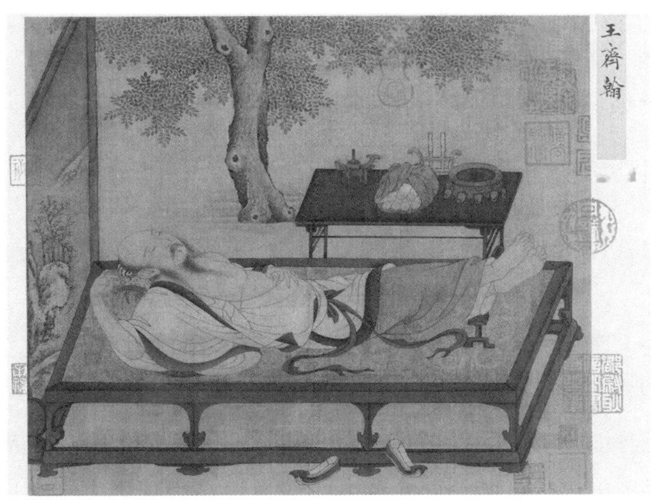

图 4.5　佚名《槐荫消夏图》　宋代　绢本设色　尺寸不详　故宫博物院藏

为什么在表现“消夏”题材的画作中，宋人和元人都描绘了笔砚、册页和卷轴？这与当时人们对古籍、书画的养护方式是有关系的。早在东汉时，崔寔的《四月民令》中即有“曝经书及衣裳不蠹”的说法。唐宋时，文人们也多有在夏天曝晒图书、古籍，防止霉变虫蛀的活动。苏轼《文与可画筼筜谷偃竹记》中便讲道：“元丰二年正月二十日，与可没于陈州。是岁七月七日，余在湖州曝书画，见此竹废卷而哭失声。”[①]他的诗中还有“三馆曝书防蠹毁，得见来禽与青李”[②]的句子，所谓“来禽与青李”指御府所藏王羲之《来禽青李帖》。晾晒古籍、字画的季节，也正是展看、欣赏藏品的好时候。宋代的许多文士都有在农历七月夏日，借官府晾晒书画的机会，观看内府收藏珍品的经历。《宋朝事实类苑》卷三引用《蓬山志》记载：“秘书省所藏书画，岁一曝之。自五月一日始，至八月罢。是月，诏尚书、侍郎、学士、侍制、御史中丞、开封尹，殿中监、大司成两省官暨馆职，宴于阁下，陈图书、古器阅之，题名于榜而去。”[③]可见，五月到八月间的曝晒活动，不仅是保养书画的手段，也是雅集文臣，赏玩、题写藏品的聚会。梅尧臣的诗句显示，他曾享受了比苏轼更令人羡慕的“眼福”：“我时跨马冒热去，开橱发匣鸣钥鱼。羲献墨迹十一卷，水玉做轴排疏疏。最奇小楷乐毅论，永和题尾付官奴。又有四本绝品画，戴嵩吴牛望青芜。李成寒林树半枯，黄荃工妙白兔图。”[④]元代虽然没有类似北宋的画院机构，但宫廷书画的收藏、晾晒工作也有专人负责。王士点《秘书监志》记载：“至元二十五年五月十一日，秘书监照得：本监应有书画图籍等物，须要依时正官监视，子（仔）细点检曝晒。不至虫伤浥变损坏外，据回文书就便北台内，令鄂都玛勒一同检觑曝晒。”[⑤]

正因为“消夏”与曝晒、展玩书画间存在的关联，宋元“消夏”题材的画作中出现文人案头陈列图书、卷册的场景，自然就不奇怪了。在有关明清时期赏鉴活动的章节中，人们还将看到这种文化消费活动与时令间的联系，以更为有趣、多样的方式，出现在绘画史中。

① 潘运告主编 . 宋人画评［M］. 云告，译注 . 长沙：湖南美术出版社，1999：219.

② 王十朋编注 . 东坡诗集 · 卷二十七［G］. 文渊阁四库全书 .

③ 成明明 . 宋代馆阁曝书活动及其文化意义［J］. 社会科学家，2008（5）.

④ 成明明 . 宋代馆阁曝书活动及其文化意义［J］. 社会科学家，2008（5）.

⑤（元）王士点 . 秘书监志［M］. 国家图书馆藏清抄本 .

第三小节 明代文人的书画鉴赏和相关雅集活动对明代绘画史的影响

明代文献中关于观画、赏画活动的记载

明代的私人书画赏鉴活动十分活跃。收藏家们或是遇友人来访，出示藏品同赏，或是两三同好聚首，各出新得之物，较量高下。或是举办雅集、群聚一处，赏鉴书画并题写诗赋。其中，以吴门地区的有关史料信息保存最多，涉及诸多前文提到的著名藏家。如《清河书画舫》中，钟繇《荐季直表》后李应祯跋文讲到，他是在沈周家中做客时看到此作。现场一同观看的还包括史鉴、曹孚、崔澂、朱存理等人。文徵明因其收藏之富，在吴门收藏界颇有声望。许多晚辈的藏家都以能和“衡山先生”一同赏鉴书画，受其教诲为荣。文氏与前辈、同辈及晚辈藏家一同观画品评的记载有很多。如前面提到的，他年轻时与老师李应祯一同在史鉴家中观看颜真卿《刘中使帖》多年后题写的跋文。写此跋时，文徵明正因此作当时的主人华云之邀，再次观看此作。何良俊也爱与人一同品评书画，尤其喜欢遍访其他藏家，阅其所藏，“但得常遇赏鉴之家，扫阁焚香，尽出所有，相与评校真赝，得遇精品，则摩挲爱玩，真若神游其间。苟未必佳，亦须随处指摘，出其疵，不矜长，不匿短，则意见常新，而藻见亦触处皆长”①。他的《四友斋画论》和《书画铭心录》都是多年来与同好之人一同切磋的产物。明代晚期，苏州地区的收藏世家中，张丑家族的鉴赏活动很值得关注。张家从张丑的高祖时代便热衷于收藏，到张丑之父张应文时，已有了可观的积累。晚明时，崇尚奢华的社会风气波及文人的文化消费，原本是文士同好之间风雅之举的雅集和古书画品鉴行为，渐渐演变为一种以炫耀、夸饰为目的的群体性文化消费活动。隆庆四年(1570)的吴中四姓“清玩会”就是其中典型的例子。据张应文《清秘藏》中记载，他去参观这次以赏鉴书画、古玩为核心内容的雅集时，看到了不少古玩和书画佳作:“隆庆四年之三月，吴中四

① （明）何良俊.四友斋丛说［M］.国家图书馆藏明万历七年（1579）龚元成刻本.

大姓作‘清玩会’，余往观焉。一出文王方鼎，颜真卿裴将军诗。一出秦蟠螭小玺，顾恺之女史箴、祖母绿一枚（重两许）、淳化阁帖。一出王逸少此事帖（真迹）……一出郭忠恕明皇避暑宫殿图，白玉古琴，李廷珪墨二饼。自幸曰：不意一日见此奇特（内王逸少帖用鹘青作轴头，各重一两外）。”①

叶康宁《风雅之好：明代嘉万年间的书画消费》一书中，用了专门的篇幅讨论明代士人阶层的“夸示性”文化消费需求与书画鉴赏间的关系。“对于士人阶层而言，书画消费是最为理想的自我标榜手段”②，“古玩书画消费成功地把奢俭之争转化为雅俗之辨，有闲阶层为奢侈找到了合理的借口。藉古玩书画消费，他们既可以彰显清雅，又可堂而皇之地夸示财富”③。此类风气不仅使巨商富贾和官员们参与其中④，连一些收藏史上的“具眼”也加入这种风雅竞赛。沈德符《万历野获编》中讲道：“董太史玄宰初以外转予告，归至吴门，移其书画船至虎丘。与韩胄君古洲各出所携相角。”⑤可以说，与宋元时期，作为文人群体社交活动一项重要内容的书画品鉴相比，如吴中四姓“清玩会”和董、韩两家“晒宝”这样的夸示性赏鉴行为，是更具有明代商品经济社会文化特色的。

明代的书画赏鉴活动在画论类著作中的反映

明代的书画赏鉴风尚，保存在众多的笔记文学著作中。

由于社会文化中的崇侈观念与夸饰性消费的活跃，晚明文人对于有

---

① （明）张应文．清秘藏［M］．金陵图书馆藏藏修书屋刻本．清同治十年（1871）．

② 叶康宁．风雅之好：明代嘉万年间的书画消费［M］．北京：商务印书馆，2017：47.

③ 叶康宁．风雅之好：明代嘉万年间的书画消费［M］．北京：商务印书馆，2017：47.

④ 特别是晚明时期的徽州地区，诞生了如汪道昆这样出身于盐商家庭的收藏家兼官员和早年曾经作为王世贞个人助手的詹景风这样的官员兼书法家、收藏家。还有如方于鲁和程大约这样一边经营徽墨制作生意，一边与画家、雕版工人合作，出版墨谱类书籍的人。关于他们的活动，Sewall Oertling Ⅱ在《万历年间安徽地区对绘画的赞助》一文中有过专门的研究。另外，歙县地区的古董商人吴廷和吴桢也是明末安徽藏家中值得关注的人物。吴桢曾收藏钱选的名作《羲之观鹅图》，而吴廷据《丰南志·士林》中记载：“尝以米南宫真迹与其昌（董其昌），其昌作跋，所谓‘吴太学书画船为之减色，然尚藏有右军官奴帖真本’者也。”

⑤ 叶康宁．风雅之好：明代嘉万年间的书画消费［M］．北京：商务印书馆，2017：51.

关文化消费物品的研究十分热衷。其中，书画的养护与欣赏方法是重要内容。一方面，这一时期的书籍中，如宋元文献一样谈到按时令曝晒书画的重要性。如高濂《遵生八笺》中讲道："收画，未梅雨前，逐幅抹去蒸痕，日中晒晾令燥，紧卷入匣，以厚纸糊匣口四周，梅后方开。匣须杉木桫木为之，内不用纸糊并油漆，以避霉气。"① 又如屠隆《画笺》中讲道："藏画，以杉桫木为匣，匣内切勿油漆糊纸，恐惹霉湿。遇四五六月之先，将画幅展玩。微见风日，收起入匣。用纸封口，勿令通气，置透风空阁，或去地丈余，又当常近人气，过此二候方开，可免霉白。"② 另外，如米芾《画史》中涉及挂画注意事项与背裱材质的优劣一样，《画笺》中对这样的问题也有涉及："裱锦，古有樗蒲锦，又名阇婆锦、有楼阁锦、紫驼花鸾章锦……皮球锦（皆宣和绫）。今苏州有落花流水锦，皆用作表首。"③ 可以说，晚明的书画收藏热潮和夸示消费文化，使书画赏鉴活动的对象也有所拓展，从书画艺术本身旁及其装裱材质、绢素制作工艺等诸多方面。如"古绢素"一节讲道："唐纸则硬黄短帘，绢则丝粗而厚，有捣熟者，有四尺阔者。宋纸则白鹄澄心堂；绢则光细若纸，揩摹如玉，间有五六尺阔者，名独梭。元绢有独梭者，与宋相似，有宓家机绢最妙。"④ 在关于挂画的注意事项上，屠隆也讲出了与前辈米芾不大一样的理论。米芾讲道："凡收画必先收……图齐整相对者，装堂遮壁。乃于其上旋旋挂名笔，绢素大小可相当成对者，又渐渐挂无对者。"⑤ 这里是强调一些尺幅成对的画作，对居室的装饰功能。屠隆则强调了某些情况下独幅作品的优点："单条画，客舍宜挂单条，若对轴则少雅致，况四五轴乎？文人之画，适兴偶作数笔，人即宝传，何能有对乎？今人以孤轴为嫌，不足与言画矣。"⑥ 总之，在有关赏画的时令、画作的材质美感和悬

① （明）高濂．遵生八笺［M］．图书馆藏清代刻本．清道光十二年（1832）．

② 潘运告主编．明代画论［M］．运告，译注．长沙：湖南美术出版社，2002：146.

③ 潘运告主编．明代画论［M］．运告，译注．长沙：湖南美术出版社，2002：143.

④ 潘运告主编．明代画论［M］．运告，译注．长沙：湖南美术出版社，2002：142.

⑤ 潘运告主编．宋人画论［M］．熊志庭等，译注．长沙：湖南美术出版社，2003：123.

⑥ 潘运告主编．明代画论［M］．运告，译注．长沙：湖南美术出版社，2002：142. 关于明人更偏爱独幅画而不喜成对或成组画作的时风，台北故宫博物院研究员林丽江在其专文《以苏州为典范——图文相映的苏州片制作与影响》中曾有详细探讨。

挂、陈设偏好方面，明人都有不同于前人的新特点。此外，《画笺》中还有涉及“卷画”“拭画”“裱画”和有关画作储藏用具的内容，都是明人对文化消费活动的热情与专注态度在其文字中的投射。

在对画作赏鉴方面，明人的部分言论承袭于宋人和元人，如唐志契《绘事微言》的“赏鉴”一节中关于看画的禁忌事项部分，与刘道醇和汤垕的说法类似。茅一相《绘妙》一文中“赏鉴好事”一节说：“看画如看美人……每得一图，终日宝玩，如对古人，虽声色之奉不夺也。看画之法不可一途而取，古人命意立迹，各有其道，岂拘以所见绳律古人之意哉？灯下不可看画，醉余酒边亦不可看画，卷舒不得其法，最为害物。”[①] 这也是援引自汤垕、米芾的说法。但明人的赏鉴也有不同于前人之处。关于不同题材的品位高低，米芾的《画史》中讲道“古人图画无非劝戒，今人撰明皇幸兴庆宫，无非奢丽，吴王避暑图，重楼平阁，徒动人侈心”[②]。汤垕也有类似的说法：“收画之法，道释为上，盖古人用工于此，欲览者生敬慕爱礼之意，其次人物，可为鉴戒；其次山水，有无穷之趣……若仕女、番族，虽精妙，非文房所可玩者，此元章之论也。”[③] 但明代的画论中，开始出现将山水画的艺术格调抬升为各科中首位的说法。如唐志契《绘事微言》中“画尊山水”一节：“画中惟山水最高，虽人物、花鸟、草虫未始不可称绝，然不及山水之气味，风流潇洒。”[④] 其“看画决”一节中又说：“山水第一，竹树兰石次之，人物花鸟又次之。”[⑤] 总体来看，相对于元人而言，明代的画论、画评中有了更多的有关鉴赏、观看的内容，其中的部分文字也更多地反映了具有明人特色的鉴赏趣味、审美取向。

观画、赏鉴活动在明代绘画中的表现

赏画活动在明代绘画中出现的形式是多样的。首先，如宋人一样，

---

① 潘运告主编．明代画论［M］．运告，译注．长沙：湖南美术出版社，2002：321.
② 潘运告主编．宋人画论［M］．熊志庭等，译注．长沙：湖南美术出版社，2003：138.
③ 潘运告主编．元代书画论［M］．运告，译注．长沙：湖南美术出版社，2002：329，330.
④ 潘运告主编，明代画论［M］．运告，译注．长沙：湖南美术出版社，2002：242.
⑤ 潘运告主编，明代画论［M］．运告，译注．长沙：湖南美术出版社，2002：287.

明人在表现许多著名的传统题材时，将鉴赏活动引入画面中。例如台北故宫博物院藏明人《十八学士图》(图 4.6)四轴组画，其中“观画”一幅中就描绘了四位学士围坐赏画，其中一人洗手的场景。收藏于美国克利夫兰美术馆的谢环《香山九老图卷》(图 4.7)中，也有两位文士坐于树下展卷品评，一旁二仆侍立，一人捧卷轴，一人捧册页的图景。有趣的是，在台北故宫博物院那件表现有赏画场景的《十八学士图》四条屏中，虽然题材是唐人旧事，但画中众人观赏的那幅挂轴，却明显是典型的“马一角，夏半边”式的南宋画风。这种借“十八学士”之题，表现明人文房趣事的作品，还有现藏于上海博物馆的杜堇《十八学士图》四条屏组画，其中也有一幅类似的观画场景。画中的盆景植有梅花，显示其所画应是冬日之景。而四位文士所赏之作，可辨认出应是“枯木寒鸦”题材，也是冬日之景。这印证了明人依不同时令赏画的习惯。另外，前文谈到，一些画家往往受邀为收藏家们绘制他们的园居图，其中也有将收藏家的鉴赏活动画入其中的。比如文徵明为华夏所作《真赏斋图卷》(图 4.8)。描绘华夏与客人坐于斋中，双手展卷，一旁有卷轴数件，右侧仆童手中又捧若干成捆的手卷。显示主人正在和宾客一同品鉴书画。这件作品虽然并不是对华夏某一次会客活动的真实再现，但可以想象，以华氏藏品之精，与书画界名士过从之密切，这样的雅会在“真赏斋”里应该是不会少的。

图 4.6 佚名《十八学士图》组画局部 明代 绢本设色 尺寸不详 台北故宫博物院藏

图 4.7 谢环《香山九老图卷》局部 明代 绢本设色 29.8cm × 148.2cm 美国克利夫兰美术馆藏

图 4.8　文徵明《真赏斋图卷》明代　纸本设色　28.6cm×79cm　上海博物馆藏

明代真正表现某次具体雅集活动的纪实性画作，其典型应属现藏于美国大都会博物馆的谢环《杏园雅集图卷》。卷中描绘明英宗正统年间的九位内阁朝臣杨士奇、杨荣、王直、杨溥、王英、钱习礼、周述、李时勉、陈循在杨荣的杏园雅集的场景。画中最右侧有红衣官员应为杨溥；绿衣官员应为王英；青衣官员应为钱习礼，杨、钱二人正在观看一幅画轴。一旁凳上尚有画轴若干（图 4.9）。这些画轴应当都是杏园主人杨荣的藏品。

图 4.9　谢环《杏园雅集图卷》局部　明代　绢本设色
37cm×401cm　美国大都会博物馆藏

杨荣，字勉仁，建安（今福建建瓯）人士，与杨士奇、杨溥并称“三杨”，是永乐至正统年间的名臣。他不但富于书画收藏，且与画家交往密切。明初著名画竹高手夏昶就是在永乐二十一年（1423）经杨荣推荐进入文渊阁的。现藏中国美术馆的夏昶《竹石图》上即有杨荣题诗。杨士奇更是精于书画碑帖赏鉴。其所撰《东里集》中曾讲道："右汉谷城张君碑，未有碑额，盖中平二年其故吏所立，文辞字画皆古雅。碑在今东平州学，余得之宗丈东平州守季琛先生之子民服云。"[①]其中的季琛先生应为杨玚，江西吉水人，曾任东平太守。其子杨黻字民服，与杨士奇交好。杨士奇就是从他手中获得《张迁碑》拓本的。而且，杨士奇的这段文字也是目前已知文献中，对《张迁碑》的最早记载。欧阳询行书《仲尼梦奠帖》也是杨士奇旧藏，卷后杨士奇跋文中有"吾家蓄古墨迹，此为最久"[②]之句。除杨士奇、杨荣外，杨溥也有为前代墨迹所作跋文传世，南宋收藏家游似所藏《淳化阁帖》后曾经杨溥过目并书跋。

除三杨之外，人们还可以通过另外两件画作略窥王直的艺术鉴赏活动。一件是现藏西泠印社，由孙隆、陈录二人合作的《墨梅图卷》，后有王直书跋。跋文中提到，画作是孙、陈两人送他北上做官，以慰乡愁的纪念。另一件是台北故宫博物院藏（传）文同《墨竹图》，其诗塘部分有王直为其题长诗一首，从署款"泰和王直为彦谧宗伯题"一句来看，当时该作的收藏者应为正统年间的刑部右侍郎杨宁［杨宁字彦谧，歙州人，宣德五年（1430）进士］。巧合的是，与他一同题写这幅《墨竹图》的另一人，恰恰也是《杏园雅集图》中的另一位与会者——陈循。他在王直题诗的左侧分别书写了苏轼、虞集、赵孟頫三人的诗句，并在署款中详述了杨宁请他作题之事："彦谧尚书得此竹求余题，余无以为言也。为取宋元苏、虞、赵三学士诗中之句，各为二绝复之。又何必余言哉？"至于王英、钱习礼、周述、李时勉四人，也都与《杏园雅集图》的作者谢环交往密切，并都曾为谢环的园居题诗。而谢环自己除了是画家外，也是许多唐宋以来古书画的收藏者。尹吉男在《明代宫廷画家谢环的业余生活与仿米式云山绘画》一文中专门谈到了他在书画收藏方面对米芾的

① （明）杨士奇．东里集．集部六［M］．钦定四库全书本．纪昀、陆锡熊、孙士毅，编纂，清乾隆四十七年（1782）．

② 注：该跋文附于书卷后，现藏于辽宁博物馆。

尊崇和杨士奇、王直二人参观其收藏之后写下的文字。在以往对《杏园雅集图》的研究中，学者们多关注这件作品所描绘人物的官员身份、由其籍贯所形成的“同乡政治集团”色彩，以及这幅画作在正统年间复杂的政治环境下所具有的隐喻功能。[①] 但人们不应忘记，画中的这群人，包括谢环自己，不仅是官员，也是一群有着良好艺术修养的收藏家、鉴赏家。那天除了作诗、饮酒，他们还一同欣赏了许多书画名迹。

除了《杏园雅集图》这样的纪实性作品外，明代绘画中还有一些专门以鉴赏书画、文玩为主题的作品。如收藏于台北故宫博物院的杜堇《玩古图》(图 4.10)。图绘庭院之中植翠柏、芭蕉，一文士坐于树荫之下，座后设有一画屏，上绘江波浩渺之景。文士左手边有一条案，上陈若干鼎彝古器，案边一老者以手拂拭，文士右侧，一女仆执纨扇作扑蝶之态，二侍女于屏风后整理古琴、器物、册页、手卷，左侧一童子担卷轴走来，左手拎一棋盘。本作虽不是四条组画，但同时呈现了琴、棋、书、画四种文房雅事。不过，画中最引人注目的还要数主人公身边琳琅满目、描绘细腻入微的古器物。这些器物的形象几乎都有历史上真实存在的器型样式作为依据。另外，画面左上方的一段题字值得关注：“玩古乃常，博之志大，尚象制名，礼乐所在。日无礼乐，人反块然。作之正之，吾有待焉。柽居杜堇。朿冕徵玩古图并题，予则似求形外，意托言表，观者鉴之。”[②] 学者萨本介曾撰文认为，该作很有可能摹自一幅据传为南宋时期的同名作品，该作曾于 2013 年现身于某拍卖公司秋拍现场，只不过在细节上有局部调整。而且这件南宋原作目前仅残留了原先画面的

① 见于尹吉男《政治还是娱乐：杏园雅集和〈杏园雅集图〉新解》和付阳华《由文人雅集图向官员雅集图的成功转换——析明代〈杏园雅集图〉中的转换因素》两文。

② 朿冕徵其人，史书上没有详细记载。但其姓氏源流可考。朿姓最早发源于战国，后成为齐国田氏疏族。在西汉宣帝时曾诞生了著名的太傅疏广和少傅疏受。新莽时，疏氏为避战乱迁居，并将疏的繁体字“踈”去偏旁，改姓“朿”，为今日朿姓源头。尤以江苏、安徽两省分布为多。朿氏在元代的著名人物为诗人朿从周，即赵孟頫《水村图》卷后题跋众人之一。同跋之人还有朿从大、朿从虎，朿巽之、朿复之、朿同之等同宗。朿从周为安徽合肥朿氏支流。另据朿氏家谱记载，尚有江苏兴化朿氏和盐城朿氏。而杜堇系江苏丹徒（今镇江）人氏，距兴化不远，故而推测，朿冕徵或为兴化、盐城朿氏的一员，杜、朿二人，可能是因同乡关系而结识并有交往的。

一部分，而杜本则保留了原作全貌。[①] 杜堇的这幅《玩古图》不应被视为一件“应酬之作”。首先，从画上留下的杜堇长题来看，他在作画时是抱着十分认真的态度的。其次，这也是杜堇画作中少有的在题字时讲到画中主人公姓名的作品。杜堇并不是一个简单的职业画家。他原本是文人，因科举不第才绝意仕进而工于书画。许多证据都展示了与杜堇有交往的人所具有的较高社会身份。[②] 这件作品或许是一位富于收藏的爱画人托他精心绘制的订件。或许还可以进一步猜想，萨本介提到的那件有“刘松年”款字的作品或许原本就是束冕徵的藏品，而杜堇的《玩古图》就是受束冕徵之托对其临仿的结果。只不过，杜堇在绘制时把藏品的主人变成了画中的主角，又根据主人的喜好，在原作基础上进行了细微的改动。

图 4.10　杜堇 《玩古图》 明代　绢本设色
126cm × 187cm　台北故宫博物院藏

① 详见萨本介《刘松年〈玩古图〉考》一文。

② 前面讲到，弘治二年（1489），杜堇曾受邀为吴宽绘制《冬日赏菊图》，表现吴宽与李东阳等人雅集的场景。《庚子销夏记》记载：“匏庵先生为少詹事时，寓居京师之海潮庵则，辟园种菊，于弘治二年十月二十八日集李西涯诸公赏之，各赋诗，又命杜堇为图，装成一卷。”弘治十三年（1500），杜堇又与当时的诗人、书法家金琮合作《古贤诗意图卷》（现藏故宫博物院）。由金琮书古诗十二首，分别由杜堇补图（但该作今天已仅存九段）。此外，尽管本人的画风偏于南宋马夏一脉和“浙派”面貌，但杜堇与主要倡导学习元人四家画风的吴门书画家、收藏家们也有往来。早在为吴宽、李东阳作图之前的成化九年（1473），杜堇就曾在苏州虎丘会见过与好友陈蒙一同前来游玩的沈周并获沈周赠诗。后来，又曾为沈周之弟沈召作《邵雍像》（现藏故宫博物院）。另外，姜绍书《无声诗史》记载其所作《七锋图》时提道：“后多成、弘年间名士题咏，如祝京兆、唐六如、陈石亭诸公之迹，尤称合作。”

图 4.11 仇英 《竹院品古图》 明代 绢本设色 41.1cm×33.8cm 故宫博物院藏

仇英的《竹园品古图》（图 4.11）也是明人鉴古、赏画题材中较有代表性的一件。图绘众文士于竹园中雅集，品古赏画之景。画中的书画既有高头大卷，又有矮卷和精致的册页。全画的焦点，是两位文士正在翻看、赏鉴两幅被裱为册页形式的团扇，一旁又有书册、手卷若干。像册页这样的小品绘画形式，古代文人往往是喜欢放在文房里的桌子上，便于随手翻阅。如文震亨所说："大者悬挂斋壁，小者则为卷册，置几案间。"[①] 另外，无论是杜堇《玩古图》还是仇英《竹院品古图》都显示，明人往往喜欢将各类古代器物和书画放在一起鉴赏。除了斗奢、"夸饰性"文化消费的因素外，或许也是因为这些不同的艺术形式分别代表着不同历史时期的艺术与文化。鼎彝古器代表着上古的历史与文明；碑帖书册代表着秦汉、魏晋时期在书法领域的成就；书画卷轴和古瓷文玩则展现了唐宋以来，宫廷贵族和文人的精致生活。于是，当这些艺术形式同时呈现在鉴藏者面前时，他们将看到一部完整而连贯的艺术史。这些藏品以物质的形式建构了一条供鉴藏者漫步其间的历史长廊，给他们以精神的愉悦。正如陈继儒在《妮古录》中所说："予寡嗜顾性，独嗜法书名画及三代秦汉彝器瑗璧之属，以为极乐国在是。"[②] 高濂在《遵生八笺》中也说："时乎坐陈钟鼎，几列琴书，

① 叶康宁 . 风雅之好：明代嘉万年间的书画消费［M］. 北京：商务印书馆，2017：51.

② 叶康宁 . 风雅之好：明代嘉万年间的书画消费［M］. 北京：商务印书馆，2017：48，49.

拓帖松窗之下，展图兰室之中，帘栊香霭，栏槛花妍，虽咽水餐云，亦足以忘饥永日，冰玉吾斋，一洗人间氛垢矣。清心乐志孰过于此？”①

第四小节　元明时期的书画赏鉴与品古活动对绘画史的影响

元明时期的书画赏鉴与品古活动，无论是对“图像”形态的绘画史，还是“文字”形态的绘画史，都产生了一定的影响。

在绘画创作方面，从一般性的“博古”题材绘画，到传统历史题材绘画，再到纪实性的“雅集图”创作，赏鉴、品古活动是元明时期绘画中常见的表现对象之一。在此后的清代乃至近代绘画史上，许多类似题材的作品都受到元明时期同类作品的影响。乾隆年间，郎世宁绘制的《弘历观画图》，画中的器物便有当时清宫收藏的实物为依据，反映了乾隆本人的审美趣味。任薰应吴大澂之邀，为其所作《愙斋集古图》，描绘了吴大澂与客人共赏他所收藏的青铜古器的场景。其中出现的器物，都是按照吴氏真实的藏品描绘并标注有名称。在纪实性的雅集、赏鉴主题绘画方面，清末胡芑孙、任薰合绘的《吴郡真率会图卷》，胡淦的《吴中七老图卷》等画作，表现顾文彬、吴云、彭慰高、潘曾玮等吴地收藏家雅集品古的场景，并有顾文彬《过云楼日记》、李鸿裔《苏林遗诗》等文献可佐证其具体活动时间和绘图经过。至于宋、元、明鉴古绘画中常常出现的“洗手”场景，也被近代画家傅抱石单独取作主题，画成《洗手图》。

在绘画理论与绘画史写作方面，赏鉴活动的影响也是广泛的。元、明时期画论类著作中众多关于鉴赏画作的文字，涉及观看的物质及时令条件、注意事项、禁忌，详尽的赏鉴原则和评价方式，都是同时期绘画理论体系中不可或缺的组成部分，体现着当时的文艺理论家对“绘画的观看”这一命题的思考。这些涉及“绘画观看”的理论文字所携带的社会文化特色，也使它们成为那一时期的社会史与绘画史的衔接点。

最后要强调的是：鉴赏家们在赏鉴书画时，会将自己的题跋留于书

---

① 叶康宁．风雅之好：明代嘉万年间的书画消费［M］．北京：商务印书馆，2017：49.

画作品中。这些题跋文字既有对作品真伪、艺术风格的评价，也有对其递藏线索的追索、考据；既有对画面图像的历史溯源，也有对作者生平、艺术活动的研究。因此，因赏鉴活动而产生的题跋文字，既是对绘画的解读与研究，又是“文字”形态的绘画史自身的一部分。

第二节　元明时期的书画题跋行为与题跋文字对绘画史的影响

第一小节　元、明时期书画题跋文字中的美术史研究价值

有关元、明时期题跋文字中涉及藏品藏家和递藏线索信息的举例

元、明时期，私人书画收藏活动比之唐宋更为活跃，现今遗存的元、明收藏者所书写的题跋文字，更是大大多于唐宋时代。其提供的美术史研究资料，涵盖更广泛的研究领域和更丰富的内容。

在涉及藏品的藏家和递藏线索的跋文中，以《五牛图》的跋文最为典型。赵孟頫为《五牛图》书写的三段跋文与此后数人书写的跋语，成为今天的人们勾勒该作递藏历史的重要线索。

赵孟頫的第一段跋文写于至元三十年（1293），记载了获得此画的经过：“余南北宦游，于好事家见韩滉画数种。集贤官画有丰年图，醉学士图最神。张可与家尧民击壤图，笔极细。鲜于伯几家醉道士图，与此五牛皆真迹。初田师孟以此卷示余，余甚爱之。后乃知为赵伯昂物，因托刘彦方求之。伯昂欣然辍赠。时至元廿八年七月也。明年六月，携归吴兴重装。又明年济南东仓官舍题二月即望，赵孟頫书。”[①] 根据此跋可知，赵首次见此图时，是在田师孟手中，但画归赵伯昂所有。赵孟頫是通过刘彦方做中间人获得此作的，得此卷时在至元二十八年（1291），第二年赵孟頫将它带回吴兴老家重新装裱，又过了一年，赵在济南任上写下此跋。另外，这段跋文也展示了赵孟頫与同时代其他藏家的交往情况。跋

① 注：该跋文附于画卷后，现藏于故宫博物院。

文中提到的“张可与”即张斯立，号“绣江”。济南章邱人（今山东章丘）。周密《云烟过眼录》中录有张氏的部分藏品，其中有“颜鲁公刘中使帖”，即今收藏于台北故宫博物院的颜真卿《刘中使帖》（又称“瀛州帖”），帖后有元代另一位收藏家王芝的题跋（王字芝子庆，号“井西”，也与赵孟頫有交往），跋中记载：至正二十三年（1363），王用陆柬之《兰亭诗》、欧阳询《卜商帖》从张可与处换得此作。另外，吴其贞《书画记》中提道：现藏于故宫博物院的陆机《平复帖》后，曾有张斯立和杨青堂于至元乙酉（1285）三月题写的跋文。这个说法也可以在今天《平复帖》后傅增湘所书跋文中找到。跋中讲到的另一位元人“田师孟”，即田衍，系赵孟頫之友。赵《松雪斋集》卷八中有赵孟頫为其母作《田氏贤母之碑》，碑文中曾提到二人的相识经过。此画当时的收藏者“赵伯昂”，即赵仁举。与陶宗仪约同时，陶氏《辍耕录》的两个版本中的一个即为赵仁举笺注，事载《四库全书总目提要》。赵仁举的收藏情况可见于元代汤允谟所撰《云烟过眼录续录》。书中提到其藏品包括王羲之、吴元瑜、杨庭光的书画作品。赵仁举的同胞兄长为赵仁荣，也富于书画收藏。《云烟过眼录》中记载，其藏品中包括一件被归于周文矩名下的《韩熙载夜宴图》。至于这桩交易的中间人刘彦方，是浙江余姚人士，史载其“隐居自放”，曾筑“寄傲轩”于龙泉山南。其同乡刘仁本更是当地的文化名士，由他发起的“续兰亭会”群体中也包括不少收藏、跋写过赵孟頫书画作品的名士，如贡师泰、危素等。尽管赵孟頫十分看重这件作品，但从他于延祐元年（1314）书写的另一段跋文来看，这件东西并未一直陪伴他身边。文中说：“此图仆旧藏，不知何时归太子书房，太子以赐唐古台平章，因得再展，抑何幸焉？”[①]这段跋文距离赵在济南东仓官舍第一次书跋，已经过去二十一年。此时，他已不再是这件作品的主人。

在赵孟頫跋文之后，是孔克表于至正十二年（1352）书写的跋文。此时，《五牛图》的主人是“海虞邹君玉”。查邹君玉应为今江苏常熟人氏。生年应大约与杨维桢同时。杨《东维子集》卷一中收有《邹氏遗训

① 注：该跋文附于画卷后，现藏于故宫博物院。

序》一篇，即为致仕之后的邹君玉所作。孔跋之后，现今遗留在画卷上的最后一处元明时期的跋文是项元汴所书："唐韩晋公五牛图，元赵文敏三跋。明墨林山人项元汴真赏。"[①]项元汴这段跋文并未注明具体时间，但从张丑《清河书画舫》中所记"韩太冲《五牛图》在项氏，绢本矮卷（误记），其后赵文敏公凡三跋"的记载推测，项跋书写的时间应不会晚于万历四十四年，即《清河》一书的成书时间下限——1616年。除《清河》外，李日华的《六砚斋笔记》和汪砢玉的《珊瑚网》都曾记载有此图在明代的递藏线索。关于这方面的内容，后文还会谈到。

明代藏家书写的跋文中涉及藏品递藏线索的例子，还有王世懋书于（传）宋徽宗《雪江归棹图》卷（图4.12）后一跋："朱太保绝重此卷，以古锦为褾，羊脂玉为笺……延吴人汤翰装池。太保亡后，诸古物多散失，余往宦京师，有客持此来售者，遂鬻装购得之。未几，江陵张相尽收朱氏物，索此卷甚急，客有为余危者。余以尤物贾罪，殊自愧米颠之癖。顾业已有之，持赠贵人，士节所系，有死不能，遂持归。不数载，江陵相败，法书名画闻多付祝融。而此卷幸保全余所，乃知物之成毁故自有数也。宋君相流（玩）技艺已尽余兄跋中，乃太保、江陵复抱桑沧之感。而余亦几罹其祸。乃为纪颠末示儆惧，令吾子孙毋复蹈而翁辙也。吴郡王世懋敬美甫识。"[②]除王世懋外，这段跋文还涉及两位收藏家。首先是"朱太保"，即朱希孝。希孝之兄为朱希忠，字贞卿。兄弟二人为永乐朝成国公朱能玄孙，皆嗜书画收藏。严嵩父子被抄家之后，其所藏归入内府，而二朱奏请善价拍卖，以充实国库，借此机会收得众多精品。沈德符《万历野获编》中记载："严氏没籍时，其它玩好不经见。惟书画之属，入内府者，穆庙初年，出以充武官岁禄。……于是成国公兄弟以善价得之，而长君希忠尤多，上有'宝善堂'印记者是也。"[③]王世懋之兄王世贞也提道："分宜败，什九入天府。后复佚出。大半入朱忠僖家，朱好之甚，

---

① （明）张丑．清河书画舫［M］．徐德明，校点．上海：上海古籍出版社，2011：472.

② 注：该跋文附于画卷后，现藏于故宫博物院。

③ （明）沈德符．万历野获编［M］．三十八卷．国家图书馆藏清刻本．

豪夺巧取，所蓄之富，几与分宜埒。”[①]《清河书画舫》也说：“朱希孝太保承袭累代之资，广求上古名笔。属有天幸，会折俸事起。颇获内府珍储，由是书画甲天下。”[②] 这件《雪江归棹图》，就是朱希孝旧藏。跋中提到的“尽收朱氏物”的“江陵张相”即为张居正，为湖北江陵人，世称“张江陵”。张与二朱为同僚，来往密切。朱希忠晚年曾有书画酬赠张居正，朱希忠死后所赠“定襄郡王”的封号也由张居正主持册封。王世懋跋文中讲到张收朱氏物，索此画甚急，可知张氏是早已知道朱氏兄弟收有此作的。这段跋文不仅记录了《雪江归棹图》在王世懋时代的收藏、装裱情况，也让人们又一次对明代中后期官僚阶层中的书画收藏热潮有了更多直观的认识。

图 4.12　赵佶 《雪江归棹图》 北宋　绢本设色
30.3cm × 190.8cm　故宫博物院藏

有关元、明时期题跋文字中涉及藏品交易信息的举例

除了有关收藏线索的信息外，不少明代的跋文中还保存了购买书画的成交价格和交易时的中间商姓名，使人们得以更加详细地了解当时的书画收藏市场情况。现藏于故宫的赵士雷《湘乡小景图卷》(图 4.13) 就是典型例证。《湘乡小景图卷》一名，最早可见于《宣和画谱》。在卷十六“赵士雷”名下著有：“宗室士雷，以丹青驰誉于时。作雁鹜鸥鹭，溪塘汀渚，有诗人思致……今御府所藏五十有一：春岸初花图一……澄江图二，湘乡小景图一。”[③]

① 注：该跋文附于画卷后，现藏于故宫博物院。
② （明）张丑 . 清河书画舫［M］. 徐德明，校点 . 上海：上海古籍出版社，2011：376.
③ 潘运告主编 . 宣和画谱［M］. 岳仁，译注 . 长沙：湖南美术出版社，1999：346.

图 4.13　赵士雷《湘乡小景图卷》北宋　绢本设色
43.2cm × 233.5cm　故宫博物院藏

该作卷首有宋徽宗手书题笺，卷后有明末收藏家顾从德和项元汴分别书写的，记录两次转卖交易的跋文。首跋为顾从德所书："嘉靖辛丑年冬以五十金得之于黄茂夫氏。丹阳孙曲水定价。顾从德记。"① 顾从德，字汝修。别号"方壶山人"，松江地方人。其弟顾从义，字汝和，号"砚山"，为明末著名书法家，与王世贞、文徵明交往密切。兄弟二人皆留意于书画收藏。跋中提到的卖家"黄茂夫氏"和定价者"丹阳孙曲水"，并无其他史料信息。但这段记载显示：这次交易是通过孙曲水作为定价人（很可能也为中间商）来完成的。叶康宁《风雅之好：明代嘉万年间的书画消费》一书第五章"居间人"一节中，专门讲到明代书画交易活动中"中间人"扮演的角色，其中便有鉴定真伪或评估价格。这种职业在唐代文献中已有记载，被称为"牙人"，又有"牙郎""牙子""市牙""牙侩"等不同叫法。叶康宁指出，这段记载说明"牙人有定价书画的权威。牙人熟悉行情，他们可以根据商品质量和市场供需关系来核定书画价格"②。第二段由项元汴书写的跋文则记录了这幅画进入顾家后的转手情况："宋徽宗御题宗室赵士雷湘乡小景，明墨林山人项元汴真赏。用原价购于上海顾氏。"③ 项氏与上海顾氏的交往并不止局限于书画交易。刚刚提到的顾从德之弟顾从义，与项元汴之兄项元淇私交

① 注：该跋文附于画卷后，现藏于故宫博物院。
② 叶康宁 . 风雅之好：明代嘉万年间的书画消费［M］. 北京：商务印书馆，2017：112.
③ 注：该跋文附于画卷后，现藏于故宫博物院。

甚笃。[①]不过，项元汴对顾氏兄弟在书画收藏方面的眼光并不看重。不少研究明末书画收藏史的文章中，都曾引用过他当面对詹景凤讥评王世贞兄弟为“瞎汉”，而顾从德兄弟为“眇视者”（近视眼）的话。而且，史载元汴吝于钱财，一旦书画买卖既成，而他又发现所付之价有过于其物所值的，往往有悔怨之意形于色的举动。从项氏跋文中“用原价购于上海顾氏”一语来看，他在这桩买卖中并未让那位“眇视者”顾从德获得任何利润。这个“原价”，应当就是顾从黄茂夫那里买画时，由孙曲水定下的价格“五十金”。这两段跋文不仅让人们得以了解《湘乡小景图卷》在明末的递藏情况，也记录了项氏与顾氏间书画交易的细节以及明末书画市场的不同交易形式。

有关元、明时期题跋文字中涉及画作者身世、画风信息的举例

除了有关作品的递藏、流传线索和交易信息之外，元明时期的题跋文字中也保存有涉及作者身世、画风的内容。如现藏故宫的《万松金阙图卷》（图 4.14），拖尾有赵孟頫书跋：“宋南渡后，有宗室伯驹字千里，弟伯骕字希远。皆能绘事，尤精傅色。高宗作堂处伯骕，禁中意所欲画者，辄传旨宣索。此《万松金阙图》断为希远所作，清润雅丽，自成一家，亦近世之奇也。”[②]与《五牛图》一样，本幅没有作者款识，赵孟頫的跋文成了断定画作者身份的重要证据。他的这段记述也可与去“二赵”生活年代不远的邓椿所著《画继》中的记载相验证：“伯驹，字千里，优于山水、花果、翎毛。光尧皇帝（宋高宗）尝命画集英殿屏，赏赉甚厚。其弟路分伯骕，字希远。亦长山水、花木、著色尤工。”[③]赵伯骕并无有明确款识的作品传世。这件由赵孟頫指认的画作，是他目前现存的唯一一件有据可查的作品。

---

① 嘉靖三十三年（1554）春，顾从义曾拜访项元淇并获项元淇手书诗文。项氏跋语中记道：“嘉靖甲寅春，砚山留此信宿，乘暇为书旧作数首。盖往常遗寄，纸墨不啻十数，辄复为好事者持去，而砚山又获此为重，是诚俗下语，岂足为大好耶。项元淇。”可知项元淇为顾从义作书已非一日。

② 注：该跋文附于画卷后，现藏于故宫博物院。

③ （宋）郭若虚，邓椿．图画见闻志・画继［M］．潘运告，主编，米田水，译注．长沙：湖南美术出版社，2000：279.

图 4.14　赵伯骕《万松金阙图卷》南宋　绢本设色
27.7cm × 133.2cm　故宫博物院藏

有关元、明时期题跋文字涉及画面图像、题材含义释读内容的举例

元、明时期的题跋文字中，另一类值得注意的内容是对画面图像内涵的阐释。这种阐释以文本的形式，丰富了画面图像的文化价值。现存台北故宫博物院的元人《倪瓒像》（图 4.15）后由张雨所作的赞词，是这方面的典型例子。

图 4.15　佚名《倪瓒像》元代　纸本设色　尺寸不详　台北故宫博物院藏

全文骈文体例记述倪瓒其人的品行、性格，并援引众多古籍中的典故，着力塑造倪瓒的“隐士”形象。跋中所谓“青白其眼”，典故出自《魏氏春秋》中阮籍以“青眼”“白眼”分别对待嵇康、嵇喜二人之事，以喻倪瓒清高自诩，待人有雅俗之分。所谓“十日画水，五日画山”，典

故出自唐杜甫《戏题王宰画山水图歌》中“十日画一水，五日画一山。能事不受相促迫，王宰始肯留真迹”[①]之句，比喻倪瓒以书画自娱，其作不可以促迫之举得之。其中“背漆园野马与尘埃”一句，典故出于唐代王维《漆园》一诗[②]，引用战国时庄子安于微末职务，拒绝应楚王之邀出仕之事。《史记》记载：“庄子名周，蒙人。尝为蒙漆园吏。楚威王闻周贤，遣吏迎之，许以为相，周坚执不从。”[③]而“野马”一词则出自庄子《逍遥游》中“野马、尘埃”之句，“姑射神人”也是借用庄子《逍遥游》中关于传说中的姑射山神人“不食五谷，吸风饮露”的记述，比喻倪瓒自矜避世之意。[④]所谓“意匠摩诘”“神友海岳”则是以王维（“摩诘”）、米芾（“海岳”）作比，在“隐士”形象之外，突出倪瓒作为文人书画家和收藏家的身份。[⑤]赞词的最后两句，可视为作者对倪瓒性情、人格的总结：“人将比之爱佩紫罗囊之谢玄，吾独以为超出金马门之方朔也。”[⑥]前者似乎应被视为耽于富贵而为外物所累的象征。《晋书·谢玄传》记载：“玄好佩紫罗香囊，安（谢玄叔父谢安）患之，而不欲伤其意，因戏赌取，即焚之。”[⑦]而后者则可视为不为功名荣辱所累，放达自适的人生态度的代表。史载东方朔曾曰：“如朔等，所谓避世于朝廷闲者也。古之人，乃避世深山之中。宫殿之中可以避世全身，何必深山之中，蒿庐之下。”[⑧]又曾说：“陆沉于俗，避世金马门。”[⑨]张雨将倪瓒比为“超出金马门之方朔”，

---

① 潘云告主编．唐五代画论［M］．长沙：湖南美术出版社，1997：53.

② 全诗为：古人非傲吏，自阙经世务，偶寄一微官，婆娑数株树。

③ （汉）司马迁．史记·老子韩非列传．史部一［M］．钦定四库全书本．纪昀，陆锡熊，孙士毅，编纂，清乾隆四十七年（1782）．

④ 这或许也和倪瓒的生长环境与社交关系中的道教文化因素有关。关于倪瓒的道教信仰与他和道教人士的交往情况，近年来已有学者专门撰文研究。

⑤ 事实上，《倪瓒像》的构图和画中的种种细节都与倪瓒的书画艺术及收藏嗜好有关，比如画中典型的元代山水画风的屏风和文房古物。关于这些细节的隐喻含义，后文章节中还会谈到。

⑥ 注：该句跋文书于画芯左侧，曾于2017年秋在台北故宫博物院展出。

⑦ （唐）房玄龄等撰．晋书·谢玄传．史部一［M］．钦定四库全书本．纪昀，陆锡熊，孙士毅，编纂，清乾隆四十七年（1782）．

⑧ （汉）司马迁．史记·滑稽列传．史部一［M］．钦定四库全书本．纪昀，陆锡熊，孙士毅，编纂，清乾隆四十七年（1782）．

⑨ 东方朔被封待诏。《史记·滑稽列传》记载：金马门者，宦署门也。门旁有铜马，故谓之曰金马门。

是认为倪瓒在清高自处、避世远祸上更有甚于前者。总之，这篇赞词可视为对倪瓒“隐士”情怀与处世之道的准确诠释。

有关元、明时期题跋文字参与画作者历史形象建构情况举例

许多时候，附于画作后的跋文会在累积的过程中参与画作者在绘画史中历史形象的建构。现藏于故宫的钱选《山居图》（图 4.16）是比较典型的例证，该作以青绿设色描绘山居之景，画芯左侧有钱选自题诗：“山居惟爱静，白日掩柴门。寡合人多忌，无求道自尊。鷃鹏俱有志，兰艾不同根。安得蒙庄叟，相逢与细论。”这幅画中的景象和自题诗的思想主旨，都被认为是钱选不乐仕进的隐士思想的体现。于是，“隐士”“隐居”也就成了后附众多作跋文士对此作进行解读的出发点。

图 4.16　钱选《山居图》元代　纸本设色　26.5cm×111.6cm　故宫博物院藏

尾纸首跋为明初学者俞贞木所写《山居记》，其中有“友人贾伯起居苏城之东北，清溪环舍，与娄江相通。农人野客，渔舟沽船，晨夕之所见也。乃扁其室曰‘山居’。且曰：吾家先世居城西之山塘，于虎丘相密迩。兵后故庐不存，而未尝不往来于怀也。近得钱舜举所画《山居图》。遂装裱成卷。来需余文以记。吁！伯起可谓好事者乎？居水村而慕山林，处新居而思故宅。念念不忘乎先世，则其所谓山居者非止于燕游寄傲而已也。……洪武三十年春上巳，立庵独叟俞贞木书于端居方丈”[①]。可知该文是应该作的主人贾伯起而作，而贾本人，也是一位有隐士风度的人。俞贞木本人也有过隐居经历。据此作在清代的收藏者顾文彬考证，“俞贞

① 该跋文附于画卷后，现藏于故宫博物院。

木初名桢，字有立。吴县人。受易于永嘉陈麟。元季杜门隐居”[①]。

俞文后接有彭城刘敏、吴郡周傅、陈嘉言、吴郡傅伯生、吴郡徐范、永嘉陈弓、“兰亭后人”、“会稽山人”、“止安生”、南沙朱新等十几人诗跋，其诗句皆从“隐居”立意。如刘敏的“寂寂远尘纷，谢门称隐伦”[②]，陈嘉言的“山居绝世纷，泉石岂沉沦”[③]，傅伯生的“结庐严石畔，真与世相违。地静居邻少，山深过客稀”[④]，陈弓的“高人楼泊处，尘世俨相违。……投闲多赋咏，少出懒冠衣”[⑤]，都是如此。接下来题诗的萧规，据顾文彬考证也是一位隐士，为人“读书乐道，不求禄仕，人称‘竹窗先生’”[⑥]。其诗中“爱山成癖乐山居，买山不顾钱囊虚”[⑦]的句子，也可视为借吟咏前人故事而自况。后接永乐年间书画家周岐凤、钱绅、谢缙（前文沈周部分中提到者）三人诗题。其中“何地堪容膝，萧然万壑间。身随猿鹤伴，心与水云闲”[⑧]和“莫道人间闲处少，人间自是少闲人”[⑨]仍是从隐居文化着眼诠释画面。后再接张收题诗：“隐居娄水曲，心迹与山便。叠石为丘壑，开渠作涧泉。饮当修竹坐，醉藉白云眠。茹得芝苗惯，何劳负郭田。”[⑩]与前面提到的俞贞木、萧规一样，张收也有归隐的经历。据顾文彬考证，张为长洲人氏，字“用轸”，号“放翁”，“（张收）于书无所不读，永乐初，征至京，问以治道及时政，称旨。赐予独厚，官之不拜。还故里，以琴书自娱”[⑪]。他的文字又使这卷画作中包含的隐士文化气息变得愈加浓厚。

① 该跋文附于画卷后，现藏于故宫博物院。

② 该跋文附于画卷后，现藏于故宫博物院。

③ 该跋文附于画卷后，现藏于故宫博物院。

④ 该跋文附于画卷后，现藏于故宫博物院。

⑤ 该跋文附于画卷后，现藏于故宫博物院。

⑥ 该跋文附于画卷后，现藏于故宫博物院。

⑦ 该跋文附于画卷后，现藏于故宫博物院。

⑧ 钱绅句。该诗附于画卷后，现藏于故宫博物院。

⑨ 钱绅句。该诗附于画卷后，现藏于故宫博物院。

⑩ 该诗附于画卷后，现藏于故宫博物院。

⑪ （清）顾文彬，孔广陶．过云楼书画记・岳雪楼书画录［M］．柳向春，注解．上海：上海古籍出版社，2011：394.

接下来的题跋人朱逢吉也是一位值得关注的人物。首先，与俞贞木、萧规、张收一样，他的人生经历中也有类似隐居的时光，据顾文彬记载，早在张士诚、张士信兄弟占领苏州地区时，苏州地方的许多文士就曾投于其门下充任幕僚。而朱逢吉却闲居于家中，直到洪武年间才接受他人举荐，出任官职。朱逢吉的父亲是元代著名画家朱德润。朱德润字泽民，号“睢阳山人”①。中年时迁居江苏昆山，自朱德润之后，朱氏家族一直在昆山定居，他的画作《秀野轩图》就是迁居昆山后所作。其卷后题跋众人里，即包括前文提到的元末吴中四杰的高启、徐贲、张羽三人。故而可知，朱氏在当地的文士群体中，享有一定的声望。朱逢吉能有资格在这件《山居图》后留下自己的手迹，也间接证明了这一点。卷中最后一个留下跋文的明人是董其昌，和前面二十余人对“隐居”主题的关注一样，他将注意力投向了这幅画作与卷后诸跋所共同呈现的隐居行为在元末动荡年代的盛行。“钱舜举山居图，胜国时题咏甚众。考其岁月，已是龙战于野时也。诸君子安得从容翰墨风流之事？胜国征徭甚薄，文法甚宽，其俊民逸士又多不乐缨弁而逃于书画尔。”②

关于钱选的“隐士”身份，明代文献中多有记载。张丑《清河书画舫》中讲道：“吴兴八俊，赵王孙称首，而钱舜举与焉。至元间，子昂被荐入朝，诸公皆相附取官爵。独舜举龃龉不合，流连诗画，以终其身。”③钱选的同乡、清代收藏家吴云在跋写《山居图》时也沿用了张丑的说法：“元初，吾吴兴有八俊之号。以赵子昂居首，而钱舜举与焉。迨子昂被荐登朝，同时诸公皆攀附入仕，联翩逵路。独舜举高尚不出。尝以诗画自娱，以示己志。”④尽管所谓“钱选在赵孟頫仕元后与之龃龉不合”一说，并不符合史实⑤，但钱选遗留下来的，与隐士文化有关的画作和有关诗句，

① 因朱氏郡望睢阳而得名。睢阳朱氏历史悠久，其先祖即为北宋《睢阳五老图》中所绘五人之一的前兵部侍郎朱贯。而《睢阳五老图》自南宋末年被朱氏后人从“五老”之一的毕世长后代手中购得后，一直在家族内部世代收藏宝爱。朱德润本人就是这件传家宝的经手人之一，关于这件作品稍后会详述。

② 该跋文附于画卷后，现藏于故宫博物院。

③（明）张丑．清河书画舫［M］．徐德明，校点．上海：上海古籍出版社，2011：297.

④ 该跋文附于画卷后，现藏于故宫博物院。

⑤ 李勇强《钱选与赵孟頫关系考》一文对此曾有专门研究。

的确在他死后成为其"隐士"身份的证据。而上文中列举的二十余位收藏、过目此作的明代文士所写的跋文，显然也参与了钱选"隐士"身份的建构过程。

有关元、明时期题跋文字的累积对画作专题研究价值的举例

一些流传年代久远，有众多藏家经手，携带大量跋文的绘画作品，其跋文本身已经成为一部有关于画作历史与解读方式的文献汇编。其中不但包含作品的生成起因、递藏线索，也包含不同时代目睹、收藏它的人对画面图像的认识、对作品艺术价值的评价。甚至它的流传经历，也会成为新的题跋者不断吟咏的对象。关于这种情况的例证，恐怕很少有哪件作品比现藏上海博物馆的《睢阳五老图册》（图 4.17）更具有代表性。

图 4.17　佚名　《睢阳五老图册》　北宋　绢本设色　上海博物馆藏

《睢阳五老图》成于北宋后期，描绘当时五位致仕还乡的官员：兵部侍郎朱贯、礼部侍郎王涣、司农卿毕世长、太师杜衍、驾部郎中冯平。因五人均为河南睢阳地方人，故该作称《睢阳五老图》。该作最初为手卷形式，北宋至和丙申年（1056）由钱明逸为之作序。清康熙年间，当时的收藏者朱懋修鉴于该作在流传的过程中反复舒卷，绢素破败，遂将其改装为册页形式。北宋至今，这件作品积累了近百人次的题跋，堪称中国绘画史和收藏史上的奇观。

元代之前，《睢阳五老图》辗转于数位藏家之手，其中有两人值得关注。一是毕希文，为五老中毕世长的四世孙。季南寿在南宋乾道三年（1167）夏天的跋文中提道："大司农公四世孙希文为徽司幕，再装褫以示

余。”[①] 另一人是朱子荣。根据南宋文学家洪适在绍熙壬子年（1191）所写跋文中“《睢阳五老图》初藏毕公孙家，绍熙辛亥（1190）兵部朱公孙信庵（朱子荣）以故宅余地易归”[②] 的记载，可知在这之后，该作由毕氏家族转入朱氏家族。洪适跋后再隔杨万里、余端礼、临川何异三跋之后，有朱子荣本人于乙丑仲春自书跋文，也提到这段以地易画的经过。其中有“毕氏再图其完，以旧本俾子荣”[③] 的说法，可知此时该作已有摹本开始出现。接下来，根据明初王逊于洪武戊辰（1388）所写的长篇跋文记载（该跋原件现存美国大都会博物馆），该作从朱子荣时代到元初又经过了朱氏家族三位藏家的传递，在元代初年，朱德润是《睢阳五老图》最重要的收藏者。因他与当时朝中众文人及书画界名流的广泛交往，该作在他收藏期间增加了大量文坛、政坛名士的跋文。其中篇幅较长的有赵孟頫、虞集、柳贯、杜本、李道坦、周伯琦、段天佑、张翥、俞焯、李祁等人。而一般性的题款、附名同观之人，也有程钜夫[④]、姚燧[⑤]、马煦、元明善、曹元用、马祖常、王守诚、赵期颐、泰不华[⑥]、韩镛、刘致、周仁荣、曹鉴、邓巨川、郭畀[⑦]、钱琼、斡玉伦徒十七家。这些人的题跋，有的是记载作品的收藏情况。如柳贯跋语：“《睢阳五老图》今藏姑苏朱氏，故兵部郎中致仕讳贯之后裔，盖郎中在五老中其次四，会图时年八十八。其孙后以金兵迫逐渡江，侨居姑苏间。毕氏世传此图，遂以地入毕氏而易之，图为朱氏物数世，尚宝藏无恙。而其曾孙德润，复以艺文游缙绅士夫间，世泽之滋，于是乎在。”[⑧] 有的是赋诗吟咏五老于暮年盘

① 朱存理.铁网珊瑚校证［M］.韩进，朱春峰，校证.扬州：广陵书社出版社，2012：821.

② 朱存理.铁网珊瑚校证［M］.韩进，朱春峰，校证.扬州：广陵书社出版社，2012：822.

③ 朱存理.铁网珊瑚校证［M］.韩进，朱春峰，校证.扬州：广陵书社出版社，2012：823.

④ 即为元世祖南下访贤，举荐赵孟頫之人。

⑤ 字端甫，号牧庵，见于周密《云烟过眼录》，为元初文学家、收藏家。

⑥ 即伯颜泰不华，鲜于枢外甥，曾跋写赵孟頫画作，作有《万壑雪松图轴》，现藏故宫博物院。

⑦ 即郭天锡，别号北山，元代书画家、收藏家，见周密《云烟过眼录》。

⑧ 朱存理.铁网珊瑚校证［M］.韩进，朱春峰，校证.扬州：广陵书社出版社，2012：825.

桓林泉之乐事。如张翥之句："青云事业俱休谢，白首衣冠各耄期。乔木故家今尚在，高山景行有余思。"① 但更多的还是表达亲睹这件古迹的荣幸，以及对朱氏后人保爱此作的嘉许与钦佩。如赵孟頫说："五老遗像，仪刑俨然。观之使人肃然起敬。朱氏子孙而能保之，真盛事也。"② 虞集跋语称："当时君子，其敬爱想慕固已如此，况二百数十年后，併得拜瞻五公遗像于一日，岂胜幸顾乎？"③

进入明代初年，《睢阳五老图》继续在朱氏后人手中递藏，并在洪武元年（1368）和洪武二十一年（1388）分别由闫居敬和金华王逊题跋。其中王逊的《睢阳五老图卷记》是该作诸跋之中篇幅最长，涵盖信息量最大的一篇。该记首先提到了此作当时的藏家——朱复吉（与前述朱逢吉同为朱德润之子）："洪武戊辰，姑苏朱复吉将自西夏归，出其先世《睢阳五老图卷》，速记于逊。"④ 接下来，王逊对前人跋语中的几处不当或讹误进行了考辨。例如，他指出杜绾跋中所谓其祖杜衍"出知兖州，岁六十有九，明年致仕，凡十五年，与诸老宴集"⑤ 的说法有误。按王逊考证：杜衍在庆历四年（1044）为相，至次年正月罢相，外放衮州。七年（1047）致仕还乡，到嘉祐二年（1057）去世。实际上他参与睢阳五老聚会仅有十年，而非杜绾所说的十五年。⑥ 王逊还简单地梳理了从至和年间至洪武初年该图的流传经过，特别是从南宋末年朱子荣得画到朱德润之间的递藏线索，十分详细。他详列了朱德润收藏期间，几乎所有受邀跋写诗文的人物姓名。文章的结尾，王逊感叹："窃惟子荣以传复吉，凡六

---

① 朱存理．铁网珊瑚校证［M］．韩进，朱春峰，校证．扬州：广陵书社出版社，2012：824.

② 朱存理．铁网珊瑚校证［M］．韩进，朱春峰，校证．扬州：广陵书社出版社，2012：823.

③ 朱存理．铁网珊瑚校证［M］．韩进，朱春峰，校证．扬州：广陵书社出版社，2012：823.

④ 朱存理．铁网珊瑚校证［M］．韩进，朱春峰，校证．扬州：广陵书社出版社，2012：825.

⑤ 朱存理．铁网珊瑚校证［M］．韩进，朱春峰，校证．扬州：广陵书社出版社，2012：819.

⑥ 翻阅史料，"庆元"年号只有六年，且在南宋时期。而韩进、朱春峰版本及《四库全书》版本中，均出现"七年"之说。王逊或考证有误，或误书，错将"庆历"作"庆元"。

世而一百九十八年，其子孙亦能慎承若此哉，是亦希有也已！矧复吉壮岁由田科举为湖州学录，入皇朝，官翰林。二子珪、璠皆从逊学，以兵部种德之厚又于是乎在，乃悉所述，俾传悠久云。”①

王逊作记之后，《睢阳五老图》又继续在苏州地区的朱氏后人手中保存，先后增加了“寿春李幹”“河东吕昭”“子成王行”②“天台方孝孺”③“河南高逊志”“吴郡姚广孝”④“吴兴傅显”“昆阳陆得举”“玉峰夏昶”“昆阳张和”“石浦叶盛”“海昌苏平、苏正”“黄海商瑜”“长洲吴宽”“新安程敏政”⑤及司马亜等当时名士的题跋。1507年秋天，苏州籍藏书家朱存理见到了《睢阳五老图》，当时这件作品的主人是朱氏后人朱汝梅。在他之前，《睢阳五老图》曾短暂地归夏昶收藏过。一贯酷爱访书、抄书、藏书的朱存理，详细抄录了画作后从首跋之人钱明逸到与他同时代的吴宽所有题跋人的姓名。此时，卷后两宋时期的跋文真迹已经散佚，朱存理应是从其他抄本上誊录、补全。其中一些人的跋文，如程敏政、吴宽之跋的原件，今天仍然保存在上海博物馆那部已经在清初被由卷轴改装为册页的《睢阳五老图册》中。程敏政的跋文告诉人们，目睹这件作品的经历，不但让他大饱眼福，也引发了他对自己家族历史的追忆：“先态中公（程颐）与文璐公彦博（文彦博）、司马郎中伯康席司封君从四人者，皆生丙午。元丰间年八十，作‘同甲会’，岁一为之。洛人图画以为盛事。当时必家有藏本，而今亡矣。拜观此卷，不胜追慕之私且健羡朱氏之有后也！”吴宽跋文有两段，一段和程跋书于同一年，此时的吴宽正官居翰林修撰。根据跋文中“杜祁公首倡以诗……若欧阳文

① 朱存理．铁网珊瑚校证［M］．韩进，朱春峰，校证．扬州：广陵书社出版社，2012：827.

② 注：前面已提到，曾跋写《秀石疏林图卷》。

③ 明建文帝朱允炆时代重臣，永乐初年因不附新主为成祖朱棣所斩。

④ 即永乐年间的著名僧人道衍，为燕王朱棣起兵靖难夺位过程中的重要参谋人员。永乐初年受封太子少师，后担任《永乐大典》和《明太祖实录》编修官。生前不仅工诗文，也长于书画鉴赏，今故宫收藏元人书画，如邓文原《急就章卷》、赵孟頫《行书上中峰札》后存有其跋文。

⑤ 徽州休宁县人，南京兵部尚书程信之子，官至礼部侍郎。弘治十二年（1499）春与李东阳主持礼部会试，被卷入“唐寅舞弊案”蒙冤入狱，出狱后不久去世。

忠公至范忠宣公十八人皆和之。今则不在卷中。乡贡君方益求先世遗物，必能求而补之也”[①]一段看，此时该作的主人为朱氏后代朱方益。吴宽的第二段跋文书于二十年后的弘治己未年（1499）。根据跋文中所述，此时朱方益已科甲及第，“则乡贡君已登甲科，自监察御史擢湖广按察副使”[②]。朱方益之子朱希周又得中状元及第，入选翰林院，“其子希周且以状元及第入翰林矣”[③]。大约在朱存理获观此作后，文徵明见到了《睢阳五老图》并为其跋写了引首，后也一并改装为册页，现藏上海博物馆。而后，周伦于嘉靖辛丑十二月（1541年冬）再跋。其中有“太宰懋忠公秘之笥箧，而不轻示人，州判懋鲁君且临而传之，以防不测，盖可保而永也”[④]一句，可知此图在这一时期又有了新的摹本。[⑤]下文讲道：“按吴文定公跋云，五老之会杜祁公首倡以诗，王侍郎以下和之。欧阳文忠、范忠宣亦和之，盖十有八人，今皆不在卷中，意有望于副使天昭公也，后果觅而得之，以足其数，其贤又可尚与。”[⑥]文中所讲的“副使天昭公”，是朱氏后裔朱文。他有感于卷中宋人诸跋原迹的散佚，寻得十八人诗文内容，请郑文康抄录以传后世。郑所抄录诗文后来被朱希曾合装在他请尤求摹制的《睢阳五老图》后，今藏于上博的《睢阳五老图册》中五老图像部分即为尤求摹本。晚明时，《睢阳五老图》原件曾暂归申时行收藏。万历三十四年（1606），再次回归朱氏后人手中。董其昌于崇祯元年（1628）跋写此图。两年之后，即1630年，诗人钱谦益以册中杜衍一像赋诗的韵脚，写下了七言律诗《庚午中秋日拜观睢阳五老图敬次杜正献公原韵》。以“叹息昭陵还盛世，仪刑长向画图看”的诗句[⑦]，表达他对这件古迹的敬意。钱谦益题诗四年之后，崇祯六年（1633），朱氏后人朱集

① 该段跋文附于画册中，现藏于上海博物馆。

② 该段跋文附于画册中，现藏于上海博物馆。

③ 朱希周，字懋忠，号玉峰，弘治九年（1496）进士，后官至南京吏部尚书，为官廉洁。晚年称病隐居，时人称其为长厚君子。王世贞赞其“盛德为天下师表”。

④ 上海博物馆编.再读睢阳五老：艺术史的维度［M］.北京：北京大学出版社，2017：243.

⑤《睢阳五老图》至少先后有六个摹本，具体情况见于王连起先生《宋人〈睢阳吴老图〉考》一文。

⑥ 上海博物馆编.再读睢阳五老：艺术史的维度［M］.北京：北京大学出版社，2017：243.

⑦ 上海博物馆编.再读睢阳五老：艺术史的维度［M］.北京：北京大学出版社，2017：247.

璜重新觅得了一度丢失的尤求本（附有郑文康补录诗句的摹本）。同年，魏浣初跋写《睢阳五老图卷》，跋中提到此卷在当时的收藏者朱汝梅手中重装一事。半年前，即 1632 年 10 月，朱集璜还刚刚为朱氏家族重新找到了在祖父时代失散的另一件传家宝——元代先祖朱德润所作《混沦图》（今藏上海博物馆）。欣喜之余，朱集璜效法朱德润，再次邀请当时的众多文士跋写这两件失而复得的名迹。受邀之人包括叶奕荃、徐汧、张鲁唯、归昌世、孙永祚等人。朱集璜自己在 1633 年的跋文中写道："去年十月得复提举公《浑沦图》一卷，即为稀世之珍。今年五月复得此册（尤求摹本），亦匪易遘。吾祖父分支仅此二物而俱以失。失之久，以为不复得。而先后得还，岂不为先泽幸与。"[①] 南明弘光元年（1645），48 岁的朱集璜再次跋写《睢阳五老图》原件："余家世传《睢阳五老图》，重我祖兵部公（朱贯）并重诸老也。初密阁公（朱子荣）以汴之故地易而有之。继少宰公呼号于夏氏（夏昶）而复之，最后转质入申少师（申时行）家。从伯祖巨川公（朱兆嘉）于少师为素交，感奇兆而归之，三公皆有功于家之重宝者也。"[②] 朱集璜的这段跋文应该是朱氏后人留在这幅画上的最后文字。根据上海博物馆研究员李兰《〈睢阳五老图〉及其摹本》一文研究，最迟到乾隆二十一年（1756），它仍在朱家后人手中。这期间，该作又曾短暂地归顾天忱和包山金姓人家所有，但后又被朱家后人朱懋修购回，并进行了由卷轴改成册页的重装。根据清人陆元淳在 1770 年的跋文可知，1769 年《睢阳五老图》离开朱家，被典卖给异姓。此后它在众多藏家间频繁易手，20 世纪上半叶，该作五人画像部分和若干题跋流往美国。据郑振铎日记记载，当时的收藏者蒋汝藻将《睢阳五老图》中的画像与部分题跋分售欧美，又将尤求摹本与剩下的原件跋文重新合装一册（连带郑文康补录宋人十八家诗文并周伦、王世贞跋文手迹）。此后，重新装配的《睢阳五老图册》又被张珩收藏，后转入孙煜峰之手，于 20 世纪 60 年代，被孙煜峰捐赠上海博物馆。时至今日，任何试图研究这件作品的人，都无法忽视这些题跋所蕴含的文献信息和学术价值。

① 上海博物馆编．再读睢阳五老：艺术史的维度［M］．北京：北京大学出版社，2017：21.

② 上海博物馆编．再读睢阳五老：艺术史的维度［M］．北京：北京大学出版社，2017：13.

第二小节 元明时期私人书画收藏题跋文字的辑录对绘画史研究的意义

对题跋文字的汇编和辑录很早便成为古代文人关注的对象。这种汇编或辑录有的是由作品的藏家完成的，有的则是由题跋者对自己所跋文字进行汇聚、整理（绝大多数情况下，其所跋作品并非自己所藏，而是受邀为他人跋写）。另外，如果某人在书画创作或鉴赏领域中有较高声望，其题跋文字也会被后人从他的自编或汇编文集中析出，单独成册。宋代董逌的《广川画跋》和《广川书跋》即是例证。《画跋》中所跋画作均为赵令畤一人的藏品，它既是题跋者所书跋文的集成，也是对一个藏家藏品的专门记录。虽然与苏轼、黄庭坚同为宋人，董逌的画跋文字却有着自己独到的关注重点。与苏、黄侧重讲作品的画风、画法，并阐述自己的艺术创作观念不同，董跋更注重对画中题材、形象的历史进行考辨。正因如此，余绍宋认为“题故事画应以此种为正宗，然非学有本源者不办，故后来无能效者”[①]。除了董逌的《广川画跋》外，宋、金时期许多文人的自编个人文集或自撰笔记辑录中，都有大量题跋文字的记录。但绝大多数都在集中与诗、词、序、传等其他文体混编，不单独成册，往往也并不列为独立的篇章。

这种情况在明代有了巨大的改观。明代末年，成书于1630年的毛晋所编《津逮秘书》中，已可见众多某家题跋的单行本书目出现。其中十二、十三两集所包括书目，涵盖了两宋时期二十人题跋文字的专辑。其中许多都是从该作者的文集中析出，单独成册的。这体现出明代文人群体对题跋文字的艺术价值和学术研究价值的重视。除《津逮秘书》外，明末安徽休宁籍书商黄嘉惠的刻书工作也值得关注。从现存史料分析，黄的刊刻活动应主要在嘉靖年间。中国国家图书馆现藏有其辑录、刊刻《苏黄风流小品十六卷》的两种明刻本，其中包括单独成章的《东坡题跋》和《山谷题跋》。毛晋《津逮秘书》中收录的《东坡题跋》《山谷

---

① （民国）余绍宋．书画书录解题［M］．戴家妙，石连坤，点校．杭州：浙江人民美术出版社，2012：396.

题跋》两作，应当就是由黄嘉惠辑录而成的。黄在《东坡题跋》的自作小序中讲道："……余尤于苏黄二公服膺为然。二公之风流皆在小品，从无拈出者。自王圣俞吏部（南宋人）刻有小品而仅取什之二三。杨佟龄侍御毕举而止于题跋。陈眉公徵君谓二公之最妙在题跋、在尺牍，合当另行。余因取而并采诸评隽雅者附之。每手一篇，真所谓寐得之醒，愠得之喜者。"[①] 另外，明代众多收藏家的文集中均出现了专门收录其题跋文字的分卷。如文徵明《甫田集》中第二十一、二十二、二十三卷皆为题跋部分单元。祝允明《怀星堂集》中从二十五卷中开始，至二十六卷结束，皆为题跋。但据学者周道振考证，文、祝两人尚未将自己的题跋专门辑出形成专书，文徵明《甫田集》中所录四十九则题跋在清代曹溶所编《学海类编》中已经以"《文待诏题跋》二卷"的名义被列为单行本出现，但具体何时，由何人首次从《甫田集》中析出，今已不详。除了文、祝之外，在自编文集中将题跋文字列为单独分卷的还有王世贞。他的题跋大部分收录于其文集《弇州山人四部稿》和《弇州山人续稿》中，共计二十二卷。根据《四库全书总目》著录的《弇州山人题跋》七卷介绍："考《弇州四部稿》有杂文跋、墨迹跋、墨刻跋、画跋、佛经跋诸类，此本惟墨迹跋三卷、墨刻跋四卷。其文与稿中所载又颇详略不同。疑当时抄撮以成帙，其后又经删定入集。"[②] 余绍宋在《书画书录解题》中讲到一种《弇州题跋》五卷本，析出自《弇州山人四部稿》，在原书中被单独编为一百三十卷、一百三十一卷、一百三十二卷、一百三十三卷、一百三十七卷、一百三十八卷。余氏认为是在《弇州山人四部稿》成书以前，已经有经王氏自己整理、辑录的题跋文字专辑刊出："本书体例非单行本，不入正录。惟此书已见《四库存目》，是当时已有单行之本。今

①（明）毛晋辑．津逮秘书［G］．七百四十六卷附录三卷，国家图书馆藏清刻本．杨佟龄侍御资料不详，不知具体年代。陈继儒、董其昌均提到此人。根据董其昌"当宣和时，党禁苏黄及其翰墨……岂知五百年后，小玑片玉，尽享连城，如侍御杨公裒成此帙也耶"之句大体推测，也应在明代晚期。

②（明）王世贞．弇州四部稿［M］．钦定四库全书本，集部．纪昀，陆锡熊，孙士毅，编纂．清乾隆四十七年（1782）．

虽未见，然当弇州盛时，片辞剩语，风行一时，想不俟《四部》全稿出世，此编先已风行。”① 王世贞在长年鉴赏古书画的过程中写下的题跋，其学术价值是多方面的。其一，在古书画的鉴定、考辨方面，王氏有自己的独到之处。同时代的其他藏家往往是从画面技法、风格来评论作品。而王世贞则更长于从有关画作的史实、史料入手，发现他人很少关注到的问题。这样的例子，在后文涉及王世贞过目作品的有关内容中会具体讲到。其二，其题跋中涉及众多古书画的递藏信息，是研究明后期私人书画收藏的重要史料。其三，王氏的题跋文字，是其鉴赏观念和艺术理论的集中反映，是研究其文艺思想与治学理念的重要史料。其四，王世贞作为明代后期重要的文学家、文艺理论家和书画收藏家，他的书画收藏活动与鉴藏观念，是明代书画史的重要组成部分。他的题跋在明清文艺理论界被广泛重视：“汪砢玉对其书画题跋进行梳理，录其书画目写成《尔雅楼所藏名画目》，收入《珊瑚网》中。”② 张丑、高士奇、吴升、厉鹗等明清书画史著作的作者，多有对王世贞题跋文字的引用和对其观点的采信。特别是万历年间的孙鑛，其所撰《书画跋跋》，是针对王世贞的题跋文字进行考辨、补遗的产物，是对书画史研究著作的再研究。《书画跋跋》正编、续编共六卷，其中卷三和续卷三为画跋，其余为书跋。按《四库提要》所说，孙鑛此作在明代尚未有刊本，而仅有钞本，“在仁和毛先舒家。后归其邑人赵信，信为孙氏之婿，故鑛六世孙宗溥、宗濂又从赵氏得之”③。《四库提要》记载，孙宗溥等人考虑到孙鑛此书是针对王世贞跋文而写，所以在孙鑛各题段落下，均附录王世贞原文以便参照。这让人们得以对王、孙二人言论的异同与互补性有更清楚的认识。

---

① （民国）余绍宋．书画书录解题［M］．戴家妙，石连坤，点校．杭州：浙江人民美术出版社，2012：403.

② （明）王世贞．弇州山人题跋［M］. 汤志波，辑校．杭州：浙江人民美术出版社，2011：6.

③ （明）孙鑛．书画跋跋［M］．钦定四库全书本，子部八．纪昀，陆锡熊，孙士毅，编纂．清乾隆四十七年（1782）．余绍宋《书画书录解题》中也沿用了这个说法。但根据南京大学文学院学者侯印国所撰《孙宗濂、孙仰曾家世及藏书考论》一文考证，孙宗濂是因为“家乘未备”，误将自己认为是孙鑛后人。实际上，孙鑛生前并无子嗣，孙宗濂家族与孙鑛并无关系。但孙宗濂、孙宗溥对孙鑛《书画跋跋》的编辑、刊出，使得这部以前代一家题跋为专题研究对象的著作得以被后世广泛认识，其对书画史研究的意义不应被忽视。

除了在文集中析出专门的题跋类专著，在个人文集中将题跋集中列为独立的篇章或分卷，以及对前人题跋文字专著进行有针对性的研究外，明人对书画题跋的重视还体现在对题跋文字的抄录、汇编，作为著录书画作品的新形式，应用于著录类著作的编纂。例如，成书于明代弘治、正德年间的《珊瑚木难》一书，便是将所录书画的所有跋文全部录出，并按文体分类、整理汇编成册。这方面的内容涉及明代私人书画收藏著录的写作史，将在接下来关于藏品著录活动的专门章节中探讨。

第三节　元明时期私人收藏著录著作的编纂对同时期绘画史写作及研究的意义

第一小节　元代私人书画收藏著录著作的编纂

以周密《云烟过眼录》为代表的元代私人书画收藏著录著作

元代历史虽短，但私人书画收藏的活跃却不逊于两宋。在藏品著录文献的编纂方面，元人同样有诸多价值不菲的书籍、文章。

元初最重要的书画著录著作首推周密的《云烟过眼录》。该书成书时间不详，但根据书中记载赵孟頫在1295年自大都归乡时收购的书画，而周密本人又卒于1298年这两点判断，该书成书应在1295—1298年。《云烟过眼录》展示了南宋末年到元代初年，文人士夫群体的书画收藏和众多藏家间的藏品流通情况。书中除“宋秘书省藏”一部分外，其余篇幅共涉及藏家35位，绘画藏品549件，法书、碑帖376件。《云烟》相对于米芾《画史》的最大优点，在于它革除了后者“随笔”式的写作方式，避免了后者将不同藏家的藏品、买卖活动混杂于一篇的弊病。《云烟》的编纂思路，是以不同的藏家人物分类，在每位藏家姓名下，详细开列其藏品名目。这种做法类似于宋代邓椿《画继》中“铭心绝品”一章的体例。但“铭心”所录，按邓椿自己所说“皆千之百，百之十，十之一中之所择也"[①]，故于每位藏家名下，只录三五件作品，仅有六七人名下所录较多，尚难反映该藏家收藏的整体规模和面貌。而《云烟》则尽列周密所知各家所有的作品，故史料价值更胜于"铭心"。

在去除《画史》弊病的同时，《云烟过眼录》又保留了《画史》的一些优点。首先是注意辑录藏家间的交流、交易活动和藏品递藏线索。如书中提道："丁酉九月三日，王子庆（王芝）携陆探微降灵文殊来观。有高宗（宋高宗赵构）御题，本赵兰坡（赵与勤）物。乔仲山（乔篑成）以十五锭得之。后为游和尚所得，今归张氏。"[②]"五字不损本兰亭，元（原）系堂候官卢宗迈家物……后为赵子固（赵孟坚）所得。……子固垂死以此归之贾氏悦生堂（属贾似道），今藏王子庆，后归李叔固家，叶森曾于其子仲庸参政处见此本，仲庸弃世，属之他人。"[③]"王维画孟浩然像，昔为赵碧涧由祚物，后归赵信之，乃归余。又归乔仲山，仲山归之郭北山。"[④]这些记载不仅让读者得以了解一些名迹在此时的归属情况（如李成《读碑窠石图》、展子虔《游春图》等），也得以了解元初诸多收藏家间的交往。《云烟》保留《画史》的另一优点是详载作品的画面细节及前代印鉴、题跋情况。例如："卫贤高士图……李伯时画，女孝经并自书经文惜不全。右各有宣和御题及'宣和''大观'印、'睿思东阁'大印。其后归金章宗，或剪去旧印，用'明昌御府''明昌中秘''明昌珍玩''明昌御览'大印。轴杆多檀香合成，盖虑其久而不直故也。赙卷皆高丽纸内数轴有大金秘国公樗轩附题字。"[⑤]"王维捕鱼图单小直幅，徽宗题。前有双龙圆印，后有'大观''政和'二玺，'明昌七玺'，上作冈峦古木，全

---

① （宋）郭若虚，邓椿．图画见闻志．画继［M］．潘运告，主编，米田水，译注．长沙：湖南美术出版社，2000：404．

② （元）周密．云烟过眼录［M］．钦定四库全书本，子部十．纪昀，陆锡熊，孙士毅，编纂．清乾隆四十七年（1782）．

③ （元）周密．云烟过眼录［M］．钦定四库全书本，子部十．纪昀，陆锡熊，孙士毅，编纂．清乾隆四十七年（1782）．

④ （元）周密．云烟过眼录［M］．钦定四库全书本，子部十．纪昀，陆锡熊，孙士毅，编纂．清乾隆四十七年（1782）．

⑤ （元）周密．云烟过眼录［M］．钦定四库全书本，子部十．纪昀，陆锡熊，孙士毅，编纂．清乾隆四十七年（1782）．

如李成所画，下作数舟，阅溪取渔，人物甚佳。”[①]“陆探微摩利支菩萨，徽宗题，四角‘宣和’‘政和’印及金书，神品上上。其画青地细描，三首四臂。”[②]这些细节使今人得以将某些现存画作与之对照，以验真伪。另外，尽管周密此书侧重记录自己的所见所闻，但书中也时有一些言简意赅的考据、辨伪内容。如“司德用进家所藏”中一段：“山水一轴，甚古。上有五小字云‘后凉徐麟笔’。画谱中未闻其名。然以余观之，前凉张轨，后凉乃吕光。正如前汉、后汉、前唐、后唐之类，当时未尝自称为‘后凉’，殊可疑也。”[③]最后，如《画史》一样，书中也记录了一些周密自己的目鉴经验，例如徽宗宣和御府和高宗绍兴御府的钤印、题签成例。

综合来看，《云烟过眼录》是一部记录翔实、涵盖信息丰富，较为全面地勾勒出元代初年私人书画收藏群体面貌的著作，有着不可替代的文献价值。周密之后，元人汤允谟又作《云烟过眼续录》，辑录包括自己在内的五位藏家所蓄法书、绘画、古器、文玩，兼有考据之语。汤氏除作《续录》外，还对周密的部分原著文字进行了注解，对周氏书中的部分说法提出了不同意见。如张谦所藏袁嶬《游鱼》一作后的“贾师宪封字印”，周认为应作“封”字，汤则认为“长”字：“言封字者，乃长字也。”[④]《云烟过眼续录》可视为对周密《云烟》一书的增补。二书在明末经张丑点校，又于光绪十三年（1887）经陆心源考订重校。

除上述优点与价值外，《云烟过眼录》与《云烟过眼续录》二书也有缺陷。一是虽按藏家分类，但在每位藏家名下，仍往往将法书、绘画和器物、古玩混杂，对藏品缺乏细致的再分类。二是在记述书、画类藏品时，未能严格按照时代的先后顺序，时有错乱。

除《云烟过眼录》及《续录》二作外，元代专门记述公私书画收藏

---

① （元）周密．云烟过眼录［M］．钦定四库全书本，子部十．纪昀，陆锡熊，孙士毅，编纂．清乾隆四十七年（1782）．

② （元）周密．云烟过眼录［M］．钦定四库全书本，子部十．纪昀，陆锡熊，孙士毅，编纂．清乾隆四十七年）（1782）．

③ （元）周密．云烟过眼录［M］．钦定四库全书本，子部十．纪昀，陆锡熊，孙士毅，编纂．清乾隆四十七年）（1782）．

④ （元）汤允谟．云烟过眼续录［M］．奇晋斋丛书本（清乾隆年间刻）．

情况的著作，尚有袁桷作《鲁国大长公主书画记》、周密作《思陵书画记》及王恽作《书画目录》。袁桷一文，前面已经讲到。周、王二作主要叙述宫廷收藏情况，这里不再详细讨论。

汤垕《古今画鉴》中有关于收藏著录的内容

元代的画史类著作中也多有关于收藏著录方面的内容。其中以汤垕的《古今画鉴》涉及尤多。该作成于元文宗天历元年（1328），其体例是按历史朝代为顺序，详列各代画家姓名，再于每人名下，加以品评并记载有关其传世作品的见闻。这些记载能在一定程度上帮助人们了解汤垕时代私人书画收藏活动的情况。其中不少藏家的名字可见于《云烟》之中。如："六朝人画《义姑图》……旧藏申屠大用家，今归义兴王氏。"[①]"曹霸画人马，笔墨沉着，神采生动。一《奚官试马图》，在申屠侍御家。"[②]这两处记述中的藏家即《云烟》中的"申屠大用致远号忍斋"。又记："戴嵩专画牛……余凡见七真迹：一在扬州司德用家……"[③]"胡瓌画番部人马……至于穹庐什物，各尽其妙。司德用家《啖鹰图》，真妙品也。"[④]此二条所记"司德用"即为《云烟》中所记"司德用进"。记中的胡瓌《啖鹰图》亦见于《云烟》中此人名下的著录，可相验证。李倜（李士宏）、王子才（王英修）、乔篑成（乔仲山）、张谦（张受益）等人的收藏，《古今画鉴》也多有涉及，且有些作品不见于《云烟》所载，二者可互为补充。除汤垕的《古今画鉴》外，庄肃的《画继补遗》也多有涉及自己和同时代藏家藏品的内容："宋高宗天纵多能……予家旧藏小景横卷，上亲题'西湖雨霁'四字。又二扇头，其一题一联曰：'万木云深隐，连天雨未晴。'其二曰：'子猷访戴'极有天趣。"[⑤]"道士萧太虚，与若筠同时，善作墨梅。……予旧藏《四友图》小横幅，诚为可爱。""李唐，字晞古，河南人。……予家旧有唐画《胡笳十八拍》、高宗亲书《刘

① 潘运告主编．元代书画论［M］．云告，译注．长沙：湖南美术出版社，2002：338.
② 潘运告主编．元代书画论［M］．云告，译注．长沙：湖南美术出版社，2002：343.
③ 潘运告主编．元代书画论［M］．云告，译注．长沙：湖南美术出版社，2002：347.
④ 潘运告主编．元代书画论［M］．云告，译注．长沙：湖南美术出版社，2002：361.
⑤（元）庄肃．画继补遗［M］．国家图书馆藏黄氏醉经楼刻本，清乾隆五十四年（1789）.

商辞》，每拍留空绢，俾唐图画。”[①] 又如：“萧照，世传建业人，颇知书，亦善画。……予家旧有萧照画扇头：‘白云断处斜阳转，几面遥山献翠屏。’”[②]“杨士贤，亦郭熙门弟子，工画小景山水。予家旧有士贤画一雪景横卷，高宗题作‘溪风飘雪’，可见圣人酷嗜好。”[③] 这几件作品皆不见于《云烟》中对庄肃收藏的记载，也可作为考察其藏品情况的补充资料。

元代私人书画收藏著录著作编纂情况的总结

综合看来，元代私人书画收藏著录、著作的撰写，在体例的完备与条理的清晰程度上优于宋人。但对这种著作编纂活动的学术价值，当时的收藏家们，乃至整个文人士夫群体，还缺乏足够的重视。无论是米芾的《画史》，还是在其基础上有所改进的《云烟过眼录》《续录》，其语言风格都尚停留在记述、回忆作者所见所闻的散记、随笔状态。这主要有两个方面的原因。

首先，尽管米芾和周密二人自己均为收藏家且精于鉴赏，但书中所录多是别家藏品，他们往往只是在某些特殊场合下，应人之邀匆匆看过。仔细把玩的情况当然也会有，但不可能是全部。更不要说还有一些藏品，他们仅是从传闻中了解。因此书中的文字很多时候是对见闻的回忆，有时迁延日久，很难详加记载。

那么，对于自家的收藏呢？他们何以也未能留下清晰完备的著录文字？这涉及第二个原因，即宋元时期的文人士夫对书画藏品所持的态度。苏轼在为他的好友、收藏家王诜的宝绘堂所撰《宝绘堂记》中说：“见可喜者，虽时复蓄之，然为人取去，亦不复惜也。譬之烟云之过眼，百鸟之感耳，岂不欣然接之，然去而不复念也。”[④] 这段话讲出了当时的藏家们对藏品的普遍态度：当东西属于自己时，自然十分珍视。但一旦因为某种原因，比如遗失、被盗或有人愿重金求购，他们也不会一味执着于对藏品的占有。于是，人们会看到许多似乎自相矛盾的现象。一方面，文人们热情

① （元）庄肃．画继补遗［M］．国家图书馆藏黄氏醉经楼刻本，清乾隆五十四年（1789）．
② （元）庄肃．画继补遗［M］．国家图书馆藏黄氏醉经楼刻本，清乾隆五十四年（1789）．
③ （元）庄肃．画继补遗［M］．国家图书馆藏黄氏醉经楼刻本，清乾隆五十四年（1789）．
④ 潘运告主编．宋人画评［M］．云告，译注．长沙：湖南美术出版社，1999：215.

地追逐一件藏品，试图获得它，有时甚至不惜有损名节。而另一方面，他们对于自己的藏品，有时又会不甚在意，对其下落颇为“糊涂”。苏轼就是如此。他的一次粗心大意被如实保存在他写给好友陈慥的书信中：“一夜，寻黄居宷《龙》不获，方悟半月前是曹光州借去摹拓，更需一两月方取得，恐王君疑是翻悔，且告子细说与。才取得，即纳去也。”[①] 他将珍贵的黄居宷画作借人摹拓却全不记得，误以为还在自己手上。若不是这次又答应“王君”借画之请而发现找不到，他恐怕不知什么时候才能再想起来。或许这也可以在一定程度上解释为什么苏轼、王诜、赵孟頫等人虽然都曾拥有过诸多足以使人垂涎的巨迹，他们却从未将整理、著录这些藏品视为具有重大意义的事情。即使是《五牛图》这样的珍品，赵孟頫也并未终生将它留在身边。周密用“云烟过眼”这个表现藏家对藏品之豁达心态的词语为自己的著作命名，正是他借古语以自况的体现。

第二小节　明代私人书画收藏著录著作编纂体例的完善

私人书画收藏活动在元末明初的社会大动荡中曾陷入低潮。明代中期之后，伴随着商品经济的发展、社会财富的积累和社会秩序的安定，又重新趋于活跃。特别是在长江中下游的安徽、浙江、江苏三省，对收藏的热情遍及社会各个阶层。而这种局面的一种典型体现，就是多种私人书画收藏著录著作的出现。

徐邦达《古代书画鉴定概论》中列举了明代十种较为重要的书画著录著作。分别为：

朱存理《珊瑚木难》，成书于弘治、正德年间。

都穆《寓意编》，弘治、正德年间。

文嘉《钤山堂书画记》，隆庆二年（1568）。

孙凤《书画钞》，万历八年（1580）。

詹景凤《玄览编》，万历十九年（1591）。

赵琦美《铁网珊瑚》，万历二十八年（1600）。[②]

① 该信札即现藏于台北故宫博物院的苏轼《季常帖》。

② 关于《铁网珊瑚》的作者是赵琦美还是朱存理，目前学界仍有争议。

张丑《清河书画舫》，万历四十四年（1616）。

郁逢庆《书画题跋记》，崇祯七年（1634）。

汪珂玉《珊瑚网书画跋》，崇祯十六年（1643）。

朱之赤《藏书目录》，约明末清初。

如果仔细考察十位作者的籍贯，结合各著作的成书时间可以发现，在前五本著作的作者中，有四人都是苏州籍人士（朱存理、都穆、文嘉、孙凤）。另有一位安徽休宁人（詹景凤）。这侧面反映出在弘治到万历初年，以苏州为核心的“吴门地区”，在沈周、吴宽、李应祯、文徵明父子、祝允明、都穆、朱存理等一批士人的引领下，成为江南地区乃至全国私人书画收藏重镇的事实。而安徽地区，因徽商群体的兴起，也渐渐出现如休宁、歙县、居安、溪南等收藏重镇，日益展现出可与吴门藏家一较高下的实力。名单上的后五种著作的作者，有两位江苏籍人士，其中赵琦美为常熟人，张丑为苏州人。另外三人中有两位浙江嘉兴人士，郁逢庆与汪珂玉。另一人为安徽休宁人朱之赤。这种籍贯分布的情况，也从很大程度上反映出，从文徵明父子之后，苏州地区渐渐失去了在私人书画收藏界一枝独秀的领军地位。与其比邻的其他地区，如嘉兴、常熟等地的藏家群体竞相崛起，江、浙、皖三省的私人书画收藏由昔日吴门一家独大，变为各地群雄逐鹿的局面。

因为明代私人收藏书画活动活跃，藏家众多，有关收藏著录的著作远较宋元时期更为丰富。其著作体例也呈现多样化的特点。为了在叙述时尽量做到分类明确、条理清楚，笔者借鉴近代学者余绍宋《书画书录解题》卷六“著录”一部的分类方式，将明代有关私人书画收藏著录的著作分为“鉴赏”“集录”“一家所藏”“别见与互见”几种类型，在每种类型之下，再按问世的时间顺序介绍该类型的不同作品，力求在相对较短的篇幅中，勾勒出明代私人收藏著录著作编纂活动的整体面貌与时代特征。

明代私人书画收藏著录著作中涉及鉴赏、品评内容的主要作品

明代中期出现的第一部鉴赏书画题跋文字的著录作品，是成书于弘治、正德年间的《珊瑚木难》。目前绝大多数学者认为，它是由苏州籍收

藏家朱存理辑录而成。余绍宋提出："明以前著录书画之书，如《宣和书画谱》及宋《米氏书画史》之属，皆不录原文及款识题跋，至是编始录之，在当时实为创格，后来著录家录之更详，实滥觞于此。"[①] 学者郭建平也认为:《珊瑚木难》将书画作品的题跋文字按照不同文体形式分类、重组并汇编的做法，是朱存理的首创。当然，也有学者对这种做法对书画史研究的意义提出质疑。如韩进、朱春峰两位学者曾撰文认为，书画题跋本身并非《珊瑚木难》所关注的重点。书中的点评、品鉴主要是针对题跋文字本身的文学品质，而非题跋对于书画史研究的史料价值。但不可否认的是,《珊瑚木难》关注书画题跋文字并致力于对其进行辑录和有条理的分类，这样的做法为此后书画收藏著录著作的编写提供了有益的借鉴。

与朱存理同时代的另一位苏州籍收藏家都穆著有《寓意编》。该作是都穆对其同时代若干藏家藏品见闻的琐谈。文末又列举自家曾收藏的书画数种。在谈到具体作品时，间或有对作品内容、题跋、印鉴的描述或作者自己对其真伪的看法，但详略不一。与米芾《画史》一样,《寓意编》明显呈现出散记、随笔的特点。所录作品既不分类，也无朝代顺序的编排，且未按不同藏家分类列举作品。作为书画史研究文献，其体例之完备和条理性不及《珊瑚木难》。余绍宋也认为"盖随笔记录，并未成书，故简略如是也"[②]。这或许是因为都穆撰写此文时所持的心态与米芾、周密等宋元藏家类似。对藏品的归属、散聚不以为意。如他自己在文末所说："予家自高祖南山翁以来，好蓄名画。……皆往往为好事者所得，不留意也。"[③] 但作为一位见识广博的藏家所留下的文字,《寓意编》和《画史》《云烟过眼录》二作一样，对了解作者所处时代若干古书画传世作品的归属、递藏线索，以及当时收藏家之间的交往情况，具有较为重要的史料价值。

---

① （民国）余绍宋 . 书画书录解题［M］. 戴家妙，石连坤，点校 . 杭州：浙江人民美术出版社，2012：506.

② （民国）余绍宋 . 书画书录解题［M］. 戴家妙，石连坤，点校 . 杭州：浙江人民美术出版社，2012：507.

③ （明）文徵明 . 文待诏题跋 . 寓意编 . 书画史［M］. 卢金声，徐益之，胡文楷，校对 . 上海：商务印书馆，1939：21.

生活在万历年间的张丑，是明代后期苏州籍藏家中，撰写收藏著录类著作种类最多的人。余绍宋《书画书录解题》所列著录类作品“鉴赏”一类中，列举了他的《法书名画见闻表》和《真迹日录》二作。其中《法书名画见闻表》较为简略，《真迹日录》则较为详细。按张丑自己的说法：这部作品的成因，在于其所撰《清河书画舫》问世后为人所重，多有藏家携藏品拜访而邀他赏鉴。他才辑录了这些赏鉴活动中的部分作品汇订成书。而且，因为是随见随写的文字，并未重新按作品时代排序。听起来这似乎是一册与《画史》或《寓意编》一样的随笔汇编，但实际上《真迹日录》对许多具体作品记载的详尽程度都大大超过前两者。其中不仅记载了许多作品的材质、画面具体内容、技法表现形式和所属藏家，还附有详细的优劣评点和鉴定依据。特别是对部分作品，诸如《项氏藏雪松斋委顺庵图卷》《倪元镇画优钵昙花小幅》，均按卷后诸人题跋顺序，全部抄录各家跋文。部分书画作品，如《米海岳二帖》《米南宫〈易说〉》等，除抄录跋文，还一并录有作者书写全部原文。这种抄录跋文的著录方法，显然受到了同乡朱存理所作《珊瑚木难》的影响。而且，张丑在著录细节上更加精益求精。这主要体现在他对历代赏鉴印文的记录上。从米芾到周密，只是在对作品的描述中附带提到卷中一些较为重要的印鉴。这些描述虽提到了印文内容，但不能显示印中文字的排列布局和该印在整幅作品中所处位置。而《真迹日录》中的许多作品，如《倪元镇画优钵昙花小幅》《米南宫墨迹》《黄山谷真迹》《米书九帖真迹》等，不仅抄录书迹、题跋，还将卷中所有藏家并作者所钤印鉴，按所处位置，标识于该处，并按原印文字布局注明印文内容。这种细节记录，相比于《画史》《云烟过眼录》和《珊瑚木难》，在著录的翔实程度和严谨性上，无疑向前迈进了一步。①

问世于崇祯七年（1634）的《郁氏书画题跋记》、问世于崇祯十六年（1643）的《珊瑚网》和不知具体成书年代的《历代名家书画题跋》三部

① 《真迹日录》并非张丑著作中第一本详载印鉴印文的书，比之更早问世的《清河书画舫》中已经开始有这样的做法。

作品，可视为以项元汴家族为代表的嘉兴籍收藏家群体在晚明崛起的象征。三书作者中，《历代名家书画题跋》的作者项德新为项元汴之子，晚明画家项嘉谟、项圣谟之父。《珊瑚网》作者汪砢玉原籍徽州，但长期寓居嘉兴，并与项元汴交好。《郁氏书画题跋记》作者郁逢庆也为嘉兴人士。前面提到《郁氏书画题跋记》的编写方式，特别是详录各家跋文的做法，受到了《珊瑚木难》的影响。同时，其于各家题跋下附记印鉴的做法，也与张丑类似。但郁氏所记不及张丑详细，只是记录印鉴文字及在卷中位置，并不标识印文布局。与《寓意编》《真迹日录》一样，《郁氏书画题跋记》中著录的作品都是作者见闻，并非自藏。书中除第一卷第一种标有“华中甫家藏”外，其余作品未注明藏于何处，且并无明确的分类法则。在条理清晰方面不及汪砢玉《珊瑚网》。《珊瑚网》全书共四十八卷，可分为两部分。前二十四卷为历代法书题跋，包括魏晋以后的法书名迹和碑帖石刻等，并包括《书凭》《书旨》等书法理论著作。后二十四卷为魏晋以来的名画作品著录，并附有《画据》《画法》等理论文章，又辑录各家书画史、论部分文字。《书画书录解题》中对该书编纂的得失讲得很清楚。其优点在于涵盖资料广博丰富，“所收既弘，遂为从来赏鉴家所不可废”①。另外，书中所收“书凭”“画据”，又涵盖若干藏家所藏书画名目，这种做法是此前没有过的。该作的缺陷在于对所蓄作品和文献的真伪缺乏考证，这一不足在《郁氏书画题跋记》中也存在。项德新的《历代名家书画题跋》仅四卷。编纂体例基本与《珊瑚网》《郁氏书画题跋记》相同，不按作者或作品时代分类，但在记录具体作品时，一律详录题跋。这显示在《珊瑚木难》成书之后，辑录题跋文字以资考证，渐渐成为明代书画著录类书籍编写的一种风气。书中收录的作品后也多有项氏自己的题跋。其中一些鉴赏评论意见公允可信，显示了作者耳濡目染所积淀的鉴赏功底和学养。但该书也有不足。首先是对前人跋文不

① （民国）余绍宋．书画书录解题［M］．戴家妙，石连坤，点校．杭州：浙江人民美术出版社，2012：511.

加考据一律录入，致使伪跋混入书中。[①]另外，如余绍宋所说，书中对法书原文、名画题识、前人跋语、自作跋文的排版式样未能统一体例。加上全书前无序言，后无跋尾，故被怀疑为“未定之稿”。

明代私人收藏著录文献中属集录性质的作品

被余绍宋纳入“集录”类的著录作品，共有四部成书于元明时期：《名画神品目》《铁网珊瑚》《孙氏书画钞》和《清河书画舫》。之所以要将这些作品与“赏鉴”类篇目分开叙述，主要是基于两个原因。其一，上述“赏鉴”类书目中所载，或是作者在赏鉴活动中的所见，或是作者在书中有较多的评论文字。但这不等于否认这些作品是以“集录”的方式编写。比如《珊瑚木难》对题跋文字的分类汇编，其实就是集录。只是朱存理在集录的基础上又增加了自己的评论。其二，被列入“集录”类的书目，除了对原作文字的抄录之外，还补充了其他文献中与该作或该作的作者有关的内容。但这也并不等于这些集录而成的书目中，不包括作者自己的鉴赏言论。所以，余绍宋对“鉴赏”与“集录”两类作品的划分并不是绝对的，只是强调两者在编写方式与内容上各自不同的侧重。

“集录”中第一种明代著作，是杨慎所编《名画神品目》。仅汇辑《古书目》《历代名画记》两书中被列入“神品”的画作名目一百六十八件，且并无考证。余绍宋认为“实不成书”。而“集录”中的第二种，《铁网珊瑚》的情况则要复杂得多。关于该书的第一作者究竟是《珊瑚木难》的作者朱存理，还是万历年间的常熟人赵琦美，至今仍然是学术界聚讼不休的疑案。国家图书馆研究院研究员郭建平曾撰有《〈珊瑚木难〉与〈铁网珊瑚不分卷〉题跋考释——兼论二书作者归属问题》一文，认为《珊瑚木难》应为朱存理所作，而《铁网珊瑚》的第一作者是谁，以

---

① 今天看来，这样的问题是有历史原因的，当时的许多鉴赏家们对古书画真伪的鉴定，绝大多数情况下靠的是长期的目鉴所积累的丰富经验，主要依靠对画风、书风、笔迹的优劣来作出判断。而依靠对印鉴和题跋的辨识，对照史料考据来鉴别真伪的能力，并非每位收藏家都具备。更不要说再考虑到明代去唐宋已远，许多前代史料在刊刻、传抄的过程中已出现错讹，甚至有许多托名古人所著的伪古书流传。在这种情况下，不仅伪跋出现在书中不足为奇，就连许多伪作也会混入著录书目里。这一点稍后会专门谈到。

现有的文献尚无定论。但关于《铁网珊瑚》，有两个基本事实是清楚的。首先，它的编写与《珊瑚木难》存在一定联系，因为两书著录的书画作品重合率很高。其次，《铁网珊瑚》中在具体作品名下，按卷中排列次序详录各家跋文的做法，与《珊瑚木难》的做法一样，是受到了明代人士访书、抄书喜好的影响。之所以有许多学者认为它出于朱存理之手，除了其所录作品与《珊瑚木难》多有重合外，也与它的辑录方式符合朱存理访书、抄书的爱好有关。关于朱氏对抄书、访书的喜好，文徵明在为其撰写的墓志铭中曾专门提及。朱氏自己也曾谈道："山人（俞琰）手抄诸《易》一百余册……曰：'散聚有常，散而得其人，是不散也。吾付子，斯文有所托矣。'"① 他给同乡收藏家史鉴的信中又说："曾于士大夫家，见所蓄古人名迹、题跋咏语，必为求录，积凡数百种矣。名曰'欣赏集'，米元章有'宝章待访录'，周公瑾有'云烟过眼'，而止述其件目，使人垂涎耳。仆今备录全文，可能一快读也。"②

万历初年，苏州籍书画装池艺人孙凤所辑录的《孙氏书画钞》，是古代私家收藏著录文献中少有的，出自工匠群体而非文人士夫笔下的作品。③ 遗憾的是，由于此书并无序言，人们无法知晓其由来。书后有万历庚辰二月八日，某人题于"栖凤斋"的一段后记："孙凤，字鸣岐，长洲人，雅善装潢，喜读书，人有以古昔书画求装潢者，则录其诗文跋语，积久成巨帙。名之曰：'孙氏法书名画钞。'上海秦凤楼侍御尝？侍史，录藏之。间以示余俾识其姓氏。见吾吴若文之盛，虽工艺之微者，莫不博古精鉴而又能汇次成书以传于远，其用心良勤矣。"④ 根据该后记可知，孙氏为苏州地区的书画装裱匠人，具体生卒年月不详。书中所记书画，是经他手装池过目的私人藏品。万历年间人跋后，无锡人孙毓修所书另一

---

① 韩进，朱春峰．明代题跋集录体美术文献的产生——以《铁网珊瑚》为中心的考察［J］．图书情报工作，2010（19）．

② 韩进，朱春峰．明代题跋集录体美术文献的产生——以《铁网珊瑚》为中心的考察［J］．图书情报工作，2010（19）．

③ 联系到汤臣以裱背工匠的身份出任中间人，参与王忬购买《清明上河图》一事，以及众多的装裱匠作"牙人"介入书画交易的记载，匠人阶层在明代书画收藏领域所扮演的角色，以及对收藏史起到的作用，值得人们重新认识。

④ （明）孙凤．书画钞［M］．涵芬楼秘笈本（民国铅印）．

跋也沿袭了这种说法:“孙氏书画抄无卷数也，无撰写人名字。据万历年间人旧跋，谓出于孙凤。凤字鸣岐。长洲人。以装潢为业，颇喜读书。人有以古昔书画求装潢者，则录其诗文跋语，积久成帙。名之曰：孙氏书画钞。”[①] 孙毓修跋中考证，万历年间跋中所谓“秦凤楼侍御”应为秦嘉楫:“上海县志秦嘉楫字少说，号凤楼，嘉靖三十八年进士。”该书虽然出自一个市井工人之手，但其“有以古昔书画求装潢者，则录其诗文跋语，积久而成巨帙”的行为，仍可见明人访书、抄书的风气对书画著录方式的影响。孙氏身居苏州这个明代中后期江南私人书画收藏的重镇，所接触的藏品质量颇高。

书中不时能看到书画史上熟悉的名字。以法书而论，有颜真卿《朱巨川告身帖》。按孙氏所录，卷中有乔篑成印，并有乔篑成、邓文原跋语，钤有“奉华堂印”（属宋高宗后妃刘氏），这件作品后来应该流入了项元汴手中。[②] 现藏故宫的杨凝式《神仙起居法帖》也在其中。书中所记原文，卷后米友仁、商挺二跋与卷中南宋高宗诸印，贾似道“封”字（“长”字）印，“西秦张氏家藏之宝”等印今皆存世。但书中商挺一跋后又录有元人留梦炎一跋，今已不存。可知在孙氏过目之后，此作或又被他人重装、裁割过。另外，书中还录有现藏台北故宫博物院的苏轼《长官董侯阁下帖》（又称《获见帖》）。由三件法书上钤印的信息推测，孙凤生年很可能与项元汴同时，或比项元汴稍早。因为今天传世的这三件作品上均钤有项元汴印记，但孙氏书中未录，可知孙氏过目时，三作应尚未归于项元汴。

至于书中的绘画作品，除了（传）王齐翰《勘书图》（图 4.18）、王诜《烟江叠嶂图》、赵士雷《湘乡小景图》、赵孟頫《红衣罗汉图卷》（书中记为《赵松雪画罗汉像》）等名作外，还有（传）李成《寒鸦图卷》（图 4.19），卷后赵孟頫、贯云石、班惟志、陈迈诸跋均见于书中。另外。书中又有文湖州画《盘谷图》一作，卷后有“九灵山人”（戴良，元末明初诗人）、桂同德二跋。故宫今藏（传）为文同作《盘谷图并序卷》一

① （明）孙凤．书画钞［M］．涵芬楼秘笈本（民国铅印）．

② 颜真卿《朱巨川告身》在明末有两件，一件归项氏，另一件归陈继儒，后文还将提到。

图 4.18 （传）王齐翰 《勘书图》 五代 绢本设色
28.4cm × 65.7cm 南京大学图书馆藏

图 4.19 （传）李成 《寒鸦图卷》 宋代 绢本设色
27.1cm × 113.2cm 辽宁省博物馆藏

件。卷后除戴良、桂同德二跋外，又有乌斯道（洪武年间人）、文徵明二跋。据徐邦达考证，本作应为清吴其贞《书画记》中所录文与可《盘谷序》：“文与可《盘谷序》一卷，纸墨如新，书法清健，盖效欧阳率更。此卷前面原有图，向藏在余乡伯昭家，今不知何在矣……”[①] 序文与图画在清初已分离，今存画芯部分是明末清初人抄摹钱选《浮玉山居图》补上的。孙凤所录戴、桂二跋，与现存故宫本吻合，但未录乌、文二跋。如果孙氏所见确为今天的故宫本，那么他所见到的应是画、跋尚未分离的原初状态。另外，故宫本中，戴、桂二跋书于同一纸上，而乌、文两跋则另有二纸。孙凤未录乌、文二跋，或许因为它们是在孙凤过目之后，被再次重装时加上去的。故宫本中现存的项元汴印记，同样不见于书中。

① （清）吴其贞．书画记［M］．台北：文史哲出版社，1971：473.

但书中别作名下录有文嘉跋文，故可知孙氏所处之时，大概应为文徵明晚年，项元汴的收藏事业方兴未艾的时期。书中又录有“李嵩骷髅纨扇”一作，旁录跋文：“没半点皮和肉，有一担苦和愁。傀儡儿还将丝线抽，弄一个小样子把冤家逗。识破个（应为‘也’）羞？不羞。呆（漏书‘你’字）兀自五里己（应为‘巴’字）单堠。至正甲午春三月十日大痴道人作，弟子休休王玄真书右寄破中天。”[①] 这段文字与画名均与现藏故宫的李嵩《骷髅幻戏图页》（图 4.20）吻合。该作后又经陈继儒收藏，见于《妮古录》著录。[②] 陈继儒《宝颜堂秘笈》中也提道：“予有李嵩《骷髅团扇》，又有一方绢，为休休道人，大痴题。金坛王肯堂见而爱之，遂以赠去。”[③] 即指该作。

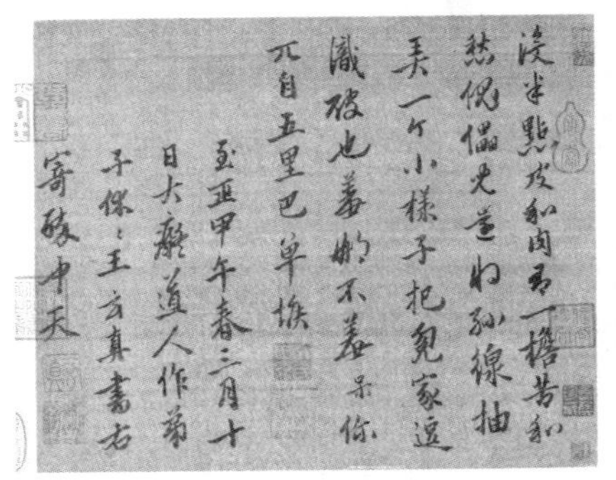

图 4.20　李嵩　《骷髅幻戏图页》　南宋　绢本设色
27cm × 26.3cm　故宫博物院藏

就撰写体例来说，《书画钞》并非完备而有条理之作。其刻本也校刊不精，多有错讹（如前《骷髅幻戏图页》对页题诗部分）。《书画书录解题》中对其记载也较为简略，但它与《郁氏书画题跋记》和《珊瑚网》一样，是明代书画著录新形式的产物。其中的记载对研究不少传世作品

① （明）孙凤．书画钞［M］．涵芬楼秘笈本（民国铅印）．

② （明）陈继儒．妮古录．［M］．沈阳：沈阳出版社，2016：172.

③ （明）陈继儒．宝颜堂秘笈［M］．明万历秀水沈氏尚白斋刻本，民国十一年（1922）上海文明书局石印本。

的递藏线索具有一定参考价值。

“集录”类文献中的最后一部明代作品，是张丑著于万历四十四年（1616）的《清河书画舫》。《清河》一书共分十二卷，分别以“莺嘴啄花红榴，燕尾点波绿皱”两句诗的十二个字为编号代称。与其他著作在编排时多以作品的时代次序为纲不同，《清河书画舫》以藏品作者的时代为序，在作者名下列举张丑所藏或过目、经手的该人作品，或附记张氏对其作品的见闻。书中对较著名的传世作品，附有张氏的鉴赏、考据文字。另外，书中还时有引用前代评论家或同时代其他鉴藏家赏鉴文字或著录文献的情况。如书中“燕”字号第七卷中蔡襄部分后，便全文移录了文嘉《严氏书画记》。“点”字号第九卷补遗部分中又附录米芾《宝章待访录》。因此，相比于《铁网珊瑚》《书画钞》《郁氏书画题跋记》等单纯辑录题跋的作品，《清河书画舫》是一部集著录、鉴赏、画史评论、前代著录、著作选编于一体的综合类著作。如余绍宋所说，这是由于该书的编写主旨并不只在于著录（这一点与《真迹日录》有区别），而是主要出于为鉴赏活动提供参考。因此，书中的著录、评论、前人观点、个人见闻等不同内容往往混杂在一起，使人初读时，不易分清哪些是前人的观点，哪些是发于张丑自己。学者彭元瑞在《知圣道斋读书跋》中就批评道：“读米庵此书，合之《真迹日录》《法书名画见闻表》，其所藏有限，特向项子京家稗贩耳。其书纲目错杂，时代颠倒，人己之说不辨，全不知著书体例，视《珊瑚网》《书画汇考》逊甚。”[①] 尽管如此，因其著录涉及作品繁多，且包含丰富的历史信息与当时众多藏家的藏品情况，《清河书画舫》自问世至今，一直受到历代收藏家关注，也是研究明代书画收藏史和藏家间交往活动的重要文献。

明代私人书画收藏著录著作中记载某一收藏家藏品的专文、专著

记录某一收藏家藏品的专文或专著，在宋代即已出现。李廌《德隅斋画品》便是例子（所记均为赵令畤所藏）。明代中期之后，民间私人书

① （民国）余绍宋．书画书录解题［M］．戴家妙，石连坤，点校．杭州：浙江人民美术出版社，2012：548.

画收藏活动的活跃，让这类著作的出现更为频繁。它们中有的是建立在藏家对自家藏品整理的基础上的。如张丑《清河书画表》，是记述其父和家族曾经收藏之作，只列名目，并不对藏品做详细介绍。这可能是由于张丑撰此表时，这些藏品多已散佚，无法详述了。张丑之父张应文作有《清秘藏》，记载家藏书画。与《清河书画表》比对，多有出入。故《四库全书》在收录《清河书画表》时认为张丑夸张了其家族藏品的规模："此书成于应文临没之日，不得以续购为词，然则丑表所列，殆亦夸饰其富，不足尽信欤。"[①] 另外，成书于明末清初的朱之赤《朱卧庵藏书画目》也属此类。朱之赤字守吾，号"卧庵"[②]，祖籍安徽休宁，后迁居江苏吴县，或许正因如此，《朱卧庵藏书画目》中的相当一部分藏品出自沈周以来，吴门地区的书画家之手。书中的作品同样只列名目，不加详述，仅在其中部分名下附记题跋者姓名。其中部分多家书画合装卷，如《枝山临池三味书伍冬官传》《王雅宜楷书乐毅论》《成弘名臣书一卷》和《诸先哲挽姜文定公诗》等作品，附记卷中包括的诸人姓名。书中对书法、绘画类作品也未分类，一律混编，且无序言、题跋。

应当指出的是，虽然《清河书画表》《朱卧庵藏书画目》这样的著作是收藏者对自家藏品的记载。相对别家藏品而言，他们更为熟悉这些自藏之物。但这并不能保证他们书中所列的东西俱为确凿可信的真迹。余绍宋在评点《朱卧庵藏书画目》时就曾举出，其中一幅"顾亭林《仿黄子久山水》"后因为出现了陈继儒的跋文，而很可能系伪作。除了有个别伪古迹混入著录的情况外，有些著录书目中还有多数乃至绝大部分作品都是伪作的情况。崇祯年间成书的张泰阶《宝绘录》就是一例。张泰阶字爰平，上海人，万历年间进士，其所撰《宝绘录》共分为两部分。卷一开头为总论五篇，其次为《宝绘楼记》，接下来为杂论。卷二到卷十八均为古画作品著录，时代下限为元代。书中绝大部分作品应为张氏

① （明）张丑．清河书画表［M］．钦定四库全书本，子部八．纪昀，陆锡熊，孙士毅，编纂，清乾隆四十七年（1782）．

② 这个号的读音在江南的方言中有时容易被误为"我安"。李日华的《味水轩日记》和吴其贞《书画记》中，即有"朱我安"一名出现，其实即为朱卧庵，也就是朱之赤。

的“宝绘楼”所自藏。但是，无论是后来的官方学术著作还是私人研究文献，都对这些“宝绘”的真实性提出了质疑。《四库全书》在讲到此书时认为：“操论甚高，然如曹不兴画，据南齐谢赫《古画品录》，已仅见其一龙首，不知泰阶何缘得其《海戍图》，又顾恺之、陆探微、展子虔、张僧繇，卷轴累累，皆前古之所未睹……且所列历代诸家跋语，如出一手，亦复可疑也。”[①] 清人吴修《论画绝句》注：“崇祯时有云间张泰阶者，集新造晋唐以来伪画二百件，并刻为《宝绘录》二十卷……览之足以发笑。岂先流布其书，后乃以伪画出售，希得厚值邪？数十年间，余曾见十余种，其诗跋乃一人所写，用松江粉黄笺居多。”[②]

除了由藏家自撰，记述自家藏品的作品外，一些藏家也有延请他人为自己的藏品厘定品级并登记造册的情况。撰写《清河书画表》的张丑就曾受邀为同时代的另一位苏州籍藏家韩逢禧撰写《南阳法书表》《南阳名画表》。二表记录的均为韩世能、韩逢禧父子家藏书画。其中《南阳法书表》涵盖作者三十七人，计作品 72 件。每种下简略记述跋者姓名和收藏印记。[③] 余绍宋认为：“以表著录书画，前无所承，米庵此作，实为创格。”[④] 韩逢禧此后又请张丑在这篇表的撰写体例基础上续写了《南阳名画表》。《南阳名画表》现有两个版本传世。除张丑此表外，另有一篇被归于茅维名下的同名作品。二表相比有诸多相同之处，张表有作者四十七人，作品 95 件，而茅表也包括作者四十七人，但作品为 99 件。虽然作品总数相差仅四件，但具体名目的差别更大。张表有而茅表无的名目有六件，茅表有而张表无的名目有八件。另有数件作品，两表名目相同，但著录作者姓名不同。由于张表与茅表均无著成时间，不知先后顺序。两者之间大同小异的特点，也使许多学者怀疑，二表实为一人所作，另

① （民国）余绍宋．书画书录解题［M］．戴家妙，石连坤，点校．杭州：浙江人民美术出版社，2012：469.

② （民国）余绍宋．书画书录解题［M］．戴家妙，石连坤，点校．杭州：浙江人民美术出版社，2012：469.

③ 根据余绍宋的考证，这篇表不仅是张丑撰写的第一篇书画著录表，也是书画史上第一篇以“表”的形式著录书画的文献。

④ （民国）余绍宋．书画书录解题［M］．戴家妙，石连坤，点校．杭州：浙江人民美术出版社，2011：569.

一作者系伪托。[①] 二表间的差别被认为是茅表在张表撰成基础上，被后人从张丑《真迹日录》中析出[②]，加以改动、损益的结果。

明代另有两篇较为特殊的私家藏品著录专文，一为文嘉撰写于隆庆二年（1568）的《钤山堂书画记》，一为无名氏所撰《天水冰山录》。二作均记载严嵩籍没物品中的古书画收藏品。其中《钤山堂》因属文嘉事后追忆当时情形的随笔，因此所录作品较少，文中间或在某些名目下，附有文嘉本人的鉴识意见或关于该作的见闻。《天水冰山录》所记更多，其中包括石刻、法书墨迹共三百五十八轴（册）；绘画手卷或册页三千二百零一轴（册）。

综合来看，明代私人收藏著录中专录一家藏品的作品均记述简要，以“表”的形式呈现较多。这种著录方式一方面可以使后来的研究者了解某一藏家藏品的整体面貌，另一方面有助于摸清现今某些传世书画在明代的递藏情况。但“表”这种形式的著录，除了张丑所撰数篇作品外，少有效仿者。这或许是因为这种著录形式对藏品的记载太过于简略，在后来的学者看来，对画史和画家的针对性深入研究缺乏价值。毕竟，在进入清代之后，书画著录文献的编纂越来越趋于详细和各方面信息的完备。在《珊瑚木难》《铁网珊瑚》的影响下，藏家们愈来愈热衷于为自己的藏品编写更为详细、有条理的书目。在《庚子销夏记》《辛丑销夏记》这些清人的自藏书画著录类著作中，愈来愈多详尽的评论、鉴赏文字和有关作品内容、材质、印鉴、题跋的细节信息开始出现。

明代私人书画收藏著录著作中“别见”“互见”类型的作品

《书画书录解题》中的“别见”“互见”类著作，是指并非为书画收藏著录而编写，但其中部分内容涉及书画收藏，或其文字兼有书画藏品著录性质的文章或书籍。其中“别见”部分里的周密《志雅堂杂钞》、汤允谟《云烟过眼续录》、张应文《清河秘箧书画表》已在前文中提及。

---

① 韩进《〈南阳书画表〉考辨》一文即持此观点。

② 张表诞生之初并未有单行本，而是与其他几种张氏著作附于《真迹日录》中。至清代乾隆年间才被鲍廷博单独列出。

“互见”部分中“题赞类”书目，涉及元明时期的作品，如《文待诏题跋》《南濠山人文跋》《弇州山人题跋》等也已在有关题跋文字价值的章节中讲到。这些由收藏家或著名文人所作的题跋文字，有的是被从其作者的文集中析出，单独辑录成册。如《山谷题跋》，应由黄嘉惠从黄庭坚《山谷集》中选出汇编而成；有的为后人搜集、汇总编次，如孙鑛《月峰画跋》即《书画跋跋》，由孙宗溥、宗濂在清代编成；有的则是作者自己在自著文集中单独编成，如王世贞《弇州题跋》，在《弇州山人四部稿》中单独分卷。这些作品都体现了作者本人或后世辑录者对于题跋文字在古书画史研究领域价值的关注。

明代私人书画收藏著录著作的编纂活动相对于元代的进一步发展

综观明代私人书画收藏著录文献的编纂，在元代的基础上有了多方面的新发展。

首先，对前代题跋文字的完整抄录，成为著录古书画的新形式。其次，著录类书目的编写体例相较于元人而言，更为完备而有条理（在《珊瑚网》《清河书画舫》这些名人著作中，对作品的分类更为清晰）。再次，著录中有了更多对藏品内容和细节的详细记述（《清河书画舫》和《真迹日录》中对印鉴信息的详载是前所未有的。对法书类藏品原文全文抄录的做法，也是自明人开始）。最后，著录某家所藏的专著、专文，特别是由藏家自撰，详载自己收藏品名目的“表”“目”一类著作更多地出现，以及对某人书画题跋文字辑录、汇编的重视，都显示了明人不同于宋元时期文人对待书画收藏的态度。书画藏品由“烟云过眼”的身外之物，渐渐转变为明人眼中艺术史研究的重要对象，也转变为藏家文化身份的标识乃至承载其家族历史的物质载体。这种转变，也影响了清代乃至近代私人书画著录著作的编写方式。清人顾文彬的《过云楼书画记》及其后裔顾麟士所撰《过云楼书画续记》，以其家族贮藏书画的“过云楼”命名，作者虽然以“过云”二字追比宋人苏轼，但其对自己家族藏品著录之全面、详细，与宋人已有天壤之别。

第三小节 元明时期私人收藏著录著作的编纂对绘画史写作及研究意义的总结

元明时期私人收藏著录著作的编纂对绘画史的影响，主要集中于以下几个方面：

其一，在绘画史写作方面，著录类书目本身就是明代绘画史文献的重要组成部分，其在编纂体例和著录形式上的时代特点，已成为今天中国古代绘画史写作研究的重要关注对象。[①]

其二，元明私人收藏著录文献中记载的诸多题跋与印鉴信息，一方面对于了解这一时期画家的画风及艺术观念的成因，具有较大参考价值。另一方面，对于研究画家的作品流传情况和其画风、艺术观念的传播二者间的关系有很大的帮助。

其三，在书画收藏、鉴定方面，元明私人收藏著录文献中对所录作品的详细记载，有助于今天的学者更准确地梳理传世作品的递藏线索，并对一些传世古迹“验明正身”。今藏故宫的《韩熙载夜宴图》就是在汤垕的《画鉴》中找到了最早的著录。韩滉《五牛图》也是因周密《云烟过眼录》所载赵孟頫藏品中著录其名称，得以与卷后赵氏跋文对照，从而确认其真实身份的。

其四，元明时期著录类文献中对某些久已存在的古画题材在不同时代出现版本的著录，使今天的学者得以比较这一题材作品在不同版本中的画面内容、表现手法，并弄清历代参与该题材创作的作者，梳理这一题材的诞生、发展历程。特别需要指出的是，由于一些题材本身特有的文化内涵，使其长期拥有较高的知名度和众多买家，同时，也导致假冒古代名家所作的该题材作品被作伪者大量炮制。许多该题材的伪迹混入元、明时期的著录文献，它们的存在长期成为影响人们有关这一绘画主题发展历史认知的因素。而梳理著录中的有关内容，辨清所录作品真伪及相互间的临仿、衍生关系，是有关该题材绘画研究的重要内容。接下

① 多年前，教育部曾批准设有人文社会科学研究青年基金项目——“明代私家书画目录纂辑写印史研究”。本书所引用的几篇论文，即为该基金项目的阶段性研究成果。

来有关收藏引发的书画市场交易与临仿行为的篇章中，将讨论此类情况的若干个案。

其五，书画著录文献中的记载，可以为后人发现并赏鉴真正的传世古迹提供参考。但同时，其中著录的伪迹和与伪迹一并被著录的伪造名家题跋（涉及对该作品的鉴定和对作者画风评论等诸多内容）也可以干扰阅读文献的人对有关绘画史真相的认识。这种伪迹对历史认知的塑造作用在宋代的史料中就已经被注意。进入元、明时期，特别是明代中后期，私人收藏交易活动的繁荣引发书画作伪浪潮的兴起，大量伪古迹进入著录文献，影响着这一时期的人对一些相隔年代较远，传世真迹稀少的画家或画派的认知。而这些被干扰的认知又会影响到新的仿古绘画创作或作伪行为，从而在事实上形成一种绘画史的“图像”形态与“文字”形态间的交互作用。在后文有关书画收藏所引发的作伪行为的章节中，将通过若干具有代表性的个案，详细探讨这种有趣的现象。

第五章
元明时期的私人书画收藏所引发的书画交易以及书画摹古、作伪行为对绘画史的影响

第一节　元明时期的私人收藏活动在传播前代著名绘画题材的稿本、图像方面所产生的影响

进入元代，宫廷收藏所推动的大规模古书画摹制活动不再出现，但民间的私人书画收藏却引发了众多的古画临摹、复制行为。一方面，文人士夫群体中的画家们，热衷于借临摹古迹学习古人的技法与艺术风格，并将所学应用于自己的创作。许多元、明时期藏于私人藏家手中的古画，陆续衍生出多种摹本。如黄公望《富春山居图卷》便有多件摹本传世。其中较著名的有诞生于明代中期的沈周摹本和诞生于明末清初，

曾一度被误定为黄氏原作的“子明卷”。另一方面，明中期之后，随着长江中下游地区商品经济的发展，市民阶层的文化消费也趋于繁荣。尤其在江、浙两省的苏、杭及松江地区，文玩、书画消费成为人们竞相追逐的活动，各种形式和档次的书画交易场所均可见于厂肆。在这种情况下，伪造古书画以渔利的行为自然也活跃起来。需要指出的是：这些作伪者并不只有一般市民阶层中的民间职业画家，一些文人画家有时也会参与其中。这种现象，与明代中期之后文人画家的“职业化”现象一样，二者之间存在着伴生关系。这种伴生的结果有两个，一是许多收藏在文人画家、藏家手中的古画，其题材、图像流入民间商品画的市场。另外，如仇英这样，与众多文人画家、收藏家来往密切，有机会接触甚至摹写其古画藏品的民间职业画家，或一些服务于文人画家、藏家的书画褙裱工匠等，也将不少古画图像传播到民间商品画的制作群体中。这些传播渠道，使许多原本长期保存于上层社会人群中的古画，在厂肆之中有了越来越多的“分身”或“孪生兄弟”，从而在很大程度上促进了某些古画图像的传播。二是在辗转摹写过程中，同一题材下往往衍生出不同的画面表现语言与艺术风格。另外，由于摹写的时代与原作诞生时代的社会文化差异，摹写者与原作者对同一题材的不同认识，不同摹写者之间技术水平、审美趣味的差异等因素，使得每件副本又带有自身所处时代的特色以及摹写者本人的艺术特点。即使是那些被认为忠实于原作，“几能乱真”的摹本，也不可能完全摒除时代和摹写者的影响。

如常言所说：“有一千个人，便有一千个哈姆雷特。”一张作品从孤立存世，到其题材、图像广泛流传的过程，不仅是该作图像的历史不断累积的过程，也是其所携带的文化价值不断累积的过程。在此过程中，私人书画收藏活动，扮演着重要的角色。下面的章节将以部分传世古画的图像传播过程为例，探讨私人收藏在这一过程中的作用、意义。

第一小节　乔仲常《后赤壁赋图卷》的图像流传

乔仲常《后赤壁赋图卷》概况

乔仲常《后赤壁赋图卷》（图 5.1）现藏美国纳尔逊 - 阿特金森美术馆。该作纸本水墨，无设色，描绘苏轼《后赤壁赋》一文内容，并分段旁书《后赤壁赋》全文。后纸有赵德麟一跋及武圣可一跋。卷中鉴藏印记原有："醉乡居士""梁师成美斋印""梁师成""千古堂""永昌斋""汉伯鸾裔""伯鸾氏秘堂记""伯鸾氏""伯鸾后人守道泰定斋印""梁师成章"梁清标诸印。清乾隆、嘉庆、宣统内府诸印。按徐邦达考证："因卷后被撕残损，以上诸印今已不全。"卷后原有七段无款宋人跋文，又有元代赵岩题诗，但皆已不存，应为伪皇宫之劫中失去。[①] 本作在清代之前不见于任何著录文献，乾隆年间始著录于《石渠宝笈初编》。2012 年冬，此作回国展出，笔者曾在上博亲睹。如徐邦达所说，"此图风格秀雅生拙，山水树石亦无不与李（李公麟）《龙眠山庄图》一一接近"[②]。

图 5.1　乔仲常《后赤壁赋图卷》北宋　纸本水墨　29.3cm × 560.3cm　美国纳尔逊 – 阿特金森美术馆藏

---

① 徐邦达．徐邦达集（八）古书画过眼要录 晋隋唐五代宋绘画［M］．故宫博物院编．北京：故宫出版社，2014：100. 本幅原系清宫旧藏，在 20 世纪 30 年代中期被溥仪携至长春，伪满政权覆灭时，在长春伪皇宫被监守自盗的伪军在争夺中撕伤，后流出国境。也有学者撰文，认为该作系托名伪作，并非乔仲常亲笔。

② 徐邦达．徐邦达集（八）古书画过眼要录 晋隋唐五代宋绘画［M］．故宫博物院编．北京：故宫出版社，2014：100.

作者乔仲常应为李公麟表弟，但宋人文献中对其记载甚少。邓椿《画继》中提道："乔仲常，河中人，工杂画，师龙眠，围城中思归，一日作《河中图》赠邵泽民侍郎，至今藏其家。又有《龙宫散斋》手轴，《山居罗汉》……《列子御风》等图传于世。"[①] 朱存理《珊瑚木难》所载赵孟坚书《梅竹三诗》后有南宋咸淳三年（1267）天台董楷一跋："昔李伯时表弟乔仲常亲授笔法，遂能入神品。今乔笔世甚罕见，其贵重殆不减龙眠。"[②] 由此可知，其作在南宋末已不多见。至元代汤垕《画鉴》一书，对乔仲常的记载只剩"士人乔仲常专师伯时，仿佛乱真"[③] 一句，已不见提到任何具体作品了。

这件《后赤壁赋图卷》在元代之前的具体递藏线索不详，仅见梁师成藏印及赵德麟跋文。赵德麟本名赵令畤，与北宋末年画家赵令穰同辈，为宋太祖次子赵德昭玄孙。令畤初字"景贶"，其"德麟"二字为苏轼所赠。元祐年间他签书颍州公事，苏轼为知州，曾提拔举荐他。考虑到作者乔仲常的表兄李公麟与苏轼几乎处同一时代（生于 1049 年，卒于 1106 年），而赵德麟生卒年也去李公麟不远（生于 1064 年，卒于 1134 年），他于大观四年（1123 年）所写的这段跋文距苏轼去世仅有二十二年，或许是这幅画后最早出现的跋文。而这幅画也很可能是自《后赤壁赋》一文问世后，最早以其为主题创作的绘画。至元代，卷后又有了赵岩一跋，此人与大长公主祥哥剌吉同时，公主所收书画多有他与冯子振所题诗跋。如现藏故宫的梁师闵《芦汀密雪图》和展子虔《游春图》便是例证。此《后赤壁赋卷》卷头一大部分被撕去，而这个部位正是赵、冯二人所题大长公主藏品中，通常被钤盖公主私印"皇姊图书"一印之处。故笔者推测该作或曾为大长公主所藏，被撕去的部分很可能钤有"皇姊图书"一印。如果这一推测是正确的，那么该作即使不是乔仲常真迹，其完成时间也不应晚于元代中期。

① （宋）郭若虚，邓椿．图画见闻志・画继［M］．潘运告，主编，米田水，译注．长沙：湖南美术出版社，2000：335.

② 徐邦达．徐邦达集（八）古书画过眼要录 晋隋唐五代宋绘画［M］．故宫博物院编．北京：故宫出版社，2014：100.

③ 潘运告主编．元代书画论［M］．云告，译注．长沙：湖南美术出版社，2002：374.

与乔仲常《后赤壁赋图卷》有关的其他画作

元代末期至明代中期，此作的递藏线索不详。但有证据显示，它可能一度在苏州地区的藏家手中流传。证据来自目前传世的数件与其图像有关的明清画作。

第一件，苏州博物馆藏（传）仇英款《后赤壁赋图》（图 5.2、图 5.3）。该图绢本，青绿设色。画面的构图、人物形象与乔仲常一作完全相同。但此作并非仇英真迹，而是添加伪款的民间商品画，即所谓“苏州片”。此作的出现可在一定程度上证明，乔仲常《后赤壁赋图》在明代晚期应曾在苏州地区流传，其图像也通过某种渠道进入了当地民间职业画家手中。

图 5.2 （传）仇英 《后赤壁赋图》局部 明代 绢本设色
尺寸不详 苏州博物馆藏

图 5.3 （传）仇英 《后赤壁赋图》局部 明代 绢本设色
尺寸不详 苏州博物馆藏

第二件，仇英款缂丝《后赤壁赋图卷》（图 5.4）。2015 年秋，故宫博物院“石渠宝笈书画展”曾展出此作。该作系清宫造办处所制。其画面图像也完全吻合于乔仲常《后赤壁赋图卷》。但乔仲常本卷首残损，开首处即为苏轼与二客江边漫步之景。而故宫缂丝本开首处则比之多出一小段山水和一处茅屋建筑，应是对应苏文中“是岁十月，步自雪堂”之句。这件缂丝本应是反映了乔本未被损坏前，完整呈现苏轼全文的状态。

图 5.4　仇英款缂丝《后赤壁赋图卷》局部　清代　30cm × 498cm　故宫博物院藏

2015 年春，北京某拍卖公司春季拍卖会上，出现另一件缂丝仇英款《后赤壁赋图卷》（图 5.5），其图像与故宫藏本相同，两卷均装有乾隆御题“云机仙制”四字引首。拍卖本与故宫藏本一样，也比乔本现状多出卷首“雪堂”一段图像，二作均在卷尾下端织有“实父仇英”款字及“十州”葫芦形印，旁有“三希堂精鉴玺”“宜子孙”“乾清宫鉴藏宝”，卷首均有“乾隆鉴赏”“石渠宝笈”二印，各印位置均同，故推测此本与故宫藏本一样，均系清宫造办处制作。二作的出现说明，乾隆年间内府所收书画中，曾有署仇英款识的青绿画风《后赤壁赋图卷》，其面貌应近似于苏博所藏那件仇英款苏州片，二作就是以这样的画作为蓝本制成。

第四件，顾大典《后赤壁赋图页》（图 5.6）。该作现藏台北故宫博物院，纸本淡设色。画面描绘文中“二客从予过黄泥之坂……今者薄暮，举网得鱼，巨口细鳞，状如松江之鲈”一段，其画面布局、人物形象均与乔本及两件缂丝本中该段文字对应画面相同。顾大典生卒年不详，约活跃在 1568—1595 年，与仇英一样，生活于苏州地区。这样的画作在他笔下出现，也在某种程度上为乔仲常《后赤壁赋图卷》的图像曾在该地区出现提供了旁证。

图 5.5　仇英款缂丝《后赤壁赋图卷》　清代　尺寸不详　私人收藏

图 5.6　顾大典 《后赤壁赋图页》 明代　纸本设色
24.9cm×25cm　台北故宫博物院藏

除以上数件与乔本画面相同的作品外，台北故宫博物院尚收藏有三件构图、情节与乔本相似，但具体人物形象、景物稍异的明代青绿山水，均以《后赤壁赋》为题。一件即为前文文徵明部分提到的文徵明《仿赵伯骕后赤壁赋图卷》。另外两件一为（传）文徵明《赤壁图卷》，一件为（传）赵孟頫《前后赤壁赋图卷》。二作布局结构相同，经鉴定皆为明代坊间的商品画，假托文、赵之名。这三件作品的画面布局和人物造型风格皆与乔本有相似之处，故有学者推测，后两作应是参考了文氏仿赵伯骕之本，而文氏仿赵伯骕之本或许也曾受到乔本的影响。

乔仲常《后赤壁赋图卷》图像流传情况的归纳

通过对上述各件作品的比较、分析，或许可以大致勾勒出乔仲常《后赤壁赋图卷》在元、明、清三朝的经历。它在元代曾归大长公主所有，后失散民间，在明代中期流传至苏州地区，并在此地衍生出了包括苏博藏仇英款苏州片和台北藏顾大典册页在内的多种临仿画作。而这些画作中的某件署有“实父仇英”款字的作品，后来流入清宫，并衍生出了故宫所藏缂丝版本（或许有数种，也包括拍卖那件）。而乔仲常原作后来也流入清宫，祖本、副本聚汇一处。同一组画面图像被赋予了“文人”“市民”“贵族”三种不同的审美趣味，产生了三种彼此不同，而又相互关联的艺术风貌。而之所以出现这一有趣的现象，除了不同历史时期的社会文化特征和不同社会阶层的审美取向外，私人书画收藏活动的活跃也是其中不可或缺的推动因素。

第二小节 《萧翼赚兰亭图》的图像流传

有关《萧翼赚兰亭图》的最初文献记载

“萧翼赚兰亭”这一题材最早见于文献记载，是南宋年间施宿《会稽志》和楼钥《攻愧集》二书。《会稽志》中有载：“右图写人物一轴，凡五辈，唐右丞相阎立本笔。一书生状者，唐太宗朝西台御史萧翼也，一老僧状者，智永嫡孙会稽辩才也……闫立本所图盖状此一段事迹。书生意气扬扬，有自得之色，老僧张口不呿，有失志之态。执事二人，其一嘘气止沸者其状如生，非善写貌驰誉丹青者不能办也。此上有三印，其一内合同印，其一大章漫灭难辨，皆印以朱，其一集贤院图书印，印以墨……此图江南内府所藏簪顶古玉轴，犹是故物。太宗皇帝初定江南以兵部外郎杨克逊知昇州，时江南内府物封识如故，克逊不敢启封，具以闻，太宗悉以赐之。此图居第一品。……绍兴元年七月，有携此轴货于钱塘者，郡人吴说得之。后见谢伋，言旧有大牙笺，后主亲题刻其上云上品画萧翼，笺今不存……吴说记。”[①] 上述记载表明，这个题材在画史文献中首次出现时，被认为是阎立本所作。

与《会稽志》几乎同时代的楼钥《攻愧集》中也提到这件作品：“此图世多摹本，或谓韩昌黎见大颠，或谓李王见本平，皆非也，使是工者不应，僧据禅床而客在下座，正是萧翼耳。吴公傅朋云：‘书生意气扬扬有归全璧之色，老僧口张不脅，有遗元珠之态。’亦非也。翼以权谋被选……不复作此酸儒态矣，且其时此僧为之绝倒良久，何止口张不胁而已。右相不惟丹青精妙，其人物意度曲折，尤非后人可及也。”[②]

虽然两处南宋文献都认为“萧翼赚兰亭”题材为阎立本首作，楼钥文中又讲道“此图世多摹本”，但唐代书画史文献中并未提到阎立本作有此图。“萧翼取兰亭”一事，最早见于唐代何延之《兰亭记》，按何延之原文中：“开元十年四月，命男永写本进”和“作于甲寅”二句推算，文章作于开元二年（714）。而阎立本死于咸亨四年（673），当时并无“萧翼取兰亭”之事见于记载。徐邦达认为此图不会是由阎立本创稿的，施、楼二人所记之本，很可能是托阎立本之名以流传的某件无名作品，并非阎氏亲笔。

另外，北宋末年《宣和画谱》中著录有《萧翼赚兰亭图》两件，一为唐代吴侁所作，但唐代文献中并不见此人。另一件为五代顾德谦作。但对二作均未描述其画面，不知具体内容。顾德谦本之后又见于“宋中兴馆阁储藏”书画目录中，同一目录下又有“不知名氏者萧翼取兰亭一”。吴侁本后又见于“困学斋录画见闻目”，载于张丑《清河书画舫》，后又被清代卞永誉《式古堂书画汇考》引用。可知在宋代，这一题材已有多件作品流传。

① （清）孙岳颁，宋骏业，王原祁等编．佩文斋书画谱［M］．杭州：浙江人民美术出版社，2014：2580.

② （清）孙岳颁，宋骏业，王原祁等编．佩文斋书画谱［M］．杭州：浙江人民美术出版社，2014：2580.

“萧翼赚兰亭图”题材作品在明代文献中的不同版本

至明代，都穆《寓意编》中又出现“元赵子俊萧翼赚兰亭图”一件，为吴宽所藏。但同样不知画面具体内容如何。至晚明，王世贞《弇州山人四部稿》录其跋《萧翼赚兰亭图》一文。其中对画面有如下描述：“此图向去已千载，虽绢墨就渝，而神采犹生，无论老比丘与潦倒书生体态曲尽，虽苍头、小妓捧卷执役，无不种种精妙。所见古贤名迹多矣，未有能过此者。”[①] 王世贞又引用吴说（傅朋）跋一段：“翼诣辩才，朝暮还往，性意习洽。一日，因论右军笔迹，悉以所携御府诸帖示辩才，相与反复折难真伪优劣，以激发之。辩才乃出右军《兰亭》相示，翼既见之，即出太宗诏札，以字轴置怀袖间。阎立本所图，盖状此一段事。书生意气扬扬，有自得之色，老僧口呿，有失志之态。”[②] 接下来，王世贞质疑吴说观点：“此恐未为实录。考何延之《记》，乃是见《兰亭卷》后……使人召辩才，示诏，惊倒欲绝，何尝于初见时即夺取也？”[③] 王氏又举出“且画中老僧趺坐一床，诸执役者浣杯嘘沸自若”[④] 一段，质疑“宾主从容，宁有争理？”另外，王氏也批驳了此作出于阎立本的观点：“此画大抵根延之记辞，当右相时，恐未著闻。即有之，是文皇所讳，宁敢著笔，又安知不为陈闳、周昉也？”[⑤] 王世贞也提到了《宣和》中著录的吴侁本《赚兰亭图》。但以“今本无御题玺记”为由，基本排除了此本为吴侁本的可能。对于文献中记载的顾德谦本，王世贞猜测“此本岂即德谦耶？”[⑥] 随后，王提到他又请文徵明之子文嘉书何延之《兰亭记》于卷尾，与文徵明所录吴说一跋相配。除

---

① （明）王世贞．弇州山人题跋［M］．汤志波，辑校．杭州：浙江人民美术出版社，2012：507.

② （明）王世贞．弇州山人题跋［M］．汤志波，辑校．杭州：浙江人民美术出版社，2012：507，508.

③ （明）王世贞．弇州山人题跋［M］．汤志波，辑校．杭州：浙江人民美术出版社，2012：508.

④ （明）王世贞．弇州山人题跋［M］．汤志波，辑校．杭州：浙江人民美术出版社，2012：508.

⑤ （明）王世贞．弇州山人题跋［M］．汤志波，辑校．杭州：浙江人民美术出版社，2012：508.

⑥ 实际上，按王世贞刚刚否认“吴侁本”的思路，“顾德谦本”同样著录于《宣和画谱》，“今本无御题玺记”，同样可以排除是顾本的可能。

该作外，《弇州山人四部稿》中又载《摹古画后》一段跋文，共涉及四幅古画，其中第二幅也为此作。王氏再次指出此作“是唐人绝高手周昉、李昭道之流，然非立本也”①。从跋文中信息看，王又为此作摹有副本。原本与副本后均著录于《佩文斋书画谱》。② 与王世贞同时代的茅维《南阳名画表》中也出现了这件作品，同表中还著录有钱选《萧翼赚兰亭图》一件，但未讲到具体图像内容。另外，朱之赤《朱卧庵藏书画目》中又出现“冯丹芬《萧翼赚兰亭》”一名。进入清代，《式古堂书画汇考》又著录支仲元《萧翼赚兰亭图》一件和朱绍宗《摹萧翼赚兰亭图》一件。这两条记载引用自《绘事备考》，也仅有名字而没有对作品的具体描述，朱绍宗一作后又见于厉鹗《南宋院画录》。嘉庆年间，胡敬《西清札记》一书又记载阎立本《萧翼赚兰亭》一件，从书中对画面的描述和胡敬按语中对施宿《会稽》中有关此图流传过程说法的引用来看，这应该就是施宿、楼钥当年提到的那件作品，而且很可能也是王世贞所见之本。

综上所述，“萧翼赚兰亭”题材自唐代何延之《兰亭记》一文讲述这一事件后，宋代施宿、楼钥首次提到阎立本一作。后陆续出现吴侁本、顾德谦本（见于《宣和画谱》）、无名氏一本（见于《中兴馆阁著录》）、赵子俊一本、王世贞跋一本、王世贞摹副本一本、钱选一本、冯丹芬一本、支仲元本、朱绍宗本及《西清》版本。其中：施、楼二人所记阎立本一本与王世贞所跋版本及《西清》所载版本，推测应为同一本。王氏摹本自然与此四本图像相同。其余版本，除顾德谦一本有《宣和画谱》记载南唐主李氏所云与传说可与记载藏品名目相验证外，其余各本均无可资验证之信息。特别是在其各自作者所生活时代的文献中，不见有相关记载。尤其是吴侁、冯丹芬二人，几乎无任何资料可考。故而这些作品的真伪如何，今已很难考证。但根据记载可知，宋代以来，确有诸多该题材的作品流传于世。

---

①（明）王世贞．弇州山人题跋［M］．汤志波，辑校．杭州：浙江人民美术出版社，2012：525.

② 谱中将原本归于顾德谦名下。将摹本记载为仇英所作，但将仇英所本原作归于阎立本。这很可能是由于原作一度以阎立本所作的名义流传，但又曾被王世贞跋文怀疑为顾德谦所作导致的误记。

《萧翼赚兰亭图》传世作品的不同版本

在梳理了文献中有关作品的出现顺序和具体信息后，本节将分析目前存世的该题材作品的三件不同版本，并进行比较。

第一件为（传）阎立本《萧翼赚兰亭图》（图 5.7）。画芯绢素破损严重。共绘五人，中心人物为辩才僧与萧翼。右侧萧翼身后，一仆右手捧卷，左臂上举搔首。画芯左侧卷末有一仆于茶炉前扬茶汤吹拂。一旁另有一仆童左手擦拭茶案，右手递茶盏于吹拂者。卷尾有文徵明小楷书吴说所记萧翼赚兰亭之事及此卷流传始末。又附文嘉书何延之《兰亭记》一文。卷中有南唐“内合同”一印。洪武初年“典礼稽察司”一印，又有王世贞、韩世能、韩逢禧父子等明清私人藏家印记。种种证据表明：这很可能就是被施、楼二人记载，后归王世贞收藏，又曾载于《南阳名画表》并见于《西清札记》的那件传为阎立本所作《萧翼赚兰亭图》。但现存此卷拖尾并未见王那段长跋的手迹，或已在流传中佚失。本作著录于《石渠宝笈初编》，徐邦达认为它并非如施、楼二人所说为江南内府旧物[①]，或为宋时摹制。但它是王世贞所藏之物，应是可以肯定的。

图 5.7 （传）阎立本《萧翼赚兰亭图》 宋代 绢本水墨
28cm × 158cm 辽宁省博物馆藏

① 此卷中“内和同”一印或伪。也可能此本是施、楼所记之本流传中产生的摹本之一。楼钥跋文中就讲道“此图世多摹本”。

第二件为现藏台北故宫博物院的（传）五代顾德谦《萧翼赚兰亭图》（图 5.8）。图绘五人，其中辩才、萧翼形象与辽博本相近。左侧围炉吹拂之人动作也相同。但辽博本中一手擦拭茶台，一手递盏之仆，在这里被改为双手捧盏。另外，辽博本中萧翼身后捧卷搔首之仆不见于此本。但多出一僧，正面踞坐于辩才、萧翼之间。台北故宫博物院研究员王耀庭考证：该卷曾为两宋之际藏家毕少董所藏。元代汤垕《画鉴》中曾载有毕氏跋文，原迹今已不存。但毕氏跋中对画面的描述“能用朱砂石粉，而笔力雄健，入本朝诸人皆所不能。比丘挥尘柄指掌非盛称兰亭之美，则力辞以无。萧君袖手营度，瑟缩其意，必欲得之，皆是妙处。画必贵古，其说如此”[①] 恰与该作的画面图像相符。王耀庭又针对画上的煮茶场景、器物、人物幞头、服饰，结合出土实物进行断代分析，认为画中器物服饰皆处于五代末到北宋时期，符合顾德谦生活时代的特点。

第三件为故宫藏无款《萧翼赚兰亭图》（图 5.9）。本幅绢本设色，仅绘萧翼、老僧和两位侍童，无煮茶情节。画中衣纹用笔带方折而多顿挫，徐邦达认为应晚于辽博本及台北本，成画时期当在南宋。这也在某种程度上验证了《攻愧集》中“此图多摹本”的说法。

图 5.8 （传）顾德谦《萧翼赚兰亭图》 五代 绢本设色
尺寸不详 台北故宫博物院藏

① 王耀庭. 书画管见集［M］. 台北：石头出版股份有限公司，2017：28.

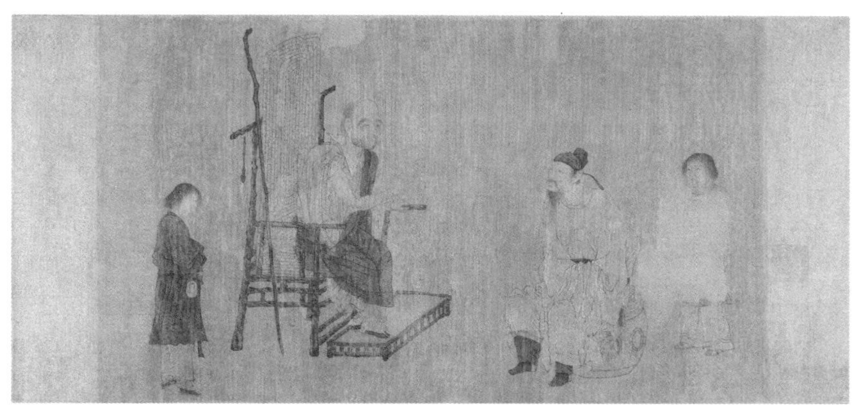

图 5.9　佚名《萧翼赚兰亭图》南宋　绢本设色
26.6cm × 44.3cm　故宫博物院藏

除了上述三卷图像大同小异的版本外，辽博那件传阎立本版本在流传过程中又衍生出多种副本。除王世贞收藏此卷期间请人摹制的版本外，明清时期的许多该题材作品，都与其图像相同。如现藏美国弗利尔美术馆的（传）钱选《萧翼赚兰亭图》卷（图 5.10），其形象、构图均同于辽博本，但人物造型和线条纤弱，神情僵化。特别是所用纸张呈现齐整、清晰的“帘子纹”肌理，不符合钱选时代用纸的特点，或为明人伪作托名之物。美国布鲁克林博物馆也藏有清康熙年间无款《萧翼赚兰亭图》，布局、形象与辽博本同，但人物面部刻画已是清初风格。美国大都会博物馆藏有赵孟頫款《萧翼赚兰亭图》（图 5.11），其赵孟頫款为伪款，画作为明代仿本。台北故宫博物院也收藏有《晋王羲之兰亭序宋拓本宋人摹萧翼辩才图合卷》。

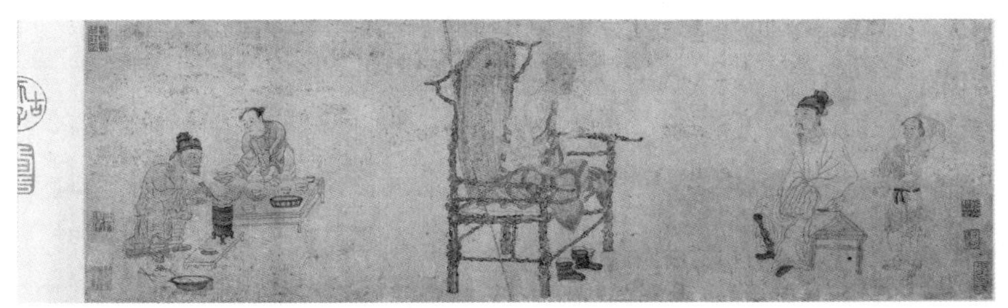

图 5.10　（传）钱选《萧翼赚兰亭图》时代不详　纸本设色
29.4cm × 366.3cm　美国弗利尔美术馆藏

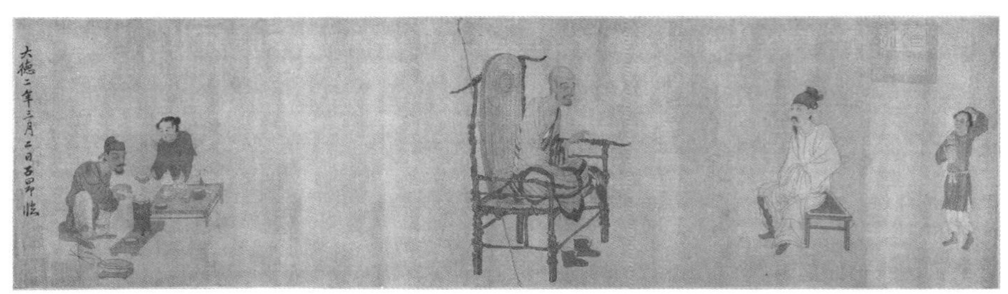

图 5.11 （传）赵孟頫《萧翼赚兰亭图》时代不详 绢本设色
尺寸不详 美国大都会博物馆藏

《萧翼赚兰亭图》图像流传情况的归纳

从以上数件作品中，大致可看出《萧翼赚兰亭图》这组图像从宋至明清的流传、传播情况。另外，明清文人画家也不乏借用这组图像作画的例子。佳士得香港拍卖有限公司 1997 年秋季拍卖会中，即有明代郑重作《萧翼赚兰亭图》，画中三人形象均出于辽博版本。台北故宫博物院藏清代曹松年《萧翼赚兰亭》扇面，画面形象、布局也源于辽博版本。上述情况可以反映出这组图像在明清时期的文人画与民间商品画领域同时广泛流传的史实。

第三小节 《贵妃上马图》的图像流传

有关《贵妃上马图》的最初文献记载

“贵妃上马图”题材的较早记载，可见于南宋高似孙《纬略》一书。书中录“唐陈闳杨妃并马上马图”一件：“有持二画求售，乃杨妃并马上马图，题陈闳二字。笔力甚清壮，又如有两墨迹如飞燕状，全类凤尾者，殊不可晓。徐考之乃江南李后主花书。陈闳者会稽人也，天宝间妙于画，尝写明皇御容与太真二图。笔墨之妙不可赞叹。韩子苍诗：翠华欲幸长生殿，立马楼前待贵妃。尚觅君王一回顾，金鞍欲上故迟迟。即此二图也。蔡天启集中亦有此诗。程子山题宋唤景晋侍制所藏陈闳画明皇太真联镳图、太真上马图诗：并辔春风禁苑游，外闲底事上心头。骑驴后日道，料得君王始欲愁。阿环百巧专恩宠。自是三郎骙不知……余所得二图即此本也。"[①] 高似孙为南宋淳熙时人，他的这段文字中所引用的两诗作者，一为韩驹（字子苍），是北宋末、南宋初人。另一人程子山生年也在绍兴时代，他的诗是为此作当时的藏家宋晋所题。可知最迟在北宋中后期，这一题材的作品就已出现（文中提到的蔡天启与王安石同时代），并被认为是陈闳所作。但查阅唐人张彦远《历代名画记》和朱景玄《唐朝名画录》两书，均未提到陈闳画过该题材。《历代名画记》对陈闳的记述称其"善写貌，工鞍马"[②]，但在记录他作品时未讲到有画杨贵妃的作品。《唐朝名画录》记载他"明皇开元中，召入供奉，每令写御容，冠绝当代"[③]，提到他画过玄宗，但同样未讲他画过杨贵妃。北宋末年《宣和画谱》中对陈闳的记述基本同于《唐朝名画录》，著录宣和御府所藏其作目录中也未见"贵妃上马图"题材。另外，《唐朝名画录》《宣和画谱》二书均提到他"尝写太清宫肃宗御容"，可知他经历过安史之乱，但他是否见过杨贵妃，已难考证。

"贵妃上马图"题材作品在明代文献中的不同版本

至明代，关于"贵妃上马图"题材作品的记载又见于文嘉《严氏书画记》，记中提道"周昉《醉妃图》一，即世传《杨妃上马图》，笔力纤弱，疑舜举所摹"[④]。在这里，该题材的唐代原作者又被指为周昉，而文嘉所见之作被疑为钱选摹唐人本。周昉生卒年不详，查其兄周皓曾在天宝八年（749）随哥舒翰西征，可知周昉在天宝十一年（752）安史之乱贵妃死时或应尚在青少年时期，其出生或在开元末年（741）左右。《历代名画记》记载周昉有"《蜂蝶图》《按筝图》《杨真人图》《陆真人图》《五星图》传于当代"[⑤]。《唐朝名画录》中记载他"又画仕女，为古今冠绝。又画……独孤妃按曲图粉本；又画仲尼问礼图、降真图、五星图、扑

① （清）孙岳颁，宋骏业，王原祁等编．佩文斋书画谱［M］．杭州：浙江人民美术出版社，2014：2595.

② （唐）张彦远．历代名画记［M］．杭州：浙江人民美术出版社，2011：153.

③ 潘运告主编．唐五代画论［M］．长沙：湖南美术出版社，1997：108.

④ （明）张丑．清河书画舫［M］．徐德明，校点．上海：上海古籍出版社，2011：334.

⑤ （唐）张彦远．历代名画记［M］．杭州：浙江人民美术出版社，2011：163.

蝶图，兼写诸真及文宣王十弟子卷轴等至多”[①]。未提到他画过“贵妃上马”题材。事实上，不但唐代文献中不见有这一题材出现，唐代文学作品、诗歌中也未见有提及该题材作品和有关事迹的记录。《旧唐书·后妃列传》讲道：“玄宗凡有游幸，贵妃无不随侍，乘马则高力士执辔授鞭。”[②]并无有关贵妃上马，玄宗频频回顾的说法。之所以后世会认为周昉曾画杨贵妃，一是张彦远书中记载他有《杨真人》一图，可能被后世讹传为画杨贵妃的作品（杨贵妃曾受箓，号“太真”），但只要看到《杨真人》后《陆真人》一名就可知道，此处的“真人”，只是道教对得道人士的一种称呼，与杨贵妃无关。值得注意的是，虽然唐代文献中从未提到过周昉画“贵妃上马图”题材，北宋末年的《宣和画谱》中却在周昉名下出现了《杨妃出浴图》《三杨图》和《写武后真》三件作品。[③]除了周昉《醉杨妃》一件外，《严氏书画记》还著录有赵孟頫白描《太真上马图》一件，但真伪不详。[④]比《严氏书画记》稍晚的《南阳名画表》中，又见韩幹《明妃上马图》一件，王世贞《弇州山人题跋》中又见尤求《华清上马图》一件：“《杨太真华清上马图》旧有粉本，而寂寥不堪称。尤子求善白描，会余得蜀笺，乃乞子求作图，而以意增损之，遂妙。其太真上马时态，与三郎停鞭顾盼之状，俨有生色。”[⑤]这段文字显示：王世贞时代，已经有历来流传已久的，以“贵妃上马”为题材的古画粉本在吴地流传。尤求这件作品，是在旧稿的基础上又做了添改加工。

---

① 潘运告主编．唐五代画论［M］．长沙：湖南美术出版社，1997：90.

② 《旧唐书》成于后晋，对天宝年间事的记录尚很具体，史料也较《新唐书》更为可信。

③ “杨妃出浴图”“三杨图”二作真伪不详，“写武后真”一作应为伪迹。唐史上的“武后”，仅指武则天，早在玄宗幼年时已去世。她的侄孙女武惠妃在开元年间得玄宗专宠，但并无皇后名分。且武惠妃于开元二十五年（737）去世，比杨玉环册封贵妃时间还早。大约出生在开元末年的周昉不可能见到已去世的武惠妃乃至武则天并为其画像，他见过杨贵妃的可能性也很小。

④ 《严氏书画记》中周昉一作在《清河书画舫》中被著录为钱舜举所作，但在《佩文斋书画谱》中仍录为周昉作，又另录钱选作一件，应是重复著录。

⑤ （明）王世贞．弇州山人题跋［M］．汤志波，辑校．杭州：浙江人民美术出版社，2012：504.

“贵妃上马图”题材作品在清代文献中的不同版本

清代，安岐《墨缘汇观录》中又著录钱选《杨妃上马图卷》一件："纸本作色，前自题诗，后又一跋，后纸有方孝孺跋甚奇。字法钟繇，题为周昉。"[①]前面已分析过，周昉不大可能作此题材。该作中方孝孺一跋是否是为这幅钱选画作所题，已不可考。嘉庆时，胡敬《西清札记》卷二载有周文矩《太真上马图卷》一件，"绢本设色画。仆夫控骢马，仍以几。太真盛饰，二女扶腋以上。中绢执鞭镫宫扇及护从者凡八人，马前一衣绯而立者，一衣绿而手弓者。明皇骑而先，揽辔作回顾状。二校执扇夹侍，一朝士拱立马前，旁一马，一仆控鞍而待，无款印"[②]。后幅丹丘柯九思、遂昌郑元祐、金华黄溍、醉斋、青羊君王榉登题跋未录。后附胡敬按语一段："高似孙《纬略》载：陈闳有此图，韩朝延《续南阳名画表》载韩幹也画此。幹与闳皆明皇时待诏，岂当时奉诏所绘耶。招摇过市，同卫丑迹，谦退辞辇，异汉贤妃，即图以观，足觇开元、天宝政治之得失矣。"[③]光绪年间，《穰梨馆过眼录》又录钱舜举《杨妃上马图卷》一件，此作绢本，有钱选诗一首并题记："唐室开元致太平，年年十月幸华清。当时马上多娇态，不想驱驰蜀道行。周昉唐人而形容太真上马之态如此，盖唐之人主，不以为讳，岂独画也。白乐天长恨歌可见。雪溪翁钱选舜举。"[④]下钤舜举朱文印、钱选？印，又"澄江六井世家"一印。《穰梨馆》此卷是绢本，可知它与《墨缘》所录钱选一作并非同一物。

综合上述，自宋代"贵妃上马"题材首次见于文献记载，至嘉庆年间，关于该题材作品的作者陆续出现了陈闳、周昉、周文矩、赵孟頫、钱选、尤求等不同说法。其中以钱选所作版本较多。有文嘉《严氏书画记》中疑钱选摹周昉一件、《墨缘汇观录》中纸本著色一件、《穰梨馆过

---

① （清）安岐．墨缘汇观录［M］．南海伍氏刻本，清光绪元年（1875）．

② （清）胡敬．胡氏书画考三种［M］．刘英，点校．杭州：浙江人民美术出版社，2015：313.

③ （清）胡敬．胡氏书画考三种［M］．刘英，点校．杭州：浙江人民美术出版社，2015：313. 此按语中关于《续南阳名画表》记载韩幹也画有此作的说法应为讹误。《佩文斋书画谱》第一百卷"历代鉴藏"中所录茅维"南阳名画表韩宗伯存良家藏"一节下，有"韩幹明妃上马图赵子昂跋"一条 。"明妃"应指汉代的王嫱，即王昭君，"明妃上马图"与"贵妃"并无关系。

④ （清）陆心源．穰梨馆过眼录［M］．刻本．湖州：陆氏，清光绪十七年（1891）．

眼录》著录绢本一件。其余各本中，陈闳、周昉版本应系托名伪作。尤求本系摹自旧稿，但不知与其他各版本是否有关。只有赵孟頫版本与周文矩版本缺乏可资比较的文献，但周文矩版本的图像、题跋记载甚详，可与传世该题材古画的实物相比较，以资考辨。

《贵妃上马图》传世作品的不同版本

目前传世的以“贵妃上马”为题材的作品中，最早的是两件宋代团扇作品，一件为台北故宫博物院所藏《唐宫图页》(图 5.12)。本幅绢本设色，图绘宫殿林立，重檐嵯峨。殿前空地上，侍从簇拥玄宗、贵妃欲上马出游。人物细小如豆，但动态生动。画中的界画与松林、树石等景物均为南宋风格。另一件为现藏美国波士顿博物馆的《贵妃上马图页》(图 5.13)，图绘两组人物立于廊桥之上。贵妃穿红衣欲上一深色马，二女官胁侍，一旁两宫女执圆形赤色宫扇，一人执红罗伞盖，又侍者五人。贵妃一组人物右侧，明皇骑青骢马着白衣回顾贵妃，旁有侍者执白伞盖，又侍者五人各自控缰、执茶具等陪侍，另有一官员一旁站立。画中共二马十九人。这件作品从人物形象描绘特征、周围亭台建筑的造型、笔法和杂树、湖石的风格看，也呈现出明显的南宋院体特征。而且，画中的情景细节也与《纬略》中引用韩驹诗“尚觅君王一回顾，金鞍欲上故迟

图 5.12　佚名《唐宫图页》 南宋
绢本设色　23cm×25cm
台北故宫博物院藏

图 5.13　佚名《贵妃上马图页》
南宋　绢本设色　24.8cm×26cm
美国波士顿博物馆藏

迟”相符。上述两件南宋风格作品的出现，结合《纬略》中的记载，说明至少在北宋末、南宋初，有关“贵妃上马”题材的画作即已有不少存在。

除这两件南宋作品外，学者杨仁恺在《国宝沉浮录》中提到（传）周文矩《太真上马图》（图 5.14）一件，该卷的画面图像与胡敬《西清》所载之作吻合，其卷后柯九思、郑元祐、金华黄溍、醉翁等题也与《西清》所录相符，可以断定此作应当就是《西清》所记之本。[①] 该作曾出现于 2004 年 11 月的某拍卖公司秋季拍卖会，与乔仲常《后赤壁赋图》一样，属长春伪皇宫散佚出的清宫旧藏书画。目前该作归国内一位私人藏家所有，笔者曾在 2017 年春上海龙美术馆西岸馆举办的宋元书画私藏特展上亲睹此作。从画面看，该作并非五代周文矩绘画风格。其一，画史记载周文矩学李后主书，多颤掣笔，而该作是钉头鼠尾描法，线条流畅，与故宫藏南宋摹《韩熙载夜宴图》相近。其二，画中的树干、湖石、丛竹的画法，均流露出南宋院体风格的特征。此作前隔水有《宣和七玺》中“内府图书之印”一印。但按北宋内府收藏钤印规制，该印应盖于画芯后拖尾纸部分，不该盖于前隔水，故疑为伪印。画芯右上部有“天历之宝”半印，结合卷后柯九思之跋，推测此作应曾收藏于元内府。综合判断，该作应作于南宋至元初。画中玄宗控马回顾和贵妃在二宫女扶持之下登鞍形象，均与前述波士顿美术馆藏团扇版本类似，只是周围的侍从人物有所调整。可知南宋到元初时，有关这个题材的人物组合与具体动态，已有了比较固定的程式或粉本。

除上述三件宋代作品外，美国弗利尔美术馆藏有钱选作《贵妃上马图卷》（图 5.15）一件。该作纸本淡设色，描绘玄宗骑白马着白衣，回顾贵妃，身左一青衣宫人横执御弓，右侧三侍臣站立。贵妃在两女官扶侍下欲登青骢马，另一侧一宫人牵镫绳，一红衣官员叉手立于马头边。左侧二宫人执椭圆形双凤纹样宫扇侍立，右二宫女执一拂尘，一包袱侍立。全画共二马十四人，画芯左侧有诗一首：“玉勒雕鞍宠太真，年年秋后幸

① 杨仁恺书中讲到此作著录于《石渠宝笈三编》，原藏邓拓处，今藏中国美术馆。这里记述有误，查中国美术馆所藏并无此作。

图 5.14 （传）周文矩《太真上马图》 宋代 绢本设色 尺寸不详 私人收藏

图 5.15 钱选 《贵妃上马图卷》 元代 纸本设色
29.5cm × 117cm 美国弗利尔美术馆藏

华清，开元四十万匹马，何事骑骡蜀道行。”署款“吴兴钱选舜举”。钤舜举之章、舜举、钱选之印三印。卷中又有乾隆、嘉庆、宣统三朝内府诸印，又有“石渠宝笈”“宝笈重编”二印。将这件作品与前面文献中提到的三个钱选版本对比。第一个，文嘉文中说“笔力纤弱，疑为钱舜举所摹”，可知那件作品无钱氏款印，自然不是此作。第二件《墨缘》中记为纸本着色，前自题诗，后又一跋，可知诗、跋分处卷首、卷尾，也与此件不符。第三件《穰梨馆过眼录》中记为绢本，而本幅纸本，自然也不是一件。而且《穰梨馆》中所记画中诗句，虽与本作诗句韵脚相同，平仄相近，但具体遣词用语则有异。可知明清时传为钱选《贵妃上马图》的画作，不但多有流传，且各种版本中的题诗内容也有不同说法。

现再将弗利尔藏钱选版本、波士顿所藏团扇版本以及大陆私人收藏周文矩版本（《西清札记》所记之本）比较，会发现三作图像大同小异，可知应是用了同一套稿子。而不同的作者在使用时做了局部的改动、加工。结合王世贞在跋写尤求《华清上马图》时所说的“《杨太真华清上马图》旧有粉本，而寂寥不甚称，尤子求……而以意增损之，遂妙”[①] 之语，可推知这三件宋、元时期的作品，也应该是在旧稿上“以意增损之”的产物。虽然王世贞跋中并未提到尤求所加工的旧粉本是否是钱选所作，但从跋中“其太真上马时态，写三郎停鞭顾盼之状，俨有生色”[②] 之语来看，和目前所见的波士顿团扇版本、弗利尔藏钱选版本及私人藏周文矩版本的画面主要人物形象、动态也应大致相同。另外，劳继雄《中国古代书画鉴定实录》中记载有元钱选《真妃上马图卷》一件。但在 1985 年 3 月 23 日的七人书画鉴定小组鉴定中定为“资料”，非钱选作。该作纸本着色，有林遇、宋开春二题，俱真，著录于《石渠宝笈重编》，劳继雄书中录有徐邦达、谢稚柳二人鉴定意见三段：“徐邦达：画中钤有安仪周印，他买进后没有录进著录书中。谢稚柳：类似苏州片子，是旧仿的。美国藏有一幅杨妃上马图是真的，此图最多到明。徐邦达：方孝孺题伪，他的字只有半卷是真的，在台湾（木庵记卷）法书集中有，后半段学生补。”[③] 综合两位学者的三段话可知，此作有安岐藏印，又有方孝孺跋文，恰与《墨缘汇观录》中所载之物的记述吻合，但为何徐邦达说安岐买进后没有录进著录书中，原因不明。另外，谢稚柳所说美国藏有一幅《杨妃上马图》是真的，应该就是指刚刚讲到的弗利尔藏本。谢稚柳在这里把这件作品提出来，可知上博这件作品的图像应该也与弗利尔藏本相近或有关系。但上博藏本是否直接摹自弗利尔藏本，或是画面又有了改动，目前资料不详。

《贵妃上马图》图像流传情况的归纳

综上所述，“贵妃上马”这一题材，虽有托名于陈闳、周昉的画作流传，但应并非创稿于唐玄宗时期。其最早出现或在唐末五代，至北宋时已见于诸多文人诗词题咏中。南宋时，该题材的作品已有多种版本，并有了较为固定的粉本存在。至明代，对该题材宋元稿本的摹仿、加工，

① （明）王世贞．弇州山人题跋［M］．汤志波，辑校．杭州：浙江人民美术出版社，2012：504.
② （明）王世贞．弇州山人题跋［M］．汤志波，辑校．杭州：浙江人民美术出版社，2012：504.
③ 劳继雄．中国古代书画鉴定实录 第三卷［M］．北京：东方出版中心，2011：1178.

诞生了更多的版本。直到近代，这组图像的生息繁衍仍然没有停止。弗利尔所藏钱选《贵妃上马图卷》在20世纪50年代曾一度为张大千所藏，张氏也曾作有仿本。从宋代到近代，“贵妃上马图”题材的图像能够流传至今，与私人书画收藏资源的流动是有很大关系的。

第四小节 《西园雅集图》的图像流传

《西园雅集图》题材的起源

“西园雅集”题材，根据元代以来的文献记载，其内容为描绘苏轼、米芾、黄庭坚等人于驸马都尉王诜的“西园”中雅集的场景。该题材的首作者长期以来被指为李公麟。与这个题材一起流传的还有被认为是米芾所作的《西园雅集图记》一文。20世纪90年代，美国学者梁庄爱伦曾撰文，认为所谓“西园雅集”这一事件本身并不存在，而是虚构。2008年故宫博物院研究员杨新又撰文认为，所谓《西园雅集图》中表现的人物、造型、活动，应源于宋代僧梵隆的“述古图”题材绘画。而所谓“米芾作《西园雅集图记》”，则应来自某件《述古图》中的文字说明，后被人伪托于米芾名下。《述古图》被改头换面，渐渐演绎为《西园雅集图》的过程从南宋即已开始。宋金时期就有如贠兴宗《九华集》中《跋袁公雅集图》、元好问选编《中州集》中刘祖谦《题雅集图诗》等文字涉及这类作品。

元明清三代文献中《西园雅集图》题材作品的不同版本

元代，王恽《题梵隆古画雅集图》诗，讲的就是“西园雅集”题材的作品。而《画史》中的《西园雅集图》也是版本众多。最早的，托名于李公麟名下的《西园雅集》，仅在文嘉《严氏书画记》中，就有一件手卷和一卷挂轴两幅不同形式的画作。另外，王世贞曾提到南宋刘松年作有此图，他还题写过仇英所摹《西园雅集图》。李公麟版本在明代还见于《南阳名画表》，表中提到图后有“叶石林跋”（叶梦得）。詹景凤《东图玄览》中又出现了团扇形式的该题材作品：“画册……内有团扇便面二画，为李伯时写西园雅集图，米元章作记，字画精妙。”[①]

① （清）孙岳颁，宋骏业，王原祁等编．佩文斋书画谱［M］．杭州：浙江人民美术出版社，2014：3137.

书中也提到了一件刘松年版本，“景物悉仿龙眠居士……后有王叔明、马文璧、沈民则三跋”[①]。书中另有一段文字：“西蜀郭民部亨之（即郭衢阶）人物一卷，徽庙首题为文会图，后题为唐人韩滉所作。余阅之，本钱仲文刘长卿琉璃堂宴集故事。想韩当时图之，如李伯时图西园雅集必仿此也。”[②]这处记载反映了明代人的观念中，《西园雅集图》作为“雅集”题材绘画，与前代类似题材之间的传承关系。此外，书中还提到了韩存良所藏李公麟《西园雅集图》手卷。至张丑《清河书画舫》又讲道：“周敏仲……又示仇十洲《西园雅集图》阔幅一，题云：‘仇英实父为怀云先生仿古。’其画不惟树石高古，人物皆有生气。较阅此等制作，神情开爽，轩轩豪举，亦何必古人邪？”[③]这显示“西园雅集”不仅是文人画家的常见题材，也已经传播到了民间职业画家的创作中。《东图玄览》中李公麟所画团扇版本也被张丑提道：“传闻董玄宰太史从长安处买一团扇，上有伯时《西园雅集》，元章蝇头楷行记文，极精，一时橐装为涩。”[④]《佩文斋书画谱》节录的董其昌《容台集》也讲道：“昔李伯时《西园雅集图》有两本，一作元丰间，王晋卿都尉之第。一作于元祐初安定郡王赵德麟之邸。余从长安买得团扇上者，米襄阳细楷极精，但不知何本。又别见仇英十洲所摹，文休承跋者。”[⑤]这里又出现了李公麟祖本当年即有两件的说法。入清，《式古堂书画汇考》和《平生壮观》中均著录有李公麟作团扇本《西园雅集图》。其中《式古堂》中讲到两次。一是在书中选录韩存良《书画铭心表》中记有“李公麟西园雅集图”，后小字注“团扇米芾小楷书记”。[⑥]另一处是在两册《名画大观》的第一册中录有“北宋李公麟《西园雅

① （清）孙岳颁，宋骏业，王原祁等编．佩文斋书画谱［M］．杭州：浙江人民美术出版社，2014：3139.

② （清）孙岳颁，宋骏业，王原祁等编．佩文斋书画谱［M］．杭州：浙江人民美术出版社，2014：3140.

③ （明）张丑．清河书画舫［M］．徐德明，校点．上海：上海古籍出版社，2011：676.

④ （明）张丑．清河书画舫［M］．徐德明，校点．上海：上海古籍出版社，2011：415.

⑤ （清）孙岳颁，宋骏业，王原祁等编．佩文斋书画谱［M］．杭州：浙江人民美术出版社，2014：2635.

⑥ （清）卞永誉纂辑．式古堂书画汇考［M］．杭州：浙江人民美术出版社，2012：1348.

集图》”。下有小字注：“团扇绢本著色，图下及左方二古印残缺。”[①] 后详录米芾作《西园雅集记》，后小字注“对题团扇绢本”并记“楚国米芾”“陈定”“延之心赏”等印文。此处记载呼应了《东图玄览》中提到李公麟团扇版本时“画册二部约四十余册，并是马和之、马远、马麟、夏圭、刘松年、李唐、李嵩、赵千里、赵大年诸名人作，并极精妙”[②] 的说法。顾复《平生壮观》中也讲道：“（李公麟）《西园雅集图》，团扇绛色，图不盈尺，人不满寸，人物、草木、泉石，笔细而古，人皆上矢狭，下阔长，如河阳《溪山秋霁》卷上者。此龙眠创调，非元章写记楷书对题，几不辨其名也。”[③]《东图玄览》《清河书画舫》《容台集》《书画铭心表》《式古堂书画汇考》和《平生壮观》等书中提到的李画与米书合装的团扇版本或有重合，但不大可能俱为一件。这个版本的频繁出现，也从一个侧面反映出“李公麟作《西园雅集图》，米芾又为之作记”这种传说的影响力之大。以至于附会作伪之人，往往选取这种书画合装的形式，将传说中二人的作品同时呈现，以迎合收藏家对“完璧”的渴求心态。此后，厉鹗《南宋院画录》又讲到两件刘松年《西园雅集图》。一处为引用茅元仪《西峰谈话》所载：“余近见广平侯家有刘松年临李伯时《西园雅集图》，位置颇不同，无文潜、端叔、无已、无咎四人，器物亦小异。”[④] 另一件是曾出现在《东图玄览》中的，有王蒙、马文璧、沈度（沈民则）三人跋文的刘松年版本。结合王世贞、詹景凤与厉鹗所引明人文字，可知刘松年所作《西园雅集图》在明代的书画收藏圈也较多见。其中当然不乏元、明时期的托名伪作，但也不排除有南宋时期的有关题材作品，被归于刘松年名下。有趣的是，在王世贞《题仇实父临西园雅集图》一跋中，王氏也讲到了杨士奇曾见刘松年临本的事，并提到僧梵隆和赵千里（赵伯驹）也都作有此图的摹本。而王世贞所题仇英之作，即为摹赵千里之本。关

---

① （清）卞永誉纂辑 . 式古堂书画汇考［M］. 杭州：浙江人民美术出版社，2012：1373.

② （明）詹景凤 . 玄览编［M］.（四卷）. 北平故宫铅印本，民国三十六年（1947）.

③ （清）顾复 . 平生壮观［M］. 林虞生，校点 . 上海：上海古籍出版社，2011：264.

④ （清）厉鹗辑 . 南宋院画录［M］. 胡易知，点校 . 杭州：浙江人民美术出版社，2016：94. 厉鹗考证认为这条记载实际应出于杨士奇《东里集》。

于僧梵隆，前面已经谈到，他其实是这个母题的原型《述古图》的首创者。而赵伯驹与他同时皆活跃于北宋末、南宋初。赵氏出生距李公麟去世仅十四年，不会受僧梵隆之作被讹传的影响去画出所谓“摹李公麟《西园雅集图》”，但由于在明代中后期，特别是吴门地区的书画界、收藏界，仇英被广泛认为是仿学赵伯驹风格，而杨士奇又讲到僧梵隆与赵伯驹曾摹李公麟此作，于是仇英这件临本，也就被附会为“临赵千里本”了。王世贞毕竟比一般仅靠画风鉴赏古迹的人有着更多的历史知识，对于“西园雅集”这件事，他质疑：“余窃谓诸公踪迹不恒聚大梁，其文雅风流之盛，未必尽在此一时。”[①] 但随后，他又自己解释说，之所以有这个题材的作品，应是“晋卿（王诜）合其所与游长者而图之”[②]。至于杨士奇讲到的刘松年版本与其所题摹李公麟版本的差异，王氏的解释是“诸公又各其意而传写之，以故不无抵牾耳”[③]。总之，他最终与真相擦肩而过。

清乾隆时期，阮元《石渠随笔》中仍提到旧题为李公麟所作《西园雅集图》。或许是这种附会之作当时已经太多，而且这件东西也确实水平不高，乾隆下令将它的题签改为“宋人《西园雅集图》”，不再承认为李公麟手笔。此后胡敬的《西清札记》中又讲到一件书有“唐寅”款的《西园雅集图》，后有文徵明书《西园雅集记》。或许是这件作品太平淡无奇了，胡敬在那天的日记中还记录了另一件元人无款《太真出浴图》。仔细地描述了它的画面人物形象，贵妃衣裙的颜色和“衫襟前开，中露腰采”的细节，两个仕女的动作和手执之物都分别作了说明。然而，他却没有谈到那幅唐、文合作《西园雅集图》的任何细节，足见类似作品在当时应已多如牛毛，不值得他花费笔墨去记述了。

综上所述，所谓李公麟作《西园雅集图》而米芾为之作《西园雅集记》这种说法，实际上是误传。它是在某些历史上真实存在的人物和画作的基础上，一步步演绎而来的。尽管《西园雅集图》本身不是对真实

---

① （明）王世贞．弇州山人题跋［M］．汤志波，辑校．杭州：浙江人民美术出版社，2012：562.

② （明）王世贞．弇州山人题跋［M］．汤志波，辑校．杭州：浙江人民美术出版社，2012：562.

③ （明）王世贞．弇州山人题跋［M］．汤志波，辑校．杭州：浙江人民美术出版社，2012：562.

历史的追写，但这并不妨碍“西园雅集”这个题材成为宋代之后的人们，对一群历史上著名的文人士夫进行追忆、缅怀的媒介。同时，对于元、明两朝的文人画家来说，描绘、收藏这幅古代文士雅集的图景，本身也是使自己有限的生命体验与久远的历史文脉发生关联的重要方式。[①]因此，元代之后，各种版本的《西园雅集图》如过江之鲫自然不足为奇。而且，经过演绎的传说总会比最初的真相更有趣，也有了更多引人入胜的情节。《西园雅集图》种种版本的作者中，不仅有被传为祖本作者的李公麟，随着时间的推移，又陆续出现了与他同时代的僧梵隆、比僧梵隆稍晚的赵伯驹和比赵氏稍晚的刘松年，直到被认为是“赵伯驹后身”的仇英。一个主题被描绘的过程，从最初的一个人到后来的一群人，从一个被虚构出的孤立的历史事件，到一个被历代传颂的线索。在这个过程中，私人书画收藏行为起着重要的作用。一方面，它让有关这个题材的历史随着时间的延展而不断变得丰富、生动。另一方面，历代藏家的需要会不断吸引画家们参与到对它的描绘活动中。

《西园雅集图》传世作品举要

“西园雅集”题材的存世作品数量庞大，精芜相杂。仅笔者知晓确切藏地和画面基本情况的就有四十余件，这里不能一一列举，仅举各时代较有特色的版本数种，择其要点叙述一二。

目前已知“西园雅集”题材传世作品中年代较早的一例，是杨仁恺《国宝沉浮录》一书中记述的（传）李公麟《西园雅集图卷》(图 5.16)。全画为细笔白描形式，分五段描绘雅集文士十六人。根据杨仁恺鉴定，“乃南宋晚期文人所摹，水平并不见佳，却也流传有绪”[②]。本作应是关于“西园雅集”的传说在北宋末至南宋中期生成后较早一批附会传说，托名于李公麟的作品。该作曾由《石渠宝笈》初编著录，经琉璃厂伦池斋售

---

① 这也在一定程度上解释了为什么从《述古图》到《西园雅集图》，这个题目的最初作者会被讹传为李公麟，而不是原先的僧梵隆或其他画家。因为一幅描绘一群饮誉古今的文士雅集的画作，其作者也应该是与之同时代的，饮誉古今的文人画家，非如此，这幅画和这段历史便不足以作为传奇而被后来的人们津津乐道。

② 杨仁恺．国宝沉浮录［M］．上海：上海古籍出版社，1991：295.

于香港藏家，2005 年曾见于某秋季拍卖会。

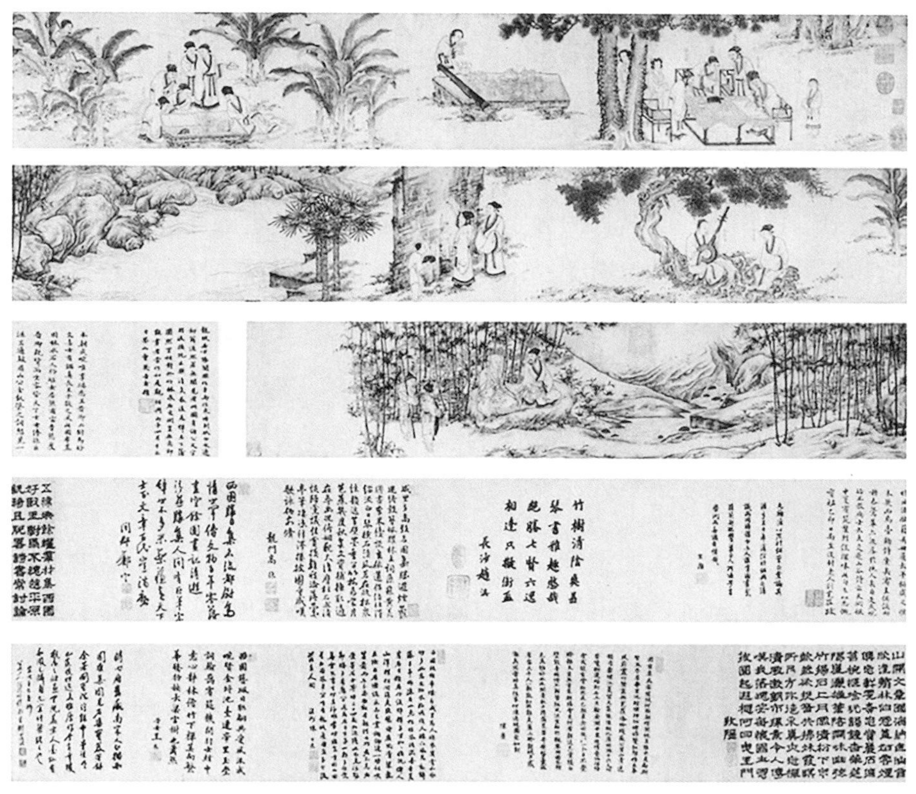

图 5.16 （传）李公麟《西园雅集图卷》 南宋 纸本水墨 尺寸不详 私人收藏

明代以来，托名古人的《西园雅集图》版本众多。如王诜款《西园雅集图轴》（藏地不详），上诗塘有乾隆御题诗，并有“孤云处士”款（属元代画家王振鹏）;《西园雅集图》，著录于劳继雄《中国古代书画鉴定实录》第八卷;（传）赵孟頫《西园雅集图》，现藏美国大都会博物馆；仇英款《西园雅集图》，著录于《中国古代书画鉴定实录》第一卷；陈洪绶款《西园雅集图》两件，著录于《实录》第三卷和第七卷。以上作品经鉴定或为伪迹添加伪款，或为明代的“苏州片”，足见这一题材在当时的流行。除伪迹之外，明代也有众多名家的该题材真迹传世，如明代无款《西园雅集图》，属谢时臣画风，卷前有许初所题引首，系真迹

（著录于《实录》第一卷）；明代李士达《西园雅集图》，后有杜大绶题跋（著录于《实录》第四卷）；尤求《西园雅集图》，纸本墨色，作于1573年（著录于《实录》第六卷）；明代周翰《西园雅集图》（著录于《实录》第七卷）。另外，《实录》中还著录有明人赵修禄所作《西园雅集图》一卷，是较为典型的“苏州片”面貌，故推测赵修禄其人很可能是当时一位专作“苏州片”的职业画家。“苏州片”的作者，其作品往往被冠以古代或当时名人的名字出售，本人真实姓名出现得很少。故宫博物院藏有黄彪《桃源图》一作，这个黄彪与赵修禄一样，也是当时苏州地区的职业画家，台北故宫博物院藏有其所作《九老图》一件。因江南方言中“黄”“王”发音易混淆，故此人在画史文献中有时也被记为“王彪”。

入清，“西园雅集”题材依然不衰。清初四僧之一的石涛即作有《西园雅集图》（图5.17），著录于《实录》第三卷。本作是石涛作品中为数不多的大场景人物画作。画中的文士形象一改石涛山水作品中点景人物的简洁、概括，画得笔墨精致而形象传神。另外《实录》一书还著录有清人顾樵、吕焕成、周颢等人所作该题材作品，手卷、立轴形式皆有。至近代，该题材作品依然多产，陈少梅、傅抱石、张大千均有作品传世。

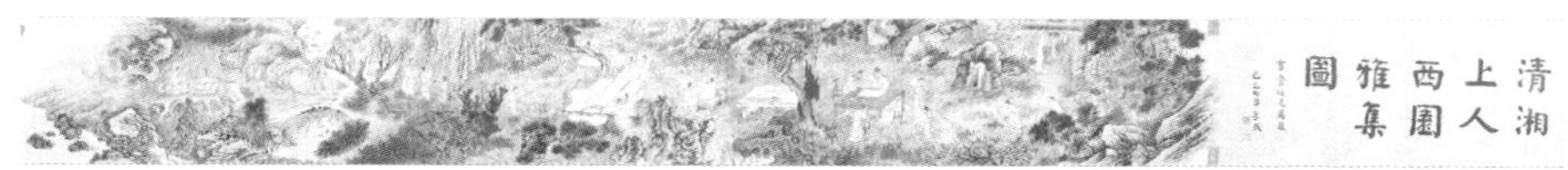

图5.17　石涛《西园雅集图》清代　纸本设色　尺寸不详　上海博物馆藏

第五小节　元明私人书画收藏在传播古画题材、粉本方面所产生的影响

以上对《后赤壁赋图》《萧翼赚兰亭图》《贵妃上马图》和《西园雅集图》等绘画主题及相关文献、作品的分析，旨在探讨元明时期的私人书画收藏活动在保存前代著名题材、传播其图像方面所具有的价值。

元代以来的收藏著录文字和有关诗歌、跋文，在对一些题材的起源与最初作者的记载上，往往受到一些托名伪作的影响。此外，或是因旧稿在转摹中被改仿以致失去原貌，或是因涉及重要史实的跋文在转录中的错误，导致后来的藏家对一幅图像的认识逐渐远离其本来真相。而夹带讹误的认识，又会反作用于对该图像的摹写，从而继续生产出新的，既与祖本有关，又经历了改头换面的临摹本。

尤其值得注意的是，一些年代久远的作品在辗转递藏过程中，或是因某种原因在著录文献中被更改名字，或是因题名、画芯部分受损而被误读画面主题。不仅如此，一些元明时期的画家借助古画稿本进行创作时，往往还有抛开原作主题，将旧粉本局部改动后赋予新主题的做法，或是从数件古画稿本中分别提取部分图像，组合生成新的画面。这些做法使一些古画的图像逐渐脱离了原有的主题，被赋予新的主题。另外，这也导致了许多相似主题的作品共用部分图像，乃至共用一幅图像的情况。这样的现象，是私人书画收藏活动与商品绘画生产方式的结合，对绘画史产生的特有的影响。以下章节将结合具体个案进行讨论。

第二节　元明私人书画收藏活动所催生的对古画粉本的演绎以及相近题材粉本的混用现象

运用古画旧稿改仿或组合生成新画面，在元代文献中已有记载。汤垕《古今画鉴》中说："古画东移西掇，捋补成章，此弊自高宗朝庄宗古始也。"[①] 这里所说的"高宗"应指宋高宗，"庄宗古"疑为刘宗古的讹传[②]。入明，张丑《清河书画舫》又讲道："赵千里画《丁香鬼》，其品甚奇。淮阴龚开番局作《中山出游图》，用浓墨描写，怪怪奇奇，

① 潘运告主编．元代书画论［M］．运告，译注．长沙：湖南美术出版社，2002：333.

② 查刘宗古为汴人，宣和间待诏，成忠郎。画人物山水佛像。靖康乱，流落江左。绍兴二年（1132），进车辂式称旨，复职。

笔趣又复过之。”[①]可知元人也有改仿前人画面图像而成新作的情况。到明代，选取古画中的局部形象组成新画面的例子就更多。前面提到的仇英《汉宫春晓图卷》一作中，就分别选取了《捣练图》《挥扇仕女图》《韩熙载夜宴图》等唐宋画作中的局部人物形象。类似这样建立在改仿、重组基础上的创作手法，在元、明两朝，特别是明代的绘画史上屡见不鲜。

第一小节 《明皇幸蜀图》的图像流传及衍生作品

有关《明皇幸蜀图》的最初文献记载

古代书画文献中首次提到《明皇幸蜀图》，是在苏轼《东坡集》中所载跋唐李思训《摘瓜图》一文：“元稹望云骓歌云：明皇当时无此马，不免骑驴来幸蜀，信如稹言，岂有此权奇蹀？与嫔御摘瓜山谷间如思训之图乎。然安禄山之乱，崔园在蜀，储设甚备，骑驴当时虚语耳。”[②]由这段跋文可知，苏轼所见《明皇幸蜀图》被归为李思训所作。按苏文所说，画中出现了玄宗骑驴和嫔御摘瓜的情节。对于李思训是否画过玄宗幸蜀之事，清人曾有质疑。卞永誉在《式古堂书画汇考》画卷第八“大李将军明皇幸蜀图”一作的外录中提出：“按宣和画谱载李思训画无幸蜀图。其子昭道有摘瓜图，思训卒在开元八年前，不及幸蜀之时。岂以小李而误耶？”[③]顾复《平生壮观》卷六也谈道：“新安吴氏，世传大李将军《明皇幸蜀图》立轴，二尺六绢本，什袭甚谨，索价甚昂。……询之於予。哑然曰：‘此谚所谓宋版《大明律》，今始见之。’举座骇然，予曰：‘事非无证之说，试以李北海《云麾将军碑》视之，思训卒于开元初年，而画天宝以后事耶？’……然用笔细而不板，克肖贵贱人意象，峰岚峻拔，迳道逶迤，水泉林木，点缀皆好，大抵五代、宋初高手之所为也。”[④]

① （明）张丑．清河书画舫［M］．徐德明，校点．上海：上海古籍出版社，2011：494.

② （清）孙岳颁，宋骏业，王原祁等编．佩文斋书画谱［M］．杭州：浙江人民美术出版社，2014：2582，2583.

③ （清）卞永誉纂辑．式古堂书画汇考［M］．杭州：浙江人民美术出版社，2012：1453.

④ （清）顾复．平生壮观［M］．林虞生，校点．上海：上海古籍出版社，2011：220.

由此可知，李思训不可能画玄宗幸蜀之事。《东坡集》中所录应非李思训真迹。

另外，关于“玄宗幸蜀”题材的画作为何得名《摘瓜图》，北宋叶梦得《石林避暑录话》中记载：“宣和间，内府求李画甚急，以其名不佳，故不敢进，明皇作骑马像，前后宦官、宫女，导以略备。道旁瓜圃，有宫女即圃摘瓜者，或讳之为摘瓜图。”[①]但《东坡集》中那段文字诞生应早于宣和年间（苏轼卒于1101年，宣和元年为1119年）。由此可知，“玄宗幸蜀”题材的画作被称为“摘瓜图”，并被讹传为李思训之作的现象，应早在宣和时代之前，苏轼活着的时候就已存在。《石林避暑录话》中所载《大李将军明皇幸蜀图》原藏赵宋宗室、汝南郡王赵仲忽家，是否为苏《东坡集》中所录之作不详。但在《石林》一书之前，米芾《画史》中也已提道：“苏澥浩然处见寿川人摹明皇幸蜀道图，人物甚小，云是李思训本，与宗室仲忽本不同。”[②]可知在米芾生前，除赵仲忽家藏本外，还有其他版本的《明皇幸蜀图》流传。另外，关于《石林》一书中讲的，“明皇幸蜀”这一题材在宣和年间被讳称为“摘瓜图”的说法，其准确性仍有待商榷。首先，李思训不可能画此题材。其次，即便如卞永誉所猜测的，是误将真正的作者李昭道误传为其父李思训，也与史实不合。首先，《宣和画谱》中在展子虔名下即录有《摘瓜图》一作，但在李思训名下无此作品。李昭道名下虽录有《摘瓜图》一作，但对此作内容所指有详细解释：“武后时残虐宗支，为宗子者，亦皆惴恐不获安处。故雍王贤作《黄台瓜辞》以自况，冀其感悟，而昭道有摘瓜图著戒，不为无补尔。”[③]可见，宣和御府收藏的李昭道《摘瓜图》只有一件，而且与“明皇幸蜀”之事并无关系。所谓“‘明皇幸蜀图’或讳之为‘摘瓜图’”，只是讹传。至于因李思训生年不足以画天宝年间之事，就认为是李昭道之作被误传为李思训之作，

① （明）张丑.清河书画舫［M］.徐德明，校点.上海：上海古籍出版社，2011：176，177.

② 潘运告主编.宋人画论［M］.熊志庭等，译注.长沙：湖南美术出版社，2003：150.

③ 宣和画谱［M］.岳仁，译注.长沙：湖南美术出版社，1999：209.

也是后人的臆断。事实上，从唐代文献和北宋《宣和画谱》所载来看，并无证据显示李氏父子画过“明皇幸蜀”题材作品。张彦远《历代名画记》在记述二李时，并未提到任何具体画作。朱景玄《唐朝名画录》中也未提到二人的具体作品。但在北宋时，这个题材已经产生，并有了不同版本，应是事实。

《明皇幸蜀图》题材作品在元明时期文献中的不同版本

进入元代之后，被归于二李父子名下的《明皇幸蜀图》，不见于著录，倒是“摘瓜图”一名频频见于历代藏家的著作和信札。周密《云烟过眼录》中即著录有《摘瓜图》三件。分别为：“兰坡赵丞与勤家藏”一节下所录“李昭道摘瓜图”、“赵子昂孟頫乙未自燕京回出所收书画古物”一节下所录“李思训摘瓜图，宣和题”、“张受益谦号古斋所藏”一节下所录“徽宗临李昭道摘瓜图小轴”。此外，故宫博物院藏赵孟頫《致季宗元札》一信中，赵孟頫讲到曾见李昭道摘瓜图一件，“思陵题，绢素百破”。元末明初的张羽《静居集》中有《题胡廷晖画》一诗，后记中讲道“赵文敏公家藏小李将军《摘瓜图》历代宝之者。尝倩廷晖全补。廷晖私记其笔意，归写一幅质公，公大惊赏乱真，由此名实俱进，故诗及之”[①]。这样看来：上述文献中仅与赵孟頫有关的《摘瓜图》就有三件：赵收宣和题大李一件、赵见思陵题小李一件、胡补赵收小李一件。另外还有赵兰坡所收一件和张谦所收徽宗临本一件。上述五个版本中或许会有重合。[②]从《致季宗元札》中对“思陵题小李”版本的画描述来看，“山头水纹用笔圆劲，树木皆古妙。人物面如渥丹，马绝骏伟，世间神物也”，画中既有山水景物，又有人、马形象，的确近似“明皇幸蜀”题材应涉及的事物。

进入明代，《明皇幸蜀图》出现了更多不同版本，作者也不再局限于二李父子。张丑《清河书画舫》中节录文嘉《严氏书画记》中即有“李

---

① 潘运告主编．元代书画论［M］．运告，译注．长沙：湖南美术出版社，2002：75.

② 前文中有关胡廷晖的部分里，已经分析过这一问题。

昭道《明皇幸蜀图》二，俱摹本”[①]。另外，记中还有“元人《明皇幸蜀图》一”[②]。另外，《佩文斋书画谱》在“王世懋澹园画品”一节下录有“李郡摹明皇幸蜀”一条。其所录茅维《南阳名画表》中又有“李思训行幸蜀川图宋高宗前后小玺”的记载。其节录詹景风《东图玄览》内容中也提道：“文皇幸蜀图一横轴，与予所见汪司马家赵千里本相同，予以为唐人笔。赵千里本殆临此者，在韩敬堂家见。”[③]詹氏此说可以在《清河书画舫》中找到与之呼应的证据。该书在赵伯驹名下录有《明皇幸蜀图》，并附记：“江阴葛维善旧藏赵千里明皇幸蜀图，绢本、重著色，虽小幅，甚妙。秀雅超群，绝无皴法，都玄敬先辈载之《寓意编》，今转属太原王氏矣。近改作高头小短卷。或云此图千里摹思训之作，固是甲观。”[④]这条记载不但呼应了詹氏关于赵伯驹作有此图的说法，而且将赵伯驹之作的原型指向了李思训。

明末顾起元《懒真草堂集》中又录唐李昭道幸蜀图一件，也值得注意：“有人湖州沈不疑有横轴明皇幸蜀图一幅，出令余勘之。其山水树木桥彴工妙无比而人物顾盼俯仰仿佛如生，真绝笔也。上有王百谷（王穉登）张伯起（张凤翼）二跋语并题为仇实父摹赵千里。谛视之，殊不类赵作。因取归悬壁上细观之，见左方山石内有金书李昭道三小字，岁久漫漶不易可？为之大快叫绝。信吾不负吾眼也。其下又有宣和小玺。因定为唐本无疑，因考蔡绦《铁围山记》书宣和帝常（应为‘尝’）以小李将军唐明皇幸蜀图一横轴赐阁下，不知即此本否？此图今藏余归鸿馆中。因漫记其由来于此，俟如李伯时、米元章辈辨赏之。”[⑤]蔡绦与徽宗同时代，所记应有一定可信度。徽宗或许确实曾将内府收藏的一件归于小李名下的《明皇幸蜀图》赐予臣下，但这不能证明顾起元所收之物就是

① （明）张丑．清河书画舫［M］．徐德明，校点．上海：上海古籍出版社，2011：334.

② （明）张丑．清河书画舫［M］．徐德明，校点．上海：上海古籍出版社，2011：339.

③ （清）孙岳颁，宋骏业，王原祁等编．佩文斋书画谱［M］．杭州：浙江人民美术出版社，2014：3137.

④ （明）张丑．清河书画舫［M］．徐德明，校点．上海：上海古籍出版社，2011：492.

⑤ （清）孙岳颁，宋骏业，王原祁等编．佩文斋书画谱［M］．杭州：浙江人民美术出版社，2014：2584.

当年徽宗所赐之本。前面已谈到，从唐代文献和北宋《宣和画谱》所载来看，并无证据显示李氏父子画过“明皇幸蜀”题材作品。况且，宣和御府之物，也多有托名伪作。顾氏藏本中的宣和小玺和“李昭道”藏款，并不能作为此作确系宣和御府所收和李昭道亲笔的铁证。[①]至于其画上王穉登、张凤翼跋文都说此作为仇英摹赵千里之作，而顾氏看来殊不类赵作的情况，则有两种可能。一是这两段跋文系移配而来，原本就不是讲这幅画的。二是两跋俱为伪造，但伪造者并没有发现李昭道之款，只是伪造了跋文，而画芯则是旧有的。

《明皇幸蜀图》题材作品在清代文献中的不同版本

进入清代，“明皇幸蜀图”一名仍屡见于著录。《式古堂书画汇考》中除著录了前面讲到的李思训《明皇幸蜀图》外，还在画卷三的《名画大观》一册中记有《唐昭道明皇幸蜀图》：“团扇绢本着色，宫殿连延花树……西幸出宫，风景仓皇。左右印莫辨。按对题诗此图为幸蜀初出都门时事。宣和画谱载昭道又有摘瓜图，乃幸蜀道中时事也。”后附对页题诗：“侍儿扶起跨金鞍，圣主频频顾玉颜。西出都门犹矗辔，奈何掩面马嵬山。唐苏灵芝行书对题团扇绢本。”[②]此作画芯与对页题诗应皆属伪造。首先，唐人文献中谈到李昭道时只讲他擅山水，并未讲到他有宫室、人物方面的创作。其次，从卞氏对画芯图像的描述，看不出画面与“幸蜀”有何关系。倒是类似“贵妃上马图”题材的情节。卞氏说据对页题诗，此图为幸蜀初出都门时事也，但对页所谓“唐苏灵芝一诗”却无可稽考。苏灵芝为唐天宝、开元间人，但世传只有其书法作品而并无诗文，《全唐诗》中也未录其任何诗作。而且，此诗仅见于《式古堂书画汇考》所录，在之前的其他文献中也没有能证明其久已存在的证据。故笔者认为，这幅所谓“李昭道明皇幸蜀图”很可能是对一幅原本表现“杨贵妃上马图”题材作品的误认，对页的苏灵芝题诗很可能是专门根

① 上海博物馆即收有一件于湖石中书有“顾闳中”藏款，但经鉴定为南宋人所作的《歌乐图卷》。而且，从唐宋时期的文献来看，题藏款并不是唐代画家的书款习惯，而是宋人的习惯。此处“李昭道”藏款非但不能作为这件作品是唐画的证据，反而使它更加可疑。

② （清）卞永誉纂辑．式古堂书画汇考［M］．杭州：浙江人民美术出版社，2012：1375.

据这幅画的内容附会、伪造的。其词句内容是借描写贵妃上马，玄宗回顾之态而感伤杨贵妃之死，重点并不在“幸蜀”。卞氏在书中说“宣和画谱载昭道又有摘瓜图，乃作幸蜀道中时事也”[①]的说法，显然是在不了解《宣和画谱》具体记载的情况下，受《石林避暑录话》的影响而发出的以讹传讹之论。另外，《式古堂书画汇考》中还录有赵千里《明皇幸蜀图》并附录《清河书画舫》中关于此作的记载，但未对画面有具体描述。《平生壮观》中顾复对世传大李将军《明皇幸蜀图》的质疑，前面已谈过，不再赘述。

综合以上的文献梳理可知：从北宋至清代，“明皇幸蜀”这个题材的作品不仅出现了众多的版本，其作者也有李思训、李昭道等不同说法。尽管李思训生年不及见“玄宗幸蜀”之事，《宣和画谱》所载李昭道《摘瓜图》也与“幸蜀”一事并无关系，但元、明以来讹传为大李所作《明皇幸蜀图》和小李所作表现“明皇幸蜀”故事的《摘瓜图》仍然众多，并有“赵伯驹曾有摹本”的说法及其所作版本流传。其中应不乏以讹传讹之论和作伪托名之事，但该题材的图像自宋元以来广泛流传却是可想而知的。

《明皇幸蜀图》传世作品举要

“明皇幸蜀”这一题材的传世作品中，目前被认为年代较早的版本，是现藏台北故宫博物院的（传）李昭道《明皇幸蜀图》（图 5.18）。关于此作的制作年代，目前学界多有争议。台湾学者李霖灿认为其系宋人仿唐之作，并推测此本图像在唐代就已存在。故宫博物院研究员杨新则认为此作即为胡廷晖为赵孟頫修补其藏“小李摘瓜图”后的摹本。也有学者认为此作为明代末年仿本。画中有乾隆题诗一首，从“年陈失姓氏，北宋近乎唐”[②]一句看，此作进入清宫时并无名款，而且乾隆题诗中并未将这件作品与“明皇幸蜀”之事联系，说明它在宫中贮藏时并未被冠以“明皇幸蜀”之名。画中右下角钤有“子长”“项笃寿印”二印，可知曾

① （清）卞永誉纂辑 . 式古堂书画汇考［M］. 杭州：浙江人民美术出版社，2012：1532.

② 注：该诗题于画芯上部，现藏于台北故宫博物院。

为项笃寿所藏，又有清人耿嘉祚藏印和“石渠宝笈”“宝笈三编”二印。另外，北京保利2012春季拍卖会中，曾有古画《明皇幸蜀图页》(图5.19)团扇一件，画面为台本藏本中平川部分行旅卸担休息场景，用笔较台北本较细弱，而刻画更繁，画中同样钤有“公”字印、“会侯珍赏”、“信公珍赏”三枚耿嘉祚之印。笔者推测这件团扇本或许是耿氏收得台北本后请人摹制的，也可能是明代画家对此图像的节临版本之一。此外，日本大和文华馆藏有半幅《明皇幸蜀图》，比台北藏本尺寸略小，所画水平也稍逊。画中有赵孟頫“天水郡图书印”，被认为是宋人摹本。

图5.18 （传）李昭道 《明皇幸蜀图》 年代待定 绢本设色
55.9cm×81cm 台北故宫博物院藏

图 5.19 佚名《明皇幸蜀图页》 清代 绢本设色 尺寸不详 私人收藏

除这三件题名相同，画面图像也有关联的作品外，另外有两件同为《明皇幸蜀图》，但图像与台北本略有不同的作品值得关注。一是明代吴彬的《明皇幸蜀图轴》（图 5.20），本作为立轴式构图，描绘崇山叠嶂，山谷中小路蜿蜒，人马蹒行，前景左下角溪壑间绘栈桥一座，有人马前行，山间行旅队伍中有三马拉轿车一辆，车中坐红衣一人，应为玄宗。画芯左边山石间题小字款“癸卯春日吴彬画”，下钤文中白文印。吴彬生于穆宗隆庆四年（1570）前后，卒年在崇祯十七年（1644）或清顺治初年（1644—1648）。这一时段中的“癸卯年”只有万历三十一年（1603），吴氏时年约三十余岁。他于万历二十八年（1600）流寓至南京地区，故此作应为客居南京期间所作。这期间，吴彬广交苏州地区的书画家与收藏家，如陈继

图 5.20 吴彬《明皇幸蜀图轴》
明代 绢本设色
54cm × 31.4cm
天津博物馆藏

儒、米万钟、邹之麟、丁云鹏、李流芳、徐弘基等人。而南京又是江浙地区古董书画交易行业最为活跃的城市之一，这也无疑为吴彬广览前人画迹提供了方便。

如果对比一下吴彬《明皇幸蜀图》和台北故宫博物院的（传）项笃寿旧藏《明皇幸蜀图》（图 5.21），会发现吴彬本的画面构图布局其实取自项笃寿藏本构图的最右侧三分之一部分。其山势布局和基本画面结构，特别是画中左下角的栈桥等布景设计，明显来源于项笃寿藏本。而吴彬获得这组图像信息的来源，或许就是他在南京结识的收藏家或是南京一带的书画交易市场。当然，吴彬所见不一定就是项笃寿所藏此作，也可能是其他辗转摹制的版本。

图 5.21　吴彬 《明皇幸蜀图轴》与（传）李昭道《明皇幸蜀图》局部比较

除吴彬版本之外，美国又藏有（传）仇英作《明皇幸蜀图》（图 5.22）一件，是图绢本，重青绿设色，写重山叠嶂之景，中景松林中小路蜿蜒，人马逶迤而来。近景平坡上一队人马向画面左侧蹭行。二侍从拥一朱衣贵人，欲过一桥形石梁。石梁下涧水潺湲。画芯右边山壁上书“仇英实父制”一款，下钤“十洲”葫芦形印和阴文“仇英之印”。画芯上方有“怡亲王宝”大印；右下方有“平生真赏”“怡亲王宝”二印；右上角有“天籁阁”一印；左下角有葫芦形“得密”一印和“项子京家珍藏”一印并“怡府藏书画记”一印等鉴藏印数枚。本幅的人物面部、鞍马仪仗刻画特征与仇英真迹相比，风格差异比较明显。画中“天籁阁”印文与项氏印真迹相比，细节也有差异，应为伪印。故此作虽精工细腻，但并非仇英真迹，也非项氏旧藏，应是明代制作精良的仿古商品画。然而，正如蔡绦的记载并不能证明李昭道画过“明皇幸蜀”题材一样，该作并非仇英真迹也不能证明仇英没有画过这个题材。人们不应忘记，台北故宫博物院那件《明皇幸蜀图》的旧藏家项笃寿，正是仇英最重要的赞助人项元汴的弟弟。其次，试将这幅仇英款作品与吴彬作《明皇幸蜀图》及台北故宫博物院的项笃寿藏本并置比较，就会发现：如吴彬本一样，仇英款《明皇幸蜀图》的画面构图同样源自项笃寿藏本画面的最右侧三分之一处。而且，在仇英传世的真迹中，也多有这一构图的作品。例如，试将仇英款《明皇幸蜀图》和仇英的《桃村草堂图》《玉洞仙源图》和《桃源仙境图》三件作品并置对比，就会发现，四件作品的画面布局基本一致（图 5.23）。再将《桃村》《玉洞》《桃园》三作与项笃寿藏《明皇幸蜀图》的最右侧三分之一画面比较，构图与画面空间布局也基本一致（图 5.24）。只不过仇英《玉洞》《桃村》等

图 5.22 （传）仇英 《明皇幸蜀图》
时代不详 绢本设色
尺寸不详 美国（具体藏地不详）

图 5.23 （传）仇英 《明皇幸蜀图》与仇英《桃村草堂图》《玉洞仙源图》《桃源仙境图》的比较

图 5.24 仇英《桃村草堂图》《玉洞仙源图》《桃源仙境图》与（传）李昭道《明皇幸蜀图》局部的对比

三作加大了云气对画面后景山峦体块的分割作用，将项笃寿藏本中最右侧部分，原本整体的山体团块运用云气分割出了几个更丰富的层次。另外，项笃寿藏本最右侧三分之一处，明皇策马将要经过的那座小桥和附近的溪涧，在仇英的三件作品《桃村》《玉洞》《桃园》中的相似位置都能找到相同的景物，布景构思上的一致是显而易见的。另外，项笃寿藏本的中景山体斜向左方突出的断崖状山岩，也能在《桃村》《玉洞》《桃园》三作中同一位置找到明显相似的山石结构。

前面讲到，《桃村草堂图》是仇英为项元汴之兄项元淇所作，后又归项元汴收藏。而《桃源仙境图》则是仇英晚年为“怀云”陈官所绘，是对早年构图程式的再运用。故笔者推测，仇英很可能在为项氏家族服务的过程中接触到了当时正收藏于项家的项笃寿藏《明皇幸蜀图》，并选取了其部分画面布局加以改造，创作了包括《桃村草堂图》在内的一些作品，并在晚年又将这一构图运用于为陈官所作《桃源仙境图》中。另外，清人《吴越所见书画录》中记载仇英作有《明皇幸蜀图》，学刘松年，画中有董其昌之跋。这处记载所录是否就是这件盖有“怡亲王宝”之印的《明皇幸蜀图》目前不详。但综合看来，仇英接触过《明皇幸蜀图》的图像并有过这一题材的创作，可能性是比较大的。

台北藏《明皇幸蜀图》图像所衍生出的其他题材作品

除了陆续衍生出众多同名版本外，台北的项笃寿藏《明皇幸蜀图》在明清还衍生出了几件画面相同而主题不同的画作。一件是台北故宫博物院藏（传）小李将军《春山行旅图》（图 5.25）。该作绢本设色，立轴式，图写崇山峻岭间花树婆娑，人马蹭行。其画面整体布局与项笃寿藏《明皇幸蜀图》相同，只是对画面空间进行了横向压缩，改横构图为竖构图。从细节上看，本幅中的人物形象与《明皇幸蜀图》略有差异。首先是造型手法不同，其次《明皇》一作中的关键形象——骑深色三花马的玄宗，在本幅中的坐骑被改为普通白马。画中有元末收藏家郑元祐的“郑氏明德”一印，但与其常用的“郑氏明德”印明显不同，推测应为伪印。

图 5.25 （传）李昭道 《春山行旅图》 明代 绢本设色
95.5cm×55.3cm 台北故宫博物院藏

台北故宫博物院研究员王耀庭认为，本幅的烟云、山体造型用线偏向于矫饰性，呈现出类似于传统木刻版画的装饰意趣。他列举了收藏于美国哈佛大学塞克勒博物馆，制作于10世纪晚期的《御制秘藏诠》卷十三中的木刻雕版山水画和辽代《妙法莲华经》中的雕版山水画的山体造型，以证明这种矫饰性造型在宋时代的起源。另外，王耀庭又举明代万历年间版画《环翠堂园景图》为例，指出晚明时期的矫饰造型风尚在山水画创作中的影响。他提出：“那《春山行旅图》，从山峦造型，固然十世纪时早已曾出现（这组图像在十世纪时应已存在），但就矫饰性的观念（来判断），还是出于十七世纪较为妥适。”[①] 笔者认同王耀庭的分析，认为本作应为明代画家对《明皇幸蜀图》图像的改造、演绎之作。画面上部瘦金书“唐李昭道春山行旅图”一题为伪，自不待辩。如果将前文中仇

① 王耀庭．书画管见集［M］．台北：石头出版股份有限公司，2017：62.

英款缂丝《后赤壁赋图卷》中的山体造型手法和传李昭道《春山行旅图》比较，也可以发现很大的相似性。《春山行旅图》本身虽为卷轴画，但不排除其参考图稿或为某种具有平面装饰化、图案化倾向的工艺美术品（比如缂丝或版画）。另外，《春山行旅图》中的山头部分远景杂树和局部山石形态，更多地呈现出明人仿习南宋的青绿山水风格，这也是判断它应出于明代的证据之一。

美国弗利尔博物馆另藏无款《蜀山行旅图卷》（图 5.26）一件，该作为绢本，重青绿设色。构图、布局、内容基本与项笃寿藏本相同。但画中明皇所骑也非三花马。卷前有隶书四大字“蜀川佳丽”引首，但姓名印不辨。卷后有文徵明大字行书《蜀道难》一诗。署款：“嘉靖庚戌十月既望书于玉磬山房时年八十又一，徵明”。下钤“徵明”“徵仲”两枚阴文印。画芯右下角钤有“吴平斋鉴藏书画印”（属安徽籍藏家吴云），另有三枚鉴藏印不辨。本幅相传为仇英之作，但细观人物面部刻画与马、什物描绘，较仇英之作流于呆板，山石、云水的勾勒用线也流露出较明显的矫饰化处理倾向，总体看来工细而流于僵化，很可能为明代后期苏州地区流行的，受仇英画风影响的“苏州片”。

图 5.26　无款　《蜀山行旅图卷》　明代　绢本设色
尺寸不详　美国弗利尔博物馆藏

弗利尔博物馆还藏有仇英款《大金德运图》（图 5.27）一件。本幅绢本，大青绿着色。画面内容几乎完全同于《蜀山行旅图卷》，只是局部细节略有出入。卷前隔水有“六十七代衍圣公毓圻鉴赏章”，卷尾有小字“实父仇英制”，下钤一印不辨。卷后有乾隆书题《大金德运图说》一诗并钤有“乾隆御览之宝”“乾隆宸翰”“会心不远”三印。本作虽有仇英款字，但与《蜀山行旅图卷》一样，均有僵化、呆板之弊，应当也属仇英风格影响下的“苏州片”。本作内容与《大金德运图说》一文并无关系，故推测画、跋应系人为移配一处。

图 5.27　仇英　《大金德运图》　明代　绢本设色
尺寸不详　美国弗利尔博物馆藏

《蜀川佳丽图》《大金德运图》二作虽非仇英之作，但这两幅携带仇英画风，而又以项笃寿藏《明皇幸蜀图》为祖本的“苏州片”，在很大程度上增强了前文提出的“仇英或曾在为项家服务期间观看、摹写《明皇幸蜀图》”这一推测的可信度。同时，它们也与台北故宫博物院藏《春山行旅图》等作品一起，证明了这组图像在明代私人书画收藏活动的影响下传播之广泛，版本之繁多。

第二小节　《校书图》的图像流传及衍生作品

《校书图》题材作品在历代文献中的不同版本

“校书图”这一题材，在绘画史上较著名的图像有两组，分别是传为北齐杨子华所作《校书图》和世传王齐翰所作《勘书图》。本文重点讨论的是前者。

《校书图》一名，在北宋已见于黄庭坚《山谷集》，书中载有唐阎立本《校书图》一件。按这段记载的说法，该图系阎立本依据北齐旧本所作。但未指明北齐时期的原作者是谁。此后，关于此图的行踪很长时间不见于著录。

直到清代《佩文斋书画谱》中，在“王世贞尔雅楼所藏”一节下，又出现了“阎立本《勘书图》”这个名字。然而，查阅《弇州山人四部稿》，虽有《勘书图》一件，但所绘图像为旧传“文皇训子”之事，画面与《山谷集》所录不符，并非同一件画作。

孙承泽《庚子销夏记》中又录《北齐勘书图》一作，按孙氏记述：“细绢白描，人物楚楚。”后附北宋黄伯思跋文：“仆顷岁尝见此图别本……意谓后魏北齐间人作。及在洛阳见王氏本题云北齐勘书图又见宋公次道书，始为杨子华画，其所写人物如邢子才、魏收辈岂在其间乎？今观此本，益知北士人物明甚，则知子华之迹为无疑。……第他本尚余两扇（‘扇’字误，应为‘榻’），有启轴而隐几仰观者，有执卷楮而沉思者数辈，盖当时画此不但一通也……政和丁酉八月武阳黄伯思长睿父于楚川衮华堂观。”卷后又有元人欧阳玄一跋：“右勘书图出于高齐，齐初禅东魏，当时主肆于上而国治于下，且有余力萃境内书籍，集时髦而校之……至隋时文艺志所载浩瀚，唐又增多。且多整娖，得非北五朝所存，或经高齐所校勘者欤？画中诸贤衣冠什器微有异同，黄长睿辨之已悉。有一士意度骞举，眉目清扬，非当涂翩翩者乎？使文襄、遵彦见之，君臣间复发一笑。至正十七年丁酉秋七月乙亥庐陵欧阳玄原功甫为治书御史袁君彦伯跋。”[①] 黄与欧阳两人的跋文都提供了重要的信息。从黄伯思一跋看，他接触到了三个版本的《勘书图》，一本即本幅，细绢白描。第二本是“倾岁尝见此图别本……意谓后魏、北齐间人作”。看到这个本子时，黄氏尚不知作者是谁。第三本是“在洛见王氏本题云北齐勘书图又见宋公次道书，始知为杨子华画”。三本似乎均无款识，王氏本是因为有宋次道所书，才使黄伯思相信是杨子华所作。这样看来，至少在宣和年间，《勘书图》这一主题已经有多个版本并存。这里的《勘书图》，应该就是黄庭坚《山谷集》中所说的《校书图》。两个名字只是不同时代的不同称呼，实际上是同一题材同一画面。黄氏书中讲道，那件作品是阎立

① （清）孙承泽，高士奇．庚子销夏记·江村销夏录［M］．余彦焱，校点．上海：上海古籍出版社，2011：160，161.

本依据北齐旧本所作，可知和此处的《勘书图》出处是一致的。再加上宋次道的书跋，这个题材的原作者最终被归为北齐的杨子华。黄氏跋文中还有一段话很重要："第他本尚余两榻……有执卷楮而沉思者数辈，盖当时画此不但一通也。"这显示，黄氏所见三个版本的画面并不一样，他本（应指"倾岁尝见此图别本"和"宋次道所题王氏本"）比这幅黄氏跋写的细绢白描版本多出"两榻"和仰观者、沉思者数人。黄氏对此的解释是"盖当时画此不止一通也"，即初作此图时就有不止一件。但笔者认为也不排除是祖本的面貌在流传、转摹中被改造的结果。元人欧阳玄的跋文价值，第一是他提到了黄伯思跋文，这使人们得以确信他和黄氏看到的是同一件东西，第二是欧阳玄讲出了这件作品的藏家"袁君亨伯"。查"袁亨伯"名袁涣，其父为元代名臣袁遵道。袁涣青年时师从虞集，至正十二年（1352）袁涣修治先祖林墓并立碑时，书碑文人为姚燧。而书丹之人又是赵孟頫。这三人均为颇有声誉的书画古董收藏家。而虞集和为袁涣跋写这幅画的欧阳玄，又与张雨、杨维桢、黄公望等书画家、收藏家过往密切。

顾复《平生壮观》中又著录"校书图"题材作品两件。一是阎立本《北齐勘书图》："绢素不细密，人物五寸许，衣褶简淡而气韵完足。此初唐人遗法也。迤尾跋者数人，而最著名者陆放翁、范致能也。"[①] 按顾氏的说法，该作是绢本，拖尾中包括陆游与范成大（字"致能"）的跋文。但顾氏未讲画面具体内容，不知与前面几个版本是何关系。《平生》中还录有支仲元作《勘书图》一件："绢素颇粗，卷长四尺余，人物半尺，计十二人，无布景，无泉石，衣褶古而气运厚。接唐人脉络者也。或谓之阎立本，良以立本《北齐勘书图》历代名物，此何异见牛必曰戴嵩而不知韩滉、张符，见马必曰韩幹，而不知曹霸、陈闳为更工，子诚齐人也。王百穀以仲元题之。"[②] 按文中所记，该图的图像应当与世传阎立本《北齐校书图》有关。但有一点要注意，黄庭坚《山谷集》说的阎立本之作有士大夫十二员，执事者十三人。而这件支仲元所作是全画计十二人，可

① （清）顾复．平生壮观［M］．林虞生，校点．上海：上海古籍出版社，2011：218.
② （清）顾复．平生壮观［M］．林虞生，校点．上海：上海古籍出版社，2011：235.

知其画面相比《山谷集》所载阎氏版本，很可能也是不全的。王穉登将此作归于支仲元名下的根据是什么并不清楚，不过《平生》所记阎立本版本的人物是五寸许，而支仲元本的人物是半尺，大小相当。故推测后者的图像应是按原大从前者摹来的。

至清代，吴升《大观录》第十一卷中又录《阎立本北齐校书图》一件："绢本高八寸长三尺余。一贵员坐榻之中，右手执笔左手展卷注思……诸女侍额鼻傅粉甚白，前有宋宫印一方，后钤隔水印一。南宋题者五人。范、陆、谢有书名而韩元吉宋版大戴礼记会刊其跋亦名人也。后附范成大一跋：右北齐校书图世传笔法出于阎立本。鲁直画记登载甚详。此轴尚欠对榻七人，当是逸去其半也。诸人皆铅槧文儒，然已着靴，坐胡床，风俗之移久矣。石湖居士题。"[①] 后有小字录跋后印鉴，又有韩元吉一跋、郭见义一跋、陆游一跋、谢谔一跋。后接吴升注评："初阅范文穆跋，谓鲁直画记登载甚详，尚少对榻七人，已逸去其半也。愚意鲁直书必遭党禁时割弃之故而不存，独不解画之不全何缘逸去。再三展阅对榻有人，前后完整无阙，不特后不可续，即前亦难增益，因检《山谷集》内题跋，观之并不相符。所称官长文士十二员执事者十三人，今官长文士止五员，果缺七人矣。而执事女侍、奚奴共十有五，为数反逾其二，又多鞍马二，似乎别有一图，或出五代名人摹仿之作，而文穆偶忆黄语漫为引据耳。惟韩元吉跋最切合，放翁跋书法眉山，尤为难得，但责备太苛，失作图播传之意矣。"[②] 这段评论有两点值得注意。第一，吴升起初认为黄庭坚的跋文是因元祐党禁而被割，所以他没有见到。言外之意，他认为黄氏的跋文就是讲他看到这件作品的。第二，他通过对比黄庭坚《山谷集》所记和他手中的画作发现，该作虽然确实如范成大跋中所说，比黄庭坚记载的画面少了对榻七人，但又比黄氏记载的画面多出了执事仕女、奚奴和两匹马。于是，吴升推测黄氏所录是"别有一图，或出五代名人摹仿之作"。实际上，他的

① （清）吴升．大观录［M］．影印华东师大图书馆藏武进李氏圣译楼铅印本，民国九年（1920）．

② （清）吴升．大观录［M］．影印华东师大图书馆藏武进李氏圣译楼铅印本，民国九年（1920）．

这种推测是正误相参的，稍后将分析其具体情况。

吴升见到的这个版本，也见于安岐《墨缘汇观录》的“名画续录”和陆心源的《穰梨馆过眼录》中。其中安歧所记简略：“唐阎立本校书图卷，绢本着色短卷，人面用三白法，笔墨设色文秀之极。后有范石湖，韩元吉等跋。但卷中宋印过觉斜侧，甚为可厌。”① 而陆心源的记载则更为详细。书中不仅详录了范成大、韩元吉、郭见义、陆游、谢谔、周确斋、陈香泉、殷彦来八人跋写的全文（周、陈、殷三人跋应在吴升著录之后，故吴升未提到），还详细记录了拖尾跋文部分所有的藏印内容，为实物与文献的对比提供了方便。

综上所述，自《校书图》一名见于《山谷集》直至清代，该图见于不同文献著录的版本至少应有六个。《山谷集》所录一本，画中士大夫十二员，执事者十三人，坐榻胡床四。《庚子销夏记》所录一本并附录黄伯思跋文中另记二本（《庚子》本画面相对另外两本少去两榻并文士数人）。《平生壮观》《大观录》《墨缘汇观录》及《穰梨馆过眼录》四书所录，均提到陆游、范成大、韩元吉跋文。而且，《大观》《穰梨》二书所录跋文内容，除周、陈、殷三人外均一致，《平生》《墨缘》二书又均称人物为五寸左右，再加上《大观》与《墨缘》中都提到人物面部用白粉的特征，故均应为同一本。另外，尚有《平生》所载支仲元一本。六个版本中，除《庚子》中的三个版本无具体人数外，《山谷集》中版本有 25 人；《平生》所载支仲元版本 12 人；《平生》《大观》《墨缘》《穰梨馆》四书同载版本人数为 20 人。由此可知，这六个版本至少应有三种不同的画面图像，最初祖本的面貌在长期的辗转递藏、转摹过程中，必然已被修改、增损。

两件存世《校书图》的比较

《校书图》现存的版本有两个，一是美国波士顿博物馆所藏（传）杨子华《校书图卷》（图 5.28），一是台北故宫博物院藏白描无款《校书图卷》（图 5.29）。两本中，以波士顿藏本最为著名。该图绢本着色，绘有二十人，其中文士五人，侍从、奚奴十五人，又绘榻一座，马二匹。卷

① （清）安岐．墨缘汇观录［M］．南海伍氏刻本，清光绪元年（1875）．

尾依次有南宋范成大、韩元吉、郭见义、陆游、谢谔五人跋，又接康熙年间周确斋、陈香泉、殷彦来三跋以及清至民国数人跋文。种种特征表明，该作就是《平生》《大观》《墨缘》《穰梨馆》四书同录的那件陆、范等南宋人士所题之本，即二十人版本。台北故宫博物院所藏白描版本，画中绘三榻。右侧一榻坐文士四人，侍女、仆童七人，与波士顿本中段图像相同。左侧二榻，坐文士七人，旁侍从二人。合计有文士十一人，侍从、侍女九人，共二十人。画芯左侧有黄伯思一跋，内容与《庚子销夏记》所载黄伯思文相同。

图 5.28 （传）杨子华 《校书图卷》 宋代 绢本设色 80cm×240cm 美国波士顿博物馆藏

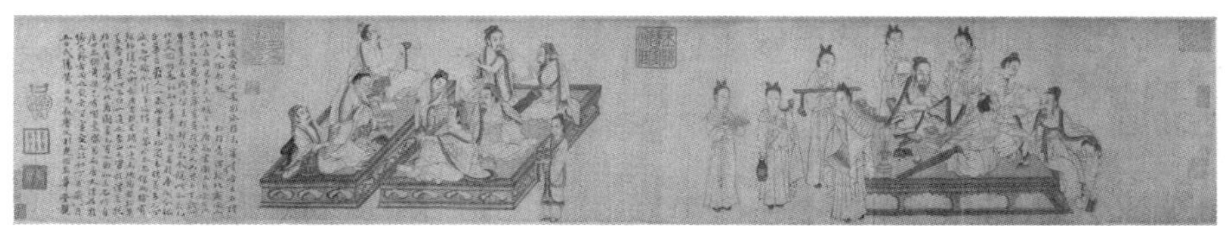

图 5.29 无款 《校书图卷》 时代不详 绢本水墨 尺寸不详 台北故宫博物院藏

如将此二本对比，会发现台北藏白描本上文士人数（十一人），比之《山谷集》中所录十二人少一人。而该作相比波士顿版本所缺少的，是波士顿版本中最右侧执笔作书的文士形象。如果将波士顿版本最右侧一组以俯身书写文士为核心的人物群，添加至台北白描版本的右侧，则文士人数恰好符合《山谷集》所记十二人，坐具也符合《山谷集》中“坐榻胡床四”的说法。但是，执事侍者的数目仍然和《山谷集》所载“十三人”对不上（多两个）。当然，《山谷集》所录画面，也不一定就是最原始祖本的样子，或许在个别侍者的形象、人数上，已有损益。目前来看，台北白描版本拼合波士顿版本中最右侧一组人物的画面组合，应该是最接近《山谷集》所载画面样式的，或许也是最接近祖本布局、面貌的。前面提到的历代文献中的各个版本，没有一种比这个画面组合有更多的坐具、文士人数或总人数。至于侍者人数，则因不同版本间转摹中的损益，相对而言变数更大，不必拘泥于某一文献记载。

接下来的问题是，既然波士顿版本中最右侧一组人物（文士一，坐具一，侍者六）符合《山谷集》所载，应是祖本中原有。其中间一组人物和台北白描本右侧一组人物相同，显然也是祖本中原有。那么，该作最左侧二人二马是从何而来？他们是祖本中原有的吗？山西太原地区出土的北齐娄睿墓壁画与几幅现存的宋金时期卷轴绘画提供了有价值的参考资料。对比波士顿版本中最左侧二人，特别是头戴毡帽，侧面向右的奚官形象与帽冠样式（图 5.30），明显与娄睿墓壁画中的帽冠式样不符（图 5.31）。但同时，如果将这一形象与宋人《摹郭忠恕归猎图页》（图 5.32）中的骑手形象对比，会发现帽冠式样比较相似。此外，金代杨微《二骏图卷》和张瑀《文姬归汉图卷》（图 5.33）中的骑手形象，特别是帽冠的造型特征，都比北齐娄睿墓壁画中的人物形象更接近这位侧面奚官。这个细节显示，这位奚官和他身边的两匹马，很可能是由熟悉同时代辽金少数民族形象的五代或宋代画家加入画面的，他们并不是北齐祖本中的“原住民”。波士顿所藏《校书图卷》应当是五代或宋代画家对北齐祖本进行改造后的结果。由此看来，吴升对范成大“偶忆黄语，谩为引据耳”的批评，恰恰反映了他自己未考古人衣冠故实而形成的误解。他所见到的波士顿版本与黄庭坚《山谷集》所录确实是两个不同版本，只不过他所推测的“别有一图，或出五代名人摹仿之作”，其实正是他手中的波士顿版本，而《山谷集》所载之作，反而相对更近于祖本原貌。至于台北藏白描版本是否就是《庚子销夏记》中所说的那件附有黄伯思跋语的细绢白描本，笔者因目前只见过该作画芯图片，未知卷后跋文详细情况，不便妄断，有待详考。

图 5.30 （传）北齐 杨子华《校书图卷》局部

图 5.31 北齐 娄睿墓壁画局部

图 5.32 佚名《摹郭忠恕归猎图页》宋代 绢本设色 22.3cm × 25.2cm 故宫博物院藏

图 5.33 张瑀《文姬归汉图卷》金代 绢本设色 29cm × 129cm 吉林省博物馆藏

《校书图》图像衍生出的绘画作品

讲到这里，关于《校书图》图像流传过程的分析似乎结束了，但下面的文字或许更能说明这组描绘“勘书”雅事的图像，曾经在文人士夫群体中受到怎样的重视。台北故宫博物院藏有元人无款《倪瓒像》（图 5.34）一件（前文有关题跋部分中举例之作）。该作纸本，水墨淡设色。倪瓒着素白袍服，坐于榻之上，右手执笔，左手执纸卷一轴。背后倚靠一半弧形椅背式坐具。榻上有一砚，一卷文牍。榻后设一山水大屏。榻左有一女侍，右手提壶，左手端持一盥器。榻右立一仆，手持一长杆拂尘。背后一高脚方桌，上陈文玩数件。画芯左侧即前文讲到的张雨书赞词一篇，钤“贞居”“句曲外史”二印。卷后有明人袁褧、陆师道、王世贞、文彭依次书写的跋文，又有元人高启（高季迪）一跋。清人顾复《平生壮观》一书中，在“王绎”名下记载：“《倪云林像》，白纸卷。本身张伯雨（张雨）题，小楷甚妙。旁侍一女，古而艳，尤《王济观马图》上者……”[①]此处记载即指该作。胡敬《西清札记》中又讲到了仇英为此作所画摹本，该摹本现藏上海博物馆。另外，阮元《石渠随笔》中同样提到了此作。

图 5.34　无款《倪瓒像》元代　纸本设色　尺寸不详　台北故宫博物院藏

将这件《倪瓒像》与世传《校书图》的两个版本对比，会发现画中借用了多处《校书图》中的元素。其一，倪瓒右手执笔，左手执纸卷的形象符合《校书图》中北齐时期的书写习惯（图 5.35、图 5.36）。其二，倪瓒背靠的木几、旁边成束包裹的文牍，都能在台北藏白描本《校书图》中找到。其三，倪瓒所坐之榻和榻上摆放的砚台均与台北藏《校书图》中最右侧一榻的样式相同，砚台摆放位置也同。其四，《倪瓒像》中床榻

① （清）顾复．平生壮观［M］．林虞生，校点．上海：上海古籍出版社，2011：329.

左侧一手执盏，一手提壶的侍女动态，与《校书图》中该榻旁相同位置的侍女动态完全一致（图 5.37、图 5.38）。最后，《倪瓒像》中执拂仆童的发髻样式，与《校书图》中的仆童也是一致的（图 5.39、图 5.40）。

图 5.35　元人《倪瓒像》局部

图 5.36（传）北齐　杨子华《校书图卷》局部

图 5.37　元人《倪瓒像》局部

图 5.38（传）北齐　杨子华《校书图卷》局部

图 5.39　元人　《倪瓒像》局部

图 5.40　（传）北齐　杨子华《校书图卷》局部

《倪瓒像》的作者虽不得而知，但从上述特征来看，他应该是见过《校书图》的某个版本并借鉴过它的。另外，画芯上唯一的题识人张雨与倪瓒、杨维桢、王蒙等书画家、收藏家交往密切。过目的古代书画藏品颇多。虽然笔者目前查阅到的史料并未显示，张雨或倪瓒与曾题写《庚子》所录《校书图》的欧阳玄以及该作藏家袁涣有直接的交往，但通过对文献的梳理可知，自宋代之后，“校书图”的图像就已有诸多大同小异的版本在私人藏家群体中流传。因此，《倪瓒像》的作者所接触的，不一定就是欧阳玄为袁氏所跋之本。

那么，把倪瓒放入这幅改头换面的《校书图》场景，是因为画作者不愿花心思去创作，故而改仿古人旧稿以图省力吗？显然不是。出现在这个场景中的倪瓒，与这个场景原本的主题是有密切关系的。“校书”的对象是前代流传下来的珍贵古籍，而倪瓒恰恰是个多蓄古物的收藏家。在他的收藏中，善本古籍也占有十分重要的地位。据《明史 · 隐逸传》记载，他“藏书数千卷，皆手自勘定。古鼎法书，名琴奇画，陈列左右”①。可见，《校书图》中的北齐文士所做之事，也正是倪瓒所热衷的。这幅画

① 见于清代张廷玉等人编修的《明史》第二百九十八卷。有关倪瓒藏书家的身份，近来已有学者专门撰文探讨。

像中，倪瓒右侧的高脚方桌案上陈列的文房清玩和青铜古物（图 5.41），自然也是他的收藏品的象征。在这里，“校书”行为和描绘古人校书活动的图像，都成为《倪瓒像》的作者向人们呈现倪瓒的文化财富与精神世界的媒介。通过让倪瓒进入《校书图》的情景，画作者展现了倪瓒丰富的收藏，揭示了其收藏家的文化身份。这种将“时人”移入“古画”的手法，也是对倪瓒广蓄古籍，“手自勘定”行为的文化价值的肯定。画中勘书的倪瓒不仅是一个画家、收藏家，更是古代文化传统的继承者、传递者。这种借古画情景表现当世人物的做法，后来还被乾隆时代的宫廷画家丁观鹏效仿，作《弘历维摩演教图》。画面基本复制了马云卿《维摩演教图》的场景，但将画面的中心人物维摩诘的形象置换成了乾隆皇帝本人。

图 5.41　元人 《倪瓒像》局部

第三小节 《韩熙载夜宴图》的图像流传及衍生作品

《韩熙载夜宴图》题材的生成

张朋川的《〈韩熙载夜宴图〉图像志考》一书，对“韩熙载夜宴”这一题材的起源和首次出现于画史的时间作了详考。书中考证：“最早记载李煜命待诏画韩熙载私生活之事，见于陶岳所著的《五代史补》。”[①]其中“韩熙载帷箔不修”一节中有“韩熙载仕江南，官至诸行侍郎。晚年不羁，女仆百人，每延请宾客……与女仆等杂处。伪主知之，虽怒。以其大臣，不欲直指其过，因命待诏画为图以赐之……”[②]此处记载并未讲过是何人作画，也未提到具体作画过程。至神宗年间，宋人祖无颇跋写《韩熙载夜宴图》时首次提出画作者为待诏顾闳中，并讲了顾氏奉皇命入韩氏宅中，目识心记其夜宴场景而作图的情节：“后主欲用为相，而闻纵逸不检。每伺其家宴，闳中丹青以追写。”[③]不仅如此，跋中还详细记载了参与宴会的各色人物的姓名，比之于陶岳的记载，有了更丰富的细节信息和更有趣味的情节。

北宋末年，《韩熙载夜宴图》首次见于画史记载，是在《宣和画谱》中“顾闳中”名下：“是时，中书舍人韩熙载……专为夜饮……不复拘制。李氏惜其才……然欲见樽俎灯烛间觥筹交错态度而不可得，乃命闳中夜至其第，窃窥之，目识心记，图绘以上之。故世有《韩熙载夜宴图》。”[④]书中在“顾闳中”名下著录有《韩熙载夜宴图》一件，同时又在“顾大中”名下著录有《韩熙载纵乐图》一件，但并未说明二图是何关系。

《韩熙载夜宴图》在元明时期文献中的不同版本

至元代，周密《云烟过眼录》中在“赵兰坡家藏书画目录”中又记有周文矩《韩熙载夜宴图》一作，但《宣和画谱》中周文矩名下并无此作，而且《宣和》对周文矩的小传记述中也没有提到他画过这一题材。故《云烟》中此作很可能为托名附会之物。这个作品名字在同书中“赵左丞仁荣所藏”一节中又出现了一次，并有更详细的介绍：“纸本长七八尺，前有苏国老题字，内又题‘不如归去来江南，有人忆’两句十字，并苏题识，神采如生，真文矩笔也。元（应为‘原’）为广济库物，先归

① 张朋川.《韩熙载夜宴图》图像志考［M］. 北京：北京大学出版社，2014：3.

② 张朋川.《韩熙载夜宴图》图像志考［M］. 北京：北京大学出版社，2014：4.

③ 张朋川.《韩熙载夜宴图》图像志考［M］. 北京：北京大学出版社，2014：5.

④ 张朋川. 晋唐粉本宋人妆——四议《韩熙载夜宴图》图像［J］. 南京艺术学院学报，2009（2）.

监卖官张运副，后转归之赵。”[①] 这件有苏国老题字的周文矩《夜宴图》与前面赵兰坡所藏是否为同一画作已不可知，但元代已有归于周文矩名下的该题材作品流传，应是事实。另外，汤垕《画鉴》中又讲道：“李后主命周文矩、顾闳中图《韩熙载夜宴图》，余见周画二本于京师，闳中笔与周事稍异，有史魏王浩题字并绍兴印。”[②] 可知在元代，该题材至少已有三四个版本出现。

进入明代，朱存理、都穆等吴门地区收藏家的书画著录文献中，都讲到了这一题材的作品。朱存理《铁网珊瑚》画品第一卷中著录《顾闳中画韩熙载夜宴图》并详录卷后赵昇、郑元祐、张简、张雨、何广、顾瑛、任仁发、钱惟善八人题识，其中赵昇跋文中“顾闳中，南唐人……图绘以上之”[③] 一部分基本同于《宣和画谱》所载原文，署款在“泰定改元仲秋既望”（泰定元年为 1324 年）。查赵昇一人在宋史中确有，但其生年在 1321 年前后（宋理宗绍定年间），而且并没有证据显示此人郡望天水，与赵孟頫同宗，故此跋疑伪。后接任仁发一跋也有问题。查任仁发卒于泰定四年（1327），而至顺元年（1330）在其卒后三年，故所谓“至顺癸卯冬十月六日月山道人书，任氏子明”的署款显然不可信。而且“至顺”一号仅用三年，分别为元年（庚午）、二年（辛未）、三年（壬申），并无“癸卯”年份，故此跋之伪自不待辨。除朱存理外，都穆的《寓意编》中也提到史鉴收藏有《韩熙载夜宴图》一作，但未讲作者和具体画作情况。另外，文嘉的《钤山堂书画记》中记录的版本更多。其中顾闳中名下有两件：“一本真品上上，有宋元诸跋，一本临。”[④] 又有“杜古狂《韩熙载夜宴图》二”[⑤]。另外，孙鑛《月峰画跋》中又载有《周东村

① （元）周密．云烟过眼录［M］．钦定四库全书本，子部十．纪昀，陆锡熊，孙士毅，编纂．清乾隆四十七年（1782）．

② 潘运告主编．元代书画论［M］．运告，译注．长沙：湖南美术出版社，2002：89.

③ 朱存理．铁网珊瑚校证［M］．韩进，朱春峰，校证．扬州：广陵书社出版社，2012：656.

④ （明）张丑．清河书画舫［M］．徐德明，校点．上海：上海古籍出版社，2011：335.

⑤ （明）张丑．清河书画舫［M］．徐德明，校点．上海：上海古籍出版社，2011：339. 清代《佩文斋书画谱》在转录有关信息时，将顾闳中名下的版本录作三卷，杜堇名下则仅有《夜宴图》一名，未计数目。

韩熙载夜宴图》一作，但认为“亦临杜本，然非周笔也”。王世贞《弇州山人四部稿》中也载有《周东村韩熙载夜宴图》一作。按王世贞的说法：“闳中别写本行人间，宣和帝收得凡四本，俱闳中笔。而又有顾大中二本，亦佳。”[①] 这与《宣和画谱》所载，已经有了很大出入。另外，王氏还提到了杜堇版本和周东村（周臣）版本的关联：“弘治间，杜堇古狂稍损益之（应是在顾闳中本基础上）……此则东村周臣摹堇图，而白阳陈淳书诗。”[②] 这里讲明了顾氏版本、杜堇版本和周臣版本间的衍生关系。

明末清初时，吴其贞《书画记》中又载“韩熙载夜宴图绢画一卷”：“丹墨尚新，多有破补，画法粗俗。想神物飞去，以摹本补入耶？卷后有苏东坡题识……此系公家之物。”[③] 稍晚的孙承泽《庚子销夏记》中又有“《熙载夜宴图》凡见数卷，大约南宋院中人笔”[④] 的说法。比《庚子销夏记》稍晚的《式古堂书画汇考》中，再次提到了那件已见于朱存理《铁网珊瑚》中的顾闳中《夜宴图》并附录诸人题跋，均与《铁网》所载相同。顾复《平生壮观》中又录顾闳中《夜宴图》两件，一件“赵昇长跋，郑元祐、张简、张雨、何广、顾瑛题诗，任月山、钱惟善跋”[⑤]。这显然也是前两书所录之本。另一卷记载更为详细：“绢，中卷、人物六寸许，绢素甚妙。有景界、无树石、前隔水高宗题四行，下段破缺，只存十一字，文不可读。第一段夜宴，七男五女；第二段舞乐，五男二女一僧；第三段沐手，一男七女；第四段清吹，三男九女；第五段狎客淫女，三男三女。后绍兴印。拖尾纸上无名人书‘韩熙载行实’。班惟志小楷七言长古，图书三。后绫隔水王锋（应为“铎”）题五行，引首程南云篆。”[⑥] 联系到元代汤垕《画鉴》一书中曾有“李后主命周文矩、顾闳中图《韩熙

① （明）王世贞．弇州山人题跋［M］．汤志波，辑校．杭州：浙江人民美术出版社，2012：492.

② （明）王世贞．弇州山人题跋［M］．汤志波，辑校．杭州：浙江人民美术出版社，2012：492.

③ （清）吴其贞．书画记［M］．台北：文史哲出版社，1971：630.

④ （清）孙承泽，高士奇．庚子销夏记·江村销夏录［M］．佘彦焱，校点．上海：上海古籍出版社，2011：150.

⑤ （清）顾复．平生壮观［M］．林虞生，校点．上海：上海古籍出版社，2011：242.

⑥ （清）顾复．平生壮观［M］．林虞生，校点．上海：上海古籍出版社，2011：242.

载夜宴图》，余见周画二本于京师，闳中笔与周事迹稍异，有史魏王浩题字并绍兴印”的记载，这件《平生壮观》所载版本应该就是汤垕所见之作。此后吴升《大观录》卷十一中又录《韩熙载夜宴图》两件。一是《铁网》《庚子》《平生》三书共同提到的那本。另一作也为绢本："高八寸，长七尺余，引首‘韩熙载夜宴图’六字衡山题，顾闳中小楷款最精，陆放翁书韩熙载传，周天球作夜宴记……”[①]根据吴升记载，画中有“臣闳中奉敕写进”的署款。这也是文献中提到的各版本里唯一有作者署款的。这件作品后又被安岐《墨缘汇观录》中“名画续录”一章所载。其中有“顾闳中韩熙载夜宴图，绢本设色人物，文衡山标题，周天球书传”的记录[②]，但未提到陆游书跋。此作今已不存，其真伪已不可知。嘉庆年间，胡敬《西清札记》中又录有唐寅《韩熙载夜宴图轴》一作。“绢本设色画。碧梧翠竹，丹榴白莲，画屏高张，曲栏低亚，熙载绯袍乌帽，攘袂挝鼓，二史执板侍侧，二姬歌舞于前。案列群馐，庭然猛炬。自题：‘酒资长苦欠经营，预给餐钱费水衡。多少如花后屏女，烧金不学耿先生。’款：‘吴门唐寅画并题’。”[③]从画面人物动态的描述看，此图的场景应与前面顾复所记一图中的第二段类似。且此作改长卷式为立轴式，显示这一题材的图像在流传中不仅有整体摹写的不同版本，也有节选局部改造的情况。

除画史与鉴藏类文献外，明人的笔记杂谈中也出现过该题材的不同版本。如李日华的《味水轩日记》就有记载：“唐伯虎画《韩熙载夜宴图》，凡四段，备极沉湎声色之态。有狎客戏其姬，而熙载从屏后蹑其踪者，款云：吴趋唐寅写。”[④]书中还提到他观看过传为仇英所作《夜宴图》。万历四十二年（1614）十月二日，他看到了一位姓汪的贩墨商贾带来的《韩熙载夜宴图》，卷后有文徵明、王宠、王穉登书跋，但李并不相信其为仇英作品，认为“乃仇以前人也”。

---

① （清）吴升．大观录［M］．影印华东师大图书馆藏武进李氏圣译楼铅印本，民国九年（1920）．

② （清）安岐．墨缘汇观录［M］．南海伍氏刻本，清光绪元年（1875）．

③ （清）胡敬．胡氏书画考三种［M］．刘英，点校．杭州：浙江人民美术出版社，2015：343.

④ 张朋川．《韩熙载夜宴图》图像志考［M］．北京：北京大学出版社，2014：46.

由以上梳理可知，元代之前关于《韩熙载夜宴图》的初始作者，有顾闳中、顾大中、周文矩三种说法，并且不同文献中关于祖本诞生的过程和最初数目也有差异。进入明代，文献中又陆续出现了杜堇、周臣、唐寅、仇英等当时画家仿作的不同版本，而且有了不同形式与不同的画面情节组合，这都反映了该题材在当时广受欢迎，被频繁辗转摹写的情况。

《韩熙载夜宴图》传世作品举要

“韩熙载夜宴”这一题材，目前存世的作品很多，仅张朋川《〈韩熙载夜宴图〉图像志考》一书中所记就有九种。

第一种，故宫藏《韩熙载夜宴图卷》（图 5.42），该卷是目前公认摹制水平最高，年代最早的一本。卷中有“绍？”葫芦形残印，并有前隔水残跋一段，与顾复所记相同。卷后有无款韩熙载小传一篇并有元人班惟志诗题一段、年羹尧跋一段，后隔水又有王铎题一段。引首为程南云书篆书。与文献对比，可知此作即为顾复所录二本中的一本，也是汤垕在《画鉴》中提到的版本。但顾复所说的“绍兴”印其实应为“绍勋”，并非宋高宗所用，而是南宋史弥远所有。[①]

图 5.42 （传）顾闳中 《韩熙载夜宴图卷》 南宋 绢本设色
28.7cm × 335.5cm 故宫博物院藏

① 关于这一问题，徐邦达已有考证，见《徐邦达集（八）古书画过眼要录 晋隋唐五代宋绘画》。

第二种为台北故宫博物院旧藏《韩熙载夜宴图残卷》，仅有卷尾“送别”一段，关于此本的年代历来观点不一，但多数学者主张为明人仿本。

第三种为王振鹏摹本残卷，仅有“观舞”“休息”两段，目前藏地不详。

第四种为日本东京国立博物馆藏杜堇款版本。为日本画家狩野养信所摹。

第五种为重庆三峡博物馆藏唐寅款版本（图 5.43）。有唐寅署款及自题诗二首。有学者认为该本或为托名之作，或是仇英所作而被改款。

第六种为前述《西清札记》中所载唐寅款立轴式版本（图 5.44），现藏台北故宫博物院。

第七种为日本私人收藏的狩野探幽摹《夜宴图》“清吹”一段的缩略本，有“仇英”款。

第八种为重庆三峡博物馆藏吴求摹《夜宴图》卷，绢本设色。

第九种为广东省博物馆藏清代蒋莲摹本，作于道光年间。

除上述张朋川书中所记各本外，尚还有沈凤、孙岳颁所题明人无款《韩熙载夜宴图卷》和仇英款《韩熙载夜宴图卷》，分别收藏于国家博物馆和北京市文物商店。

图 5.43 （传）唐寅 《韩熙载夜宴图卷》局部 明代 绢本设色 尺寸不详 重庆三峡博物馆藏

图 5.44 （传）唐寅 《韩熙载夜宴图轴》 明代 绢本设色 尺寸不详 台北故宫博物院藏

与《韩熙载夜宴图》图像有关的绘画作品

以上简要介绍了《韩熙载夜宴图》传世的不同版本。下面探讨这组图像的粉本所衍生出的另外一件作品——（传）周文矩《合乐图》（图 5.45）。

图 5.45 （传）周文矩 《合乐图》 元代 绢本设色 41.9cm × 184.2cm 美国芝加哥美术馆藏

该图绢本设色。画面分为两组人物。左侧一组场景中有一座半包围式大屏。屏前设一卧榻，一男性贵族高冠白衣，盘腿坐于榻上，身旁一女官侍立。榻前有一矮凳，上坐一贵妇。三人左侧立女官数人，右侧屏风另一端立侍女四人，并有一香炉和一方几。坐榻前地面铺有地毯，延展向画面右侧第二组人物，俱为女性乐工，共十九人。除最右侧一人跪地击鼓外，另外十八人分为前后两组，乐器配置相同，计有琵琶、筝、竖琴、编磬、腰鼓、笛、箫、笙、牙板。画面最右侧书大字款："唐周文矩合乐图无上神品也"。"也"字下有大印"缉熙殿宝"。画面最左侧绘大树若干。左下角有篆书款"周文矩"三字。

本幅的制作年代应根据画中器物和各类纹饰的特征进行判断。首先，画中虽有周文矩款字，但人物造型、用笔明显不符合周文矩的画风（图5.46、图5.47）。其次，画中出现了"缉熙殿宝"一印（图5.48），缉熙殿原为南宋理宗之前各代宋帝开讲经史的地方。理宗绍定五年（1232）十一月改建，次年竣工。理宗亲书"缉熙"二字。现今存世的一些南宋内府收藏书画，如黄庭坚《花气薰人帖》上即钤有此印（图5.49）。《合乐图》中的"缉熙殿宝"印痕与《花气薰人帖》印痕相比，明显做工拙

图5.46 （传）周文矩《合乐图》局部与周文矩画风《文苑图》《重屏会棋图》局部比较

图 5.47 （传）周文矩 《合乐图》局部与周文矩画风《文苑图》《重屏会棋图》局部比较

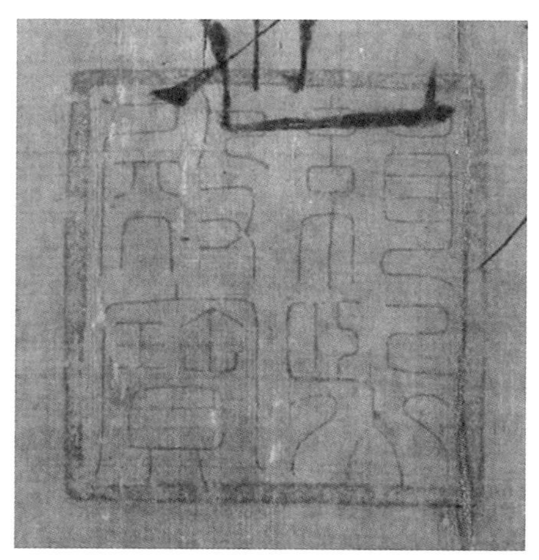

图 5.48 《合乐图》中“缉熙殿宝”一印

图 5.49 北宋 黄庭坚《花气薰人帖》中“缉熙殿宝”印

劣，应为伪印，更兼配有仿北宋徽宗瘦金体款字（图 5.50），更不合史实。另外，据张朋川考证，图中的香炉形态与北京地区出土元代凤纹座蛟龙出海琉璃炉形制类似。地毯上的凤鸟纹样也与北京地区出土元代石刻凤鸟纹样类似。综合判断，这件作品成画年代应不早于元代。但对于张朋川提出的，“该幅《合乐图》的祖本，可能也是多种关于韩熙载享乐生活的画本中的一种”[①]的说法，笔者持有不同观点。首先，本作中仅有两处图像与顾闳中《韩熙载夜宴图》稿本相同。一处是画中男主人公与坐榻、屏风布局，为故宫本第一段“观乐”部分图像“镜像倒置”后的结果（图 5.51、图 5.52），另外一处是画中屏风香炉后四位女侍的形象，与故宫本第一段中教坊节度使李佳明身后四人动态相同（图 5.53、图 5.54）。除这两处外，其余画面的许多细节则呈现出比韩熙载时代更早的特点。特别是其中十九人的乐队组成方式和配乐组合，更近于唐代宫廷乐舞的配置。屏风两侧女侍手执的成束雉尾式样的器物，也为宫廷祭祀礼乐所用。[②]以韩熙载的身份和避世态度，他应该没有资格，也不大可能在家宴中使用这样的乐舞。而且，细考画中主人公一旁坐在矮凳上的贵妇衣着、动态，与台北故宫博物院藏唐人《宫乐图》中的贵妇形象、衣着、动态类似，这也是该作吸收了唐代绘画粉本造型的旁证。因此综合来看，本作虽在某些局部人物形象上与故宫本《韩熙载夜宴图》相似，但并非摹自一件完整的，表现韩熙载宴乐场景的作品，而有可能是节选了诸多不同古画粉本拼合而成。当然，作者将这幅作品伪托于周文矩名下，也并非毫无根据。因为《宣和画谱》中周文矩名下虽无《韩熙载夜宴图》，但却有表现宫廷乐舞题材的《按乐宫女图》。他的小传中也有“独士女近类周昉，而

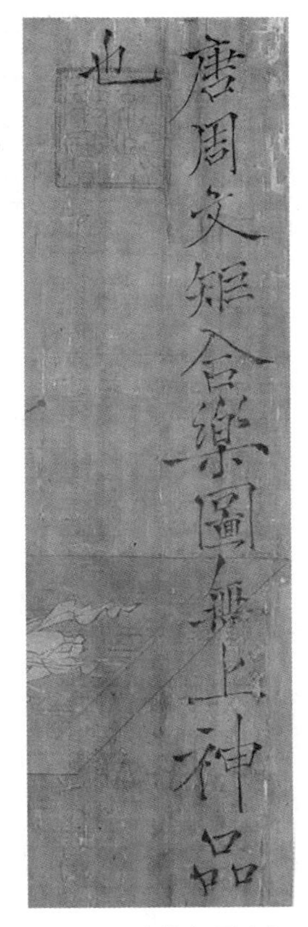

图 5.50 （传）周文矩《合乐图》中仿北宋徽宗瘦金体款字

① 张朋川 .《韩熙载夜宴图》图像志考［M］. 北京：北京大学出版社，2014：125.

② 南唐时，李煜与大周后的宫廷乐舞，曾部分复制唐代宫廷乐舞。

图 5.51 （传）周文矩 《合乐图》局部

图 5.52 （传）五代 顾闳中《韩熙载夜宴图》局部

图 5.53 （传）周文矩《合乐图》局部

图 5.54 （传）五代 顾闳中《韩熙载夜宴图》局部

纤丽过之”[1]的记载。再加上元代文献中已经有周文矩曾作《韩熙载夜宴图》的记载，而本幅的部分形象、布局又与故宫本《夜宴图》有关，这

① 宣和画谱［M］. 岳仁，译注. 长沙：湖南美术出版社，1999：76.

样才容易给人造成“本幅的原稿来自某种表现韩熙载夜宴题材作品”的错觉。

《合乐图》的出现，再次展现了古代绘画中拆配各类古画粉本以合成新作的手法应用之普遍，也体现了《韩熙载夜宴图》的图像在后世流布之广泛。更有趣的是，近代荷兰汉学家高罗佩在其著作《中国古代房内考》中引用了两幅他在中国时从坊间收购的春宫画（图 5.55、图 5.56），其图像恰恰分别出自《韩熙载夜宴图》一图的中段“帷幕暂歇”和末段“宴罢送别”（图 5.57、图 5.58），只不过经过改造后的图像，更多渲染了男女间的暧昧与香艳的氛围。结合前文中，关于这组图像在明代中后期已流入周臣、仇英等职业画家手中的文献信息，春宫画这种流行于市民阶层中，用于普及性知识的图画，对它的借鉴也是不足为奇的。

图 5.55 佚名 《春宫图》 明清时期
材质不详 尺寸不详 高罗佩藏
（本图为《中国古代房内考》一书的封二图片）

图 5.56 佚名 《春宫图》 明清时期
材质不详 尺寸不详 高罗佩藏

图 5.57　高罗佩藏《春宫图》与宋摹《韩熙载夜宴图卷》局部对比
（图中右页为《中国古代房内考》一书的封二图片）

图 5.58　高罗佩藏《春宫图》与宋摹《韩熙载夜宴图卷》局部对比

第四小节 《十八学士图》的图像流传及衍生作品

“十八学士图”题材的起源

“十八学士图”这一题材的起源，最早可见于张彦远《历代名画记》，在阎立本小传中有“武德九年，命写秦府十八学士，褚亮为赞”[①]的记载，书中又详载十八学士的官阶、姓名。这一说法后被五代人编写的《唐书·艺文志》沿用。同时，《唐书·艺文志》中在“韦无忝”名下又注有“开元十八学士图”一名，下有“开元人”三小字注。但张彦远《历代名画记》中对韦无忝的记载却很少，只言其“善鞍马鹘象鹰图，杂兽皆妙”[②]，并未讲他善画人物。另外，《历代名画记》中还记载武周时代画家曹元廓也作有《秦府学士图》，应与阎立本《十八学士图》有关。此说也见于《唐书·艺文志》。《历代名画记中》在记述阎立本的传世作品时并未讲到《十八学士图》，只在曹元廓的传世作品中出现了《秦府学士图》，可知在张彦远时代，阎立本所作《十八学士图》很可能已失传，只有曹元廓的作品保存了下来。而五代所编《唐书》中凭空出现的韦无忝《开元十八学士图》，很可能是后人附会之作。

至北宋末，《宣和画谱》中在阎立本名下也未录“十八学士图”题材作品，仅仿《历代名画记》，在其小传中提到他曾有过该题材作品。书中也未讲到韦无忝和曹元廓二人有《十八学士图》题材作品。仅在“畜兽”门中记有韦氏所作九件作品。

《十八学士图》题材作品在元明清时期文献中的不同版本

到了元代，阎立本所作《十八学士图》再次出现。汤允谟《云烟过眼录》中有“赵雍家有阎立本作《十八学士图》，于中虞世南、房玄龄最佳”[③]的记载。结合前面谈到的唐代文献著录情况，这件作品也应属后人附会托名之作。

明代，传为阎立本所作的《十八学士图》一类作品变得更多起来。

---

① （唐）张彦远．历代名画记［M］．杭州：浙江人民美术出版社，2011：53.

② （唐）张彦远．历代名画记［M］．杭州：浙江人民美术出版社，2011：54.

③ （元）汤允谟．云烟过眼续录［M］．奇晋斋丛书本（清乾隆年间刻）.

仅在文嘉《严氏书画记》中便著录有"闫立本《瀛洲学士图》八轴"[①]，另外又有"宋人《七贤》并《十八学士》五轴"[②]。此外，尚有"本朝名笔《十八学士图》四轴"[③]。可见这一题材在宋代以来日益流行。这自然与宋代以降，文人士夫群体日益壮大，其在社会文化领域的影响力日重有关。所以，此类描绘古代著名文士群体的绘画题材也自然获得重视、喜爱。某些"学士图"题材画作已不再仅限于描绘"秦府十八学士"或"开元十八学士"，附会托名的对象也不再仅限于阎立本等唐代画家。如《严氏书画记》中著录有周文矩《学士文会图卷》和元人《十八学士图卷》。这些附会托名之作自然也会有破绽，如张居正《太岳集》中也讲到其曾观阎立本《十八学士图》："阎立本画十八学士真像一卷，于志宁赞、沈存中（沈括）跋，绢纸剥落，其画意于近时所传全不同，当是阎立本真迹……"[④] 这里所记已与唐人文献不符，《历代名画记》中，为阎立本《秦府十八学士图》作赞者是褚亮而非于志宁。另外，王世贞《弇州山人四部稿》中也三次提到《十八学士图》题材作品。其中一本是王世贞为都督府参军李子所跋："右《十八学士图》，督府参军李子获阎中令旧本，摹勒上石，所谓周昉貌赵郎。并得性情也。"[⑤] 第二年，周天球又向王世贞出示《十八学士图》一件，"云自青琐摹得者"[⑥]。从王世贞所说"余为李参军书《十八学士》石刻之明岁，而公瑕（周天球）以画本见遗"[⑦] 来看，可知这张画的图像与前述石刻本应俱是一个版本。王世贞用了很

① （清）孙岳颁，宋骏业，王原祁等编．佩文斋书画谱［M］．杭州：浙江人民美术出版社，2014：3109.

② （清）孙岳颁，宋骏业，王原祁等编．佩文斋书画谱［M］．杭州：浙江人民美术出版社，2014：3111.

③ （清）孙岳颁，宋骏业，王原祁等编．佩文斋书画谱［M］．杭州：浙江人民美术出版社，2014：3120.

④ （清）孙岳颁，宋骏业，王原祁等编．佩文斋书画谱［M］．杭州：浙江人民美术出版社，2014：2581，2582.

⑤ （明）王世贞．弇州山人题跋［M］．汤志波，辑校．杭州：浙江人民美术出版社，2012：452.

⑥ （明）王世贞．弇州山人题跋［M］．汤志波，辑校．杭州：浙江人民美术出版社，2012：455，456.

⑦ （明）王世贞．弇州山人题跋［M］．汤志波，辑校．杭州：浙江人民美术出版社，2012：455.

多的文字质疑并考证了画中数人之字及众人服饰色彩与唐时官制有关规定不合之处，但他并没有注意到画中沈存中（沈括）跋文出现的历史常识错误。王世贞认为："其间有抵牾者，图称房玄龄字乔年，薛莊（此字误，应为'收'。《历代名画记》中提到的秦府学士中并无薛莊此人）字元敬……颜相时字师古，而《唐书》称……薛元敬字即其名也，沈存中欲以是'盡'（此处误，应为'画'字的繁体'畫'）而证史之误。"[1]但实际上，无论是这段考辨，还是这幅画本身，都有与史不合之处。首先薛收并非字"元敬"，薛收字"伯褒"，而薛元敬则字"子诚"，为薛收之侄，是两人而非一人。另外，薛收其人本就不应该出现在阎立本画的《十八学士图》中。《历代名画记》在讲到阎立本《十八学士图》时，先罗列了包括薛收在内的十八人姓名、官职，但随后讲道："及薛收卒，征东虞州录事参军刘孝孙入馆，寻迁库直阎立本图形貌，具题名字爵里，仍教文学馆褚亮为之像赞，勒成一卷，号十八学士。"[2]可知阎立本所画十八学士之中，薛收已被刘孝孙取代，不在画内。如此看来，王世贞手中这幅涉及薛收之字论辩的《十八学士图》，显然并非出自阎立本，而是不辨有关史实的后人附会托名之作。除该作外，王世贞还见过另一件《古十八学士图》，也值得注意："彭茂才出示此图，其人物、器饰、台榭古雅工致之甚，是五代北宋人笔无疑。文待诏徵仲跋其后，云损益周文矩《文会图》，而加精者也。或云是《十八学士图》，曾见仇英摹本，不舛，然以余所摹兵科藏本勘之，亦不甚合。第图只十六人，而前有毁损小帧许，故当是十八人也。……乐有笙、笛、筝、瑟、阮之属，中一歌者，凡六人皆地坐，据斑文褥，一人偻立持乐句，所谓部头也。"[3]这里所说的"兵科藏本"，应即指前述张居正所记"沈存中跋"之本。《太岳集》中讲道："卷藏山西蒲州监生魏希古家。希古携以游京师……因条陈边事并以此卷封进……会世宗不好翰墨……以其疏并卷俱发兵科，而此卷遂

① （明）王世贞．弇州山人题跋［M］．汤志波，辑校．杭州：浙江人民美术出版社，2012：455.

② （唐）张彦远．历代名画记［M］．杭州：浙江人民美术出版社，2011：54.

③ （明）王世贞．弇州山人题跋［M］．汤志波，辑校．杭州：浙江人民美术出版社，2012：455.

留藏科中。”[1]彭茂才出示此图与之不同，且无作者归属。按卷尾文徵明跋文，该图稿本是在周文矩《文会图》的基础上加工而来。《宣和画谱》等涉及周文矩的文献中并未讲他有“文会图”题材的作品。但《宣和画谱》在五代画家丘文播名下著录有《文会图》四件。另外，张丑《清河书画舫》记载：“周文矩……所绘《学士文会图》，亦见严嵩抄没籍中。今藏韩太史存良家，细阅之，的属徽庙临本，其命为文矩之笔，亦附会耳。”[2]这段文字结合王世贞所记这件《十八学士图》，可知《文会图》《十八学士图》两个主题的图像版本有互通、共用的情况。而且根据王世贞对画面的描述，画中出现了数人演乐的场景。这是之前的各版本未提到的，也与兵科所藏归于阎立本名下的版本不同。詹景凤《东图玄览》中又记有《十八学士图》一件：“约丈五尺，无名氏，后有宋徽庙书十八学士官爵、姓名而稍叙其概。末则蔡京奉勅题跋。吾歙汪太学士千家藏亦有一卷。徽庙官爵与京跋并同。画布置亦同，但精彩不逮。”[3]徽宗和蔡京显然不会两次为同样画面的两件作品书写同样的内容。詹、汪两人所见必有一真一伪或俱伪两种情况。此外，《清河书画舫》中还记有数件类似题材作品。一件为《唐十八学士图》，有董其昌题：“五代周文矩《十八学士图》，《宣和画谱》载。丙寅九月廿日，董其昌观。”[4]这是不可信的，《宣和画谱》中从未记载周文矩画过《十八学士图》。根据张丑记录，画中有徽宗御府藏画所用方形双龙玺等宣和时代收藏书画用印。卷尾有徽宗书诗：“有唐至治咏康哉，辟馆登延经济才，雍泮育贤今日盛，汇征无复隐蒿莱。”[5]后又附唐十八学士姓名。与《历代名画记》相较，这个名单同样列入薛收而未列刘孝孙，故同样不可靠。名单后又徽宗书诗一首：“儒林华国古今同，吟咏飞毫醒醉中。多士作新知入彀，论图尤喜见文雄。”[6]

① （清）孙岳颁，宋骏业，王原祁等编．佩文斋书画谱［M］．杭州：浙江人民美术出版社，2014：2581.

② （明）张丑．清河书画舫［M］．徐德明，校点．上海：上海古籍出版社，2011：316.

③ （明）王世贞．弇州山人题跋［M］．汤志波，辑校．杭州：浙江人民美术出版社，2012：3139.

④ （明）张丑．清河书画舫［M］．徐德明，校点．上海：上海古籍出版社，2011：661.

⑤ （明）张丑．清河书画舫［M］．徐德明，校点．上海：上海古籍出版社，2011：443.

⑥ （明）张丑．清河书画舫［M］．徐德明，校点．上海：上海古籍出版社，2011：662.

后又附蔡京长跋一段。张丑认为该作并非周文矩亲笔，而是徽宗朝所作。张丑书中又录有传为陈闳所作《十八学士春宴图》，有曾纡、王世贞跋，但未见于王世贞文集中。

总的来看，到了明代，“十八学士图”这一题材的作品不仅日益增多，而且许多附会之作的托名对象也更多。更值得注意的是，这一时期的文献记载中出现了《十八学士图》的某些版本源自五代时期《文会图》有关题材的说法。在阎立本所作版本之外，又有了新的来源出处。

入清，许多文献的记载继续呼应明人的著录。孙承泽《庚子销夏记》中，又提到了那件见于张居正《太岳集》中的《阎立本十八学士图》。其记述与张基本相同，并提道“崇祯辛巳予在兵科，日取展阅，见画无神采，或为人临去”[①]，显示这个版本或许也已有了临本的流传。《庚子》中又录《十八学士图》一件：“极精工，然无士气，盖院中人笔也。后有宣和帝书十八学士官爵、姓名，蔡京奉命题跋。”[②] 此处记载，联系到前面张丑书中所记徽宗、蔡京题诗作跋之本和詹景凤《东图玄览》中所记两件有徽宗题记及蔡京作跋的相似版本，可知那个曾被讹传为周文矩作，实则可能成画于宣和时代的版本，也有不止一件流传于世。进一步推测，王世贞说的那件“文待诏徵仲跋其后，云损益周文矩《文会图》而加精者，”或许也是与这版本有关的，但诸图中谁是祖本尚不清楚。《式古堂书画汇考》中又录《宋徽庙御笔十八学士图并题长卷》一件，在对画面的描述中有“有亭翼然，池桥栏槛，前后错列。十八学士分布其间。有对话者，有观书者，有作字者，有欠伸者，有坐者，有闲步者，有解带者，有张筵饮酒者，有醉扶者，有作乐者……并具潇洒生动之致。执事仆从实繁有徒。其花树有荷、有蓼、有竹、有柳有桐桂之属。……其器具有……有席有丝管之属。飞走者，有马……有犬有鹤、有凫、有雁、有鹰。刻画物色，各致精妍，真上上神品也”[③]。根据这段描述可知该作人

---

① （清）孙承泽，高士奇 . 庚子销夏记 · 江村销夏录［M］. 佘彦焱，校点 . 上海：上海古籍出版社，2011：153.

② （清）孙承泽，高士奇 . 庚子销夏记 · 江村销夏录［M］. 佘彦焱，校点 . 上海：上海古籍出版社，2011：165.

③ （清）卞永誉纂辑 . 式古堂书画汇考［M］. 杭州：浙江人民美术出版社，2012：1575.

物众多，场面宏大。特别是讲到画中“有作乐者”并有“丝管之属”的器物，正与王世贞所记那件有文待诏跋文，传为出于周文矩《文会图》的版本中“乐有笙、笛、筝、瑟、阮之属……一人偻立持乐句，所谓部头也”的描述对应。由此推测，二作应是同一组图像。本幅的徽宗御书包括“唐十八学士图”题签、“有唐至治永康哉”一诗、“唐十八学士”并十八人姓名、“儒林华国古今同”一诗。后又附蔡京长跋。各组文字的分布顺序、位置与张丑所录均同。但个别字与印记有出入，如十八人姓名中：“房玄龄”作“房元龄”、“李玄道”作“李元道”、“薛庄”作“薛元恭”、“陆元明”作“陆德明”。另外，张丑本在“隐蒿莱”和“唐十八学士”之间的“宣”“和”小玺下有“韩世能印”“韩存良”等五枚韩氏藏印，并在蔡京跋文后有龙形“真”字印。而《式古堂》本中没有此印，韩氏五枚印也只有一枚。两本均为宣和装式样（均缺拖尾“内府图书之印”），但综合看来并非一物，各自真伪如何也不详。其对十八人姓名的书写，均受沈括观点影响，有薛收而无刘孝孙。后吴升《大观录》十二卷又录《宋徽宗十八学士图轴》一件，“绢本高三尺六寸，阔一尺四寸。‘唐十八学士图’六字笺题上首，又有一行书‘御笔’二字，下着‘天下一人’押、钤瓢玺（葫芦形‘御书’印）。御制诗六行，每行五字如钱大，末一行仅三字，下钤胡卢玺。殿阁参差、左平右戾。界画工致，人物有弈棋者、观书者、把笔题咏者。供给使令前后杂立，姿貌丰硕、衣褶古楚。地坡湖石用烘染不做皴点。色泽鲜润，笔法直是唐人。转觉伯时一图逊此古雅”[①]。后录画中题诗：“有唐至治咏康哉……汇征无复隐蒿莱。”与前述徽宗御题手卷版本中第一首诗相同。本作的画面描述，与前数种版本有相似之处，但装裱形式不同。后安岐《墨缘汇观·名画续录》中又有“《宋徽宗十八学士图》人物，文衡山标题，周天（此处字残缺，应为‘球’）书传”[②]的记载。前面讲到，王世贞曾见周天球执来一版本，但传为摹自阎立本旧稿，与徽宗无关。又曾见有文徵明跋文的版本一件。

① （清）吴升．大观录［M］．影印华东师大图书馆藏武进李氏圣译楼铅印本，民国九年（1920）．

② （清）安岐．墨缘汇观录［M］．南海伍氏刻本，清光绪元年（1875）．

而前面讲到的与徽宗有关的《十八学士图》数个版本也都与此本题跋不同，很可能又是一个新的版本。嘉庆时，胡敬《西清札记》又记《宣和十八学士图卷》一件："绢本设色画。荷塘柳浦、竹径松坡、华筵正张。琅乐间作。堂中聚饮者八人，一起凭栏观荷，一不胜饮而逃，一坐蕉团作书。一旁观方欠伸，柳下一攀条，一据磐石，一人于松下解带，独行竹间。一策邛，一牵萝相偶语，一倚竹翘首构思，童子捧砚随后。仆从林立，或把盏、或奏伎、或治具……或臂鹰、或控骑，凡五十一人。"[①] 后录也为"有唐至治咏康哉"一诗。后接宣和御书十八学士姓名（具体文字未详载），后又接"儒林华国古今同"一诗，并署款"大观戊子岁御书"，后再附蔡京长跋。描述画面之后，胡敬又在两段按语中分别提到了与此本画面、题跋俱同的《式古堂》版本和《东图玄览》所记二本。但《式古堂》版本与前述张丑《清河书画舫》版本均有韩氏藏印，而此处未讲到。另外，此本中"大观戊子岁御书"一句，也与前两本中相同位置的"大观戊子岁御笔"有一字之差，而且，考虑到繁体的"書"与"筆"差别较大，这处不同不应被解释为形近字的误认。故综合判断，《清河》版本、《式古堂》版本、《西清》版本应俱非同一画作，而是三件大同小异的东西。胡敬在讲到《东图》所记两本的按语时在末尾说，"据此则是图旧有摹本，未知此卷是摹是真"[②]，是符合客观事实的。至此，这组图像与题跋文字组合的版本至少已经有了五件：《东图》所记两件、《清河》所记一件、《式古堂》所记一件、《西清》所记一件。如果再加上王世贞所记那件与《式古堂》本画面图像应相同的，有"文待诏徵仲跋其后，云损益周文矩《文会图》而加精者"的版本，类似的作品已有六件，足见其被辗转摹写之频繁。

综上所述，《十八学士图》题材自唐代初年由阎立本首创后，阎氏原本虽不存，但种种托于其名下的伪作版本却层出不穷，流布后世。如张居正《太岳集》中提到的，由沈括作跋的版本和王世贞所记《石刻十八学士图》和《摹阎立本十八学士》两个版本，而且，此三本的

① （清）胡敬．胡氏书画考三种［M］．刘英，点校．杭州：浙江人民美术出版社，2015：317.
② （清）胡敬．胡氏书画考三种［M］．刘英，点校．杭州：浙江人民美术出版社，2015：318.

图像应存在关联。除“阎立本”版本外，后世出现更频繁的是据传为宣和时代所作的《十八学士图卷》，其画面人物组合图像涉及至少六件不同作品，其中五件的题跋基本相同。另外，《大观录》所载版本的宣和御制诗出自前述手卷版本的跋文，其画面根据书中描述也应与六件横卷版本有关。但究竟其中谁是祖本，是否真的诞生于宣和时代，尚待详考。

《十八学士图》传世作品举要

《十八学士图》题材的传世作品中最早的版本，是目前收藏于台北故宫博物院的一件传为刘松年所作的《十八学士图》（图 5.59）。该作绢本设色，描绘庭院幽深，曲栏小径，杂植松、柏、竹、梧，并点缀湖石。十八学士列坐其间，周围绘有画屏、书案、坐墩、书橱等家具。画面中的文房用具和陈列器物十分庞杂。尤其值得注意的是，画中十八学士的活动，除了历史上真实的十八学士在秦王府中日常处理的公案文牍之外，添加了许多宋代文人日常活动中的娱乐内容，如画中开卷处屏风后，即描绘了一架琴桌和两只盛放棋子的容器，而左侧卷尾的屏风后，又描绘了红绫包裹的古琴一架。琴身上的丝弦和蚌徽清晰可见。画卷末端二文士手执画轴展读，而另一人于一旁沐手，是借用《世说新语》中桓玄命宾客沐手观画的典故。除了琴棋书画等文房雅事外，画中也有对茶事的描绘。画芯中部的两位仆人，一人在将“点茶”所用汤瓶置于炭火上加热，一人执石磨碾茶。二人左侧，一仆童正执汤瓶向茶碗中注水，一文士手执“茶筅”做“击拂”之状。这一系列的动作都反映了唐代至宋代“点茶法”的操作特点。画中另一个值得注意的细节是画卷开头后一棵梧桐树下，一童子执刀剥削一青皮甜瓜，前面桌案上陈列有瓜果若干，加上画中有各种羽扇、团扇，暗示这一场景应发生在夏天。

图 5.59 （传）刘松年 《十八学士图》 南宋　绢本设色
45cm × 182cm　台北故宫博物院藏

本作以画法来论，应属南宋时期。首先，画中文人的面部形象处理，特别是眉眼、脸庞轮廓的造型，与故宫藏南宋摹《韩熙载夜宴图》十分相似。其次，综观整幅画作的人物衣纹勾线的用笔特点，也类似于这件宋摹《韩熙载夜宴图》。再次，卷首处仆人手执宫扇中所绘边角构图的小景山水，和首尾两处屏风山水所流露出的类似马远、夏圭的笔法，都在暗示这件作品的绘制时间不会早于南宋中期。据台北故宫博物院研究员林莉娜所著《明清宫廷绘画艺术鉴赏》一书考证，该作应为宋代宫廷画家所作，伪托于刘松年名下。

台北故宫博物院还藏有明人所作《十八学士图》（图 5.60）四条屏组画，分别以琴、棋、书、画四种雅事为主题。首轴绘四位文士围坐松荫之下，一仆人侍立于前，欲解琴囊系带。二轴写两位文士坐于柳荫下对弈，二人旁观。一旁仆童数人，各有持扇、点茶之举。三轴绘五位文士坐于桐荫之下，各有观书、提笔作字之态，另绘仆童捧卷、整理书册者数人。四轴绘四位文士围坐于丛竹边，二仆童展一立轴山水以示之，四人围观，中有一人沐手，仍是取晋人典故。本作设色精丽，描绘细腻，是明代《十八学士图》题材作品中较有代表性的作品。值得注意的是，唐代文献中，阎立本所作的《十八学士图》每人均有褚亮作赞词，应类似于《凌烟阁功臣像》那样供人纪念并留存史料功能的纪实性肖像绘画。而南宋（传）刘松年《十八学士图》，则将肖像画变为有场景、有情节的群像绘画，将十八人共置于一个场景环境中，其各自的活动也更多地反映出宋代文士的文房雅事和闲适氛围。到了明人《十八学士图》组画时，画中的核心主题已经完全转为琴、棋、书、画等文房雅事，而原有的“十八学士”主题已不再重要，没有人会再关心画中这群人是不是唐太宗手下那群大臣。“十八学士”在这里只是一个指代称呼，代表着整个明代文人士夫群体，向人们呈现他们理想中的雅集生活与娱乐方式。当然，这样的作品并非在明代才突然出现。林莉娜的《明清宫廷绘画艺术鉴赏》一书中列举了台北故宫博物院藏元人无款组画一套，分别为：“春堂琴韵”“夏墅棋声”“秋庭书壁”“冬室画禅”，画中人物一共也是文士十八人。这组以文房雅事为核心主题，描绘文士闲情雅趣的作品，可以视为“十八学士图”主题被元代画家重新阐释的结果。而明人《十八学士图》组画，是明代画家对元人有关这一主题的阐释与呈现方式的延续。另外，如果仔细看一下明人四轴的画面，第一轴出现了湖石、牡丹花，应为春景；第二轴出现了柳荫、石榴花，应为夏景；第三轴出现了梧桐，应为秋景；第四轴出现了翠竹和柏树盆景，应喻冬景。可知明人这种按“四时”对应“四艺”的画面构思，也与元人类似。

图 5.60　明人 《十八学士图》组画　明代　绢本设色
尺寸不详　台北故宫博物院藏

《十八学士图》图像所衍生出的其他作品

从阎立本的《十八学士图》到宋人（传）刘松年《十八学士图》，再到明人《十八学士图》四轴组画，“十八学士图”这一主题从描述投身政坛，建立事功的贵族文士，逐渐被演绎为表现文人士夫闲雅生活与精神世界的雅集场景。另外，在《十八学士图》画面基础上衍生出的其他作品也有很多。林莉娜《明清宫廷绘画艺术鉴赏》中就列举了台北故宫博物院所藏有关作品三件。“传宋人《梧荫清暇图》，与刘松年《十八学士图》中前段相同，尺寸纵 50.1 厘米，横 41.4 厘米，原本应为长卷，后经人裁切裱成立轴。以上两图实出于同一稿本。另一幅《唐人五学士图》则与刘松年《十八学士图》中第三段人物布景相同，或应有四幅，今仅存一，故取名为五学士图。”[①] 林的记述可在胡敬《西清札记》一书中找到验证。书中卷二记有刘松年《唐人五学士图轴》一件，绢本设色，胡氏对画面的描述与台北藏南宋《十八学士图卷》中段一致，并讲到画中有陆元朗（陆德明）、孔颖达、李玄道、房玄龄、苏勖五人姓名及赞词。胡敬在按语中也认为：“是图与画卷内刘松年《唐十八学士》第三段人物布景均同……当是摹本。有四轴，今只存一，遂题为五学士尔。”[②] 林莉娜列举的第三件作品是传为宋人所作的《勘书图》（图 5.61）（实际很可能为明人作品）。该作虽名为“勘书”，但画中人物的动态却与勘书没有太大关系，应属于一般“文人雅会”题材。画中的构图布局、器物、家具陈列均与传刘松年《十八学士图》开头部分类似，又添加了结尾处沐手准备观画的文人形象。林认为：“若由其家具、器物形式来看，应为明代中、晚期仿本。”[③] 综合看来，《梧阴清暇图》《唐人五学士图》和《勘书图》三件作品中，两件与台北故宫博物院藏（传）刘松年本开首部分相同或相似，一件与其中段几乎完全一致，说明这幅刘松年版本的画面图像在问世之后，不仅曾有摹本，且曾被分段摹写又辗转衍生出其他类似主题的作品。

---

① 林莉娜 . 明清宫廷绘画艺术鉴赏［M］. 台北：国立故宫博物院，2013：75.

② （清）胡敬 . 胡氏书画考三种［M］. 刘英，点校 . 杭州：浙江人民美术出版社，2015：285.

③ 林莉娜 . 明清宫廷绘画艺术鉴赏［M］. 台北：故宫博物院，2013：73.

图 5.61 （传）宋人 《勘书图》 明代 绢本设色
尺寸不详 台北故宫博物院藏

第五小节 《文会图》的图像流传及衍生作品

“文会图”题材的首次出现

“文会图”一题的记载，较早的可见于北宋黄伯思《东观余论》中的一段跋文：“《文会图》世传阎令画，然图中有奚官捧笏囊者，予初疑之。以为唐史载张九龄体弱有疾，故事公卿皆以笏于袋而后乘马，张独使人持之。因设笏囊，自张九龄始。阎令之没，距九龄作相凡六十年。不当此画之作笏囊也。然予按梁职仪云：八坐尚书以紫囊手板，《通志》云：今录仆射尚书手板皮紫囊之。梁中世以来，唯八坐执笏者以紫囊之。段成式《酉阳杂俎》中尝引此。以为不始于陈希烈，则笏囊自萧梁以来有之，不特从九龄始也。阎令之画笏囊，盖无足怪。崇宁乙酉岁三月十二日，手摹此图，因书卷末，黄某长孺记。”[①] 这段文字花了大量的篇幅考

① （清）孙岳颁，宋骏业，王原祁等编．佩文斋书画谱［M］．杭州：浙江人民美术出版社，2014：2581.

证笏囊的起源，向人们传达了一个信息，黄伯思所跋之作不仅被认为是阎立本所画，且被认为是保存了初唐乃至更远的萧梁时期官员佩饰特点的信息。但至于图中所绘究竟何人，所谓“文会”究竟是否指历史上存在过的某一具体事件，并未说明。至北宋末，《宣和画谱》在五代画家丘文播名下著录有《文会图》四件，但无具体的画面描述。另录有周文矩《文会图》一件。到了南宋“中兴馆阁储藏”目录中，周文矩的《文会图》已变为两件，显示此题材另有其他衍生副本出现。

“文会图”题材作品在元明清时期文献中的不同版本

元代私人收藏文献中，对“文会图”题材涉及不多。至明代，文嘉《严氏书画记》中又出现了周文矩《文会图》和赵伯驹《文会图》。张丑《清河书画舫》中对周文矩《学士文会图》记载：“周文矩……所绘《学士文会图》，亦见严嵩抄没籍中。今藏韩太史存良家，细阅之，的属徽庙临本，其命为文矩之笔，亦附会耳。”[①]结合前文有关《十八学士图》的文献梳理，可知此作应就是钤有韩氏玺印并有徽宗御书二诗、十八人姓名和蔡京长跋的《十八学士图卷》。在《清河书画舫》所附《真迹日录》中，它被称为“唐十八学士图”并附录了董其昌的跋文，董跋中仍称其为“五代周文矩十八学士图”，并声称它曾被记载在《宣和画谱》中，这里应该指《宣和画谱》中周文矩名下的《文会图》。由此可知，“十八学士图”与“文会图”两个题材，不但在画名和所画主题上有重叠，画面也有相同的情况（前面说过，有韩氏藏印且画跋内容基本相同的《十八学士图》也不止一件）。但张丑所说的这件周文矩《学士文会图》，究竟是否如董其昌所说，就是《宣和画谱》所录周文矩《文会图》，或者是如张丑所说，其实是徽宗时代的摹本，还要结合画面分析。相比于张丑书中略显混乱的记录，王世贞提供了更清晰的思路。他在《古十八学士图》的跋文中，引用“文待诏徵仲”之跋，指出这套《十八学士图》就是从周文矩《文会图》加工而来。那些大同小异的画名，指的其实都是同一个画面（前文列举的六个相似版本的《十八学士图》画面）。张丑讲

① （明）张丑．清河书画舫［M］．徐德明，校点．上海：上海古籍出版社，2011：316.

到的“周文矩《学士文会图》”还曾出现在传为茅维所撰《南阳名画表》里，但改回了《宣和画谱》中《文会图》的旧称。另外，张丑书中还录有另一件周文矩《文会图卷》：“尺许短幅，止画学士四人，侍从三人，屏障作细山水，极古，后有柯九思跋伪。”① 至清代，吴其贞《书画记》中又记载周文矩《文会图》一幅：“绢素甚是剥落，精彩犹存。画一株夹叶垂柳，微风荡荡，青翠阴阴。有十八学士雅集其下，席上陈设水果之类，是为夏景也。席间有两士人作猜马之状，余者肃然而观，神情相顾。一侍子在席前俯士人耳私语。又两侍子趋事于行厨之傍。二士出席立于厨下偶语……”② 据吴其贞记载，该作有徽宗御题诗七言绝句一首，并有其花押、御书小玺，还有蔡京和诗一首并署款“巨京仅依韵和进”。吴氏声称这幅画是他的一位友人“翼明兄”从嘉兴项氏处购得。画匣上有董其昌关于其递藏过程的题记。根据董题，此作原归陆完，后胡宗宪为了借重严嵩，托项笃寿购来此图赠严。严被抄家后此作入内府，后被朱希孝赎买，朱死后，又被项氏二次购回，直到被吴其贞的友人买到。③ 吴氏还详细提到此作的轴杆上两次装裱时的工匠姓名，其中一人便是当年为王世贞之父王忬做书画掮客，代严嵩购买《清明上河图》的“汤裱褙”汤曰忠。《书画记》中还录有陈闳《文会图》一卷：“缣素剥落气色犹存。写人物台座列坐位置与周文矩文会图无异，惟前后人物多有一倍。卷后空青老人题识。此购于吴地沈古诚之手，沈善欧楷，为今时独步，时丁酉九月望日。”④ 文中所谓“空青老人”为曾纡（北宋曾布之子，曾巩之侄）。前面讲到，《清河书画舫》曾著录有陈闳《十八学士春宴图》，后有曾纡、王世贞题，而这里又出现陈闳所作《文会图》，并且与周文矩《文会图》的“人物台座列坐位置”相同。再细读吴其贞《书画记》中对周文矩《文会图》的描绘，与前面《弇州山人四部稿》中王世贞描述的《古十八

① （明）张丑．清河书画舫［M］．徐德明，校点．上海：上海古籍出版社，2011：673.

② （清）吴其贞．书画记［M］．台北：文史哲出版社，1971：107，108，109.

③ 吴其贞这里的记载与张丑的记载有出入，张丑提到周文矩《学士文会图》在严嵩籍没后入韩存良处，而吴氏所记《文会图》在严嵩籍没后则是入内府而转归朱希孝。文嘉文中提到严府抄没书画中周文矩《文会图》只有一件，因此二人的说法应有一种为讹误。

④ （清）吴其贞．书画记［M］．台北：史哲出版社，1971：380.

学士图》也有相似之处，均有文士列坐饮宴场景。可知这件陈闳《文会图》与吴其贞所记周文矩《文会图》、《清河》所载陈闳《十八学士春宴图》、王世贞所记《古十八学士图》四件作品的画面很可能均有联系。这是经过对比后发现的，文献中又一处“十八学士”与“文会图”题材存在画面相同或有关的情况。比吴其贞稍晚，《式古堂书画汇考》中又出现丘文播《文会图》，该图系绢本挂轴，“有半青绿，冠带坐饮，执侍者九人，共二十人，磅礴榆柳松竹之侧。几席盘盂，古致陆离，桃李、莲房、花果香鲜可擘，座中歌者按者，一一呼之欲下”[①]。此处所记《文会图轴》不知与《宣和画谱》所载丘文播《文会图》四件是何关系，但与前面几件《十八学士图》《文会图》类似，同样出现了饮宴场景。《式古堂书画汇考》中也提到了周文矩《文会图》，并注明收藏于吴门韩敬堂家（韩存良），有陈眉公（陈继儒）曾观，部分呼应了张丑《清河书画舫》中对周文矩《学士文会图》的记载。另外，顾复《平生壮观》中又记载：“丘文播《文会图》，中绢幅立轴，人物五寸许，神情欲语，树石皴染，有行云流水之韵。此人物山水中之卓尔不群者，唐六如之师资也。”[②]但书中未讲到具体画面内容。同时，《平生壮观》也讲到了周文矩《文会图》：“双拼绢立轴，人物尺许，形容秀婉，衣褶如韩晋公，而面目得意失意，宛然在望。徽宗、蔡京题诗于其上，宣、政和玺钤角。”[③]根据上述特点，可知此作与前面讲到的几个有徽宗二诗、御书十八人姓名及蔡京长跋的横卷式版本显然不同。从画中均有宣和、蔡京二诗的特征看，与吴其贞《书画记》提到的版本相似，但吴并未讲到画中有宣和、政和玺钤角，只讲有天水花押，用“御书”小玺，故不能确定二作是否为一物。嘉庆时，阮元《石渠随笔》又载宋徽宗《文会图轴》一作：“绢本设色画，临池竹树，坐饮者九人，树下立谈者二人，侍者九人，有徽宗押及题文会图。儒林华国古今同，饮咏飞毫醒醉中。多士作新知入彀，画图犹喜见文雄。

---

① （清）卞永誉纂辑．式古堂书画汇考［M］．杭州：浙江人民美术出版社，2012：1558.

② （清）顾复．平生壮观［M］．林虞生，校点．上海：上海古籍出版社，2011：236.

③ （清）顾复．平生壮观［M］．林虞生，校点．上海：上海古籍出版社，2011：251.

左方有蔡京和诗，似题十八学士，不录。”[①] 从其立轴形式和徽宗、蔡京诗文来看，本幅与吴其贞所记周文矩《文会图》相似但人数不合。不过，本作立轴形式与二十人的画面人数，与《式古堂书画汇考》中所载丘文播一作相合，画中也都有饮宴内容。本幅徽宗题诗与前述五件相似版本《十八学士图卷》中的徽宗题诗相同，但蔡京和诗是否与之相同则不详。所以阮元说“似题十八学士”，可知他或许也见过有类似题诗的“十八学士图”题材作品。徽宗诗中“多士作新知入彀”之句，是化用五代王定保《唐摭言》中“文皇（唐太宗）……尝私幸端门，见新进士缀行而出，曰：‘天下英雄，入吾彀中矣。’”[②] 的典故，也恰好符合阎立本画十八学士时所处的时代。这首诗出现在《文会图》上，也再次体现了“十八学士图”与“文会图”两个题材的密切联系。

综上所述，“文会图”这个题材的作品在宋代便已见于著录。而且从黄伯思所记看来，其所画内容或可上溯到阎立本时代。元代以来，该题材的各个版本种类繁多，其中经常被提到的作者是周文矩、丘文播、宋徽宗三人。而且，通过众多著录书目的画面描述对比可发现，归于上述三人名下的各版本作品，在画面内容、题诗等方面多有相同或相似。同时，这些版本的画面、题跋也与上面章节中讲到的某种《十八学士图》的宋代版本关系密切。这两个题材的作品在很长一段历史时期内，或曾共同拥有一套相同的稿本。这套稿本衍生出的副本之多，不亚于《韩熙载夜宴图》。当然，各个版本在具体选取构图、人物形象和组合方式时，会有细微的调整、损益，但整体上都是大同小异的。

“文会图”题材传世作品举要

“文会图”题材，现存最早也是最重要的一件作品，是目前收藏于台北故宫博物院，传为宋徽宗所作的《文会图》（图 5.62）。此作实际应为徽宗时代画院画家所作，由徽宗御题。画作为绢本设色，图绘庭院之中，高柳碧梧，旁植翠竹，并有曲栏、池沼。九位文士围绕一巨型方桌，坐

① （清）阮元 . 石渠随笔［M］. 钱伟疆，顾大朋，点校 . 杭州：浙江人民美术出版社，2011：151.

② （五代）王定保 . 唐摭言［M］. 阳羡生，校点 . 上海：上海古籍出版社，2012：85.

图 5.62 （传）赵佶 《文会图》 宋代　绢本设色
184.4cm × 123.9cm　台北故宫博物院藏

于柳荫之下。有侍者三人，左下一人欲递杯盏，右上方二人，一端杯盏欲置席间，一人俯文士身旁耳语。另有一女仆右侧侍立。座中九人，衣白者二人，衣灰褐色者五人，衣红、衣绿者各一人。其中衣绿者手执牙板似欲作歌，而一旁坐者欲拍掌击节。席上杯盘碗盏杂多，但摆放整齐。盘中盛满蜜桃、莲蓬，可知应在盛夏时节。方桌左侧树荫下，有二人对谈，一人着白衣捻须，一人着褐衣扶杖。桌前空地上有仆从五人煎茶，有二桌、一炉并茶器若干。桌后柳荫下有一石案，上有书卷若干，铜鼎一尊，古琴一架，另有笔砚等物掩于树叶后。画芯右上角有徽宗行草书诗一首：“题文会图：儒林华国古今同，吟咏飞毫醒醉中，多士作新之入彀，画图犹喜见文雄。”① 画芯左边中部有徽宗“天下一人”花押。画芯左

① 注：该跋文附题于画芯右上部，现藏于台北故宫博物院。

上角有蔡京和诗一首："臣京谨依韵和进：明时不与有唐同，八表人归大道中。可笑当年十八士，经纶谁是出群雄。"[①] 全画共记文士十一人（坐九人，立二人），仆从九人，总计二十人。画中钤清初耿昭忠、耿嘉祚父子藏印若干及乾隆、嘉庆、宣统内府藏印。

根据画面情况，参看前文中的文献著录，可知该作即为阮元《石渠随笔》中所录宋徽宗《文会图》。前面谈到，阮元《石渠》记载之作与吴其贞《书画记》中所载周文矩《文会图》大绢画一幅有相似之处。其一，均有徽宗诗。其二，都有蔡京和诗，其中《书画记》中"又蔡京长和题诗一首识七字'臣蔡京谨依韵和进'"一句，更与此作相符。另外，《书画记》中还提道："席上陈设水果之类，是为夏景也。"这与画中所画蜜桃、莲蓬等物也相吻合。但同时，二作不同处也很明显：《书画记》所记"有十八文士雅集其下"，而目前画上仅有十一名士人。席间九人，一旁树下二人。[②] 另外，《书画记》中讲到画中有徽宗"天水花押用御书小玺"，又讲到此画曾经陆完和项笃寿收藏，但目前该画中只见"天下一人"花押，并无"御书"小玺，也未见陆、项二人的印鉴。这样的现象究竟如何解释呢？

如果对比更多的文献，我们会发现，比《书画记》稍晚的《式古堂书画汇考》所载丘文播《文会图》的画面描述中，"挂轴""共二十人""桃李、莲房，花果香鲜可擘""坐中歌者、按者"几项特点，均与台北故宫博物院所藏画作相符。书中所说"执事者九人"也同于本幅中的侍者人数（茶席处五人，席中四人），另外，顾复《平生》一书中的丘文播《文会图》未讲内容，只说"中幅轴立轴，人物五寸许"。讲到周文矩《文会图》时则说"双拼绢立轴，人物尺许"，"徽宗、蔡京题诗于其上，宣和政和玺钤角"。 而台北故宫博物院所藏此作也是双拼绢，按画高 184.4 厘米的比例换算，画中人物高度应在 16 厘米左右。明清时一尺相当于今天的 34 厘米左右，故画中人物应相当于半尺，即五寸左右，这

① 注：该跋文附题于画芯右上部，现藏于台北故宫博物院。

② 《书画记》中"二士出席立于厨下"的"厨"字，很可能是在刻版印书的过程中，对"树"字的繁体字"樹"的误认。

与《平生》中周文矩版本"人物尺许"的说法不合，但也不确定《平生》中丘文播版本与《式古堂》所述丘文播本是否为一作。排除《平生》中两幅不论，《书画记》中周文矩版本、《式古堂》中丘文播版本和《石渠》所录宋徽宗版本相似处较多。而本作与《石渠》所录版本应为同一物，与《式古堂》版本为同一物的可能性也很大。《式古堂》所录版本之所以被归于丘文播名下，很可能就是因为画中有徽宗、蔡京题诗，而《宣和画谱》又在丘文播名下列有《文会图》这个名字，这幅画才被后人附会为丘氏之作。而且，《式古堂》一书对此作的小注中有"大挂幅绢本，一幅有半"的描述。审视台北故宫博物院这幅《文会图》，会发现画面为双幅绢拼合而成。在天空部分和高柳的树冠左侧，有明显的拼合痕迹，贯穿全画上下。这个痕迹基本上在整个画面左右宽度的左起三分之一处，将全画大致分为左侧三分之一和右侧三分之二两个部分。所谓"一幅有半"的说法，应该就是指这种双拼方式（左侧面积约为右侧面积的一半略多）。由此看来，《式古堂》中的丘文播版本和《石渠》中的宋徽宗版本，应该是同一件东西，即台北故宫博物院此作。至于该作与《书画记》中周文矩版本的记载画面内容相同而人数不同的情况，笔者推测，不排除是因为《书画记》中所载之作，在后来流传的过程中经过了裁切，以致画面面貌发生了改变。

仔细观察台北故宫博物院这幅画的画面，会发现有几处不合常理之处。其一，画中左侧蔡京题诗的末句紧贴画边，位置逼仄、局促。其二，"天下一人"花押上方有一处不明原因的撇笔，这是徽宗其他花押真迹中不见的。其三，画中右下角的台榭栏杆转角之势明显有未尽之意，显示在更右侧应该还有其他更多画面。其四，构成画面的两幅双拼绢一大一小，拼合处不在中部，这几处细节共同说明这件作品很可能曾被裁切。因此，画中左上角的蔡诗字迹才会紧贴边缘，而《书画记》中记载的徽宗"天下一人"花押和"御书"小玺或许都已被裁掉，目前的花押系后人补书，因此才多出了那处不明原因的"撇笔"（很可能因仿题者下笔时紧张或其他原因导致的误书）。也正是由于被裁切，画上右下角的台阁栏杆转角结构被破坏，这才有了现在构图上的未尽之意。而且，该作本为两幅绢拼合而成，由于两侧画芯可能均被裁过，而一侧受损较多，才导致了两绢的拼合线从原来的正中位置向一侧偏移。最重要的是，由于被裁切，画中原有的十八学士只剩下了现在的十一人，其余画面未能保存下来。

根据上述推测，《书画记》所录周文矩《文会图》、《式古堂》所录丘文播《文会图》和《石渠》所录宋徽宗《文会图》很可能都是台北故宫博物院所藏《文会图轴》。只不过在吴其贞记录它之后不久，它便被裁切而改变了原貌。而卞永誉、阮元和今人所见到的，都是裁切后的样子。至于被裁切的原因，可能是由于所切部分已严重残损，无法修复且影响画面观看效果。也不排除是在交易、流转过程中，被人出于牟利动机而切割后分开出售。但遗憾的是，由于目前这幅作品从吴其贞到卞永誉之间这段时间的递藏线索不详，以上推测是否合于历史真相尚难验证。[①]

“十八学士图”与“文会图”题材的“一图两名”现象

根据以上章节列举的文献与作品可知，“十八学士图”与“文会图”这两个题材，早在北宋时便有了画名不同但内容一致的现象。而且，早期的以“文会图”为名的作品，有些因为题有关于“十八学士”的诗句，在流传过程中也有被著录为《十八学士图》或《学士文会图》一类名字的情况。至于元、明之后，一些《十八学士图》的仿本被传为《文会图》,《文会图》的仿本被命名为《十八学士图》的情况更属多见。同样的场景、人物组合同时出现在两种题材作品里的情况是很普遍的。而且，不仅《十八学士图》和《文会图》有此现象，部分描绘类似事件的，与文人士夫宴游、雅集活动有关的其他题材，如“香山九老图”和前面讲到的“西园雅集图”“韩熙载夜宴图”“校书图”等题材在明代诞生的众

---

① 《书画记》所记下限为康熙十六年（1677）。《式古堂书画汇考》所记下限为康熙二十一年（1682），二书间隔不久。但《书画记》中提到的关于《文会图》的收藏、过目者最晚一人是董其昌（卒于1636年），也就是说，吴其贞对此画的了解时间，可能仅比董其昌稍晚，在崇祯末到顺治初，因为记载中没有提到一个清代的藏家。目前台北的这幅《文会图轴》上虽有清初耿昭忠、耿嘉祚父子印鉴，但耿昭忠生于1640年，卒于1686年，卒年几乎与《式古堂书画汇考》成书时间相同。且不知画上耿氏鉴印的具体钤盖年月，故此作是否就是《书画记》所录被裁割后的结果尚难确定。

多摹本、仿本中均有人物形象、场景及画面布局共用的现象。接下来的章节将对其中一些比较典型的例子进行专门的分析、探讨。

第六小节　数种相似题材画面图像的通用、混用现象

前文所举《明皇幸蜀图》与《校书图》的例子，展示了某些古代绘画题材的图像在随具体作品递藏的过程中，被改造、演绎出其他题材作品的现象。而下面要讨论的，是部分相近主题的画面图像彼此融合或被相互混淆的情况。当然，其中既有因具体作品的画面、题跋在递藏过程中的裁割、损毁而引发的误读，也有不同时代、不同社会阶层的画家，在面对古代稿本时主观加工、改造的因素。

明代中期的江南，特别是长江中下游地区以苏州、杭州为核心的经济繁荣地带，社会财富的增加使崇尚奢华的消费观念的流行。一方面，包括官员、文人士夫和富商在内的社会富裕阶层掀起了大规模的，涉及各类文物艺术品收藏活动的文化消费热潮。在书画收藏领域，表现著名文人群体雅集、宴游的历史题材绘画，由于其主题的文化内涵和初创者在画史上的声望，既适宜作为园林、文房的悬挂装饰，又可作为礼物酬赠，彰显受赠者的社会地位与文化品位。因此，类似题材的古画格外受到古董行业经营者与收藏家的青睐，这种青睐无疑也会助长对这类题材古画的摹制、作伪活动。另一方面，市民阶层的文化消费也伴随商业的发展而趋于活跃。提供不同档次的商品绘画的厂肆、店铺与众多的消费人群，也为商品画生产提供了推动力。当时，商品绘画的创作与消费，往往受到文人士夫群体审美趣味的影响，故而对文人雅集一类题材表现尤多。这些题材的绘画往往成为不同社会阶层人群共同的消费热点。其中，由苏州地区的民间职业画工群体所创作的仿古商品绘画，占据着相当大的比重。这些商品画就是今天通常所说的“苏州片”。而“文人雅集”题材的仿古绘画，长期以来一直是“苏州片”产业的重点支柱产品。

由于采用一幅粉本，多人同时摹制并冠以不同题目的生产方法，同一套稿子的画面可能变出不同主题。另外，前面讲到，以仇英为代表的职业画家为了提高创作过程中构思、布局时的工作效率，往往会将不同

的古画局部组合于一处，略加损益而成为一幅新的画面。下面将要讨论的，就是一批以这样的方式生产出的绘画作品。

台北故宫博物院藏（传）宋徽宗《十八学士图卷》

台北故宫博物院曾发行以院藏（传）宋徽宗《十八学士图卷》（图5.63）为票面的邮票一套。该画作为横卷样式，首段绘平郊原野，有十余人散布林间，各有牵马、引犬、拳鹰之状。二段写板桥两侧坐列文士数人，有欠伸者，有展卷作书者，有被侍从搀扶欲过桥者。一旁五人围坐茶桌，桌上陈列各种茶器。三段是筵宴之景，六人聚坐于地上，各持箜篌、琵琶、筝、笙、笛、箫等乐器。左侧九人围坐方桌边，席中绘侍者四人，左侧松竹丛中二人立谈。第四段为末段，绘凉亭阶前五人站立，旁有一仆从，二鹤。亭中有几案，堆放琴、书、古物。亭后有修竹池沼，水鸟出没其间，空白处有徽宗瘦金书前文中“有唐至治咏康哉”一诗，后有徽宗“御笔”二字并花押，钤“御书”玺。卷后另绢有徽宗书唐十八学士姓名，又附写前文中“儒林华国古今同”一诗，署款“大观戊子岁御笔”，并有“天下一人”花押并“御书”玺。后附蔡京长跋一段。卷中钤盖乾隆内府诸玺并“石渠宝笈”印鉴。

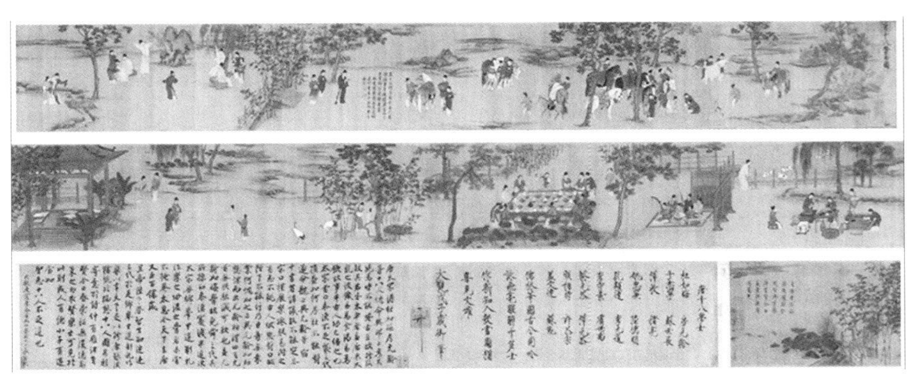

图 5.63 （传）赵佶 《十八学士图卷》 时代不详 绢本设色 尺寸不详 台北故宫博物院藏

将该图与前面讲到的有关《十八学士图》的著录文献对比，会发现它的画面内容与王世贞记载的那件有文徵明跋文，据说改仿自周文矩《文会图》的《古十八学士图》十分相似（不包括徽宗、蔡京题字）。王氏提到的“乐有笙、笛、筝、瑟、阮之属”“凡六人皆地坐，据斑纹褥”“一人偻立持乐句，所谓部头也”一类描述，均与画中第三段宴乐部分形象对应。[①] 如果加上徽宗二诗、御书十八人姓名和蔡京跋文，则这件台北故宫博物院的（传）宋徽宗《十八学士图卷》与《式古堂书画汇考》所载的《徽庙御笔书十八学士图卷》几乎完全一致。与《西清札记》中记载的《宣和十八学士图卷》也基本一致（但《西清》版本中御书十八人姓名后署款末字为“书”）。前面谈到，《式古堂》《清河书画舫》与《西清札记》三书记载的《十八学士图》在画面和徽、蔡题记上都是基本一致，与王世贞所记之本的画面也相同，应是同一个稿本辗转摹制的结果。台北故宫博物院此作也并非孤本，画面雷同且配有相同题跋内容的传世作品也有不止一件，可见这套稿子曾经十分流行。至于画中的徽宗题字，可参考数件与之内容相同的石刻拓本，其中一些笔画的细节有微小差异，应是翻刻自不同的墨迹。通过各种版本相互比较，可看出台北故宫博物院该作的徽宗书迹水平不高，特别是“御笔”和“天下一人”花押末尾的“悬针竖”，或歪斜，或绵软无力，均非徽宗应有的水平。另外两件同样的画作题字也有类似问题。反而是个别石刻拓本中，上述几处细节写得较好。另外，有些画作和石刻版本的蔡京墨迹部分，署款为“大观庚寅季春望太师鲁国公臣京谨记”[②]，这更是与史不合。查“大观庚寅”应为大观四年（1110）。《宋史》中提到蔡京时记载：“（大观）三年，台谏交论其恶，遂致仕。犹提举修《哲宗实录》，改封楚国。”[③] 又记“政和二年（1112），召还京师，复辅政，徙封鲁国，三日一至都堂议事”[④]。可知从大观三年至政和二年，蔡京一直是“楚国公”而非“鲁国公”。史

① 王世贞说画中有“阮”，而台北本中无阮而有琵琶，二者形象近似，不排除是王误认。

② 注：包括《式古堂书画汇考》所记一版本。

③ （元）托克托等撰．宋史・蔡京传［M］．钦定四库全书本，史部・正史类．纪昀，陆锡熊，孙士毅，编纂．清乾隆四十七年（1782）．

④ （元）托克托等撰．宋史・蔡京传［M］．钦定四库全书本，史部・正史类．纪昀，陆锡熊，孙士毅，编纂．清乾隆四十七年（1782）．

实既不合，书迹之伪自不待辨。而且，考虑到目前的文献中对这套附有蔡京、徽宗题记的画面图像的记载，最早没有超过晚明时期的，故综合判断应是明人造出的伪作。具体作伪时间或在张丑《清河书画舫》所录版本出现前不久。但是，这套画跋搭配的欺人手法也并非完全向壁虚构。因为如果把台北故宫博物院这幅《十八学士图卷》和同藏一处的那件宋徽宗御题《文会图轴》对比就会发现，《十八学士图卷》中九人围坐桌边，数人环侍的人物组合、树下二人立谈的形象以及五人环绕茶桌备茶的场景都与《文会图轴》如出一辙。足见本作的图像的确有参考《文会图轴》的可能。另外，前文推测过，台北故宫博物院藏《文会图轴》实际描绘的应当是唐初的十八学士，但因画面被切割导致人数不全。那么，这幅与《文会图轴》画面有关的《十八学士图卷》，或许保留了《文会图轴》中失去的一些人物形象，比如六人演乐部分。另外，这幅《十八学士图卷》在创作时参考的对象并不仅限于《文会图轴》。其画面右侧开首一段的拳鹰牵马人物中，有二马一人明显与波士顿博物馆藏宋摹《校书图卷》中最左侧奚奴牵马场景相似。[①] 另外，《十八学士图卷》中段，一仆俯身展纸，一文士操笔于纸上作书，另有一仆侍立的人物组合，也同于波士顿藏《校书图卷》最右侧的文士俯身作书一段。只不过《校书图》中的文士所坐为“马扎”，而《十八学士图卷》中则改为坐墩。种种迹象表明，这幅《十八学士图卷》的画面，是综合吸收了至少两件宋代绘画而来的。著录中的那几个与它大同小异的版本，都应是晚明以来的画工批量生产的结果。这是坊间商品绘画在造稿过程中拆配不同古画画面而成“新作”的例证。除了台北故宫博物院所藏此卷外，与之大同小异的画作尚有很多。如 2012 年 4 月，北京某拍卖公司的春季拍卖会上出现的一幅刘松年款《十八学士图手卷》，画中人物组合就与台北故宫博物院此作有许多相同之处。

---

① 《十八学士图卷》中的这段拳鹰牵马的人物组合，还有被单独分离出来，以《秋原猎骑图》之名，托于仇英名下的“苏州片”作品传世。

台北故宫博物院藏刘松年款《十八学士图卷》

台北故宫博物院另外藏有刘松年款《十八学士图卷》(图 5.64)，绢本设色，横 693 厘米，高 45 厘米，图绘亭台水榭，园林清幽，十八学士雅集其间。开首处为一柳荫小径，一学士缓步徐行，手托腰带。后二仆童随行，一人手执团花包袱，一人扛长柄宫扇。左右池沼中荷花盛开，显示正是夏日时节。学士前方不远有一凉亭，中坐学士四人，一人手托茶盏，倚栏眺望。旁有赭衣仆从执茶器侍立。左侧绘湖石两方，芭蕉、梧桐掩映其中，三位文士围坐书案边，一人展卷，一人提笔欲书，一人捻须四顾。三人身后绘有一山水屏风。湖石、芭蕉之间又露出书案两张，一张罗列图书典籍，另一张边坐二位学士。少者左手执书，长者右手欲翻书。二人左侧绘湖石芭蕉，之后绘一棋桌，二学士对弈，一学士静坐观局，右手抚栏杆。一旁有青衣、灰衣二侍从，青衣者执扇回顾，灰衣者拱手而立。弈棋等三人左侧有二仆从备茶，一人执扇，前有茶炉，有汤瓶置于其上加热。另一人持茶托，上有茶盏数个，一旁罗列茶具若干。二人身后有一张大案，上列杯盘碗盏一类饮食之器。二仆左侧一棵长松

图 5.64　刘松年《十八学士图卷》明代　绢本设色
45cm × 693cm　台北故宫博物院藏

过后，有罗汉床一架，前设桌案，酒食罗列。二学士坐床榻上，一人赭红衣，一人青灰衣。另有二学士坐席边，一人捻须，一人仰看前方。左侧又一学士坐桌案前，扭身回望，一旁有侍从二人添茶。众学士左侧有一山水屏风，六位乐伎款款而来。为首一人执琵琶，后五人各执笛、笙、箫、筑、牙板。旁绘一大案，陈列各类吉金古器。左侧又绘一轩，旁植芭蕉、桐、槐，二侍从拾阶而上，欲入轩中。一人手捧卷册。轩中坐学士三人，一人抚琴，二人静听。远处云烟之中，宫殿嵯峨。卷尾署款："淳熙画院博士钱塘刘松年绘"[①]。

即使不考虑画面中随处可见的明代绘画风格特征，仅凭"淳熙画院博士钱塘刘松年"这个称谓，即可知这幅画属于托名伪作。刘松年生于1155年，明人朱谋垔《画史会要》载其为"淳熙画院学生，绍兴（疑应为'绍熙'）年待诏"[②]，而且，南宋的宫廷机构中并无"画院博士"这个称谓。[③] 而且，这幅作品中所有人物脸上出现的程式化的笑容同样在提示人们（图5.65），它是明代民间商品绘画的产物。类似的笑容在明代的木刻书籍插图中不胜枚举。如台北故宫博物院所藏明万历乙酉年（1585）刊刻的《新刻续编三国志后传》（图5.66），其中的插图人物面部即是此类表情。又如，台北故宫博物院所藏托名于刘松年名下的《养正

图5.65　刘松年　《十八学士图卷》局部

① 注：该款以小字书于画芯卷末左下边。

② （清）厉鹗辑．南宋院画录［M］．胡易知，点校．杭州：浙江人民美术出版社，2016：89.

③ 近年来已有学者考证，南宋其实并不存在北宋宣和年间的翰林图画院一类机构。艺术史学者彭慧萍曾著有《虚拟的殿堂——南宋画院之省舍职制与后世想象》一书，对此问题专门考证。

图》。作伪者将明代画家焦竑《养正图解》中的部分画面作为底本（作于万历二十二年，原为给皇长子讲学用的教材），将其改编、加工成绢本画册。类似笑容也出现在某些清代的木刻书籍插图中。另外，这种程式化的笑容在明清时期的陶瓷纹样中也很普遍。如美国洁蕊堂收藏的清代康熙年间五彩人物故事图凤尾尊中的人物形象（图5.67），即有类似笑容（图5.68、图5.69）。除了笑容之外，画中六位乐伎的造型特征，特别是其正面像脸型饱满、头部稍大且削肩的特征，均呈现出受到陈洪绶人物画风格影响的痕迹。该作另一处呈现明代“时风”的细节，是画中多次出现的大理石板镶嵌家具工艺（图5.70）。这是明清家具镶嵌工艺的常见手法。除以上特点外，本作也和刚刚谈到的（传）宋徽宗《十八学士图卷》一样，组合了数件类似题材古代绘画中的人物形象。如画中亭上三位文士下棋一段（图5.71），明显改仿自周文矩《重屏会棋图》（图5.72）中李璟兄弟下棋的人物组合，只是动作稍加变通。第二处，五位文士会宴的场景（图5.73），则明显改编自《韩熙载夜宴图》（图5.74）第一段“宴罢聆音”的场景，只不过将人物的服饰色彩进行了相应的调整。末段高台之上，三位文士弹琴、听琴的场景，则改仿自辽博藏李公麟《商山四皓图会昌九老图合卷》中“商山四皓”一段，亭中三人会琴的形象，只是去掉了旁边侍立的童子。最后，画中三人弈棋一段中，文士右侧着青衣持扇的仆从，也是改仿自《韩熙载夜宴图》中第四段“坐观清吹”一节，韩身边持山水团扇的侍女形象。

与（传）宋徽宗《十八学士图卷》有许多大同小异的版本流传于世一样，这套（传）刘松年《十八学士图卷》的图像也有不止一件作品存世。如2008年某地秋季艺术品拍卖会的中国书画专场中，某拍卖公司经手的一件传为刘松年所作《唐贤十八学士图手卷》，也为绢本设色，画面布局、人物动态组合与台北故宫博物院此作完全相同，只是局部的设色、衣服纹饰略有调整。卷中不仅伪造了“淳熙画院待诏赐金带，钱塘刘松年绘”的款字，还伪造了赵孟頫、吴宽等人的印鉴。卷首伪添吴宽、顾璘等三人的题识，卷尾添加了赵孟頫、王达两人的伪跋（台北本卷中同样伪造有南宋末年贾似道的数方印鉴）。此外，2011年8月在上海举办的

图 5.66 明代刊刻《新刻续编三国志后传》插图人物
台北故宫博物院藏

图 5.67 清康熙年间五彩人物故事图 凤尾尊
尺寸不详 美国洁蕊堂收藏

图 5.68 清康熙年间五彩人物故事图凤尾尊局部图案

图 5.69 清康熙年间五彩人物故事图凤尾尊局部图案

图 5.70　刘松年 《十八学士图卷》局部

图 5.71　刘松年 《十八学士图卷》局部

图 5.72　周文矩 《重屏会棋图》中李璟兄弟下棋的形象

图 5.73　刘松年 《十八学士图卷》局部

图 5.74 （传）顾闳中 《韩熙载夜宴图》局部

某大型艺术品拍卖会的“海外回流”书画专场上，又出现了一件有“刘松年”款识的《十八学士图》手卷。该作同为绢本，基本画面布局与前二作相同。其中卷首处文士徐行，二仆随后一段与中段仿改《韩熙载夜宴图》首段“聆音”场景部分基本一致，只是将周围的园林场景和仆从做了调整，将二仆备茶场景从前二卷的“聆音”场景右侧，换到了左侧。卷中伪造了“嘉定二年春刘松年绘”的款字，并伪添真德秀、许衡、鲜于枢、蒋廷晖等人的题字、印鉴。上述几件作品的出现，说明在明清商品画生产行业中，有着类似于“流水线”式的生产机制，一套稿本一旦被设计出来，往往就能批量化地变为若干大同小异的版本。

“西园雅集”题材作品借用其他类似题材图像的例子

前面谈到，“西园雅集图”也是众多雅集题材中颇受欢迎的一个。无论是手卷形式还是立轴形式，都有不胜枚举的版本存世。但这里要讲的是其中特殊的一类，即画名为“西园雅集”，但实际的画面内容却是取自其他类似题材的画面。

2014 年某拍卖公司的春季艺术品拍卖会的“故纸芳华——古代书画专场”里，出现了一件署有“刘松年”款识的《西园雅集图》手卷，款字为“画院待诏刘松年”。该作绢本设色，画卷后有王守、陆师道、吴弈（应为“奕”）、吴廷、王鏊等人题跋。钤有罗伦、王鏊、吴廷、王守等人印鉴。有趣的是，该作的名字虽称“西园雅集”，但画卷中却并未出现提笔书壁的米芾、说“无生论”的圆通法师和画陶渊明“归去来兮”故事的李公麟这些《西园雅集记》中记载的人物形象。其卷首画平远郊野，十数人控鹰牵马围猎，后接亭台水榭，有文士抚琴观书。再一段为二童子备茶，后续数人围坐于大型方桌边会宴，又有六人坐于地上奏乐，一旁二人立树下对谈。卷尾绘水边一亭，亭中陈设一案，古物罗列，又有二人弈棋。从整个画面布局、内容看，基本照搬自台北故宫博物院（传）宋徽宗《十八学士图卷》，只是个别人物组合、动态稍加改动，且设色较台北故宫博物院版本更趋艳丽，并改徽宗、蔡京题跋为几位明代收藏家的题跋。

无独有偶，2015年北京某拍卖公司秋季艺术品拍卖会的古书画专场中又出现了一幅刘松年款《雅集图》，署款为“画院待诏刘松年绘”。该图不仅画面布局、人物组合与刚刚谈到的刘松年款《西园雅集图卷》基本一致，卷尾作跋之人与诸人跋文内容、书写方式也基本相同，只不过《西园雅集图卷》中的众人跋文是连缀一处，而《雅集图》后的跋文则分为两组。王守、吴奕、陆师道、朱庚、吴廷振为一组，隔一段花绫后，罗伦、王鏊为后一组。有趣的是，虽然两作名字皆称《雅集图》，但两作后的朱庚题诗却是照抄了台北故宫博物院（传）宋徽宗《十八学士图卷》中蔡京所作“明时不与有唐同……经纶谁是出群雄”一诗。而两作中的吴廷振跋文更是直接说：“是卷写十八学士图，布置之妙，运笔之神，正如季札观韶，不胜观止之叹。”前面讲到的几件传为刘松年所作的《十八学士图卷》商品画，虽然画面大同小异，甚至完全出于同一套稿子，但作伪者还是分别为它们组合了不同人的题跋、印鉴。而现在这两件作品，不仅画面内容雷同，连题跋内容都如出一辙，甚至书体也基本一致。可知在这类商品画的生产过程中，不仅一套画稿有被批量复制的情况，伪造的题跋也有批量化生产且与固定的画面内容搭配使用的情况。

除了被冠以“西园雅集”之名的《十八学士图》之外，唐代的“香山九老”也有参加“西园雅集”的例子。2009年北京某大型拍卖公司的春季艺术品拍卖会上，出现了一幅有刘松年署款的《西园雅集图》手卷。该作绢本，重青绿设色。其画面人物形象、布局完全与台北故宫博物院藏（传）刘松年《香山九老图卷》（图5.75）以及弗利尔美术馆藏（传）马兴祖《香山九老图卷》（图5.76）相同。

图5.75 （传）刘松年 《香山九老图卷》 明代 绢本设色
27cm × 217cm 台北故宫博物院藏

图 5.76 （传）马兴祖 《香山九老图卷》 明代 绢本设色
27cm×217cm 美国弗利尔美术馆藏

“文会图”题材中出现其他类似题材图像的例子

前面谈到，早在宋代，标题为《文会图》的绘画作品就有表现“十八学士”题材的例子。而到了明清，由于商品画市场中的文人雅集题材颇受青睐，加上“文会图”这个主题不针对具体的时间、地点和人物，故而借用其他类似题材的画面也更为便利。这一时期的众多《文会图》中，经常使用其他主题的画面场景或人物形象，其中以照搬“西园雅集”题材和数种“十八学士”题材的画面稿本居多。照搬“西园雅集”题材的例子，有 2003 年北京某拍卖公司艺术品拍卖会的古代书画部分中王振鹏款《文会图轴》。该作青绿设色，描绘崇山丘壑之中，文士雅集。其各组人物，均能对应所谓米芾《西园雅集记》中的描述，特别是米芾书壁和圆通法师说法形象尤其明显。另外，某国际拍卖公司 2009 年 3 月所举办拍卖会中出现的仇英款《文会图》手卷，其画面形象也取自“西园雅集”题材。同为该公司举办的另一拍卖会中出现的李唐款《文会图》手卷，其人物形象、场景也出自“西园雅集”题材。而且，其中“众人围观苏子瞻作书”与“子由等人围观李公麟作画”两个局部，其人物形象组合正与前面“《西园雅集图》存世版本举要”一节讲到的那件南宋晚期《西园雅集图卷》的有关局部相同。这种情况显示，有些类似的人物形象组合粉本，或许很早就流入了商品画生产领域（两宋时，民间商品画行业就已十分兴盛，一稿多图的例子已见于画史记载）。另外，由于元明以来，“十八学士图”题材自身已发展出众多的不同人物组合版本和画面组成形式。特别是南宋以来，以“十八学士”主题表现琴棋书画四艺，并按四季以四幅组画呈现的表现形式十分流行，这种变化也波及了“文会图”题材。如北京某拍卖公司 2006 年秋季艺术品拍卖会中出现的清代佚名《文会图轴》，描绘五位文士群聚观画的场景，应来自元明代时期以“十八学士”题材表现文房四雅事的某种组画粉本，属于“赏画”的部分。这个粉本还曾在其他的独幅作品中应用，如现藏苏州博物馆，曾属吴湖帆旧藏的（传）宋人《五王嬉春图页》，与这件《文会图轴》相比，除背景树石、器物略加改动，人物形象几乎完全一致。至于各种手卷版本《十八学士图》的形象，被照搬而改名《文会图》的例子更多。如北京某拍卖公司2008年迎春书画艺术品拍卖会上出现的一件设色纸本《文会图》手卷，全画的布局、人物形象均照搬自台北故宫博物院藏南宋绢本《十八学士图卷》。这件南宋绢本《十八学士图卷》另有清人姚文瀚摹本一件，也命名为《文会图》，作于清乾隆十七年（1752），上有嵇璜楷书《十八学士赞》。拍卖版本或是对姚文瀚版本的再摹写。二图均为纸本淡设色，画风相近。另外，北京某拍卖公司十二周年秋拍会上，曾出现佚名《文会图》长卷一幅，与前面两作皆出自同一稿本，但为绢本，设色浓艳。这些作品的出现，说明相似题材之间粉本的互通、互用，作为民间商品画的一种生产模式，曾长期存在。

第七小节　元明私人书画收藏催生的古画粉本演绎及相近题材粉本混用现象总结

无论是借助同一粉本衍生出不同题材的作品，还是几种相似题材之间粉本互通、互用的例子，都向人们呈现了中国民间文艺创作的一种独特方式，即艺术史学家雷德侯在《万物》一书中提出的“模件化”创作手法。他以清代《芥子园画谱》为例，指出这些画谱存在的意义，在于提供了“画家们所需要的各种母题，并且教授了他们如何运用这些模件（大到宏观的构图、局部，小到某些具体的用笔组织方式）构成适应文人趣味的画作”[①]。他认为：“在充分研习了《芥子园画传》之后，即使业余爱

① ［德］雷德侯．万物：中国艺术中的模件化和规模化生产［M］．北京：生活·读书·新知三联书店，2012：268.

好者也能够用这些母题拼凑出完整的构图，从而完成颇为可观的画作。”[①] 上文列举的这些出现在拍卖会上的雅集题材作品正是如此。生产者们或是将同一群人物形象按不同搭配方式重组成不同画面，或将同一组稿本运用于不同主题，并为之搭配相适应的题跋。这些题跋有时也可以在一些相似的主题之间通用。正如今天书店里出售的类似《中国山水画题画诗宝典》一样，古代制作伪古画的画工们也应当有类似的辅助资料库，以增加伪作的可信度。

这种“模件化”的生产方式之所以被广泛采用且能行之有效，与私人书画收藏活动的活跃密不可分。正是由于明代嘉万年间，以苏州为核心的吴门地区汇集了大量的古书画收藏资源，并出现了如仇英这样，出身民间画工却又与文人士夫群体中的收藏家存在雇佣关系的人，诸多古画的题材、粉本、题跋文字等信息才能流入民间商品画生产领域。另一方面，由于社会财富的积累和市民阶层艺术品消费需求的增加，这种高效率的“模件化”生产方式也才有了更大的应用价值和必要性。史料显示，不少文人书画家也会参与到这种商品绘画的制作中。学者杨臣彬的《谈明代书画作伪》一文，开列了若干目前发现的“苏州片”制作者的具体人名，包括詹僖、王涞、朱朗、黄彪、袁孔彰、吴应卯、文葆光等人。其中吴应卯是祝允明的外孙；朱朗是文徵明的学生；文葆光是文徵明的后裔。像这样的人参与“苏州片”的制作，自然为商品绘画生产行业注入了更多文人士夫的审美趣味。许多托名古代画家之作的画芯后面，一段段既有出处，又有一定书法功底的名家跋文，往往出于这些具有一定文化素养的作伪者之手。他们既自己制售假的名人书画，也可以作为流水线生产过程中的一个环节，为伪作配制伪跋。台北故宫博物院研究员邱士华在《拼嵌群组——探索苏州片作坊的轮廓》一文中，专门对若干院藏“苏州片”中的伪印进行比较并梳理出相似度较高的一些个例。据他分析，这些作品的伪印、伪跋在制作过程中属于固定的组装部分。他由此推测作伪者应该会专门向文人书家定制伪跋并额外计算为此付出的

① ［德］雷德侯．万物：中国艺术中的模件化和规模化生产［M］．北京：生活·读书·新知三联书店，2012：269.

经济成本。因此，不妨将以明代中期以来，以“苏州片”为代表的民间仿古商品画，看成是市民文化与文人士夫的审美趣味交流、碰撞的产物。这些作品的产生，因市民阶层的文化消费需求而兴起，又在生产过程中受到文人士夫阶层的收藏品位与书画风格面貌的影响。

最后，更重要的一点是，这些被称为“伪好物”的托名伪作，往往不必担心被人拆穿。事实上，不仅来自市民阶层的生产者、购买者，就连当时许多知名的收藏家对于此类伪作的流行也都是心照不宣且持宽容态度的。朱朗是文徵明的学生。由于文氏晚年书画应酬颇多，间或让朱朗代笔。姜绍书的《无声诗史》中就记载了这样一则趣事：“客有寓苏州，遣童子送礼于朗，求作徵仲赝本。童子误送徵仲宅中，致主人求画之意。徵仲笑而受之曰：‘我画真衡山，聊当假子朗（朱朗字子朗），可乎？’一时传以为笑。”[①] 可见朱朗笔下的文徵明伪作，在市场上是颇有些名气的。这些形形色色的伪作以及它们与对绘画史的不同影响方式，正是本书接下来要讨论的对象。

第三节　元明时期私人书画收藏界对伪作的收藏、著录及相关作伪行为对绘画史的影响

第一小节　伪作对绘画史观念产生影响的具体方式

故宫博物院研究员肖燕翼曾撰有《〈三高游赏〉与〈右军书扇〉》一文。该文通过对有关梁楷《右军书扇图》著录文献的对比以及对作品画面、题跋的分析，最终得出此作系清初之人伪作，且卷中元、明时期跋文和明人藏印俱伪的结论。肖燕翼指出，从文献对比中会发现，当时不同文献中记录梁楷《右军书扇图》的信息并不完全一致，应是同时有不止一本归于梁楷名下的该题材作品流传，且其中绝大部分都是托名伪作。这反映了明清时期的人们认为此类画风和此类题材属于梁楷的历史认知。由此，肖文引申出台湾学者傅申、王妙莲二人《鉴赏探讨》一文中的重

① （明）姜绍书．无声诗史·韵石斋笔谈［M］．杭州：华东师范大学出版社，2009：65.

要观点——赝品对观念层面的绘画史会产生重要的影响。“它们会告诉我们许多关于被冒名艺术家的情况，还有导致它们产生的社会和经济情况。严格地说，它们可以表明艺术家在后代的声望，他在收藏家眼中的价值，还有在作伪时对他现有风格的印象。”① 肖文延续傅、王二人的思路，对记载梁楷作品较多的清人吴其贞《书画记》进行探讨，并发现书中对梁楷作品风格的呈现，其实绝大多数来源于前代文献中对此人惯用画法并不确切的描述，与历史上真实的梁楷面貌和其所画题材并无太大关系。但在明末清初，私人书画收藏交易盛行，并引发书画鉴藏史上新一轮作伪风潮的兴起，而梁楷本人传世的可信作品极少。在缺乏标准器可资对比的历史环境下，大量托名梁楷的作品涌现出来。这些托名伪作提供了一种很好的观察对象，让人们得以看到赝品对绘画史的“塑造”功能。

当然，这种“塑造”功能是建立在“实物”形态的绘画史与“观念”形态的绘画史的互动基础上的。对某位画家的题材、风格的历史认知（“观念”形态的绘画史）会驱使作伪者创作出符合这种认知的伪作。这种伪作又将成为“实物”形态的绘画史的一部分。伪作一旦被纳入收藏而以真迹的名义流传后，又必然会影响到收藏者对被仿画家的历史认知，继而产生对“观念”形态的绘画史的再影响，如此循环往复。在这个过程中，历史最初的真相已被掩盖，这种循环最终往往会变成伪作与受到伪作影响的绘画史观念之间的彼此呼应，彼此验证。如前面章节里托名刘松年所作《十八学士图》的密集出现就是一个例子。不难想象，随着时间的推移，随着刘松年真迹存世的数量日益减少，并日益作为一种稀缺资源集中于宫廷或少数藏家手中的时候，那些以刘松年真迹名义流传的、数量众多的伪迹，就会代替真迹“塑造”大众心目中“刘松年”这个名字所代表的风格面貌，影响后来的人们对刘松年的认识。

伪作本身也要分为不同的情况。有些伪作的仿制对象，是一些社会声望较高，传世作品的风格面貌较为典型的画家，其画风也为人广泛熟知。如故宫所藏钱选款《孤山图卷》便是如此。而有些伪作伪造的对象，

① 上海博物馆编．千年丹青——细读中日藏唐宋元绘画珍品［M］．北京：北京大学出版社，2010：202.

虽然在绘画史上享有名望，但长期以来由于其所处时代久远，或是作品传世稀少，人们对其风格面貌又缺乏比较一致的共识。对于这些不同情况的画家，作伪者同时面临着便利条件和风险。对于前一种，由于其画风被人普遍认识，或传世作品较多，或关于其人的资料（如年谱、人际交往情况等）获取较为容易，作伪时可供参考的范本、信息便相对更多，作伪难度较小，但同时被识破的可能性也较大。而对于后者，由于画史记载本身就语焉不详，可供参考的资料不多，且多有描述模糊或前后矛盾之情况。故作伪者可资根据的材料也少。但另一方面，这也使得这样的伪作不易被拆穿，因为可以证明它是伪作的“铁证”也不多。这些不同情况的伪作，对绘画史的影响也是不同的。

第二小节 《御苑采莲图卷》与明代绘画史文本中的李思训

（传）李思训《御苑采莲图卷》概况

（传）李思训《御苑采莲图卷》（图 5.77）今称“南宋佚名《宫苑图卷》”。此画无作者款印，画中以青绿设色和泥金勾勒画法，描绘山水及宫苑楼阁之景，手法精致，富于装饰趣味。该作原为民国学者吴瀛旧藏，卷尾有吴瀛长跋。明代晚期，该作著录于《清河书画舫》。20 世纪 80 年代，傅熹年从建筑形制等方面考证，认为 其年代不早于南宋，或为“临安以外地区或民间画家所绘的装饰画”①。

图 5.77 （传）李思训 《御苑采莲图卷》 约南宋时期 绢本设色 23.9cm × 77.2cm 故宫博物院藏

① 傅熹年．论几幅传为李思训画派金碧山水的绘制时代［J］．文物，1983（11）．

（传）李思训《御苑采莲图卷》的辨伪分析

傅熹年文中谈到了不同时代文献对李思训画风描述的差异。唐人《历代名画记》中称："其画山水树石，笔格遒劲，湍濑潺湲，云霞飘缈。时睹神仙之事，窅然岩穴之幽……"[①]并未讲到他有设色技法。但成书于南宋初年的《宣和画谱》在描述李思训时，除引用唐人旧说外，已有了"今人所画着色山往往宗之"[②]的表述，强调他对着色山水的影响。这种观念的转变并非一蹴而就，而是经历了一个长期的过程。

北宋时期，苏轼诗集中有《王晋卿所藏着色山二首》，其中一首是："缥缈营丘水墨仙，浮空出没有无间。迩来一变风流尽，谁见将军着色山？"[③]该诗是苏氏观看王诜所藏着色山水画后所作。"谁见将军着色山"一句显示该作被归于李氏父子名下（"二李"合称"大小李将军"）。但苏轼似乎知道唐人并无"二李"画着色山水的记载，所以在诗中委婉地表达了质疑。[④]同时，米芾的《画史》中已有诸多关于李思训伪作的记载。如："余昔购丁氏蜀人李昇山水一帧……小字题松身曰'蜀人李昇'，以易刘泾古帖。刘刮去字，题曰'李思训'，是与赵书奁。今人好伪不好真，使人叹息。"[⑤]书中还提道："苏氏种瓜图，绝画故事，蜀人多作此等画。工甚，非阎立本笔。立本画皆着色，而细销银作月色布地，今人收得便谓之李将军思训，皆非也。江南李主多有之，以内合同印、集贤院印印之。盖收远物，或是珍贡。"[⑥]此处明确讲到北宋人曾将前代流传的一些着色工细绘画归于李思训名下，类似的托名伪作在南唐时就有。书中又记载："冯永功，字世勋，有日本着色山水，南唐亦命为李思训。"[⑦]冯

① （唐）张彦远．历代名画记［M］．杭州：浙江人民美术出版社，2011：147.

② （宋）宣和画谱［M］．杭州：浙江人民美术出版社，2012：99，100.

③ 傅熹年．论几幅传为李思训画派金碧山水的绘制时代［M］．文物，1983（11）.

④ 史料记载，王诜鉴赏眼力不高，米芾曾笑他所收之物多有赝品。另外，王诜自己也会作伪。米芾记载："王诜每余到都下，邀至其第……见予所临王子敬《鹅群帖》，染古色麻纸，满目皱纹。锦囊、玉轴装，剪他书上跋连于其后。又以临虞帖装染，使公卿跋。余适见大笑，王就手夺去。谅其他尚多，未出示。"因此，苏轼见到的"将军着色山"很可能就是一幅托名伪作。

⑤ 潘运告主编．宋人画论［M］．熊志庭等，译注．长沙：湖南美术出版社，2003：133.

⑥ 潘运告主编．宋人画论［M］．熊志庭等，译注．长沙：湖南美术出版社，2003：378.

⑦ 潘运告主编．宋人画论［M］．熊志庭等，译注．长沙：湖南美术出版社，2003：150.

永功为北宋晚期官员。所谓“日本着色山水”,《宣和画谱》中讲道:“日本国……有画不知其姓名，传写其国风物，山水小景，设色甚重，多用金碧。考其真未必有此，第欲彩绘粲然，以取观美也。”[①] 可见冯氏收藏的日本着色山水，是用青绿重设色加以金色来增强装饰效果。南唐时，这类画作曾被认为是李思训作品。众多诸如此类的伪作影响了北宋末年的人对李思训画风的认识。于是，宋室南渡后辑成的《宣和画谱》才会将李思训与着色山水联系在一起。至南宋中期，赵希鹄《洞天清禄集》中又讲道:“唐小李将军始作金碧山水，其后王晋卿、赵大年、近日赵千里皆为之。”[②] 到了元代，汤垕又称:“李思训画着色山水，金碧辉映，为一家法。其子昭道变父之势，妙又过之。”[③] 至此，着色山水，特别是“金碧山水”的创始人最终被确立为李思训，李昭道也被认为该画风的传人。

综上所述，从南唐至北宋，将使用青绿设色加金的山水画归于李思训名下的做法日渐形成风气。如米芾所说:“大抵画，今时人眼生者，即以古人向上名差配之；似者即以正名差配之。”[④] 到了元代，这种风气已演变成为一种绘画史“常识”。伪作代替真迹，重塑了李思训的形象。大约诞生于南宋年间的《御苑采莲图卷》就是这种重塑过程中的产物。

《清河书画舫》里记载了该作的诸多细节，书中提到一位叫“云上人”的藏家购得此画并简述李思训的成就和影响:“向后其子昭道、宋王诜、赵伯驹、元冷谦辈皆刻意师法之，无不以着色山水擅名于时，斯其所造之极，不言可知矣。”[⑤] 这显然是宋元以来对李氏画风认知的延续。张丑声称，此画为“绍兴御府故物，复为胜国张雨收藏。前后用‘句曲外史’印，惜倪元镇、王叔明二诗今不存耳”[⑥]。但查南宋“中兴馆阁所藏画目”中并无此作,“句曲外史”印也不见于目前这幅画中。关于“惜后倪元镇、王叔明二诗今不存耳”一句，张丑的解释是:“余向见两

---

① 傅熹年.论几幅传为李思训画派金碧山水的绘制时代[J].文物，1983(11).
② 傅熹年.论几幅传为李思训画派金碧山水的绘制时代[J].文物，1983(11).
③ 潘运告主编.元代书画论[M].运告，译注.长沙：湖南美术出版社，2002：343.
④ 潘运告主编.宋人画论[M].长沙：湖南美术出版社，2003：143.
⑤ (明)张丑.清河书画舫[M].徐德明，校点.上海：上海古籍出版社，2011：175.
⑥ (明)张丑.清河书画舫[M].徐德明，校点.上海：上海古籍出版社，2011：175.

贤共咏云麾将军着色山水诗一纸，失去图引。洋味之，乃是题其《采莲图卷》。大索不获，追录于此。”[①] 后文附录了两首诗作：“楼阁参差霞绮开，峰峦重复水萦回。赤栏桥外垂杨下，步月吹笙向此来。倪瓒。南风吹断采莲歌，夜雨新添太液波。水殿云廊三十六，不知何处月明多。王蒙。”[②] 两诗中描写的景物，如“楼阁”“峰峦”“赤栏桥”“水殿云廊”等，本作中确有，但这并不足以证明那幅“失去图引”的“两贤共咏”之诗就是为此画所题写。所以，该作是否真的如张氏推测曾被倪、王过目，是存疑的。

书中记载的文嘉跋文很值得注意。该跋作于“万历乙亥”（1575），其中讲道：“思训，有唐宗室……其设色布景，皆极超绝，得烟霞缥缈难写之状。”[③] 可见，他也相信李思训是长于着色绘画的。文嘉对该作颇为推重：“余前在豫章，屡见其父子之笔，而昭道不及思训，此卷可珍重也。”[④] 前文讲过，《历代名画记》中已不见有“二李”的传世作品。虽然张彦远未必见过当时存世的所有“二李”画作，但考虑到《宣和画谱》也只录有李思训山水十七件，李昭道山水六件，可见经历了安史之乱和唐宋之际的动荡，“二李”的作品在北宋末年已属稀少。况且，《宣和画谱》在评论李思训时也说“今人所画著色山往往宗之”。可见，该书已受到五代以来藏家对李氏画风误读的影响。再联系米芾书中有关李思训的种种托名作伪之事，这二十几件宣和时代的“二李”画作，也难保没有伪作混入。宣和御府收藏尚且如此，四百余年之后的文嘉竟在豫章一地“屡见其父子之笔”？这些画作的真实性又能有多可靠呢？早在十年前（1565），文嘉清点抄没严嵩所藏书画后写下的《钤山堂书画记》里就录有大李作品四件，小李作品八件。记中讲道：“李思训《海天落照图》四，内惟一卷为真。有跋者乃沈文和笔，颇逼真。余二卷乃仇英临者，不及多矣。”[⑤] 但翻阅唐宋文献，没有李思训

① （明）张丑．清河书画舫［M］．徐德明，校点．上海：上海古籍出版社，2011：176.
② （明）张丑．清河书画舫［M］．徐德明，校点．上海：上海古籍出版社，2011：176.
③ （明）张丑．清河书画舫［M］．徐德明，校点．上海：上海古籍出版社，2011：175.
④ （明）张丑．清河书画舫［M］．徐德明，校点．上海：上海古籍出版社，2011：175.
⑤ （明）张丑．清河书画舫［M］．徐德明，校点．上海：上海古籍出版社，2011：334.

曾作《海天落照图》的记载。《宣和画谱》录有《落照图》两件，但都在李昭道名下。由于“二李”在画史中常被一并提起，加之明代距北宋已远，宋人的许多记载在流传过程中已产生讹误，误传“小李”之作为“大李”之作的事屡见不鲜。如《宣和画谱》中李昭道名下录有“摘瓜图”一名，而元人周密的《云烟过眼录》中却出现了赵孟頫收“李思训摘瓜图宣和题”的说法。类似的讹误自然也催生了以讹传讹的作伪活动。文嘉“屡见”的“二李”画作中，其实多有鱼目混珠的赝品。而《御苑采莲图卷》年代久远，又符合明人对李氏画风的一贯认识。因此，尽管此画名并不见于《宣和画谱》，文嘉仍然相信它是“可珍重”的真迹。

王穉登的跋文则将李思训的画风上溯到了更久远的时代：“唐人去晋未远，犹有顾陆遗风，非后代画手所能仿佛也。”[①] 实际上，无论是《历代名画记》还是受到伪作影响的《宣和画谱》，都未讲过“二李”以顾、陆为师，也没有将他们与晋人的画风建立过联系。王氏此言或是不考史实的谩语，或是受邀作跋时写下的恭维之词。但他接下来讲道：“此卷本赵宋尚方间物，思陵（宋高宗）好古图史而鉴定乃出，曾觌、龙大渊辈名流题识，往往裁削，不留一二。”[②] 结合张丑的“绍兴御府故物”一说和傅熹年对此画断代的认识，该作或许的确在南宋初期就已受到宫廷和私人藏家重视。到王穉登时，被它瞒过的人已不在少数。

录过文、王两跋后，张丑阐述了自己的观点：“金碧山水始于唐之李将军。……后人收李画必以绢辨，其纹粗者非是。今案《采莲图》一一合格，故知其为名迹耳。……休承先辈品定于千载之下，在彼而不在此者，其得之心鉴与？”[③] 张丑相信它是“大李”真迹有三个原因：一是按当时鉴藏界对唐代绘画的认识，李思训的画风确如此图；二是他认为该作的用绢材质符合“二李”时代用绢的纹理特点；三是他相信文嘉（字

① （明）张丑．清河书画舫［M］．徐德明，校点．上海：上海古籍出版社，2011：175.
② （明）张丑．清河书画舫［M］．徐德明，校点．上海：上海古籍出版社，2011：175.
③ （明）张丑．清河书画舫［M］．徐德明，校点．上海：上海古籍出版社，2011：175，176.

“休承”）的判断。[①] 其实，早在宣德到景泰年间，苏州籍画家杜琼的诗中就有了“山水金碧到二李，水墨高古归王维”的说法。[②] 从那时起，“二李擅设色、画金碧山水”的观念就已被吴门地区的书画家接纳。跋文末尾，张氏又作《云麾将军〈采莲图〉铭》以示宝爱之意：“黄者金，青者碧，图成采莲，大李新格，匣而藏之如拱璧。”[③]

那么吴瀛呢？从他的跋语来看，如同张丑相信文嘉一样，吴瀛也相信了张丑的观点。跋中直呼：“此唐大李将军《御苑采莲图》也！……宫殿、楼观、山树、湖波皆用金碧勾染，细于毫发，肉眼仅能辨之。此大李将军创构。千载而后绢素虽敝，灵光不灭，朱墨灿然，真环宝也！”面对画中前代题跋俱失的情况，吴瀛感叹：“仅此图巍然独存，又出人间。得入敝藏，宁非奇缘与天幸哉？”他根据张丑的著录，手抄了书中所载王蒙、倪瓒题诗，张丑观诗后的按语，文嘉、王穉登跋文等史料，附装卷后。1955年，吴瀛的藏品被捐献故宫博物院。该作从那时起，成为故宫文物收藏的一部分。

（传）李思训《海天落照图卷》的辨伪分析

从书画鉴定学上说，《御苑采莲图卷》并非李思训真迹。但从绘画史研究的角度而言，该作却有着不亚于真迹的研究价值。它使人看到，明代收藏家对伪作的著录、赏鉴文字如何“验证”了已偏离真相的历史认知。而且，这种“验证”又引发了新的作伪行为。16—17世纪，苏州商品画市场中出现了大量迎合时人对“二李”画风认知的仿古绘画，辽宁省博物馆藏（传）李思训《海天落照图卷》（图5.78）即是一例。前文讲过，唐宋史料中没有李思训作《海天落照图》的说法。这幅画与《钤山堂书画记》中记载的“大李”作品一样，是坊间画工以讹传讹的产物。该作描绘日落时的海岸及山间楼阁殿宇，和《御苑采莲图卷》一样，本

① 张丑曾在《清河书画舫》中声称：“吾家自高曾以来，世有画癖。又曾伯祖维庆，曾祖子和往来启南先生之门。祖约之，叔祖诚之，出入衡山先生之户。先子茂宝，与寿承、休承称莫逆交。故评定国朝名公书画，万无失一。”

② （明）张丑．清河书画舫［M］．徐德明，校点．上海：上海古籍出版社，2011：430.

③ （明）张丑．清河书画舫［M］．徐德明，校点．上海：上海古籍出版社，2011：176.

作在青绿石色罩染的基础上，以泥金复勒山体轮廓与建筑结构，技法精工缜密。画中有伪造“建业文房之印”与“内府图书”印各一处。画后有鲜于枢跋写《海赋》一篇[①]，署款在“泰定丙寅夏四月八日”，又有“彭城钱用时”等二跋，三跋皆伪。该作在清代曾入乾隆内府，经《石渠宝笈初编》著录。

图 5.78 （传）李思训 《海天落照图卷》 明代晚期 绢本设色 46.7cm×244.9cm 辽宁省博物馆藏

画中的伪“建业文房之印”，按宋人记载系南唐内府收藏印[②]，其存世的较早实例可见于怀素《自叙帖》，本作中这处印文与《自叙帖》中印记相比，尺寸明显过大，印文细节也有差异（图 5.79、图 5.80）。但其线条均匀平直，笔画转角处的弧形圆润美观，整体空间布局也疏密得宜，显示出该伪印的制作者具有较高技术。画中的伪“内府图书”印（图 5.81），原印为南宋内府鉴藏印，与本作同藏于辽博的（传）晋人书《曹娥碑》中钤有此印。卷后的伪鲜于枢书《海赋》，其书风与鲜于枢真迹有明显差异（图 5.82、图 5.83），署款的年份“泰定丙寅”也不合史实。鲜于枢卒于元大德六年（1302），而“泰定丙寅”为元泰定三年，即 1326 年，彼时鲜于枢已去世二十四年，不可能再作此书。

综合来看，《海天落照图卷》虽为伪作，但制作工艺精良，有一定艺术水平。杨仁恺所著《中国古今书画真伪图鉴》中的“苏州片”一节，

① 《海赋》为西晋人木华所撰。木华字玄虚，广川（今河北枣强）地方人。生卒年不详。《海赋》是其传世唯一作品，收录于南梁萧统所编《昭明文选》。李善《文选注》一书引傅亮《文章志》中对其评论，称其“文甚丽，足继前良”。

② 郭若虚《图画见闻志》记载：“李后主才高识博，雅尚图书，蓄聚既丰，尤精鉴赏。今内府所有图轴暨人家所得书画，皆有印篆。曰内殿图书、内合同印、建业文房之宝、内司文印。”

图 5.79 《海天落照图卷》中的“建业文房之印”

图 5.80 怀素《自叙帖》中的“建业文房之印”

图 5.81 《海天落照图卷》中的“内府图书”印

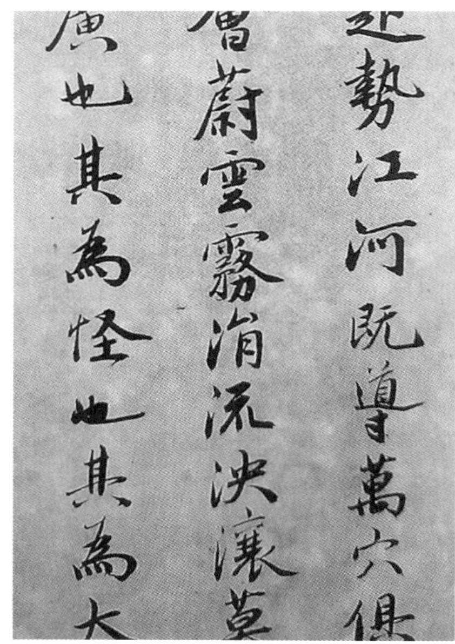

图 5.82 《海天落照图卷》后鲜于枢跋写《海赋》局部

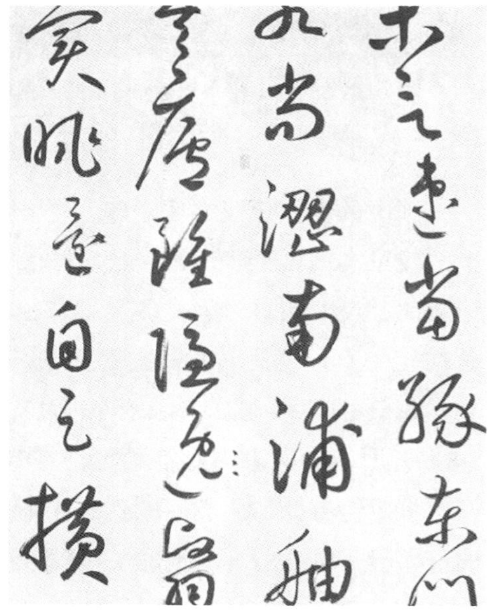

图 5.83 鲜于枢《行草书王安石杂诗卷》局部

曾将此画作为典型例证引用，认为“应属上乘之作”[①]。如果说文嘉、张丑等人对《御苑采莲图卷》的称赞反映了明人对一种绘画史观念的继承，《海天落照图卷》则反映了这种观念对明代绘画的进一步影响。值得注意的是，该卷中出现的“建业文房之印”、“内府图书”印和《海赋》一文，

---

① 杨仁恺主编 . 中国古今书画真伪图鉴［M］. 沈阳：辽宁画报出版社，1996：6.

都不是处于社会底层群体的“苏州片”画工所熟悉的事物。能利用它们来造假，说明作伪者从具有较高文化水平的文人群体处获得过有关史料。以伪印为例，钤有“建业文房之印”的《自叙帖》在明代已有刻本传世。写本的卷尾也保存有吴宽和文徵明、文彭父子的跋文。文徵明跋中提到他早年就曾见过吴宽的一件临本，后又将该帖“用古法双勾入石，累数月始就”。另外，此帖也曾经是项元汴的藏品。曾受聘于项氏的仇英就是长期活跃于苏州的职业画家，项氏藏品中部分画作的稿本正是通过仇英摹本流入“苏州片”生产行业的。

台湾学者邱士华曾对大量“苏州片”中相似的跋文书体和印文形态进行分类。根据他的研究，当时的商品画作坊主会专门向出身士夫家庭、有较好书法功底的文士定制伪跋并支付报酬。[①] 更早的研究显示，这些文士中甚至包括祝允明、文徵明的后代。[②]《海天落照图卷》中的伪印和伪跋应当就属于此类情况。作伪者试图借用它们来虚构递藏线索，造成“此画从南唐以来受到公、私收藏群体重视”的假象。类似的作伪思路也出现在下文要讨论的另一件伪作中。

第三小节 《仿小李将军海天霞照图卷》与晚明绘画史中仇英形象的变迁

（传）仇英《仿小李将军海天霞照图卷》的概况及辨伪分析

（传）仇英《仿小李将军海天霞照图卷》现藏台北故宫博物院（图5.84）。该作为重青绿设色，技法风格与上文中《海天落照图卷》相似。卷首有无名人书引首一纸。卷尾伪造吴宽、文徵明、陆治三段跋文。本作的画技较《海天落照图卷》稍逊，但在现存的明代“苏州片”中仍属佳构。

① 邱世华．拼嵌群组——探索苏州片作坊的轮廓［C］// 伪好物——十六至十八世纪“苏州片”及其影响．台北：台北故宫博物院，2018：359.

② 杨莉萍．苏州古旧假画价亦高——另眼相看“苏州片”［J］．艺术市场，2008（7）.

图 5.84 （传）仇英 《仿小李将军海天霞照图卷》 明代晚期 绢本设色 54cm × 204.4cm 台北故宫博物院藏

伪跋中涉及的人物都是明代后期著名的文士或鉴赏家。首跋为吴宽书："仇英临宋李昭道此图，细穷毫发，精彩烨然，而其峰峦变幻，纤巧奇妙有非言语可以形容，雅非庸史所能万一及也。盖其长于临摹，能深得古人妙境，米海岳所谓幻若神明，复为旧观者，此卷足当之矣。长洲吴宽。"二跋为文徵明书："大凡海天之景象，能兼收于丹青绢素间者，必其笔意神细，方能绘图万里。此卷乃李昭道海天霞照图，真迹向为吴中汤氏所藏，墨林居士多方购求而得。因倩实父仇君用意临摹，焕然神朗。一时观者俱称双绝。余过禾中，墨林居士出此二本展观良久，神飞天外，非绢素新旧则不能辨其孰为李孰为仇也。嗟乎实父之笔，长安声价，重过赵千里。今摹昭道此本，后之观者，又何必独羡小李将军耶？长洲文徵明识。"三跋为陆治书："嘉靖丁亥同高阳许初、汝南袁衮观，包山陆治。"

三段伪跋中以吴宽一段漏洞最为明显。特别是与文徵明跋文一同出现，愈加不合情理。吴宽卒于 1504 年，是年仇英最大不过二十岁出头，尚未以画著名。[①] 而且，一旁的文徵明跋中声称，该作的诞生缘于项元汴购得小李将军画作，请仇英临写。但项元汴生于 1525 年，仇英受聘于他的时间不会比此年更早。卒于 1504 年的吴宽，不可能看到项、仇、文三人交往时期的仇英画作。另外，吴跋中竟出现"宋李昭道"一说，更属荒谬。陆治伪跋中也有明显漏洞。跋文署款在"嘉靖丁亥"，即嘉靖六年（1527）。生于 1525 年的项元汴此时年仅两三岁，不可能从事书画收藏或请仇英作画。

① 目前学界对仇英生年的最早推测，在成化十八年，1482 年左右。周道振考证仇英生于弘治十三年，1500 年。徐邦达考证仇英生于弘治十五年，1502 年。

“海天落照”或“海天霞照”题材画作与“二李”父子及仇英的关系

接下来，有必要对“海天落照”或“海天霞照”题材画作与“二李”父子及仇英的关系略作梳理。前文讲过，《宣和画谱》中李昭道名下并无《海天落照图》，只有《落照图》《海岸图》各两件。但由于史实的讹传和牟利的需要，明代以“小李落照图”一类名目流传的画作有很多。弘治、正德年间，都穆《寓意编》中记载：“常熟刘以则家藏有小李将军《落照图》，宋秘府故物。旧藏于昆山道士黄元微。永乐初，人有疾元微者，告其收买王子澄书画，几至不测。为此图也。”[①] 万历年间，王世贞《弇州山人四部稿》中又有了该作递藏线索的另一种说法，其中涉及仇英摹本。但在他的记载里，画的名字已有不同：“《海天落照图》，相传小李将军昭道作，宣和秘藏。不知何年为常熟刘以则收。转落吴城汤氏。嘉靖中，有郡守，不欲言其姓名，以分宜子大符意迫得之。汤见消息非常，乃延仇英实父别室摹一本，将欲为米颠狡狯。而为怨家所发。守怒甚，将置叵测。汤不获已，因割陈缉熙等三诗于仇本后，乃出真迹，邀所善彭孔嘉辈置酒泣别，摩挲三日以归守，守以归大符。……寻坐法，籍入天府。隆庆初，一中贵携出，不甚爱赏，其位下小珰窃之。时朱忠僖领缇骑，密以重资购，中贵诘责甚急，小珰惧而投诸火，此癸酉秋事也。余自燕中闻之拾遗人，相与慨叹妙迹永绝。今年春，归息弇园，汤氏偶以仇本见售，为惊喜，不论直收之。”[②] 同时代的俞允文也曾过目此作。他的跋文中称：“唐李将军父子画，世不多有，王大理元美遗示仇实父为汤氏摹昭道海天落照图，特为奇绝。……今摹本若此，不知昭道之迹又当如何邪？昭道本已入内府，经煨烬矣。则此本宜为人间所宝，缀书其后云。”[③] 另外，结合前文中《钤山堂书画记》里有关“李思训《海天落照图》”和两

---

① （明）文徵明．文待诏题跋．寓意编．书画史［M］．卢金声，徐益之，胡文楷，校对．上海：商务印书馆，1939：20. 所谓“王子澄”应为黄子澄，明建文帝之臣，因向建文帝提出针对燕王朱棣的“削藩”政策，在朱棣夺权后被杀。

② （明）王世贞．弇州山人题跋［M］．汤志波，辑校，杭州：浙江人民美术出版社，2012：563，564.

③ （明）俞允文．仲蔚先生集［M］．明万历十年（1582）程善定刻本（影印版）：167.

件仇英仿本的记载，可知在晚明的苏州地区，“落照图”题材的古画不仅版本众多，归于仇英名下的摹本也不止一件。

上述文献在一定程度上解释了当时的坊间画工为何热衷于制作“仇英《仿小李海天霞照图》”这类作品。文徵明伪跋里说：“此卷乃李昭道海天霞照图，真迹向为吴中汤氏所藏，墨林居士多方购求而得。因倩实父仇君用意临摹……”这显然是对王世贞书中故事的“移花接木”。许多相似的传说曾在不同时代的文人笔下出现，它们使“仇英《仿小李海天霞照图》”这样的画作听上去颇有来历，很容易刺激买家的消费热情。王世贞自己就是例子，他在听到“小李”画作被毁的传闻后慨叹“妙迹永绝”，再见仇英摹本便“不论直收之”。虽然他发现《海天落照图》的画名与宋人著录不符，对摹本是否源于“小李”真迹曾有怀疑：“按《宣和画谱》称，李昭道有‘落照’‘海岸’两图，不言所谓‘海天落照’者，其图之有御题，有瘦金、瓢印与否，亦无从辩证。”[①] 但他仍称赞：“实父十指如玉人，即临本亦何必减逸少《宣示》，信本《兰亭》哉？”[②] 作伪者自然会迎合、利用这种收藏心态。这幅《仿小李海天霞照图》只是众多批量产品中的一件。2013 年春，北京某拍卖会中曾出现另一件仇英款《海天落照图卷》(图 5.85)，其布局、内容与此图基本一致。

图 5.85　仇英款《海天落照图卷》 明代晚期　绢本设色
尺寸不详（某拍卖公司拍卖品）

针对仇英的作伪行为在晚明私人书画收藏领域的影响

除了题材的来源，文徵明伪跋里对仇英的褒奖之词也提示了这幅

① （明）王世贞．弇州山人题跋［M］．汤志波，辑校．杭州：浙江人民美术出版社，2012：563.

② （明）王世贞．弇州山人题跋［M］．汤志波，辑校．杭州：浙江人民美术出版社，2012：564.

"苏州片"大概的制作时间。跋中说"嗟乎实父之笔，长安声价，重过赵千里（赵伯驹）"。事实上，文氏生前从未有过把仇英与赵伯驹相比的言论，类似的评价在他生活的时代也没有。直到张丑和董其昌的时代，将仇英与赵伯驹并称，甚至称他是"赵伯驹后身"的说法才在苏沪地区的收藏圈里出现。因此，这件伪作并非诞生于仇英生前或其刚刚死后不久。它是明代末期，仇英在当地书画市场中的地位大幅提升时的产物。

与辽博藏《海天落照图卷》的作伪思路一样，《海天霞照图》的作者伪造吴、文、陆三人跋文，并谎称它本于项元汴藏品，其目的也是要证明这是一件经过几代吴门名士过目，曾被三位鉴藏家称许的佳作。吴宽是明代中期苏州收藏家中的佼佼者。项元汴不仅是晚明的收藏大家，也是仇英最重要的赞助者之一。文徵明既是仇英与项元汴间的介绍人，更代表着主吴中风雅数十年的文氏家族。陆治、许初、袁褒则代表了文徵明身后吴门文艺界的后起之秀。作伪者安排六人同时出场为该作"背书"，充分反映了其热衷于抬高仇英声望的动机。台湾学者林丽江曾指出，不少托名仇英作品的"苏州片"后往往附有吴门名士的书跋。但从目前传世的仇英真迹来看，他与当地文人的接触多是由文徵明父子做中介而实现的，和他直接有密切来往的人并不多。尽管如此，仇英曾受雇于项元汴、周凤来等文士、藏家的经历却一直被作伪者利用，在炮制仇氏伪作时，"配上苏州地区众多才子书写的题记与故事文本，图与文的结合，最是市场热卖的保证"①。

众多类似的伪迹改变了人们对仇英的印象。文徵明生前，他的友人何良俊在《四友斋画论》中对仇英只字未提。王穉登在嘉靖年间撰写的《吴郡丹青志》里，甚至批评仇英改仿古画时"不免画蛇添足"②。但时过境迁，到文震亨撰写《长物志》的崇祯年间，仇英已经与沈周、文徵明、陈淳一起，被称为"皆名笔不可缺者"③。连一贯独尊董、巨与元人，菲薄

① 林丽江．以苏州为典范——图文相映的苏州片制作与影响［C］// 伪好物——十六至十八世纪"苏州片"及其影响．台北：台北故宫博物院，2018：381.

② 潘运告主编．明代画论［M］．长沙：湖南美术出版社，2002：162.

③（明）文震亨．长物志［M］．蒋晖，校注．西安：三秦出版社，2002：123.

院体画风的董其昌也加入了为这个职业画家“捧场”的行列。他在题写仇英《桃村草堂图》时称：“仇实甫临宋画无不乱真，就中学赵伯驹者更有出蓝之能，虽文太史让弗及矣，此图是也。”[①]翻看董氏的随笔，类似说法屡见不鲜：“李昭道一派为赵伯驹、伯骕，精工之极，又有士气。后人仿之者，得其工而不能得其雅，若元之丁野夫、钱舜举是也。盖五百年而有仇实父，在昔文太史极相推服，太史于此一家画不能不逊仇氏，故作以赏鉴增价也”[②]，“宋赵千里《设色桃源图卷》，昔在庚寅，见之都下……及观此仇英临本，精工之极，真千里后身，虽文太史悉力为之，未必能胜”[③]。鉴赏名家的记载或评论，又使作伪者更加热衷于炮制和赵伯驹有关的仇英伪作。现存的多件仇英《摹赵伯驹桃源图卷》就是例证。其中一卷曾出现于某拍卖会中，卷后有伪造明人张灵跋文。跋中称：“实父擅精绘素，力追宋元。即同时子畏、徵仲亦不多让……设使晋卿、千里复生，未必能过。”波士顿博物馆所收的另一卷为清宫旧藏（图 5.86），卷首有乾隆题词，追述该作与清内府收藏赵伯驹同名作品的关系。凡此

图 5.86　仇英《摹赵伯驹桃源图卷》明代晚期　绢本设色
33cm×472cm　波士顿艺术博物馆藏

① 董其昌此语题写于仇英《桃村草堂图轴》的左边绫上部，现存故宫。

② 潘运告主编 . 明代画论［M］. 长沙：湖南美术出版社，2002：185.

③ 潘运告主编 . 明代画论［M］. 长沙：湖南美术出版社，2002：197，198.

种种，可见明末鉴藏界推重仇英的言论影响之大。

在晚明，《海天霞照图卷》等“苏州片”的主要消费群体并非专业的鉴赏人士。但众多制作精良的“苏州片”日后却通过种种渠道辗转流入收藏家之手，甚至进入宫廷。它们参与了明清绘画史中仇英形象的重塑。

第四小节 （传）王维《江山雪霁图卷》与董其昌绘画史观的构建

董其昌误信伪作的例证——陈继儒藏（传）颜真卿书《朱巨川告身帖》

前文谈到，许多伪作的伪跋是由具有一定文化修养与书法功底的文人参与制作的。其实，如果放宽视野，古代的文人们参与书画作伪行为的方式，并非只有帮助画工作坊制作伪跋这样的单一手段。明代后期，私人收藏风尚盛行，作伪之风也随之大盛，众多身兼书画家和收藏家身份的文人也参与作伪或贩卖伪迹，从中牟取不同形式的利益。

沈德符在《万历野获编》中讲了自己的一段亲身经历：“董太史玄宰，初以外转，予告归至吴门，移其书画船至虎丘，与韩胄君古洲（韩逢禧），各出所携相角。时正盛夏，惟余与董韩。及董所昵一吴姬四人，披阅竟日，真不减武库。最后出颜清臣书朱巨川告身一卷，方叹诧以为神物，且云：‘此吾友陈眉公（陈继儒）所藏，实异宝也。’予心不谓然，周视细楷中一行云：中书侍郎开（繁体为開）播。韩指谓予曰：‘此吾郡开氏鼻祖耶？’余应曰：‘唐世不闻有姓开，自南宋赵开显于蜀，因以名氏，自析为两姓。况中书侍郎，乃执政大臣，何不见之《唐书》？此必卢杞所荐关（繁体为關）播，临摹人不通史册，偶讹笔为开字耳。鲁公与卢关正同时，此误何待言。’董急应曰：‘子言得之矣。然为眉公所秘爱。’亟卷而箧之。后闻此卷已入新安富家，其开字之曾改与否，则不得而知矣。”①

① 叶康宁．风雅之好：明代嘉万年间的书画消费［M］．北京：商务印书馆，2017：163，164.

董其昌与韩逢禧各自以书画藏品争奇自夸，却无意中暴露了陈继儒所收的赝品。在被人当众揭穿后，董氏还恳请沈德符为了保全陈继儒的名声不要声张此事。台湾学者陈国栋考证，沈德符所记此事应发生于万历二十五年（1597）。陈继儒原本认为颜真卿的《朱巨川告身帖》有两件真迹，均为绢本。一归项元汴，另一件就是他所收之物。沈德符说“后闻此卷已入新安富家”，很可能说明陈继儒后来知道了自己这件藏品是伪作，于是转售给了新安地区富有财力但鉴赏水平不高的商贾。可知，即使是这样的大收藏家，也有市侩的一面。

董其昌误信伪作的第二个例证——上海博物馆藏张中《吴淞春水图轴》

陈继儒如此，为他遮羞的董其昌呢？从今天学界掌握的研究资料来看，董其昌过目的藏品固然丰富，但其中也不乏赝品。他受人蒙蔽，误信所谓“倪瓒《吴淞春水图轴》”就是例证。

沈德符《万历野获编》中讲道：“骨董自来多赝，而吴中尤甚，文士皆借以糊口。近日前辈，修洁莫如张伯起（张凤翼），然亦不免身此中生活。至王伯谷则以此作计然策矣。”[①]沈德符所说的“王伯谷”，就是《吴郡丹青志》的作者、收藏家王穉登。上海博物馆藏有一件现归于元代画家张中名下的《吴淞春水图轴》，就与他有关。

《吴淞春水图轴》（图 5.87）为浅绛设色，纸本立轴，笔法近倪瓒，构图、山体造型又与黄公望有相似之处。画芯上无作者款印，但有倪瓒书五言律诗一首：“吴淞春水绿，摇荡半江云。岚翠窗前落，松声渚际闻。张君狂嗜古，邀我醉书裙。鼓棹他年去，相从远俗氛。倪瓒。”[②]画芯左边绫题有王穉登题字：“此图烟峦层复，溪路盘行，不类倪先生平日之作，当是仿黄子久笔意为之。”[③]画芯右边绫有董其昌一题：“倪元镇题子久画，常称为老师。盖以子久善谈空玄，为三教之人所崇尚，非谓其画品足执

① 叶康宁．风雅之好：明代嘉万年间的书画消费［M］．北京：商务印书馆，2017：156.

② 注：该作与该跋文现藏上海博物馆，曾于 2016 年冬展出。

③ 注：该作与该跋文现藏上海博物馆，曾于 2016 年冬展出。

弟子礼也。然此图则摹仿咄咄逼人矣。萧洒古淡，仍是本家笔在。董其昌题。”① 此外，该作还有王时敏、渐江、缪曰芑及庞莱臣等多位清代至民国年间藏家、画家的印鉴。

图 5.87　张中《吴淞春水图轴》　元代晚期　纸本淡设色　33cm × 82.8cm　上海博物馆藏

画中的倪瓒题诗和王、董二人的题字，似乎都显示此作系倪瓒之笔。但清人顾复在《平生壮观》卷九中揭开了此作背后的真相：“张子政二则，云:《困学斋图》，白纸短卷，子政（张中）笔也，款‘一峰道人’，图书二方：一‘无声诗’、一‘张子政氏’，后人竟以‘黄氏子久’图书盖之……王百穀、董其昌竟以子久题之。又纸本小山水一轴，上则云林

① 注：该作与该跋文现藏上海博物馆，曾于 2016 年冬展出。

诗题，画若一峰遗法，王百穀、董玄宰题于两绫边，云此云林仿一峰法，而画绝无倪意。细察之，纸上剜去一角，必前人款识也。云林诗乃题画上人之诗，好事者竟盗声云林耳。不见诗中一联云：‘张君狂嗜古，邀我醉书裙’，非云林题子政画之明验欤？……《困学斋卷》，子政笔也，后人以‘子久图书’盖于‘子政图书’之上，谓之子久小景。纸幅亦子政笔也，后人剜其款识而存云林诗题，谓之云林。王百穀、董其昌，水母凭以为虾者也，乃不究源委而漫题之，可叹也。”[①] 徐邦达在《古书画伪讹考辨》中讲到《吴淞春水图》时也引用了顾复的观点，他认为顾复记载中所说的“纸本小山水一轴”，就是今天的《吴淞春水图轴》，不但记载中的倪瓒诗句与画中所题相符，而且顾氏所说“纸上剜去一角”的标识，也可在画中找到。由此可知，《吴淞春水图》的真正作者，应是倪诗中所说“张君狂嗜古”的“张君”，即张中。

《吴淞春水图轴》为张中所作，只不过被人剜去张中本人款识，假借倪瓒诗题伪托于倪瓒名下。此类作伪手段本属常见，可王稺登和董其昌二人竟都将《吴淞春水图轴》认为倪画。按顾复“王百穀、董其昌，水母凭以为虾者也”的说法，王、董二人似乎都是受了作伪者的蒙蔽。但如果考虑到王稺登是在《吴淞春水图轴》上最早留下题字，宣称此作出于倪瓒的人（王稺登比董其昌年长二十岁，应先于董见此作），而董其昌的题字以及王时敏和渐江的印章均是在他之后才出现，结合沈德符对王稺登的“指控”，不能排除将这件作品剜去真款而伪装成倪画的人，或许就是王稺登本人。他在跋文中说此作不像倪瓒常见面貌，或许是模仿黄公望画风，也不排除是为了惑人耳目，打消那些注意到该作画风与典型的倪瓒画风不合之人的疑虑（这些人或许就是潜在的买家）。

当然，这仅仅是一种猜测，目前没有直接的证据证明王稺登是“始作俑者”。但他那段“背书”式的题词，的确增加了这件伪作的可信度。热

① （清）顾复．平生壮观［M］．林虞生，校点．上海：上海古籍出版社，2011：338，339.

衷于师学倪瓒的清人渐江，肯将自己的印鉴留在这幅画上，就在一定程度上反映了王氏题字惑人耳目的效果。而董其昌说“(倪瓒)此图则摹仿(黄公望)咄咄逼人矣”，显然也是在一定程度上受到了王稺登的误导。

董其昌对所谓“王维《江山雪霁图卷》”的鉴赏及有关史料分析

董其昌的绘画史观中，最重要的是“南北宗论”。其核心观念就是将其所谓的“南宗”一脉的历史源头上溯到唐代的王维，而后经五代董源、巨然，至北宋李成、范宽、李公麟、米芾父子诸人，接元四家(黄、王、倪、吴)，直到沈、文(沈周、文徵明)，而自己以后继者自居。秉持这样的观念，董其昌的收藏活动格外关注他所谓“南宗正脉”系统中的早期画家，特别是王维、董源两人。他的绘画创作也受到了他的藏品的影响。

今日存世的被归于董源名下的画作，细数起来，大半曾被董其昌过目或收藏。其中有董其昌题跋的包括《潇湘图》(题于1597年)、《龙宿郊民图》(题于1624年)、《夏景山口待渡图》(题于1624年)、《寒林崇汀图轴》(董题无年款，现藏日本)、《夏山图卷》(题于1636年)。另外，见于各类文献记载的董其昌收藏、题跋董源作品仍多。如《溪山行旅图》(半幅，题于1593年，《大观录》著录)、《秋江行旅图》(董题《夏山图卷》跋中讲到，收于“癸酉”年，1633年)、《山居图》(《容台别集》卷一著录)、《云山图》(《画禅室随笔》著录)。另外，董的同时代人士所记载董其昌过目的董源作品尚有《商人图》(陈继儒《妮古录》著录)、董源《秋山》(张丑《清河书画舫》著录)，等等。

除了董源，董其昌最关注的早期山水画家应数王维。在“南北宗论”中，王维居于“南宗正脉”最源头的位置。根据已知文献，董其昌一生至少过目或收藏过六件归于王维名下的画作。分别是:《钓雪图》(据《清河》著录，见于檇李项氏)、小幅山水一幅(《清河》著录，赵孟頫旧藏)、《山居图》(《清河》著录，为董其昌从“长安杨高邮”处得到)、《山阴高会图》(胡敬《西清札记》著录，有米芾跋文)、《雪江图》(见于董其昌题黄公望《富春山居卷》跋文)、《江山雪霁图》(汪砢玉《珊瑚网》著录)。[1] 其中，董其昌最为留意、题跋最多的应数《江山雪霁图卷》。董氏最早得知此卷的存在，应在万历二十三年（1595）的夏天。当年十月，董氏应该作的藏家、嘉兴人冯梦祯之邀，为该作书写了千余字的跋文。《董其昌全集》中全文收录了这段文字。[2] 按董氏跋中的说法，冯梦祯声称这件东西是当年“京师后宰门拆古屋，于折竿中得之，凡三卷，皆唐宋书画也”[3]。这段富有传奇色彩的来历，让董其昌对它的兴趣更为浓厚。他在跋文中甚至进一步猜想：“余又妄想彼二卷者，安知非右军迹，或虞、褚诸名公临晋帖也，倘得合剑还珠，殊足办吾两事，岂造物妒完耶？”[4]

那么，这件王维《江山雪霁图》的真伪究竟如何？关于王维作品及其画风的记载，最早可靠追溯到晚唐文献。张彦远《历代名画记》中讲到王维的绘画时，重点涉及四个方面。一是他善画山水：“工画山水，体涉今古。”[5] 二是当时存世的王维画作，大都已不能体现他的艺术面貌：“人家所蓄，多是右丞指挥工人布色，原野簇成远树，过于朴拙，复务细巧，翻更失真。”[6] 三是，他曾以“辋川”为题材作壁画，“清源寺壁上画辋川，笔力雄壮”[7]。四是他有破墨山水作品传世：“余曾见破墨山水，笔迹劲爽。”[8] 从这些记载中，看不出他是否画过雪景山水的作品。而且，除了清源寺壁上的“辋川”，张彦远也并未讲到其他题材的作品。

然而，到了北宋年间，有关王维具体画作的记载忽然多了起来。“辋川”之景从壁画变成了卷轴，而且还不止一件。黄庭坚《山谷集》中就

---

① 《清河书画舫》中张丑的说法与《董其昌全集》第八卷中记载的汪砢玉所录董其昌跋文有出入，董在项氏家中见到的王维作品，张丑记为《钓雪图》，而汪引用的董跋中则称为《雪江图》，且不知与董在《富春》跋文中说的，他的《画禅室》中的“摩诘雪江”是否为一物。其次，张丑说董得过赵孟頫旧藏王维小幅山水，又从杨高邮处得到王维《山居图》。而汪砢玉引用的董跋中只说他在京师杨邮州处看到了赵孟頫的《雪图》并断定赵是学王维，并未讲到他从杨处获得过王维的作品。

② 严文儒，尹军主编 . 董其昌全集（第八卷）[M]. 上海：上海书画出版社，2013：620，621.

③ 严文儒，尹军主编 . 董其昌全集（第八卷）[M]. 上海：上海书画出版社，2013：621.

④ 严文儒，尹军主编 . 董其昌全集（第八卷）[M]. 上海：上海书画出版社，2013：621.

⑤ （唐）张彦远 . 历代名画记 [M]. 杭州：浙江人民美术出版社，2011：156.

⑥ （唐）张彦远 . 历代名画记 [M]. 杭州：浙江人民美术出版社，2011：156.

⑦ （唐）张彦远 . 历代名画记 [M]. 杭州：浙江人民美术出版社，2011：156.

⑧ （唐）张彦远 . 历代名画记 [M]. 杭州：浙江人民美术出版社，2011：156.

讲道："王摩诘自作辋川图，笔墨可谓造微入妙。然世有两本，一本用矮纸，一本用高纸，意皆出摩诘不疑。"[①] 秦观《秦淮海集》、董逌《广川画跋》和黄伯思《东观余论》中都有跋写《辋川图》的记载。而且，自北宋开始，归于王维名下的雪景题材绘画也明显增多。沈括《梦溪笔谈》中出现了王维作《袁安卧雪图》。高似孙的《纬略》中出现了题为《摩诘寒江钓雪图》的王维画作，还"施秘阁之印"。《宣和画谱》中著录的王维雪景作品更是繁多。其所录全部的 126 件王维作品中，雪景题材占 20 幅，近六分之一。剩下的 106 件作品中，有 61 件为人物题材，且几乎均为佛教人物题材。但在唐人文献中，无论是张彦远还是朱景玄，都没有提到过王维有过人物画。

为什么会出现这些现象？米芾在《画史》中揭开了谜底："世俗以蜀中骡纲、剑门关图为王维，甚众。又多以江南人所画雪图命为王维。但见笔清秀者即命之。如苏之纯家所收魏武读碑图，亦命之维。李寇卿家小卷亦命之维。与读碑图一同今在余家。长安李氏雪图与孙载道字积中家雪图一同命之为王维也。其他贵侯家不可胜数，谅非如是之众也。"[②] 书中又记载："荣咨道字询之。收雪猎图，命为王维，不类。"[③] "王士元山水作渔村浦屿雪景，类江南画。王巩定国收四幅，后与王晋卿，命为王维矣。赵叔盎伯充处尚有摹本。"[④] 书中还提道："嘉祐中三人收画……邵印多巧篆字，其旁大略标位高。略似江南画，即题曰徐熙；蜀画星神，即题曰阎立本、王维、韩滉，皆可绝倒。"[⑤] 加之宋人往往有爱将一些无名古画归于大家名下的习惯做法，也就不难理解，为什么连唐人都不知道的那么多王维画作，会频频出现在宋人的记载里，其真伪如何，自然

① （清）孙岳颁，宋骏业，王原祁等编．佩文斋书画谱［M］．杭州：浙江人民美术出版社，2014：2586.

② 潘运告主编．宋人画论［M］．熊志庭等，译注．长沙：湖南美术出版社，2003：64.

③ 潘运告主编．宋人画论［M］．熊志庭等，译注．长沙：湖南美术出版社，2003：66.

④ 潘运告主编．宋人画论［M］．熊志庭等，译注．长沙：湖南美术出版社，2003：71.

⑤ 潘运告主编．宋人画论［M］．熊志庭等，译注．长沙：湖南美术出版社，2003：75.

也无须多言了。[①]到了伪作盛行的明代，一些鉴藏家就曾发出质疑。如张丑《清河书画舫》讲道："王维作《精能图》……其后曲脚'封'字印系后人伪刻用之。……此画绢本细山水，备极水墨兼行笔法云。余熟辨之，不过荆关遗迹，终非右丞家法尔。"[②]陈继儒书中也讲道："予见右丞山庄图，又雪霁捕鱼图。山庄树叶皆如'个'字。其雪斋枯树图似郭熙，二卷皆无款，疑宋人临稿也。"[③]到了清代，顾复也在著录传为王维所作《雪霁捕鱼图》《雪溪图》两作时，引用王世贞的一段话质疑二作身份的真实性："王弇州云：'五代、宋初人画山水之稍清润者，即以为王摩诘。意者见《捕鱼》《雪溪》诸图而云然乎？'"[④]徐邦达在《古书画伪讹考辨》中讲到《江山雪霁图卷》时，也引用米芾关于托名王维的雪景画的记述，并指出"宋以来号称为王作的山水，大都是那样的东西而已，明清至今，恐怕连这样的维画也不多见了"[⑤]。

尽管有众多类似的质疑声，这种将无名画作托于大家名下的行为，却屡屡出现在董其昌身上。现藏故宫的所谓"董源《潇湘图卷》"（图5.88），本是无名画作，董其昌先是根据文彭残跋将其归于董源名下，又在并无其他文献佐证的情况下仅仅根据画面景象便指认其为《宣和画谱》中著录的"董源潇湘图"（具体命名经过可见于《潇湘图卷》卷首董其昌自书题记（图5.89）。另外，他在跋写《江山雪霁图》的长文里还讲过，他一见到京师杨邮州家的"赵吴兴雪图"，便"定为学王维"，有人问他"何以知是王维"，他回答："凡诸家皴法，自唐及宋皆有门庭，如禅灯五家宗派，使人闻片语单词，可定其为何派儿孙。今文敏此图行笔非僧繇，非思训，非洪谷，非关仝，乃至董巨、李范皆所不摄，非学维

① 至于为什么宋人爱将雪景山水归于王维名下，已有不少人研究过，主要是因为宋代，特别是北宋时期的北方中国经历了气候史上的小冰河期，降雪频繁。故而北宋山水绘画中雪景题材明显增多。

② （明）张丑.清河书画舫［M］.徐德明，校点.上海：上海古籍出版社，2011：123.

③ （清）孙岳颁，宋骏业，王原祁等编.佩文斋书画谱［M］.杭州：浙江人民美术出版社，2014：3164.

④ （清）顾复.平生壮观［M］.林虞生，校点.上海：上海古籍出版社，2011：231.

⑤ 徐邦达.徐邦达集（十）古书画伪讹考辨［M］.故宫博物院，编.北京：故宫出版社，2015：194.

而何？”①

图 5.88 董源《潇湘图卷》五代 绢本水墨 24.9cm × 120.5cm 故宫博物院藏

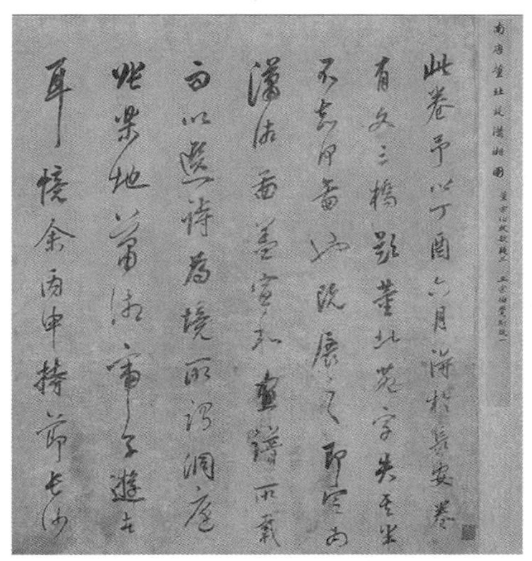

图 5.89 《潇湘图卷》中董其昌题记局部

董其昌不但在宋人的影响下相信王维喜作雪景，就连后世其他画家的雪景题材作品，也曾被他归入王维名下。他在跋写（传）宋徽宗《雪江归棹图》时说：“观其行笔布置，所谓‘云峰石色，迥出天机’，笔意纵横，参乎造化者，是右丞本色，宋时安得其匹也。余妄意当时天府收贮维画尚夥，或徽庙借名而楚公曲笔，君臣间自相唱和，而翰墨场一段

① 严文儒，尹军主编．董其昌全集（第八卷）[M]．上海：上海书画出版社，2013：456.

簸弄，未之可也。”[①]（当时宣和内府收有不少王维雪景作品，故董其昌怀疑该作是徽宗将王维画作归于自己名下，而蔡京题字也是逢迎圣意，帮徽宗圆谎。）朱锐是徽宗时的院画待诏，南渡后又于绍兴年间复职。夏文彦《图绘宝鉴》记载：“工画山水谷物，师王维，尤好写骡纲、雪猎、盘车等图。”[②]故而董其昌在题其作品时也说“朱锐学王右丞，多雪纲盘车之属”[③]，可见这种“右丞画雪”的讹传，从北宋以后影响之持久、广泛。

董其昌之所以对这幅《江山雪霁图》深信不疑。除了这件作品的题材符合前代流传的王维作品的典型外，和该作神奇的问世经历也不无关系。[④]客观上，明代距唐代时间之久远，使明人见到唐画真迹的机会十分渺茫。这种事实反过来又会加重鉴藏家的期盼心理，使他们怀有“自己与稀世之珍有缘”的期许。董氏自己题跋古迹时就不止一次地流露出这种心态。比如他题董北苑《溪山行旅图》时，讲到吴江村将此件他曾经过目并念念不忘的东西拿给他时，“余惊喜不自持，展看之次，如逢旧友，亦有冥数云”[⑤]。这样的心态，加上早已被前代伪迹所重塑的王维形象的影响，使得以董其昌为代表的明代收藏家，很难客观地认识王维这类早期山水画家的真实面貌。

不知董其昌是否知道，早在祝允明的《怀星堂集》中，就记录着一个和他从冯梦祯那里听到的故事大同小异的传说：“迩来闻有一轴，在亲军黄君所。近者乃得捧阅。大内后宰门有丹漆巨梃一，以支北扉，不知几年矣。成化间梃偶堕地，破，乃髹竹也。中藏卷三，其一即此。事闻进御，重瞳一阅，明日左右请所归掌，时亲军伯父司礼侍侧，上遂以赐之。亲军云：‘尔图细练，高二寸，长四尺奇（徐邦达认为此尺寸记载应

① 严文儒，尹军主编．董其昌全集（第八卷）［M］．上海：上海书画出版社，2013：492.

② （元）夏文彦．图绘宝鉴［M］．北京：中华书局，1985：31.

③ 严文儒，尹军主编．董其昌全集（第八卷）［M］．上海：上海书画出版社，2013：461.

④ 翻阅古代的绘画史文字，那些有名的作品往往都有不寻常的诞生来由或流传经历。或真或假的藏品故事与收藏家的收藏行为之间形成了有趣的互动关系。一方面，故事会刺激收藏家、买主的购买兴趣。另一方面，相应的藏品卖出者或保有者，也会借宣扬自己藏品的传奇经历而抬高其身价，博取知名度，从而为日后的高价出手制造舆论。如前面谈到的，王世贞对仇英摹小李《海天落照图》“不论直收之”的例子。

⑤ 严文儒，尹军主编．董其昌全集（第八卷）［M］．上海：上海书画出版社，2013：496.

有误），前后固完，末下小字正书三言'，曰'王维制'。"[①] 这个说法在关键细节上已经和董跋引用的冯梦祯之说有了出入。更有意思的是，此画的主人冯梦祯，在自己的《快雪堂日记》中也讲了一种此画的来历，并且与董、祝所说都不一样："吴昆麓夫人与予外族有葭莩之亲，偶携此卷出示，述其先得之管后宰门小火者，家有一铁枥门闩，或云漆布竹筒，摇之似有声。一日为物所触，遂破，堕三卷，此其一也。"[②] 董跋中关于此画来历的说法，就是他从冯氏那里听来的，为何冯梦祯告诉他的说法又与冯氏自己日记中所说的不同呢？

或许，最后帮助人们破解这个疑问的，还是那位揭穿了陈继儒所藏《朱巨川告身帖》的沈德符。他在《万历野获编》中披露了有关这件作品的两桩交易："金陵胡秋宇（胡汝嘉）太史家旧藏《江干雪意图》（徐邦达认为即为《江山霁雪图》），虽无款识，然亦非北宋画苑及南渡李、刘、马、夏辈所能办也。冯开之（冯梦祯）为祭酒，以贱值得之。董玄宰太史一见惊叹，定以为王右丞得意笔，谓必非五代人所能望见，李营丘以下所不论也。做跋几千言，赞誉不容口，以此著名东南。祭酒身后，其长君（长子）以售徽州富人吴心宇，评价八百金，吴喜慰过望，置酒高会者匝月。今真迹仍在冯长君所，盖初鬻时觅得旧绢，倩嘉禾朱先生号肖海者临摹逼肖，又割董跋装褫于后，以欺之耳。今之赏鉴与收藏两家，大抵如此。"[③]

至此，真相清晰了。无论是所谓"京师后宰门拆古屋于折竿中得之"，还是所谓"吴昆麓夫人与予外族有葭莩之亲，偶携此卷出示"云云，应该都是冯梦祯为抬高这件作品的身价所讲的谎言。只不过他并非凭空杜撰，而是把某种先前已经存在的传闻附会到了自己的藏品上。这也可以从某种程度上解释，为什么他告诉董氏的说法会与自己日记中的说法不一样。不仅如此，冯氏还在日记中提到了另一桩更早的传闻："《双

① 徐邦达．徐邦达集（十）古书画伪讹考辨［M］．故宫博物院，编．北京：故宫出版社，2015：197.

② 徐邦达．徐邦达集（十）古书画伪讹考辨［M］．故宫博物院，编．北京：故宫出版社，2015：195.

③ 徐邦达．徐邦达集（十）古书画伪讹考辨［M］．故宫博物院，编．北京：故宫出版社，2015：197.

槐岁钞》有云：纯皇（成化皇帝）好玩名画古器。南京西华门旧有二黑漆圆椟，振之则中空有声。盖国初巨室之籍入者，以不可启视，故弃于此。守门小内史张本穴而窥之，则画帖存焉。一为王维傅色山水，约三丈余。一为苏汉臣所绘宋高宗瑞应图。本以王画送安宁，苏画送黄赐（前文讲到与钱能一起在南京盗运内府书画者），皆太监坐厂守备者。未几，宁死，赐攘得之，并以献上，赏赉甚厚，益加信任，是二事何以相符至此？然《霁雪图》有沈石田跋，或即张本所得而流传至北，好事者重扃闭之，偶入小火手耶？"[①]《双槐岁钞》是景泰至天顺年间在北京为官的黄瑜归乡后所著，成书又在《怀星堂集》之前。由此可知，祝允明书中所记很可能也不是这桩传说的最初版本。除以上几种传说版本外，董其昌的藏友陈继儒在《太平清话》中也记载了一个大同小异的传闻。这次，画作的题材变成了"辋川图"："徐太常辋川图一卷，多名跋。吴匏庵题其后，云此卷宋人藏漆竹筒中，以之拄门，后启视之，乃辋川图也。余观之即未必果出右丞，然绢素极细，却是雪景，以浮粉着树上，潇洒清韵。应是宋人临本，非后人可到也。"[②]陈继儒似乎比董其昌要清醒，并未轻信此作。而到了清代，吴升在《大观录》中讲到他看过的一件"王右丞《江干雪意图卷》"时，更是毫不客气地揭露了这种惑人耳目的骗术："右丞真迹，余四十年来历从诸鉴赏巨公家，未尝见一本。即所谓漆筒古墩中物，要不过好事者以讹传讹，神其说以炫俗耳。余就画言画，定为郭（忠恕）迹，博雅君子将无同乎？"[③]

无论传说孰真孰假，冯梦祯的这件藏品最终被成功地"包装"成了"著名东南"的奇货，得以在冯氏死后被其子以八百金的高价出手。即使这样，买家吴新宇得到的也只是由朱肖海摹制的赝品。这种为伪作补配名人题跋以欺人的事，在明末清初的收藏界并非个例。卞永誉在《式古

① 徐邦达.徐邦达集（十）古书画伪讹考辨［M］.故宫博物院，编.北京：故宫出版社，2015：194.

② （清）孙岳颁，宋骏业，王原祁等编.佩文斋书画谱［M］.杭州：浙江人民美术出版社，2014：2859.

③ （清）吴升.大观录［M］.影印华东师大图书馆藏武进李氏圣译楼铅印本.民国九年（1920）.

堂书画汇考》中就讲到，张丑曾披露项元汴家藏的一件《王右丞山阴图卷》，实际是类似赵孟頫一派的手笔："左方李孝彦、吴继、赞仲元、臧似矩等前后题名虽属古笔，并从他处移来。其贾洵识尾殆好事家补造增入，犹无大决裂也。"[①] 张丑还借此提醒人们："鉴定书画须是细辨真迹，改造已定差等。多见俗子将无名古画乱题款识求售。或见名位轻微之笔，一例剜去题识，添入重名伪款。所以法书名画以无破损为上。间遇破损处，尤当潜心考索，毋使俗子得行其伎俩，方是真赏。"[②]

观摩、题跋（传）王维《江山雪霁图》卷对董其昌的绘画创作及其历史评价的影响

那么董其昌呢？他是否只是无意间被人利用？事实上，董其昌在这次借观并题写《江山雪霁图》的经历中所获得的是一种无形资产。借助这次经历，他将自己的书迹，包括自己的画学理论，留在了一幅所谓"南宗正脉"之祖的画迹上。这自然在无形中提高了董其昌在鉴藏界的声望，并为他建构自己作为"南宗画学衣钵传人"的形象起到了积极的作用。正如他倾力搜求董源画作，甚至将自己的画室命名为"四源堂"一样，跋写王维画作，也是董其昌传播其艺术理念，占有鉴藏界话语权的方式。董其昌提升了王维在绘画史上的地位，而跋写王维画作的经历则提升了他的画学理论的影响力。

另一方面，对于董其昌而言，与"王维画作"的接触，使他得以将其用笔、造型应用于自己的创作中。根据徐邦达考证，那件曾由冯氏父子收藏，被董其昌题跋的《江山霁雪图》今已失传。那卷由朱肖海摹制，被高价售与吴新宇的赝本现藏日本私人藏家小川氏（图 5.90）。如沈德符所说，画作后至今保留着冯梦祯之子为它配上的董其昌长跋的原迹。一同合装的，还有三封当年董其昌写给冯梦祯的信，第二封正是有关董氏答谢冯将《江山雪霁图》借他观看的内容："秋间得寄雪图，快心洞目，深感阁下割爱相成。所恨古意难复，时流易趋，未能得右丞笔法，须少

① （清）卞永誉纂辑 . 式古堂书画汇考［M］. 杭州：浙江人民美术出版社，2012：2562.

② （清）卞永誉纂辑 . 式古堂书画汇考［M］. 杭州：浙江人民美术出版社，2012：2562.

宽之，或稍具优孟衣冠，以不负雅意，更当作一帧都门面请教也。”[①] 从信中的措辞推测，冯很可能曾请他临仿此图。

图 5.90 （传）王维 《江山雪霁图》局部 明代 绢本
尺寸不详 日本小川氏收藏

见到《江山雪霁图》这一年，董其昌四十一岁，如果把这件朱肖海摹本中的山石用笔、造型和董氏四十一岁后的几件作品对比，就能感受到那件《江山雪霁图》对他的影响。第一件作品是作于董四十二岁那年（他观看《江山雪霁图》第二年）的《燕吴八景册》。如果将其中的《溪山秋色》和《九峰招隐》两幅（图 5.91、图 5.92），与小川氏所藏朱肖海《江山雪霁》摹本进行比较，会清晰地看到，前二者的山石造型与用笔程式受到后者的影响（图 5.93、图 5.94）。第二件作品，是现藏于南京博物院的董其昌《山水图卷》（图 5.95），根据卷尾董氏自题署款“乙亥正月在苑西墨禅室画”，作于万历二十七年（1599），也就是他见到《江山雪霁图》的四年之后。比较二图，可以看到在山石的勾写用笔和造型上，有明显的共性（图 5.96）。第三件是前面提到的《葑泾仿古图轴》（图 5.97），作于万历三十年（1602），即董氏观看《江山雪霁图》七年之

① 徐邦达. 徐邦达集（十）古书画伪讹考辨［M］. 故宫博物院，编. 北京：故宫出版社，2015：198.

图 5.91　董其昌《燕吴八景册之〈溪山秋色〉》明代　绢本水墨　尺寸不详　上海博物馆藏

图 5.92　董其昌《燕吴八景册之〈九峰招隐〉》明代　绢本水墨　尺寸不详　上海博物馆藏

图 5.93　董其昌《燕吴八景册之〈九峰招隐〉》局部与日本小川氏收藏（传）王维《江山雪霁图》局部的比较

后。画中的坡石造型，仍能看出与小川家藏朱肖海摹本中相似的用笔、造型习惯（图 5.98）。另外，南博藏董氏《山水图卷》尾有收藏者题小

图 5.94　董其昌《燕吴八景册之〈溪山秋色〉》局部与日本小川氏收藏（传）王维《江山雪霁图》局部的比较

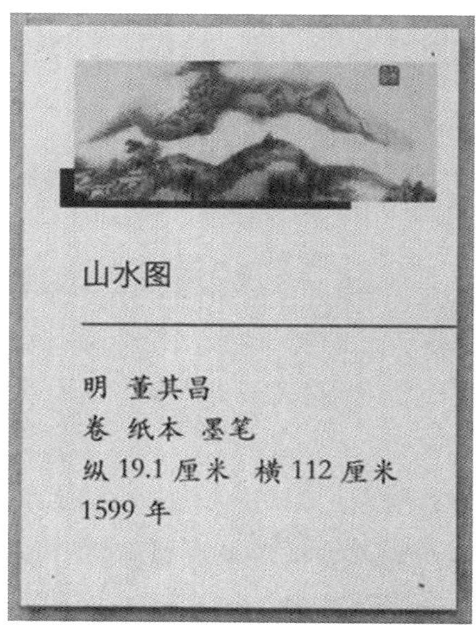

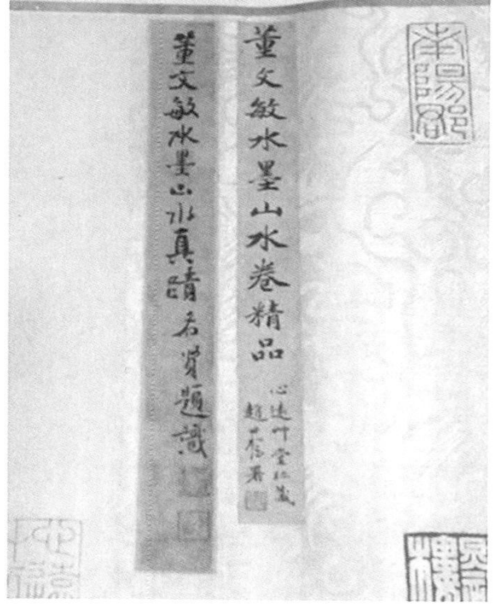

图 5.95　董其昌 《山水图卷》 明代　纸本水墨　19.1cm × 112cm
南京博物院藏（图片为该作卷首题签与展牌）

图 5.96　南京博物院藏董其昌《山水图卷》局部与日本小川氏收藏（传）王维《江山雪霁图》局部比较

图 5.97　董其昌　《葑泾仿古图轴》　明代　纸本水墨　80cm×29.8cm　台北故宫博物院藏

图 5.98　董其昌《葑泾仿古图轴》局部与日本小川氏收藏（传）王维《江山雪霁图》局部比较

字："此与《江上愁心诗意图》真成双璧也。"[①]这里所说的《江上愁心诗意图》，应指现藏台北故宫博物院，董氏作于万历三十二年（1604）的《烟江叠嶂图卷》（图 5.99）。将这幅画中的山崖造型与小川家藏本对比，也能看到明显的相似之处（图 5.100）。只不过相对于南博藏《山水图卷》和《葑泾仿古图轴》，这件成于观看《江山雪霁》九年之后的《烟江叠嶂》，其山石造型更为主观，用笔更有"生拙"的意味。但在基本的造型语言和用笔程式上，四件作品是大同小异的，且都与小川氏藏本存在着明显的联系。这说明，随着时间的推移，董其昌运用得自《江山雪霁图》的"古法"愈加娴熟，也愈加自信地融入了自己的主观感受。不仅如此，只要看一看这些画上留下的历代鉴赏者的题跋，便能感受到董氏在将自己塑造成"南宗正脉衣钵传人"这方面，是何等的成功。陈继儒在题写《葑泾》之时直呼："此北苑兼带右丞。"[②]（图 5.101）近代藏家吴湖帆在题跋南博所藏董其昌《山水图卷》时赞叹："思翁此卷，真是右丞精髓，董巨笔墨，造化而成，不可无一，不能有二。"[③]（图 5.102）尤其具有戏剧色彩的是，这件作品在进入南京博物院前曾经的主人，就是撰文揭露了《江山雪霁图卷》骗局的徐邦达，而他的老师正是吴湖帆。2017 年

① 注：该段跋文曾于 2017 年夏在南京博物院举办的"娄东艺脉——四王山水绘画风格传派作品展"中展出。

② 前已注，此跋现藏台北故宫博物院。

③ 注：该段跋文曾于 2017 年夏在南京博物院举办的"娄东艺脉——四王山水绘画风格传派作品展"中展出。

夏，笔者在南京博物院观看此作时，卷尾便留有徐邦达手书："董思翁水墨小景名贤题识，真迹一卷。盐官徐邦达鉴藏。"[①]（图 5.103）写下这列小字时，他大概不会想到，他日后揭露的伪作，会与这件藏品有着同样的渊源。而他的老师吴湖帆声称"此卷真是右丞精髓"，也是步董其昌后尘，落入了伪作的"迷障"。

图 5.99　董其昌《烟江叠嶂图卷》明代　绢本水墨
80cm×29.8cm　台北故宫博物院藏

图 5.100　董其昌《烟江叠嶂图卷》局部与日本小川氏收藏
（传）王维《江山雪霁图》局部比较

① 注：该段跋文曾于 2017 年夏在南京博物院举办的"娄东艺脉——四王山水绘画风格传派作品展"中展出。

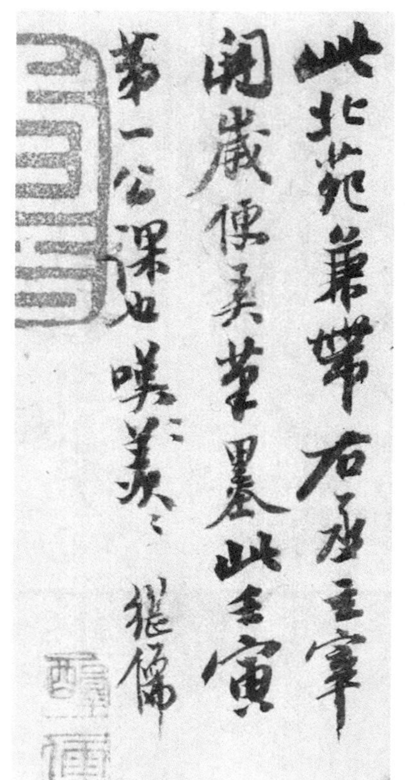

图 5.101　董其昌《葑泾仿古图轴》中陈继儒题字

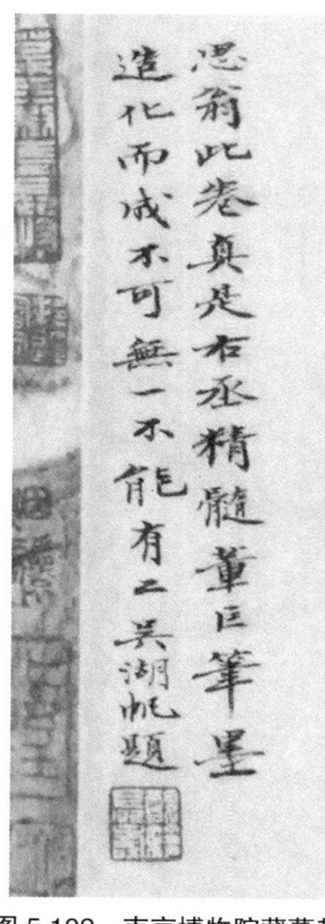

图 5.102　南京博物院藏董其昌《山水图卷》卷首隔水处吴湖帆题字

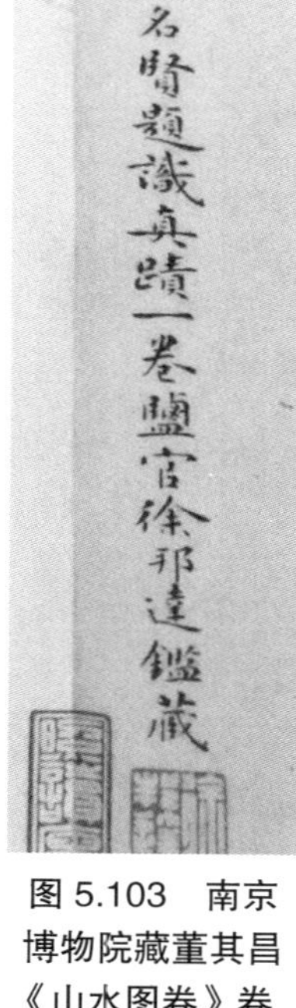

图 5.103　南京博物院藏董其昌《山水图卷》卷尾徐邦达题字

第五小节　有关元明时期私人书画收藏界对伪作的收藏、著录及相关作伪行为影响的总结

本节对《御苑采莲图卷》《海天霞照图卷》《江山雪霁图》等作品的分析，展示了这些托名伪作对不同时代收藏者的绘画史观的塑造作用。如本节开头所讲到的，这些伪作可分为两种情况。一种是画作虽为伪作，但其风格、面貌却是本于其所仿画家真实的风格面貌。或虽与所仿者有一定差异，但仍去被仿者真实面貌不远，反映了作伪者对被仿者有可靠依据的认识、理解。在这种情况下，伪作对人们对被托名者既有的，依

据其真迹而形成的认知并不构成挑战。伪作与真迹一起，维护并强化着人们对被托名者真实面目的理解认识。而且，被托名者的存世真迹毕竟有限，随着时间的流逝，不免散佚消失。而那些比真迹数量更多的，符合被托名者面貌的伪作，往往会代替消失的真迹，向人们呈现其所仿者的艺术风格。从这个意义上来说，这样的伪作延续了被仿者在绘画史中的艺术生命。

而另一种仿作则不同。它们所托名的画家，其真实面貌或是在画史记载中模糊不清，或是在长期的历史中，人们对其风格面貌的记载已经因为种种原因偏离了真相，而伪作又是根据改变之后的不实记载而创作的。在这种情况下，伪作不仅无助于对被仿者真实面目的认识，反而"验证"并强化了人们观念中既有的，对被仿者错误认识的可信度，而且会进一步引发新的，建立在错误认知基础上的作伪行为。所谓"大李将军《御苑采莲图》"就是这样的例子。它是五代北宋时期对李思训父子画风误解之下的产物。而它进入公私收藏系统后，又造成了明人对二李画风的误解，并使明代的作伪者们又创作出了所谓"大李将军《海天落照图卷》"这样的李思训伪作和所谓"仇英摹《小李将军海天霞照图卷》"这样的伪仇英临本。类似这样的作品在相当长的历史时期内，给人们对二李绘画的认知造成了干扰，也一度使人们对早期中国山水画面貌的认知建立在错误的参照物上。而董其昌误信所谓"王维《江山雪霁图卷》"，将其作为早期山水画史的研究对象与师法对象，并由此造成日后清代乃至近代的收藏家与绘画史学者一并被他的观念误导的例子，则更让人们看到一件伪作对两种不同形态绘画史的生成过程所同时产生的真实影响。同时，也让人们看到传统的书画收藏家依靠有限的目鉴经验、真赝混杂的前代著录文字和历史记载所建立的对早期绘画史的推测、想象与历史真相间存在的巨大差距。这也在客观上证明了逐步建立系统化、规范化的书画鉴定学术体系，对于中国绘画史研究的必要性。

第六章
结　论

以上各章节对元明时期私人书画收藏活动对绘画史所产生的不同形式影响，进行了详细的分类、梳理。其中许多史实对于今天的中国画学院教学仍有启示意义。

对公私书画收藏资源的关注和学习，长期以来一直是中国古代社会各阶层的画家们赖以不断丰富自身艺术生命、辅助艺术实践的重要手段。元明时期几乎所有有成就的文人画家，其创作都建立在大量观摩前人作品原作的基础上。而今天的美术院校中国画教学体系中所欠缺的，正是通过与古书画真迹的近距离接触，帮助学生建立对传统的最直观认识的教学内容。诚然，伴随着印刷、摄影技术的发展，当代的绘画爱好者与学习者，可以轻松地浏览到比任何一位古代收藏家的藏品更多、更丰富的古画图像。但今天人们看到的，仅仅是那些古迹的“图像”而不是实体。而且，人们在观看图像时，不可避免地受限于印刷品和电子媒介对图像的呈现方式。古代收藏家们对一件书画藏品的舒卷、观看方式，其手段是多样的。而电子图片和印刷品则受限于出版物开本与显示器大小性能、图片像素、色差等诸多因素，图像虽清晰却很可能“失真”。即使一些原大印刷并仿原作形制装裱的高仿品可以避免上述缺陷中的一部分，但更深层次的问题还在于一件绘画的实体与它的实体的图像间的差异。

绘画虽然名义上是“平面造型艺术”，但事实上不同的描绘工具在不同承载面（纸、绢帛、布等）的质地、肌理上制造出的痕迹，在视觉意义上绝非“平面”的。而且，任何一件绘画作品（不仅是中国书画），都是一组特有的绘画材料的物理属性（纸、绢的纹理，笔毫的质地，墨液、颜料的浓度、胶性，甚至材料的气味等）与创作者技艺的结合。它们所造就的画面信息、质感与肌理是唯一的。但高清摄影、印刷技术与显示器制造的“图像”消解了上面所列举的，一幅古书画作品最具有“个性”的特质。从某种意义上说，传统社会中的收藏者们在展看、抚摸一件书画作品时，所获得的是一种“全息”的审美体验，这是任何高清印刷品或电子图像都无法提供的。针对这个问题，高等艺术院校中国画专业的教师们，有必要在日常的教学过程中，对学生强调观看古书画原作，特别是古代绘画史上重要的古书画作品原作的重要性（依托今日众多的公私收藏机构举办的各类文物展览，普通公众目睹一件古书画原作已不再如传统社会中，文物收藏资源被少数社会精英阶层垄断的时代那样困难）。教师们有必要使学生们意识到：学习观看古代书画作品原作，特别是观看艺术史上重要作品的原作，是比某种专业绘画技法更基本也更有价值的艺术专业素养（只有会看，才能懂得经典和传统的价值，才能了解自己与经典间的差距，了解自己该向古人学习什么）。如此，各类文博机构的收藏资源才能像昔日传统文人案头的藏品一样，更好地服务于今天业已融入现代的学院化教学体系的中国画教学活动。

除了对中国画学院教学的启示外，元明时期私人书画收藏对中国古代绘画史的生成与有关绘画史的研究、写作所产生的影响更是多方面的。

由赵孟頫在元初所开创的，以丰富的收藏品为依托的学习传统方式和建立在学古基础之上的个人艺术创作实践，成为他身后元明时期绝大多数文人画家的普遍选择。元代的黄公望、倪瓒、王蒙如此，明代的沈周、文徵明和董其昌如此，清初受董其昌所影响的“四王吴恽”和“四僧”依旧如此。画家们不断地借助对古代绘画藏品的学习，丰富自己的艺术生命，也由此得以确立自己在艺术史中的位置。在民间绘画领域，以仇英为代表的职业画家与收藏家们之间的交往与合作，使民间绘画创作不断汲取来自宫廷艺术与文人画的审美因素。而这样的民间绘画在融入新的公私收藏系统后，又影响着新的文人画创作活动或宫廷审美品位的形成（本文第五章中《乔仲常后赤壁赋图》图像的流传所涉及的作品就是例子）。从这个意义上说，私人书画收藏活动不仅影响着文人绘画与民间职业画家的创作，也间接影响着宫廷艺术风格、品位的变化。另外，私人收藏活动作用于新的绘画风格流派的形成，不仅在于为画家们提供师古的资源。明代中期吴门地区文人群体间各类以书画作品互赠互藏的活动，展现出传统社会文化背景下，对乡土观念和对乡土文化传统的推崇，在地域性色彩鲜明的绘画流派形成过程中具有的重要意义。相对于将古书画藏品作为一种学习资源的收藏行为，具有社交功能的酬赠、互藏行为对明代绘画史的影响，更能使人们理解绘画作为一种社会文化的产物所受到的人际关系、社交网络等众多社会学因素的影响。

对元明时期私人书画收藏活动与同时代绘画理论体系间关联的探讨，综合有关私人书画收藏对绘画创作影响的分析，展示了这一历史时期内绘画的创作实践与理论认知二者间的高度统一，以及私人收藏活动在二者的统一中扮演的重要角色。与古代欧洲的情况不同，中国古代的收藏家们，往往身兼绘画创作的实践者以及绘画艺术的评论家。多种身份的重叠决定了对古书画收藏资源的占有，对画家、评论家兼有的价值。收藏品既是他们学习古代传统的媒介，也是他们建立自己的艺术理论体系并获得社会认同，进而获得书画收藏市场认同的必要条件（明代的“浙派”“吴门画派”与“松江画派”三者在三百年间的兴替有力地证明了这一点）。私人书画收藏，既作为艺术史研究的学术资源，连接着元明时期的绘画实践与画学理论的互动，也参与这一时期绘画艺术的评论活动与书画市场交易间的互动。

私人书画收藏家对藏品的不同占有、使用方式——赏鉴、品题、辑录跋文并著录藏品等活动，存在着彼此间的衍生关系。赏鉴、观看作为收藏者对藏品的最基本占有形式，是元明时代的画家们热衷于描绘的创作题材。同时，赏鉴、观看的过程（包括雅集、群聚赏鉴与独自品鉴），产生了收藏者与参与雅集的观看者对画作者的历史形象、画面图像的文化含义、作品风格的源流、藏品的递藏线索等有关历史信息的解读、阐释，并最终会以题跋文字的形式附于画作之中。这个过程既是观看者对既有的“图像”形态绘画史的认知过程，也是新的“文字”形态绘画史的生成过程，是绘画史的两种形态间彼此转换的渠道。接下来，由于对题跋文字所蕴含的历史信息、学术价值的认识，将题跋作为专门的文体进行辑录（无论是在明人的自编文集中，还是在明人对前代文献的整理过程中），进而单独成册刊印，是明代私人收藏活动为中国绘画史的写作所增添的新形式（这一新形式的诞生是宋元以来书画收藏著录体例不断趋于完善的结果，并非一蹴而就），即为“文字”形态的绘画史增添了新的种类。接下来，著录书目，作为“文字”形态的绘画史，又会影响新的绘画创作，即“图像”形态绘画史的延展。对于普通的画家，这些文字是他们学习传统时的指导。而对于作伪者，著录书目记载的题跋等史料则提供了可靠的依据，促使更能“惑人耳目”的伪作产生，两种不同形态的绘画史又会开始新的转换。而收藏家们对藏品的赏鉴、题跋、著录编纂等一系列活动，正是推动二者间相互转化的重要因素。

因元明时期的私人书画收藏活动所引发的书画买卖交易和商品绘画制作行业的兴起，是私人收藏行为影响“图像”形式的绘画史生成历程的特有形式。这种影响首先体现在民间职业画家对商品画消费者群体（包括市民阶层和部分文人士夫）热衷于收购的绘画主题（如第五章中列举的诸多“雅集”题材），其画面或粉本的复制、传播方面（前面讲到，这种复制、传播作用是借助诸如胡廷晖、仇英一类的民间职业画家与收藏家之间的雇佣、赞助关系得以实现）。伴随着某些热门题材的稿本所派生的传世作品数量不断增多，不同时期的收藏者有关这一题材图像的起源、流传、演变历程的认知、解读文字，也会大量地出现在同时代的收藏、著录书目，即“文字”形式的绘画史中。这也就是有关该题材图像观念的历史不断累积的过程。每一件进入收藏家视线的“副本”和每一次有关它的著录、评论，都是这种累积过程中的一砖一瓦。除了对原作的摹写、临本的不断复制，对最初的画面进行改编、演绎，或对多个类似主题的画面进行拆配、重组式的再创作，是元明时期的民间职业画家影响绘画史的另一种方式。经过“模件化”的生产模式拆配重组后重新生成的画面，在后来的流传过程中同样被收藏、著录，使有关不同题材图像的历史有了彼此间的重叠、交融（比如苏州片生产行业中，“十八学士图”与“文会图”“西园雅集图”等类似题材之间画面图像的混用现象）。不仅如此，如同仇英与项元汴、周凤来等人的合作可以引发民间绘画对宫廷绘画、文人绘画艺术的借鉴、吸收一样，民间商品绘画可以用通俗的市民文化所熟悉、欣赏的画面风格，重新讲述来自贵族、文人群体的历史故事（比如有关“唐代十八学士”和“韩熙载夜宴”的历史传说），也可以反过来，借用有关贵族、文人群体的历史故事场景，来表现一般市民的生活。本文第五章中，高罗佩所藏的春宫画片，就是借用《韩熙载夜宴图》的场景来表现明代市民文化中两性狎戏情景的，这体现着私人书画藏品图像的流传所影响的民间商品画创作，对“贵族”“平民”“文人”三种社会阶层间审美趣味的交流、交融所产生的推动作用。

与书画收藏交易相关的书画作伪行为，是元明时期私人书画收藏活动间接影响不同形式的绘画史生成过程的另一个重要渠道，同时，也是“图像”形态的绘画史与“文字”形态的绘画史二者间相互转化的推动因素。元明时期针对具有不同历史定位的画家的作伪行为，对绘画史的具体影响方式是多样的。一方面，部分伪作强化了观看者、收藏者对既有的绘画史观念中符合客观真相部分的认知、认同。另一方面，受到已偏离真相的观念影响而诞生的伪作（可分为不同情况，有的是为既有的无名古迹伪托作者，如所谓“大李将军《御苑采莲图卷》”，有的是伪造古迹并为伪古迹配以伪证，如所谓“《大李将军海天落照图卷》”和今藏小川氏的所谓“王维《江山雪霁图》”），则成为对错误绘画史观的验证（文中已讲到，对绘画史的误读与基于误读而产生的伪作，二者间会形成“循环自证”现象）。这种现象也与元明时期的许多收藏家身兼画家与绘画评论家有关。对藏品的认识（鉴藏观念）影响着他们对绘画史的认知（绘画史观）。而对绘画史的认知又影响着他们自己与受他们观点影响的人们在学古基础上的创作实践。

收藏家既可以是带领人们发现绘画史真相的人，也可以误导后来者对历史的认识。这一方面取决于收藏家个人的性格、鉴藏经历、审美趣味和知识储备，另一方面也不可避免地受到一个时代鉴藏群体的普遍鉴藏风气和知识体系局限性的影响。文中所涉及的明代鉴藏史上的两桩实例，张丑对“大李将军《御苑采莲图》”的误信和“王维《江山雪霁图》”对董其昌的蒙蔽，都反映出在现代学术意义上的书画鉴定学与美术史学尚未建立的时代，传统社会的收藏家们在许多前代流传下来的思维定式的束缚下，依靠有限的目鉴经验和并不可靠的著录文献资源所形成的对早期绘画史的认识，不可避免地会带有主观的想象、臆断和错讹的成分。而要厘清这些错误绘画史观的成因和形成过程，既离不开对现今公私书画收藏资源的研究，也离不开对书画收藏史的研究。

对书画收藏史的研究，应当是中国绘画史研究必要的组成部分。古代收藏活动所遗存史料的丰富，以及它与绘画理论、绘画实践的紧密伴生关系，是中国绘画史自身发展历程的重要特色。书画收藏从绘画的观看、绘画的创作、绘画风格的传承与创新、传统绘画题材与图像的传播和演变、绘画理论体系的形成与发展、绘画史的写作方式以及绘画史观的建构等各方面，全面地渗透在中国古代绘画史不同形态的累积过程中。

对书画收藏活动的研究，是作为艺术史研究分支的中国绘画史研究与社会学研究的重要衔接点。收藏活动本身是一种文化消费，它既受到一定历史时期内社会整体经济环境、文化氛围与社会文化心态的影响，也与某一具体消费群体或个体的经济能力、文化观念、审美价值取向有关。将有关收藏活动的考察作为对某些中国绘画史问题、现象进行研究的切入点，是将绘画史置于宏观的社会学背景下进行观察、分析的有意义方法，它使绘画史的研究过程有了社会学研究的价值。另外，书画收藏史研究的进展与新的发现，也将帮助绘画史的研究者不断反思或重新审视既有的绘画史观念与研究结论，这将有助于绘画史研究持续、健康地发展。

主要参考文献

［1］（西汉）司马迁．史记·老子韩非列传［M］．钦定四库全书本．纪昀，陆锡熊，孙士毅，编纂．清乾隆四十七年（1782）．

［2］（西汉）司马迁．史记·滑稽列传［M］．钦定四库全书本．纪昀，陆锡熊，孙士毅，编纂．清乾隆四十七年（1782）．

［3］（西汉）毛亨．毛诗注疏［M］．钦定四库全书本．纪昀，陆锡熊，孙士毅，编纂．清乾隆四十七年（1782）．

［4］潘运告主编．汉魏六朝书画论［M］．长沙：湖南美术出版社，1997.

［5］（唐）房玄龄等．晋书·谢玄传［M］．钦定四库全书本．纪昀，陆锡熊，孙士毅，编纂．清乾隆四十七年（1782）．

［6］（唐）张彦远．历代名画记［M］．杭州：浙江人民美术出版社，2011.

［7］潘运告主编．唐五代画论［M］．长沙：湖南美术出版社，1997.

［8］（五代）王定保．唐摭言［M］．上海：上海古籍出版社，2012.

［9］（宋）叶梦得．石林避暑录话［M］．明代项德棻宛委堂刻本．

［10］（宋）米芾．书史［M］．钦定四库全书本．纪昀，陆锡熊，孙士毅，编纂．清乾隆四十七年（1782）．

［11］（宋）陈振孙．书录解题［M］．钦定四库全书本．纪昀，陆锡熊，孙士毅，编纂．清乾隆四十七年（1782）．

［12］（宋）郭若虚，邓椿．图画见闻志·画继［M］．潘运告，主编，米田水，译．长沙：湖南美术出版社，2000.

［13］（宋）苏轼．苏东坡全集［M］．北京：北京燕山出版社，2009.

［14］王十朋编注．东坡诗集·卷二十七［G］．文渊阁四库全书．

［15］宣和画谱［M］．岳仁，译注．长沙：湖南美术出版社，1999.

［16］潘运告主编．宋人画评［M］．云告，译注．长沙：湖南美术出版社，1999.

［17］潘运告主编．宋人画论［M］．熊志庭等，译注．长沙：湖南美术出版社，2003.

［18］（元）王士点．秘书监志［M］．国家图书馆藏抄本，清代．

［19］（元）庄肃．画继补遗［M］．国家图书馆藏黄氏醉经楼刻本，清乾隆五十四年（1789）．

［20］（元）周密．云烟过眼录［M］．钦定四库全书本．纪昀，陆锡熊，孙士毅，编纂．清乾隆四十七年（1782）．

［21］（元）汤允谟．云烟过眼续录［M］．奇晋斋丛书本．清乾隆年间．

［22］（元）托克托等．宋史·丁谓传［M］．钦定四库全书本．纪昀，陆锡熊，孙士毅，编纂．清乾隆四十七年（1782）．

［23］（元）托克托等．宋史·蔡京传［M］．钦定四库全书本．纪昀，陆锡熊，孙士毅，编纂．清乾隆四十七年（1782）．

［24］（元）托克托等．宋史·艺文志［M］．钦定四库全书本．纪昀，陆锡熊，孙士毅，编纂．清乾隆四十七年（1782）．

［25］（元）赵孟頫．松雪斋题跋［M］．钱伟疆，顾大朋，点校．杭州：浙江人民美术出版社，2017.

［26］（元）赵孟頫．松雪斋集［M］．黄天美，点校．杭州：西泠印社出版社，2010.

［27］（元）夏文彦．图绘宝鉴［M］．北京：中华书局，1985.

［28］潘运告主编．元代书画论［M］．云告，译注．长沙：湖南美术出版社，2002.

［29］（明）杨士奇．东里集［M］．钦定四库全书本．纪昀，陆锡熊，孙士毅，编纂．清乾隆四十七年（1782）.

［30］（明）沈周．沈周集［M］．汤志波，辑校．杭州：浙江人民美术出版社，2019.

［31］（明）王鏊．震泽集［M］．钦定四库全书本．纪昀，陆锡熊，孙士毅，编纂．清乾隆四十七年（1782）.

［32］（明）吴宽．家藏集［M］．钦定四库全书本．纪昀，陆锡熊，孙士毅，编纂．清乾隆四十七年（1782）.

［33］（明）文徵明．甫田集［M］．陆晓冬，点校．杭州：西泠印社出版社，2012.

［34］（明）文徵明．文徵明集［M］．周道振，辑校．上海：上海古籍出版社，2014.

［35］（明）文震亨．长物志［M］．蒋晖，校注．西安：三秦出版社，2002.

［36］（明）朱存理．珊瑚木难［M］．王允亮，点校．杭州：浙江人民美术出版社，2012.

［37］（明）文徵明．文待诏题跋·寓意编·书画史［M］．卢金声，徐益之，胡文楷，校对．北京：商务印书馆，1939.

［38］（明）祝允明．怀星堂集［M］．孙宝，点校．杭州：西泠印社出版社，2012.

［39］（明）何良俊．四友斋丛说［M］．国家图书馆藏龚元成刻本．明万历七年（1579）.

［40］(明)何良俊．书画铭心录［M］．钦定四库全书本．纪昀，陆锡熊，孙士毅，编纂．清乾隆四十七年(1782)．

［41］(明)唐文凤．梧冈集［M］．钦定四库全书本．纪昀，陆锡熊，孙士毅，编纂．清乾隆四十七年(1782)．

［42］赵琦美．赵氏铁网珊瑚［M］．古籍影印本．台北：商务印书馆，1986.

［43］(明)郁逢庆．郁氏书画题跋记［M］．风雨楼排印本．清宣统三年(1911)．

［44］(明)王穉登．王百穀集·国朝吴郡丹青志［M］．刻本．金陵：叶氏，万历四十七年(1619)．

［45］(明)张应文．清秘藏［M］．金陵图书馆藏藏修书屋刻本，清同治十年(1871)．

［46］(明)张丑．清河书画表［M］．钦定四库全书本．纪昀，陆锡熊，孙士毅，编纂．清乾隆四十七年(1782)．

［47］(明)张丑．清河书画舫［M］．徐德明，校点．上海：上海古籍出版社，2011.

［48］(明)王世贞．弇州山人题跋［M］．汤志波，辑校．杭州：浙江人民美术出版社，2012.

［49］(明)孙鑛．书画跋跋［M］．钦定四库全书本．纪昀，陆锡熊，孙士毅，编纂．清乾隆四十七年(1782)．

［50］(明)毛晋辑．津逮秘书［G］．国家图书馆藏刻本．清代．

［51］(明)詹景凤．玄览编［M］．北平故宫铅印本，1947.

［52］(明)文震孟．姑苏名贤小记［M］．钦定四库全书本．纪昀，陆锡熊，孙士毅，编纂．清乾隆四十七年(1782)．

［53］(明)方岳贡修，陈继儒等纂．松江府志［M］．明崇祯四年(1631)增刻本．

［54］(明)李日华．紫桃轩杂缀三卷又缀三卷［M］．国家图书馆藏刻本．明代．

［55］(明)高濂．遵生八笺［M］．国家图书馆藏清代刻本，清道光

十二年（1832）.

［56］（明）沈德符 . 万历野获编［M］. 国家图书馆藏刻本 . 清代 .

［57］（明）陈洪谟 . 治世余闻录［M］. 影印上海图书馆藏陈于廷刻纪录汇编本 . 明万历四十五年（1617）.

［58］（明）俞允文 . 仲蔚先生集［M］. 影印程善定刻本 . 明万历十年（1582）

［59］（明）姜绍书 . 无声诗史 · 韵石斋笔谈［M］. 杭州：华东师范大学出版社，2009.

［60］（明）陈继儒 . 妮古录［M］. 沈阳：沈阳出版社，2016.

［61］（明）陈继儒 . 宝颜堂秘籍［M］. 明万历秀水沈氏尚白斋刻本 . 1922 年上海文明书局石印本 .

［62］（明）孙凤 . 书画钞［M］. 铅印涵芬楼秘籍本 . 民国时期 .

［63］潘运告主编 . 明代画论［M］. 运告，译注 . 长沙：湖南美术出版社，2002.

［64］（清）顾文彬，孔广陶 . 过云楼书画记 · 岳雪楼书画录［M］. 柳向春，注解 . 上海：上海古籍出版社，2011.

［65］（清）吴荣光 . 辛丑销夏记［M］. 陈飒飒，校点 . 上海：上海古籍出版社，2015.

［66］（清）顾复 . 平生壮观［M］. 林虞生，校点 . 上海：上海古籍出版社，2011.

［67］（清）陆时化 . 吴越所见书画录［M］. 徐德明，校点 . 上海：上海古籍出版社，2015.

［68］（清）孙承泽，高士奇 . 庚子销夏记 · 江村销夏录［M］. 佘彦焱，校点 . 上海：上海古籍出版社，2011.

［69］（清）胡敬 . 胡氏书画考三种［M］. 刘英，点校 . 杭州：浙江人民美术出版社，2015.

［70］（清）阮元 . 石渠随笔［M］. 钱伟疆，顾大朋，点校 . 杭州：浙江人民美术出版社，2011.

［71］（清）卞永誉纂辑 . 式古堂书画汇考［M］. 杭州：浙江人民美

术出版社，2012.

［72］（清）孙岳颁，宋骏业，王原祁等编．佩文斋书画谱［M］．杭州：浙江人民美术出版社，2014.

［73］（清）陆心源．穰梨馆过眼录［M］．刻本．湖州：陆氏，清光绪十七年（1891）.

［74］（清）吴其贞．书画记［M］．台北：文史哲出版社，1971.

［75］（清）安岐．墨缘汇观录［M］．南海伍氏刻本，清光绪元年（1875）.

［76］（清）吴升．大观录．影印华东师大图书馆藏武进李氏圣译楼铅印本，民国九年（1920）.

［77］（清）厉鹗辑．南宋院画录［M］．胡易知，点校．杭州：浙江人民美术出版社，2016.

［78］（清）杨瑄等辑． 佩文斋咏物诗选［M］．清内府刻本．康熙四十六年（1707）.

［79］（清）王澍．论书剩语［M］．南开大学图书馆藏抄本．清代．

［80］（民国）庞元济．虚斋名画录·虚斋名画续录［M］．李保民，校点．上海：上海古籍出版社，2016.

［81］（民国）余绍宋．书画书录解题［M］．戴家妙，石连坤，校点．杭州：浙江人民美术出版社，2012.

［82］徐邦达．徐邦达集（第一卷）古书画鉴定概论［M］．故宫博物院，编．北京：紫禁城出版社，2005.

［83］徐邦达．徐邦达集（第八卷）古书画过眼要录·晋隋唐五代宋绘画［M］．故宫博物院，编．北京：故宫出版社，2014.

［84］徐邦达．徐邦达集（第十卷）古书画伪讹考辨［M］．故宫博物院，编．北京：故宫出版社，2015.

［85］上海博物馆编．千年丹青——细读中日藏唐宋元绘画珍品［C］.北京：北京大学出版社，2010.

［86］上海博物馆编．翰墨荟萃——细读美国藏中国五代宋元书画珍品［M］．北京：北京大学出版社，2012.

［87］上海博物馆编．遗我双鲤鱼——上海博物馆藏明代吴门书画家书札精品集［M］．上海：上海书画出版社，2017.

［88］上海博物馆编．再读睢阳五老：艺术史的维度［M］．北京：北京大学出版社，2017.

［89］林莉娜．明清宫廷绘画艺术鉴赏［M］．台北：国立故宫博物院，2013.

［90］王耀庭．古书古画今日看［M］．台北：故宫博物院，2013.

［91］王耀庭．书画管见集［M］．台北：石头出版股份有限公司，2017.

［92］娄玮．石田秋色：沈周家族的兴盛与衰落［M］．台北：石头出版股份有限公司，2012.

［93］杨丽丽．天籁传翰：明代嘉兴项元汴家族的鉴藏与艺术［M］．台北：石头出版股份有限公司，2012.

［94］陈高华编著．元代画家史料［M］．上海：上海人民美术出版社，1980.

［95］叶康宁．风雅之好：明代嘉万年间的书画消费［M］．北京：商务印书馆，2017.

［96］杨新．杨新书画鉴考论集［M］．北京：文物出版社，2010.

［97］刘九庵编著．宋元明清书画家传世作品年表［M］．上海：上海书画出版社，1997.

［98］（明）朱存理．铁网珊瑚校证［M］．韩进，朱春峰，校证．扬州：广陵书社出版社，2012.

［99］俞剑华编著．中国古代画论类编［M］．北京：人民美术出版社，1957.

［100］张朋川．《韩熙载夜宴图》图像志考［M］．北京：北京大学出版社，2014.

［101］傅熹年．中国书画鉴定与研究·傅熹年卷［M］．北京：故宫出版社，2014.

［102］林家治．仇英评传［M］．苏州：古吴轩出版社，2017.

［103］刘九庵．刘九庵书画鉴定文集［M］．北京：文物出版社，2007.

［104］严文儒，尹军主编．董其昌全集［M］．上海：上海书画出版社，2013.

［105］杨仁恺．国宝沉浮录［M］．上海：上海古籍出版社，1991.

［106］任道斌编．赵孟頫文集［M］．上海：上海书画出版社，2010.

［107］费孝通．乡土中国［M］．北京：人民出版社，2008.

［108］劳继雄．中国古代书画鉴定实录［M］．北京：东方出版中心，2011.

［109］杨仁恺．中国古今书画真伪图鉴［M］．沈阳：辽宁画报出版社，1996.

［110］万木春．味水轩里的闲居者——万历末年嘉兴的书画世界［M］．杭州：中国美术学院出版社，2008.

［111］汤宇星．弇山之石——王世贞与苏州文坛的艺术交游［M］．杭州：中国美术学院出版社，2015.

［112］陆尊梧，李志江主编．历代典故辞典［M］．北京：作家出版社，1992.

［113］赵晶．“司印”新考［C］//《石渠宝笈》国际学术研讨会论文集．下册．2015.

［114］杜娟．从江南到宫廷：以《书兰亭诗并后序》卷为例看明清时期法书鉴藏的错判与书史想象［C］//《石渠宝笈》国际学术研讨会论文集．下册．2015.

［115］陶喻之．倪瓒画像流变再研究［C］//《石渠宝笈》国际学术研讨会论文集．上册．2015.

［116］洪再新．宫廷藏画的聚散及其对艺术收藏史研究的意义——以钱选《观鹅图》的著录研究为例［J］．美术学报，2011（6）.

［117］尹吉男．“董源”概念的历史生成［J］．文艺研究，2005（2）.

［118］范金民．斌斌风雅——明后期徽州商人的书画收藏［J］．中国社会经济史研究，2013（1）.

［119］余辉．千里江山图是假画？且听画外有音［N］．北京青年报，2017-12-01.

［120］杨小彦．中国山水画山林精神缺失［N］．大洋网 - 广州日报，2016-06-21.

［121］陈江．明代江南文人的文物鉴藏及其审美趣味［J］．华东师范大学学报（哲学社会科学版），2012（8）.

［122］盛诗澜．新发现文氏父子致华家手札价值略论［J］．书法，2013（10）.

［123］常德强．沈周《东庄图》的审美意蕴［J］．南通大学学报（社会科学版），2008（3）.

［124］韩刚．“复古”即“更新”——王时敏绘画考论［M］．美术学研究（第 1 辑）．南京：东南大学出版社，2011.

［125］杨德忠．元代皇室书画鉴藏活动中的政治意涵［J］．南京艺术学院学报（美术与设计），2017（6）.

［126］左东岭．玉山雅集与元明之际文人生命方式及其诗学意义［J］．文学遗产，2009（3）.

［127］成明明．宋代馆阁曝书活动及其文化意义［J］．社会科学家，2008（5）.

［128］韩进，朱春峰．明代题跋集录体美术文献的产生——以《铁网珊瑚》为中心的考察［J］．图书情报工作，2010（19）.

［129］陈国栋．赝品文物的时代背景与意义［C］// 伪好物——十六至十八世纪“苏州片”及其影响．中国台北：台北故宫博物院，2018.

［130］林丽江．以苏州为典范——图文相映的苏州片制作与影响［C］// 伪好物——十六至十八世纪“苏州片”及其影响．台北：台北故宫博物院，2018.

［131］邱世华．拼嵌群组——探索苏州片作坊的轮廓［C］// 伪好物——十六至十八世纪“苏州片”及其影响．台北：台北故宫博物院，2018.

［132］倪龙娇．杜堇艺术地位的重估［D］．杭州：中国美术学院，

2012.

［133］颜晓军 . 宇宙在乎手：董其昌画禅室里的艺术鉴赏活动［D］. 杭州：中国美术学院，2013.

［134］尹吉男 . 政治还是娱乐：杏园雅集和《杏园雅集图》新解［J］. 故宫博物院院刊，2016（1）.

［135］付阳华 . 由文人雅集图向官员雅集图的成功转换——析明代《杏园雅集图》中的转换元素［J］. 美术，2010（10）.

［136］李永强 . 钱选与赵孟頫关系考［J］. 美术学报，2014（5）.

［137］王连起 . 宋人《睢阳五老图》考［J］. 故宫博物院院刊，2003（1）.

［138］侯印国 . 孙宗濂、孙仰曾家世及藏书考论［J］. 新世纪图书馆，2013（12）.

［139］郭建平 .《珊瑚木难》与《铁网珊瑚》不分卷题跋考释——兼论二书作者归属问题［J］. 南京艺术学院学报（美术与设计版），2011（2）.

［140］韩进 . 南阳书画表考辨［J］. 图书馆杂志，2010（3）.

［141］施锜 . 朱紫之辨：传钱选《蹴鞠图》的政治隐喻和图式旨趣［J］. 中国国家博物馆馆刊，2017（1）.

［142］萨本介《刘松年（玩古图）考》// 百度文库 .2023-10-24.［http: wenku.baidu.com］

［143］［美］高居翰，黄晓，刘珊珊 . 不朽的林泉：中国古代园林绘画［M］. 北京：生活 · 读书 · 新知三联书店，2012.

［144］［德］雷德侯 . 万物：中国艺术中的模件化和规模化生产［M］. 北京：生活 · 读书 · 新知三联书店，2012.

［145］［英］柯律格 . 雅债：文徵明的社交性艺术［M］. 刘宇珍等，译 . 北京：生活 · 读书 · 新知三联书店，2012.

［146］［美］班宗华 Richard Barnhart. 行到水穷处：班宗华画史论集［M］. 白谦慎，编，刘晞仪，等，译 . 北京：生活 · 读书 · 新知三联书店，2018.

［147］［美］高居翰 . 山外山：晚明绘画（1570—1644）［M］. 北京：

生活 · 读书 · 新知三联书店，2009.

［148］［美］高居翰 . 隔江山色：元代绘画（1279—1368）［M］. 北京：生活 · 读书 · 新知三联书店，2009.

［149］［美］高居翰 . 江岸送别：明代初期与中期绘画（1368—1580）［M］. 北京：生活 · 读书 · 新知三联书店，2009.

［150］［美］李铸晋 . 鹊华秋色：赵孟頫的生平与画艺［M］. 北京：生活 · 读书 · 新知三联书店，2008.

［151］［美］李铸晋编 . 中国画家与赞助人——中国绘画中的社会及经济因素［M］. 石莉，译 . 天津：天津人民美术出版社，2013.

［152］黄朋 . 艺术与鉴藏：吴门具眼——明代苏州书画鉴藏［M］. 上海：上海书画出版社，2015.

［153］吕少卿 . 论王时敏的书画交游与画学思想［J］. 艺术百家，2006（3）.

［154］张朋川 . 晋唐粉本宋人妆——四议《韩熙载夜宴图》图像［J］. 南京艺术学院学报，2009（2）.

［155］杨艺 . 绢封阳羡月 闲情手自煎——文徵明与茶［J］. 大匠之门，2015.

［156］杨莉萍 . 苏州古旧假画价亦高——另眼相看“苏州片”［J］. 艺术市场，2008.

致 谢

衷心感谢我的恩师陈辉教授自硕士阶段至今对我的悉心指导与关怀！在我的博士论文撰写期间，恩师为我的外出调研及资料搜集活动提供了重要的精神支持与资金支持。他平易近人的人格魅力、细致的言传身教、广博的学术视野和不拘门户，勇于创新的艺术理念都将使我终生受益！

衷心感谢四十年来养育我、疼爱我、包容我、支持我、理解我的父亲和母亲！在这本书的写作过程中，二老承担了大量繁重的文字校对与审阅工作。从我十九岁离家来京求学，至今不觉已二十一年，未能在二老膝下尽孝，有愧于父母的深恩！

衷心感谢原中国国家画院副院长张晓凌教授、首都师范大学美术学院韩振刚教授、清华大学美术学院史论系张敢教授、清华大学美术学院绘画系韩敬伟教授、李睦教授在我的博士论文评阅及答辩阶段给予我的悉心指导和宝贵建议！各位专家的帮助，使我得以认识到自己工作中的种种不足并明确今后进一步的努力方向。

衷心感谢清华大学美术学院绘画系教授，著名画家石冲先生在博士论文修改过程中给予我的启发和鼓励！先生对我的论文研究价值的肯定使我对自己今后学术生涯的发展更加富有信心。

衷心感谢故宫博物院文保科技部专家常保立先生在古书画鉴赏方面给予我的宝贵指导！

衷心感谢台北故宫博物院研究员王耀庭先生在古书画研究方面给予我的教诲！

衷心感谢所有为我的研究工作提供过帮助的同学、友人！

衷心感谢本书所有参考文献的作者！

感谢过去十六年来故宫博物院、国家博物馆、首都博物馆、中国美术馆、北京画院、保利艺术博物馆、上海博物馆、南京博物院、苏州博物馆、浙江博物馆、辽宁博物馆、天津博物馆等文博收藏机构举办的众多古书画专题展览。这些展览使我得以观摩近五千件古书画原作并撰写现场笔记。没有这些考察经历的积累，我不能想象这本书的顺利完成。

最后，衷心感谢中国文联出版社的编辑人员为拙作的出版付出的劳动。他们耐心、细致的工作帮我勘正了不少笔误，弥补了不少疏漏，使书稿得以出版，在此谨致谢忱！